KB164479

에라스뮈스

기명이 새겨진 테르미누스에 함께 있는 에라스뮈스 초상화,
한스 홀바인 판화, 1535년.

✝ 광기에 맞선 인문주의자 ✝

에라스뮈스

요한 하위징아 지음 | 이종인 옮김

연암서가

옮긴이 **이종인**—1954년 서울에서 태어나 고려대학교 영어영문학과를 졸업하고 한국 브리태니커 편집국장, 성균관대학교 전문번역가 양성과정 겸임교수를 역임했다. 현재 인문사회과학 분야의 전문번역가로 활동 중이다. 옮긴 책으로『요한 하위징아』,『중세의 가을』,『호모 루덴스: 놀이하는 인간』,『평생독서계획』,『루스 베네딕트』,『문화의 패턴』,『폴 존슨의 예수 평전』,『신의 용광로』,『게리』,『정상회담』,『촘스키, 사상의 향연』,『폴 오스터의 뉴욕 통신』,『고전 읽기의 즐거움』,『폰더 씨의 위대한 하루』,『성서의 역사』,『축복받은 집』,『만약에』,『영어의 탄생』 등이 있고, 편역서로『로마제국 쇠망사』가 있으며, 지은 책으로는『번역은 글쓰기다』,『전문번역가로 가는 길』,『번역은 내 운명』(공저),『지하철 헌화가』 등이 있다.

에라스뮈스

초판 1쇄 인쇄 2013년 8월 15일
초판 1쇄 발행 2013년 8월 20일
지은이 요한 하위징아
옮긴이 이종인
펴낸이 권오상
펴낸곳 연암서가
등록 2007년 10월 8일(제396 – 2007 – 00107호)
주소 경기도 고양시 일산서구 호수로 896번지 402 – 1101
전화 031 – 907 – 3010
팩스 031 – 912 – 3012
이메일 yeonamseoga@naver.com
ISBN 978-89-94054-42-1 03990
값 18,000원

_____

이 책은 요한 하위징아의 *Erasmus*(1924)를 완역한
것이다. 하위징아는 1919년『중세의 가을』을 펴내어 유럽 역사
학계에 명성을 떨친 바 있는데 이 대작이 14세기와 15세기의 프
랑스와 네덜란드 문화를 다룬 것이라면,『에라스뮈스』는 그 시
대보다 약 30년 정도 뒤의 종교개혁의 시기를 다루고 있다. 서문
을 쓴 영국 옥스퍼드 대학의 G. N. 클라크 교수는 이 책이『중세
의 가을』의 속편이라고 지적하면서 에라스뮈스는 중세의 가을
직후에 도래한 르네상스와 휴머니스트 시대의 놀이 정신을 보여
주는 구체적 사례라고 진단한다.

에라스뮈스의 생애

_____

르네상스 시대의 문인 겸 휴머니스트였던 데시데리
위스 에라스뮈스Desiderius Erasmus는 1466년 10월 27일 네덜란드

의 로테르담에서 사생아로 태어났다. 아버지는 호우다 출신의 사제이고 어머니는 의사의 딸이었다. 사생아 탄생에 관련된 소문은 대략 이러하다. 아버지는 아직 사제가 아니던 젊은 시절 어떤 여자를 만나 결혼하려 했으나 부모와 형제들이 만류하면서 성직자가 되라고 종용했다. 그러자 아버지는 에라스뮈스가 태어나기 전에 집에서 달아나 로마로 가서 원고 필사자로서 생계를 유지했다. 친척들은 아버지에게 사귀던 여자가 죽었다는 거짓 소식을 보냈다. 그는 깊은 슬픔에 빠졌고 그 때문에 신부가 되었다. 그러다 귀국해 보니 사귀던 여자는 여전히 살아 있었다. 그러나 신부의 몸이 되어 결혼할 수 없기 때문에 그 여자와 일체의 접촉을 끊었다. 하지만 아들 에라스뮈스에게 폭넓은 인문 교육을 시켰고, 어머니는 젊은 나이에 죽었으며, 아버지도 슬픔을 못 이겨 뒤이어 사망했다.

이상은 영국의 소설가 찰스 리드(Charles Reade, 1814-84)가 쓴 소설 『수도원과 벽난로』(1861)에 나오는 에라스뮈스 아버지의 연애 스토리를 그대로 옮긴 것이다. 그러나 하위징아는 『에라스뮈스』에서 이런 낭만적 미화는 사실이 아니라고 말한다. 게다가 만년에 에라스뮈스는 교황청에 보낸 관면 요청의 편지에서 자신의 출생과 관련하여 "불법인데다 저주받은 근친상간의 자식으로 태어난 것으로 추측된다(ex illicito et ut timet incesto damnatoque coitu genius)"라고 썼다.

에라스뮈스는 1487년 스테인의 아우구스티누스 수도회에 수련사로 들어가 신학 공부를 하면서 이때 라틴어를 배웠는데 탁월한 언어 능력은 타의 추종을 불허했다. 1488년에 수도사 서원을 하고 4년 뒤인 1492년에 사제로 서임되었다. 그 후 캉브레 주교의 비서가 되어 수도원에서 나왔다가 1495년 주교의 후원으로 파리에 가서 몽테귀 대학의 기숙사에 들어가 신학을 연구했다. 그러나 주교의 지원이 넉넉하지 않아 곤궁한 생활을 영위하면서 가정교사나 잡문 쓰기 같은 것을 하면서 생활비를 조달했다.

에라스뮈스는 영국으로 건너가 케임브리지 대학에서 잠시 가르치기도 했다. 영국에 머무는 동안 토머스 모어의 환대를 받았으며 대표작 『우신 예찬』도 모어의 집에 기숙할 때 집필된 것이었다. 1514년에는 바젤로 이사하여 프로벤 출판사와 함께 일하면서 여러 저작들을 펴냈다. 그의 또 다른 대표작인 교정본 그리스어 신약성경은 1516년에 발간되었다. 그 후 영국과 루뱅에서 거주하다가 다시 프로벤 출판사의 총편집인으로 바젤에 돌아왔다가 만년에는 프라이부르크로 옮겨 가 거기에서 6년을 살았다. 그의 생애는 끊임없는 저작 행위의 한평생이었다. 종교개혁의 와중에서는 루터와 논쟁을 벌였으나 개혁의 거센 물결을 막아내지는 못했다. 루터가 보통 사람들의 귀에 호소했다면 에라스뮈스는 교양인들의 관심에 호소했다. 교회의 개혁을 원한다는 점에서는 두 사람이 동일했으나 에라스뮈스는 학문을 통한 점진적인 개혁을 원한 반면 루터는 복음적 열정에 바탕을 둔 투쟁의 노선을 걸었다. 에라스뮈스는 초창기의 종교개혁에는 동조적이었으나 결국에는 종교개혁파들과 결별하여 가톨릭교회의 품으로 돌아갔다.(자세한 이력 사항은 책 뒤의 연보 참조)

이 책에 대한 하위징아의 논평

───── 하위징아는 자신이 에라스뮈스와 비교되는 사실을 의식해서였는지 사망하기 1년 전쯤인 1943년 12월에 쓴 자신의 회고담, "내가 걸어온 역사학의 길"에서 『에라스뮈스』를 쓰게 된 경위와 그에 대한 소회를 밝히고 있다. 저자 자신이 직접 논평한 것이니만큼 약간 길더라도 그대로 인용해 본다.

나의 저서들은 대부분 강의 노트나 강의를 하면서 떠오른 아이디어에 바탕을 둔 것이었다. 그래서 르네상스의 여러 문제들에 대하여 강연을 하던 도중 에라스뮈스에 관한 글을 써야겠다는 생각이 떠올랐다. 사실을 털어놓고 말하면 나는 1920년 이전에는 에라스뮈스에 대해 아는 것이 거의 없는 거나 마찬가지였다. 그런 구상을 하던 직후 은사이신 에드워드 보크가 『위대한 네덜란드인들』이라는 시리즈의 총편집을 맡게 되었는데 나에게 에라스뮈스 전기를 쓰라고 강력하게 부탁해 왔다. 그리하여 내가 쓴 전기는 바르노프의 탁월한 전기인 『본델』에 뒤이어 곧바로 나오게 되었다. 나는 이 전기를 쓰기 위해서 J. 르클레르크가 편집한 표준판 『에라스뮈스 전집』(전10권)에서 아주 황급한 속도로 관련 주제들을 설정하고, 또 관련 정보를 추려냈다. 이렇게 빠른 속도로 집필하는 것은 진지한 역사학자에게는 결코 권할 것이 못 된다는 생각이 든다. 이 작업이 내게 가져다준 가장 좋은 결과는 에라스뮈스 편지들의 전집을 발간한 P. S. 알렌과 H. M. 알렌 부부와 긴밀한 우정을 맺게 되었다는 것이다.

에라스뮈스 전기에 대하여 많은 사람들이 나와 에라스뮈스가 비슷하다는 말들을 했다. 하지만 이것은 결코 진실이 아니다. 비록 그를 존경하기는 하지만 그에게 공감을 별로 느끼지 못했다. 그 저서를 집필한 후에는 그 일을 깨끗이 잊어버리려고 애썼다. 1932년 1월에 한 독일인 교수와 대화를 나눈 것이 기억난다. 그는 『에라스뮈스』가 내용상 『중세의 가을』보다 네덜란드적인 내용을 더 많이 다루고 있으므로 한결 작업하기가 쉬웠을 것이라고 말했다. 그러면서 『중세의 가을』을 쓰느라고 정말 고생했을 거라는 말도 했다. 나는 그 후 그 교수의 말을 다시 생각하면서 빙그레 미소를 지었다. 나의 역사 및 문학 연구는 고생의 개념과는 전혀 어울리지 않는 것이었다. 또 나의 어떤 저서든 집필하기가 정말 어려웠다는 생각이 들지 않았다. 책을 쓰는 것은 장애를 극복하는 과정이라는 얘기는 경쟁의 개념만큼이나 내게는 어울리지 않는 것이다. 경쟁의 정신이 문화적 생활에서 아주 중요하다는 사실을 내가 『호모 루덴스』에서 되풀이하여 강조하기는 했지만 말이다.

아무튼 이 전기 작업은 잘 되었든 못 되었든 곧 결말이 났고 이제 돌이켜 생각해 보니 어떤 정원에 잠시 머물면서 여기저기에서 꽃을 따서 한 다발의 꽃더미를 만들고 나서는 곧바로 다른 곳으로 이동해 간 그런 느낌이 든다.

그런데 위의 인용문 중 두 군데는 좀 납득하기 어려운 점이 있다. 하나는 1920년 이전에는 에라스뮈스에 대해 아는 것이 거의 없었다고 한 점이고, 다른 하나는 에라스뮈스 평전을 집필한 후에는 그 일을 깨끗이 잊어버리려 했다는 점이다. 『중세의 가을』은 1919년에 초판이 나왔는데, 하위징아는 이 책에서 에라스뮈스를 무려 여섯 번이나 언급하고 있다. 그것도 여러 사람들을 거명하는 중에 지나가듯이 언급한 것이 아니라, 에라스뮈스의 『대화집』에 들어 있는 글 "천사의 장례식"을 인용하며 에라스뮈스가 죽은 성인들의 추모가 질병을 고쳐 준다는 대중들의 속신을 조롱했다는 사실을 말했고, 볼프강 파브리치우스 카피토에게 보낸 편지를 인용했으며, 파리에서 한 신부가 사순절 내내 돌아온 탕자의 비유에 대하여 설교한 것을 들었다는 에라스뮈스의 일화를 소개했으며, 페트라르카의 휴머니즘을 언급하면서 그를 가리켜 에라스뮈스의 예고편이라고 했고, 로베르 가갱 덕분에 유럽 지식인들 사이에 처음으로 에라스뮈스의 이름이 알려지게 되었다는 사실 등을 적고 있다. 이렇게 에라스뮈스를 잘 알았고, 또 상황에 어울리게 여러 번 인용한 것을 보면 틀림없이 『우신 예찬』도 읽었을 것으로 짐작된다.

또 『에라스뮈스』를 집필한 후에는 그 일을 잊어버리려고 했다는 것도 믿기가 어렵다. 왜냐하면 하위징아는 1938년에 발간한 『호모 루덴스』에서 이렇게 말하고 있기 때문이다. "칼뱅과 루터는 휴머니스트 에라스뮈스가 신성한 것을 논하는 어조를 견딜 수가 없었다. 에라스뮈스! 그의 모든 존재는 놀이 정신을 발하고 있는 것처럼 보인다. 이런 놀이 정신은 『대화집』과 『우신 예찬』뿐만 아니라, 그리스와 라틴 문학에서 나온 놀라운 경구들의 모임에 가벼운 풍자와 멋진 익살로 주석을 달아 놓은 『격언집』에서도 빛을 발한다. 그의 수많은 편지와 때때로 무게 있는 신학적인 논문에는 쾌활한 위트가 배어 있다. 그는 평생을 이런 쾌활한 위트와 놀이 정신 속에서 살았다." 하위징아는 이렇게 딱 한 번만 에라스뮈스를 언급한 것이 아니라 같은 책의 다른 곳에서는, 에라스뮈스가 『우신 예찬』에서 놀이와 진지함을 서로 대립시켜 파악하려는 태도는 부적절하다는 논평을 했다는 점도 거론하고 있다.

사정이 이러한데도 왜 생애 만년에 그렇게 글을 썼을까? 옮긴이는 "비록 그를 존경하기는 하지만 그에게 공감을 별로 느끼지 못했다"라는 문장에서 그 단서를 찾아볼 수 있다고 생각한다. 왜 공감을 느끼지 못하는지에 대해서는 책 뒤에 붙인 해설 중 "에라스뮈스와 하위징아"를 참조하기 바란다.

이 번역본에 대하여

—————— 　이 책은『호모 루덴스』(2010)와『중세의 가을』(2012)
을 순차적으로 펴낸 연암서가에서 세 번째로 내놓는 하위징아
저서이며, 국내에서는 처음 번역된 것이다. 독자들이 앞의 두 책
을 사랑하고 성원해 주신 덕분에 두 책에서 자주 언급되는『에
라스뮈스』를 출판할 수 있게 되었다. 이 책의 원서는 F. 호프만
이 하위징아의 지도를 받아 가며 네덜란드어에서 영어로 번역한
Erasmus(Charles Scribner's Sons, New York, 1924)이다. 이 영역본은
1924년 처음 출간된 이래 출판사만 바꿔 가며 아직도 중쇄를 거
듭하고 있는 명역이다.

　시중에는 에라스뮈스 전기와 관련하여 두 종의 책이 나와 있
다. 하나는 슈테판 츠바이크의『에라스무스 평전』(아롬미디어)이
고, 다른 하나는 롤란드 베인턴이라는 신학자가 쓴『에라스무스
의 생애』(크리스천다이제스트)이다. 앞의 책은 츠바이크가 소설 형
식으로 쓴 책이라서 본격적인 평전이라고 보기는 어렵고, 뒤의
책은 신학자가 신학대학에서 행한 다섯 번의 강연을 묶어 낸 것
으로서 주로 신학에 초점이 맞추어져 있다. 그에 비하여 하위징
아의『에라스뮈스』는 르네상스, 휴머니즘, 16세기 종교개혁이
라는 거시적 관점에서 에라스뮈스의 생애를 조망하는 한편, 에

라스뮈스 개인의 사상과 성품을 깊이 있게 파헤치면서 그가 후대에 끼친 영향까지 조망하는 본격적인 평전이다. 그렇다고 해서 에라스뮈스를 일방적으로 칭송하는 성인전聖人傳 유의 전기가 아니며, 에라스뮈스의 여러 가지 결점과 부족한 점에 대해 엄정한 비판을 가하여 입체적인 초상화를 제시한다. 레이던 대학의 빌렘 오터스페어 교수가 『요한 하위징아』에서 지적한 바 있듯이, 문필가로 대접받아도 좋을 만한 하위징아의 아름다운 문장은 이 책을 읽는 흥취를 더욱 높여 준다.

위에서 "에라스뮈스는 평생을 이런 쾌활한 위트와 놀이 정신 속에서 살았다"라는 하위징아의 말이 인용되었는데 이 놀이 정신은 『우신 예찬』을 해설한 제9장에서 탁월하게 서술되어 있다. 옮긴이는 이 장을 번역하면서 『우신 예찬』도 훌륭한 글이지만, 그것을 해설한 하위징아의 글도 그에 못지않게 뛰어난 글이라고 느꼈다. 하위징아는 독자들이 종교개혁의 배경이 되는 철학, 신학, 기독교 교리 등에 대하여 상당한 지식을 갖추고 있다고 전제하면서 이 책을 써 나갔다. 그래서 크레타인의 역설, 의화, 연옥, 신플라톤주의, 유명론, 실재론, 루터의 3대 논문 같은 용어가 아무런 풀이도 없이 그대로 나오고 있다.

옮긴이는 독자들의 편의를 위하여 이런 용어들과 주요 인물들의 간략한 풀이를 책 뒤에 넣어서 종교개혁을 잘 모르는 독자도 이 책을 쉽게 이해할 수 있도록 배려하였다. 또한 원서에는 없는 소제목을 책 중간에 집어넣어 관련 부분을 쉽게 찾을 수 있도록 하였다. 찰스 스크리브너사 판을 그대로 재출간한 도버 출판사 판본에는 도판이 전혀 들어 있지 않은데 연암서가 편집부는 독자의 편의를 위하여 다른 판본(Erasmus of Rotterdam, Phaidon Press, 1952)을 구해 풍부한 사진과 삽화를 함께 넣어 이 책의 가독성을 높였다.

옮긴이는 이 책을 번역하면서 저자 요한 하위징아의 박학다식함, 세밀하면서도 예리한 관찰력, 아름다운 문장에 깊은 감명을 받았다. 특히 제9장 『우신 예찬』을 해설한 문장은 무척 아름다워 몇 번을 거듭하여 읽었는지 모른다. 이 책을 읽는 독자는 틀림없이 플라톤 철학, 신플라톤주의, 토미즘, 스코티즘, 기독교 교리 등에 대하여 더 공부하고 싶은 마음이 들 것이다. 따지고 보면 고전이란 더 큰 세계로 들어가는 문을 열어 주는 열쇠 같은 것이 아닌가. 독자들이 이 책을 읽고 더 넓은 지식의 세계로 나아가기를 진심으로 바라는 바이다.

2013년 6월
이종인

G. N. 클라크

옥스퍼드 대학 오리얼 칼리지 학장

20여 년 전 구름과 햇빛이 번갈아 찾아들던 어느 봄 날, 나는 이 책의 저자인 요한 하위징아의 가이드 역할을 한 적이 있었다. 당시 그는 옥스퍼드 대학에 방문 교수로 와 있었다. 그는 옥스퍼드 방문이 처음이 아니었기 때문에 주요 건물들은 이미 다 알고 있었다. 그래서 우리는 좀 덜 알려진 건물들을 돌아보기로 했다. 비록 그가 전 세계적으로 잘 알려진 작가이기는 했지만, 나는 그 두 세 시간의 대학 안내가 다른 방문객들을 안내했을 때와 별반 다르지 않을 거라고 생각했다. 하지만 내 생각은 빗나갔고, 그의 방문은 기억할 만한 사건이었다. 그는 오래된 건물들의 용도를 잘 알았고, 그것을 설계하고 지은 사람들의 의도까지 환히 파악하고 있었다. 그가 대학과 학문의 역사에 대하여 글을 쓴 역사학자이니 그런 정도는 예상할 수 있는 일이었다.

나를 놀라게 하고 즐겁게 한 것은 그가 예리한 감식안을 갖고 있었다는 것이다. 그는 포오더스Four Orders 탑의 장식적 모티프들 중에서 탑의 건축 당시 어떤 모티프가 유행했고 어떤 것이 인기가 없었는지 내게 말해 주었다. 올소울스All Souls 칼리지를 둘러볼 때 별로 평가를 받지 못하는, 영국 건축가 호크스무어Hawksmoor의 쌍둥이 탑의 장점을 내게 지적했다. 그의 감식안은 박식했을 뿐만 아니라 예민했다. 나는 그가 드로잉에 소질이 있다는 얘기를 들은 것을 기억해냈다. 대학 경내를 함께 걷고 대화를 나누면서 그의 내면에 깃든 외유내강의 성품을 느낄 수 있었다. 그것은 예술가의 감수성에다 역사적 진실을 추구하는 결단력을 가미한 그런 성품이었다.

하위징아는 나이 마흔을 약간 넘었을 때 엄청난 성공과 명성을 갑자기 얻게 되었다. 그 이전에 그의 학문적 내공은 천천히 그러면서도 은밀하게 성숙되어 왔다. 그의 친구들은 그가 독특한 사람이라는 것을 알아보았지만 정작 하위징아 자신이나 친구들은 그의 학문 연구가 어느 쪽으로 결실을 맺을지는 예상하지 못했다. 그는 1872년 네덜란드의 북쪽 주요 도시인 흐로닝언에서 태어나, 그곳의 중고등학교와 대학을 다녔다. 네덜란드 역사와 문학을 공부했고, 또 동양의 언어들, 신화학, 사회학 등을 연구했다. 그는 훌륭한 언어학자로서 꾸준하게 학문적 성취를 이루어 나갔다. 하지만 신동도 아니었고 보편적 학자도 아니었다. 과학과 시사 문제는 전혀 그의 관심을 끌지 못했다. 그가 학자로 성숙

할 때까지 연구 조사보다는 상상력이 더 그를 만족시켰던 것 같다. 그는 서른이 넘을 때까지 하를렘 고등학교의 역사 교사를 했다. 하지만 이 당시에도 유럽학을 연구할지 동양학을 연구할지 진로를 결정하지 못했다. 그는 암스테르담 대학에서 산스크리트어 강사를 2-3년 하다가 고등학교 교사를 그만두었는데, 아주 우연한 계기로 고향 도시인 흐로닝언 대학의 교수로 취임했기 때문이다.

그는 평생 동안 뚜렷한 연구 패턴으로 일관했다. 가령 어떤 기간 동안 창조력을 집중하여 어떤 책을 하나 끝내면 온 정성을 쏟아 왔던 주제를 옆으로 밀쳐놓고, 다른 주제나 시대의 연구로 옮겨 갔다. 그리하여 8권짜리 그의 전집(한 권이 더 추가될 예정)은 아주 다양한 범위를 다룬 단행본과 논문들을 포함한다. 시간이 흘러가면서 그는 과거에 무심하게 흘려보낸 역사의 양상들을 꼼꼼하게 검토했다. 그리하여 과거의 정치적·역사적 생활에 대하여 아주 명료한 통찰을 얻게 되었다. 그를 가리켜 현학자도 교조주의자도 아니라고 한 것은 아주 적절한 표현이다.

그는 흐로닝언 대학에서 보낸 10년 동안 학자로 우뚝 서게 되었다. 그는 좋은 배필을 만나 행복한 결혼 생활을 했고, 자녀를 여럿 두었으며, 그의 마음을 구성한 여러 가지 요소들을 하나로 통합시켰다. 문장 스타일과 아름다움을 예민하게 의식하는 그의 문학적 감수성은 양심적 학자 정신과 훌륭한 조화를 이루었다.

그의 학문은 네덜란드의 자유로운 학문적 분위기에 굳건히 뿌리를 내리고 있으나 그의 호기심은 특정 시간, 공간, 편견에 국한되지 않았다. 이것은 네덜란드 사람들과 네덜란드 역사학의 모험 정신과도 일치하는 것이다. 그는 점점 더 실현된 이상으로서의 문명이라는 주제를 자신의 핵심 주제로 삼게 되었다. 인간은 무한하게 다양한 형태로 문명을 창조하지만 그것은 언제나 삶의 수준을 높이는 사업과 연계되어 있다고 믿었다.

이런 내공이 무르익어 갈 무렵 그를 둘러싼 세상은 확 바뀌었다. 1914년 네덜란드는 서로 싸우는 국가들에 둘러싸인 중립국이 되었다. 1914년 그의 아내가 죽었고, 그는 아주 외로운 홀아비 신세로 그 다음 해인 1915년에 레이던 대학의 일반 역사학 교수로 취임했다. 그는 학자 생활을 하는 내내 이 대학에 머물렀다. 제1차 세계대전이 끝난 다음 해(1919) 그의 대작『중세의 가을』이 간행되어 역사학자로서 국제적 명성을 얻게 되었고, 이 책은 그 후 여러 언어로 번역되었다. 이 책은 유럽의 위대한 문명 시기인 중세의 끝 무렵, 그러니까 14세기와 15세기의 프랑스와 네덜란드에서 발견되는 생활과 사상의 형식을 탐구한 연구서이다.

영국은 중세를 여러 세대 동안 이상화해 왔기 때문에『중세의 가을』에서 다루어진 몇몇 주제들을 네덜란드처럼 신기하게 보지는 않았다. 네덜란드에서는 많은 사람들이 르네상스와 종교개혁을 높이 평가하면서, 특히 종교개혁을 더 좋은 세상의 새로운 출발로 여겼기 때문에, 중세 후기도 나름대로 아름다운 문명을 갖추었다는 『중세의 가을』의 주제는 다소 충격적인 것이었다. 그러나 네덜란드와는 다르게 제1차 세계대전의 소용돌이에 말려들어 갔던 영국과 미국은, 합리성의 기준을 다시 한 번 생각해 보아야 한다는 그 책의 예리한 지적에 귀를 기울였다. 아무튼 『중세의 가을』은 역사서로서, 또 문학 작품으로서 앞으로 오랫동안 고전의 지위를 누릴 것이다.

『에라스뮈스』는 이 위대한 저서의 속편이다. 이 책은 1924년에 출판되었고, 저자의 필력이 가장 왕성하던 시대에 나온 저서들 중 하나이다. 그 주제는 『중세의 가을』에서 다루어진 시대보다 30년 후의 시대를 살았던 한 지식인의 삶과 사상이다. 『에라스뮈스』의 여러 갈피에서 분명히 드러나겠지만, 에라스뮈스는 하위징아가 특별한 애정을 갖고 있던 인물이었다. 그가 에라스뮈스에 대하여 쓴 말들은 그 자신에 대하여 그대로 적용될 수 있을 것이며, 에라스뮈스의 태도에서 세상의 변화에 반응하는 하위징아의 태도를 읽을 수 있다.

여기는 그런 문제를 따져 물으면서 분석할 자리는 아니다. 또 하위징아의 모든 저작에 대한 포괄적 견해를 제시하려는 자리도 아니다. 하지만 그의 만년에 대하여 한 마디 할 공간은 있다. 그는 네덜란드의 핵심적 지식인의 한 사람으로 인정되었고, 1937년 재혼하면서 개인적 행복을 되찾았다. 그러나 서방 세계에는 먹구름이 짙게 드리우고 있었다. 나치가 독일에서 두각을 나타내기 시작할 무렵부터 그는 아주 냉정하고 분명하게 나치에 반대한다는 입장을 천명했다. 나치가 네덜란드를 침입하자 그는 몇몇 동료 교수들에게 이런 인상적인 말을 했다. "곧 그렇게 되겠지만 우리 대학과 네덜란드의 과학 및 학문의 자유를 옹호해야 할 일이 발생하면, 우리는 그것을 위해 모든 것을 내놓을 각오를 해야 합니다. 우리의 재산도, 자유도, 심지어 생명까지도." 나치는 레이던 대학을 폐쇄했고, 이제 나이 들어 쇠약해지고 건강이 나빠진 요한 하위징아를 인질로 사로잡았다. 그랬다가 그들은 네덜란드 동부 변방의 한 작은 마을로 그를 추방 조치했다. 이런 열악한 상황 속에서도 그는 글을 썼고, 그냥 쓴 것이 아니라 멋지게 썼다. 전쟁이 끝나가던 마지막 해 겨울, 해방군이 가까이 다가올 무렵 그는 전쟁을 겪는 다른 민간인들과 똑같은 고통을 겪었다. 하지만 그의 정신은 백절불굴이었다. 그는 네덜란드가 해방되기 몇 주 전인 1945년 2월 1일 숨을 거두었다.

G. N. 클라크
오리얼 칼리지, 옥스퍼드
1952년 4월

차례

제1장

어린 시절과 청소년 시절

1466-88

탄생의 시대적 배경

───── 에라스뮈스가 태어났을 때, 홀란트는 부르고뉴 공작들이 그들의 지배 아래 통합시킨 영토의 일부분으로 들어가 이미 20년이 지난 뒤였다. 부르고뉴 공국의 영토 구성은 복잡했다. 그 영토의 절반은 프랑스어를 사용하는 부르고뉴, 아르투아, 에노, 나뮈르 등이었고, 절반은 네덜란드어를 사용하는 플랑드르, 브라반트, 젤란트, 홀란트 등이었다. '홀란트'라는 명칭은 그 이름을 가진 카운티(현재의 남홀란트 주와 북홀란트 주)에만 국한되어 사용되었고, 젤란트 또한 오래 전부터 이 카운티와 연맹이 되어 있었다. 오늘날의 네덜란드 왕국은 플랑드르, 브라반트, 젤란트, 홀란트를 모두 포함하지만 이중 플랑드르, 브라반트는 에라스뮈스 탄생 시에 아직 부르고뉴 공국의 지배를 받지 않았다. 그렇지만 부르고뉴 공작들은 이 지역들을 병합하기 위하여 호시탐탐 노

리고 있었다. 이셀 강의 먼 하류 지역까지 지배력이 뻗치는 위트 레흐트 주교구에서는, 이미 부르고뉴 영향력이 느껴지기 시작했다. 프리슬란트의 정복 계획은 홀란트 백작들이 오래 전부터 물려받은 정치적 상속물이었고, 이것은 시기적으로 부르고뉴 백작들의 영토 야욕보다 앞서는 것이었다. 겔더스 공국만이 아직도 독립을 유지하고 있었는데, 독일의 영토와 인접한 지리적 이점과 나아가 **신성로마제국**과의 유대관계 덕분이었다.

이 무렵 이 땅들은 '바다 곁의 낮은 지방들'이라는 이름으로 통칭되었고, 대체적으로 변방지대의 특성을 띠고 있었다. 독일 황제들의 영향력은 벌써 여러 세기 동안 허구적인 것에 지나지 않았다. 홀란트와 젤란트는 당시 막 생겨나던 독일의 민족적 유대감을 전혀 느끼지 못했다. 이 두 지역은 오랫동안 정치적 문제와 관련하여 프랑스의 조언을 구해 왔다. 1299년 이래 프랑스어를 말하는 왕조, 즉 에노 왕조가 홀란트를 다스려 왔다. 14세기 중반에 그 뒤를 이은 바바리아 왕가도 제국과의 긴밀한 유대관계를 회복하지 않았다. 바바리아 왕가는 파리에 매혹을 느꼈기 때문에 점점 프랑스화했으며, 부르고뉴와의 이중 결혼을 통하여 그 촉수에 더욱 친친 감기는 형국이 되었다.

저지대 지방의 북쪽 절반은 종교와 문화의 측면에서도 '변방'이었다. 비교적 늦게 기독교를 받아들인(8세기 말) 이 지방은 변방지대로서 위트레흐트 주교의 단독 관리 아래 통합되어 있었다.

이곳에서는 교회의 조직망이 그 어느 곳보다 촘촘하게 짜여져 있었다. 그렇지만 이 지방에는 대학이 없었다. 그래서 북네덜란드 지역은 프랑스 파리를 교리와 학문의 중심지로 삼았다. 이러한 프랑스 편향성은 부르고뉴 공국이 야심찬 정책 아래 1425년에 루뱅 대학을 설립한 이후에도 달라지지 않았다. 이제 부르고뉴 공국의 중심지가 된 플랑드르와 브라반트의 부유한 도시들의 관점에서 보자면, 홀란트와 젤란트는 농부와 어부들로 구성된 한심하고 낙후된 지역에 지나지 않았다. 부르고뉴 공작들이 화려하게 주입시키려 했던 기사도 정신은 홀란트의 귀족들 사이에서는 미적지근하게 받아들여졌을 뿐이다. 플랑드르와 브라반트는 프랑스의 모범을 따르려고 열심히 노력했으나, 홀란트는 궁정 문학에 신경 쓰지 않아 이렇다 할 문학적 기여가 없었다.

홀란트에서 벌여 놓은 사업은 아무도 눈치 채지 못한 채 꽃피어 났다. 그것은 기독교 세계의 주목을 끌 만한 그런 것은 아니었다. 그들은 날렵한 항해와 무역(특히 통과 무역)에 주력했다. 홀란트 사람들은 이런 업종에서 독일의 한자 도시와 경쟁했고, 그리하여 프랑스, 스페인, 영국, 스코틀랜드, 스칸디나비아, 북독일과 쾰른 이북의 라인 강 지역 등과 교류했다. 그곳은 청어 어장이 들어선 곳으로서 어업은 비록 비천한 업종이었으나, 그래도 커다란 번영의 원천이었다. 어업은 그 지방의 수많은 소규모 도시들이 적극 참여하는 산업이었다.

홀란트와 젤란트에 있는 도시들, 가령 도르트레히트, 레이던, 하를렘, 미델뷔르흐, 암스테르담 등은 남부에 있는 도시들인 겐트, 브뤼주, 릴, 안트베르펜, 브뤼셀 등과는 비교가 되지 않을 정도로 낙후되었다. 물론 홀란트의 도시들에서 천재들이 태어나지 않는 것은 아니었지만, 이 도시들은 너무 작고 가난하여 예술과 학문의 중심지가 될 수 없었다. 재주가 많은 사람들은 어쩔 수 없이 세속 문화와 종교 문화의 대규모 중심지에 매혹되어 그 대도시로 옮겨 갔다. 가령 위대한 조각가인 슬뤼테르Sluter는 부르고뉴로 가서 공작들 밑에서 일했으며, 그의 예술 유산을 출생지에 물려주지 않았다. 하를렘의 화가인 디르크 바우츠Dirk Bouts는 루뱅으로 옮겨 가서 활약했기 때문에 그곳에 그의 대표작들이 보관되어 있다. 하를렘에 남겨진 얼마 안 되는 문화는 시들다가 사라져버렸다. 예전에 하를렘에서도 그 어떤 도시 못지않게 회화 분야에서 이름 없는 실험이 진행되면서 뭔가 창조 정신이 움터 나와 세상을 바꾸어 놓으려 했으나 그것은 활짝 꽃피지 못했다.

데보티오 모데르나 운동

──────   이곳에서 발생한 또 다른 특징의 정신적 현상이 벌어졌는데, 그것은 이 지방의 생활에 독특한 낙인을 찍었다. 그것은 종교 생활에 새로운 깊이와 열정을 주려는 운동이었다. 데벤

터의 뷔르거(burgher: 부르주아지)인 헤르트 흐로테Geert Groote에 의해 14세기 말에 시작된 데보티오 모데르나(devotio moderna: "새로운 신앙")는 두 가지 긴밀하게 연결된 조직을 갖고 있었다. 하나는 세속과의 인연을 끊지 않고 신앙생활을 하는 공동생활형제회였고, 다른 하나는 정규 아우구스티누스 수도회 소속인 빈데스하임 수도회였다. 자그마한 도시인 데벤터와 즈볼레 사이에 있고, 위트레흐트 교구의 외곽 지대인 이셀 강 유역에서 발달한 이 운동은 곧 동쪽으로 베스트팔리아, 북쪽으로 흐로닝언과 프리지아 지방, 서쪽으로 홀란트까지 퍼져 나갔다. 공동생활형제회 건물은 어디에서나 세워졌고, 빈데스하임 수도회의 지부도 건립되었다. 데보티오 모데르나는 엄정한 교리를 주장하는 운동이라기보다 감성과 실천의 운동이었다.

이 운동이 진정한 가톨릭 특성을 갖고 있다는 사실은 교회 당국에 의하여 인정되었다. 성실함과 온유함, 단순함과 근면성, 특히 종교적 정서와 사상의 지속적인 열기 등이 이 운동의 목적이었다. 병든 사람들을 돌보는 간호 사업과 기타 자선 사업에 중점을 두었고, 특히 교육과 글쓰기 가르침에 많은 시간을 들였다. 바로 이 점에서 데보티오 모데르나는 거의 같은 시기에 프란체스코 수도회와 도미니크 수도회가 영성의 부흥을 외치며 주력했던 설교행위와 구분된다. 빈데스하임 수도자와 히에로니무스 수도자(공동생활형제회의 수도자를 종종 이렇게 불렀다)는 조용한 교실을 확보하여 침묵 중의 글쓰기를 가르치는 일에 많은 정성을 쏟았다. 공동생활형제회에서 운영하는 학교들은 곧 넓은 지역에서 학생들을 끌어들였다. 이런 식으로 북부 네덜란드와 저지 독일에서 중산층의 문화가 널리 확산되는 기초가 놓이게 되었다. 그것은 아주 범위가 협소한 종교적 문화였지만 그 때문에 보다 넓은 층의 사람들을 끌어들일 수 있었다.

빈데스하임 수도회가 예배서의 형식으로 내놓은 책들은 교리를 알려주는 소책자나 소속 수도자의 전기 등에 국한되어 있었다. 이런 책들은 과감하거나 새로운 사상을 소개하는 것이 아니라 경건하고 성실한 신앙심을 전달하는 것이었다. 이런 책자들 중에 가장 위대한 것은 즈볼레 근처 성 아그니텐베르흐 수도원의 참사위원이었던 토마스 아 켐피스Thomas à Kempis가 집필한 『그리스도를 본받아De imitatione Christi』였다. 스헬트 강과 뫼즈 강 이북의 지역을 방문하는 외국인들은 그곳 주민들의 촌스러운 매너와 과도한 음주를 비웃었으나, 동시에 그들의 신실한 경건주의를 주목했다. 이 지역은 전에도 그랬던 것처럼 이미 명상적이고 자급자족하는 생활을 해온 지가 오래되었다. 그리하여 기발한 재치로 이 세상을 놀라게 하기보다는 이 세상을 깊이 명상하면서 세상사를 비난하며 자기 자신의 수양을 닦는 데 더 익숙했다.

에라스뮈스의 가계와 사생아로 탄생

────────   홀란트에서도 가장 분지인 로테르담과 호우다는 물이 많은 지역이며 두 도시 사이의 거리는 12마일이다. 이들은 조그마한 도시로서 규모로 따진다면 도르트레히트, 하를렘, 레이던, 급속히 부상하는 암스테르담의 다음 순서였다. 두 도시는 문화의 중심지는 아니었다. 에라스뮈스는 1466년(추정) 10월 27일 로테르담에서 태어났다. 그는 사생아로 태어났기 때문에 이것이 그의 가계와 친척들에게 신비의 베일에 싸여 있다. 에라스뮈스는 자신의 사생아 탄생 사실을 나중에 알았던 것 같다. 출생의 오점에 대해서 아주 예민했기 때문에 그 비밀을 공개하기보다는 감추려고 더 애를 썼다.

그가 만년에 출생에 대해 내놓은 그림은 낭만적이면서도 애수적인 것이었다. 그의 아버지는 젊은 시절 의사의 딸을 만나 그녀와 결혼할 목적으로 구애를 했다. 아버지의 부모와 형제들은 그 사실을 알고 분노하면서 결혼을 만류하는 동시에 성직자가 되라고 설득했다. 젊은이는 어린아이가 태어나기 전에 집에서 달아났다. 그는 로마로 가서 원고를 베껴 쓰는 필사자로서 생계를 유지했다. 그의 친척들은 젊은이에게 사귀던 여자가 죽었다는 거짓 소식을 보냈다. 그는 깊은 슬픔에 빠졌고 그 때문에 신부가 되어 종교 생활에 전적으로 헌신했다. 그러다가 고국에 돌아온 그는 가족들의 소식이 거짓이었다는 것을 알게 된다. 그는 이제 신부의 몸이 되어 결혼할 수 없기 때문에 과거에 좋아했던 여자와 일체 접촉을 끊었다. 하지만 아들 에라스뮈스에게는 폭넓은 인문 교육을 시키기 위해 무척 애를 쓴다. 어머니는 그 아이를 생후부터 줄곧 돌보았으나 젊은 나이에 죽고 만다. 아버지도 곧 어머니의 뒤를 따라 사망했다. 에라스뮈스의 기억으로, 어머니가 돌아가셨을 때 그는 열두 살 혹은 열세 살이었다. 그러나 어머니는 에라스뮈스가 17세였던 1483년 이전에는 사망하지 않은 것 같다. 자신의 출생과 관련하여 에라스뮈스의 연대는 언제나 부정확하다.

에라스뮈스는 자신이 내놓은 이런 출생 이야기의 세부 사항들이 상당 부분 정확하지 않다는 걸 알고 있었던 게 분명하다. 그의 아버지는 그 젊은 여자와 알게 되어 에라스뮈스를 임신시켰을 무렵에 이미 신부였던 것으로 보인다. 게다가 그 임신은 두 젊은 남녀의 충동적인 행동에서 빚어진 것도 아니었다. 남녀는 상당히 오랜 동안 그런 부적절한 관계를 맺은 듯하다. 왜냐하면 에라스뮈스보다 세 살이나 많은 형 페터가 3년 전에 태어났기 때문이다.

에라스뮈스의 가문은 많은 평범한 중산층 가문들 중 하나였을 것으로 추측된다. 아버지의 형제는 아홉 명이었는데 모두 결혼했다. 친가 쪽의 할아버지와 할머니, 그리고 외가 쪽의 삼촌들은 모두 장수했다. 아버지 형제들이 많아서 사촌이나 그 자식들이 많았을 텐데 유명한 에라스뮈스와의 인척 관계를 주장한 사람이 없다는 것은 좀 기이한 일이다. 사촌들의 후손도 추적이 되지 않는다. 그들의 이름은 무엇이었을까? 이 당시 뷔르거 가문의 이름이 아직 확정되지 않았다는 사실도 그 친척들의 추적을 어렵게 한다. 그 당시 사람들은 성이 없고 자기만의 이름 혹은 아버지 이름을 사용했다. 게다가 아버지의 이름이 고정되어 뒤의 세대들이 계속 그 이름을 사용하기도 했다. 에라스뮈스는 아버지를 헤라르트, 형을 페터 헤라르트라고 불렀는데, 교황의 편지는 에라스뮈스를 에라스뮈스 로제리(Erasmus Rogerii: "로게리우스의 아들")이라고 불렀다. 아마도 그의 아버지 이름은 로게르 헤라르트였을 것이다.

에라스뮈스와 그의 형은 로테르담에서 태어났지만 그의 아버지 친척들은 그곳이 아니라 호우다 사람들이었음을 보여 주는 증거들이 많다. 그들은 호우다에 가까운 친척들을 많이 두고 있었다.

에라스뮈스라는 이름의 유래

───── 에라스뮈스는 그의 크리스천 이름이다. 다소 특이한 이름이기는 하지만 그런 선택에 이상한 점은 없다. 성 에라스뮈스는 15세기에 수많은 사람들의 경배를 받았던 열네 명의 성스러운 순교자들 중 한 사람이다. 성 에라스뮈스가 개입하면 부자가 된다는 속설 때문에 사람들이 이 이름을 선택했을 수도 있

다. 그는 그리스어를 마스터하기 전만 해도 헤라스뮈스Herasmus
라는 이름을 썼다. 그러다가 좀 더 정확하고 부르기 좋은 형태의
이름을 선택하지 못한 것을 후회하고서 에라스뮈스로 바꾸었다.
아주 가끔 그는 농담 삼아 자신을 헤라스뮈스라고 불렀는데, 그
의 대자代子이며 요하네스 프로벤Johannes Froben의 아들은 언제
나 이 형태의 이름(헤라스뮈스)을 사용했다.

아마도 위와 같은 미학적 고려 때문에 그는 야만적인 로테르
다멘시스Rotterdammensis를 로테르다뮈스Roterdamus로 바꾸고, 또
나중에 로테로다뮈스Roterodamus로 바꾸고 이중 "로"에 강세를
주어 읽었을 것으로 보인다. 데시데리위스Desiderius는 그가 직
접 고른 추가 이름이고 1496년에 처음 사용했다. 에라스뮈스가
좋아하는 로마 저술가였던 히에로니무스Hieronymus의 편지 중
에 데시데리위스라는 이름이 나오는 것을 보고서 마음에 들어
서 선택했을 가능성이 높다. 그리하여 에라스뮈스의 온전한 이
름은 데시데리위스 에라스뮈스 로테로다뮈스Desiderius Erasmus
Roterodamus가 된다. 이 이름은 1506년 프랑스 파리에서 조세 바
디우스Josse Badius가 출간한 『격언집Adagia』의 제2판에 처음 나왔
다. 당시 마흔 살이었던 에라스뮈스가 드디어 자신의 정체성을
발견했다는 표시이기도 하다.

그를 둘러싼 환경이 열악하여 에라스뮈스는 순조로운 성장을
하지 못했다. 그의 회상에 의하면, 그는 막 네 살인 어린아이 때

이미 형 페터와 함께 호우다의 학교에 들어갔다. 아버지가 데벤터에 있는 성 레부인 교회 산하의 유명한 학교에 에라스뮈스를 보낸 것은 아홉 살 때였다. 어머니가 그를 따라갔다. 그는 1475년에서 1484년까지 9년 동안 데벤터에 머물렀던 것으로 보인다. 그 중간에 위트레흐트 대성당의 성가대 소년으로 뽑혀 가 데벤터에 없었던 기간도 있었다. 에라스뮈스 자신은 14세 때 데벤터를 영원히 떠났다고 만년에 말했는데, 아마도 위트레흐트에 머물기 위해 잠시 떠났던 기간을 완전히 떠난 것으로 착각한 듯하다. 데벤터 시절의 회상은 그의 글에서 자주 등장한다. 그는 거기서 받은 교육에 대해 별로 고마움을 느끼지 않았다. 학교는 여전히 야만적이었다고 말했고, 아주 오래된 중세의 교과서들이 사용되었는데, 그 어리석음과 황당무계함은 상상조차 할 수 없는 것이었다고 비난했다. 몇몇 교사는 공동생활형제회 소속이었다. 교사들 중 요하네스 신텐Johannes Synthen은 에라스뮈스에게 순수한 형태의 고전 고대의 문학을 어느 정도 가르쳐주었다. 에라스뮈스가 그 학교를 거의 떠날 무렵 알렉산더 헤기우스Alexander Hegius가 그 학교의 교장에 취임했다. 헤기우스는 프리지아 휴머니스트인 루돌프 아그리콜라Rudolf Agricola의 친구였는데, 이탈리아 유학을 마치고 돌아온 아그리콜라는 동료들로부터 천재라는 소리를 듣고 있었다. 축제일이면 교장은 전교 학생을 모아 놓고 연설을 했다. 에라스뮈스는 딱 한 번 아그리콜라의 연설을 들었는데 깊은 감명을 받았다.

어머니가 도시를 휩쓴 전염병으로 사망하자, 에라스뮈스의 데 벤터 학창 시절은 갑작스럽게 끝나고 말았다. 아버지는 에라스 뮈스 형제를 호우다로 불러들였는데, 그 직후 아버지도 사망했 다. 아버지는 교양인이었다. 그는 그리스어를 알았고, 이탈리아 에서 저명한 휴머니스트들의 연설을 들었으며, 고전 작가들의 작품을 복사하여 상당히 가치 있는 서재를 남겨 놓았다.

수도원에 들어간 에라스뮈스 형제

━━━━   아버지 사망 이후에 에라스뮈스 형제는 세 명의 보 호자들에게 맡겨졌다. 나중에 에라스뮈스는 그들의 배려와 의도 에 대해 아주 나쁘게 회상했다. 그들의 행동을 에라스뮈스가 얼 마나 과장한 것인지는 알기가 어렵다. 보호자들 중 한 사람은 호 우다 학교의 교사인 페터 빙켈Peter Winckel이었는데 중요한 직책 에 있으면서도 새로운 고전주의에 대해서는 별로 호감을 갖고 있지 않았다. 하지만 의심할 나위 없이, 그의 피보호자들은 그 고 전주의에 열광하고 있었다. 빙켈은 당시 14세이던 에라스뮈스가 공들여 쓴 라틴어 편지를 읽고서 못마땅한 표정을 짓더니 이렇 게 말했다. "앞으로 이렇게 우아한 글을 또다시 쓸 생각이라면, 거기다 주석까지 좀 덧붙이지 그래?" 보호자들은 에라스뮈스 형 제가 수도원에 들어가는 것이 하느님을 기쁘게 하는 일이라고

생각하며 에라스뮈스 형제들에게 납득시키려 했다. 왜냐하면 그 것이 그들의 부담을 덜어 버리는 가장 좋은 방법이었기 때문이다. 에라스뮈스가 볼 때, 그들의 이런 희망은 불성실한 보호를 은 폐하려는 아주 이기적이고 한심한 작태였다. 그것은 권한과 권 위를 징그러울 정도로 남용하는 것이었다. 아니, 그보다 더 심한 피해가 있었다. 이 일 때문에 에라스뮈스는 만년에 들어서서 형 페터의 이미지마저도 나쁘게 회상하게 된다. 페터와 그토록 오 랫동안 친밀한 사이를 유지해 왔는데도 말이다.

빙켈은 각각 21세와 18세인 형제를 이번에는 부아르뒤크에 있는 학교로 보냈다. 형제는 학교가 소속된 공동생활형제회 건물에서 살았다. 여기에는 데벤터 시절의 영광 같은 것은 아예 없 었다. 에라스뮈스는 이 학교가 형제의 자연스러운 소질을 파괴 하는 데 혈안이 되어 있었다고 말했다. 형제를 때리고, 비난하고, 엄격하게 대함으로써 수도원 생활에 알맞은 영혼으로 재창조 하려 했다는 것이다. 이것은 형제의 보호자들이 의도했던 것이 라고 에라스뮈스는 생각했다. 이제 대학에 갈 나이가 되었으나 형제는 의도적으로 대학 진학에서 배제되었다. 이런 식으로 여 기서 2년 세월이 낭비되었다. 두 명의 교사 중 하나인 롬보우트 Rombout는 젊은 에라스뮈스를 좋아하여 공동생활형제회에 입회 시키려고 애를 썼다. 만년에 에라스뮈스는 그의 말을 따르지 않 은 것을 종종 후회했다. 왜냐하면 형제회는 이제 그가 곧 선서하게 될 취소 불가능의 맹서 같은 것은 요구하지 않았기 때문이다.

또다시 전염병이 창궐하여 에라스뮈스 형제는 부아르뒤크를 떠나 호우다로 돌아왔다. 에라스뮈스는 고열에 시달리면서 온몸의 원기가 빠져나갔다. 원치 않는 지시에 저항하려면 몸에 힘이 남아 있어야 하는데 사정은 그렇지 못했다. 세 명의 보호자(그 중 한 명은 사망했다)는 이제 노골적으로 형제에게 수도원에 들어가라고 종용했다. 그들은 그렇게 종용할 만한 사유가 있었다고 에라스뮈스는 말했다. 그들은 피보호자들의 얼마 안 되는 상속 재산을 잘못 관리해 놓고는 정확한 회계 보고서의 제시를 거부했다.

나중에 에라스뮈스는 이 암울한 시기와 관련된 일은 모두 어두운 색깔로만 보았다. 단 자기 자신에 대해서는 그리 어둡게 보지 않았다. 그는 자신을 아직 16세가 되지 않은 소년으로 회상한다.(이 무렵 그는 이미 20세가 되어 있었다.) 고열에 온 몸이 약해져 있었지만 합리적인 이유를 제시하며 단호하게 수도원 행을 거부했다고 회상한다. 그는 형에게 그곳을 달아나 대학에 입학하자고 말했다는 얘기도 했다. 두 명의 보호자 중 한 사람은 속 좁은 독재자였고, 나머지 한 사람은 빙켈의 동생으로서 상인이었는데 경박한 사기꾼이었다. 형인 페터가 보호자들의 종용에 먼저 굴복하여 그들이 찾아낸 델프트 근처의 시온 수도원(아우구스티누스 수도회의 지파)에 들어갔다. 에라스뮈스는 좀 더 오래 저항했다. 그러다가 동일한 수도회 소속인 스테인 혹은 엠마누스 수도원을 찾아갔다가 데벤터 학교의 동창생을 만나서 마음이 바뀌었다. 그 동창생은 수도원 생활의 밝은 면을 말해 주었던 것이다. 에라스뮈스는 보호자들의 종용에 굴복하여 스테인에 들어갔고, 그 직후인 1488년에 수도자가 되겠다는 서약을 했다.

제2장

스테인 수도원

1488-95

———

———　만년에 이르러 수도원에 들어가기까지의 모든 과정이 그의 마음속에서 왜곡되어 자리 잡았다. 수도자 신분에 대한 후회와 그것으로부터 벗어나기 위해 엄청난 고통을 겪었기 때문에 그런 심리적 왜곡이 발생했던 것이다. 스테인 시절 이래 에라스뮈스가 다정한 어조로 편지를 써 보냈던 형 페터도 쓸모없는 인간 혹은 사악한 영혼인 가룟 유다로 변모했다. 에라스뮈스에게 조언을 해서 수도원에 들어가게 했던 데벤터 동창생은 자기 욕심만 챙기는 배신자가 되었다. 그 동창생은 순전히 게으름과 남들의 칭찬 때문에 수도원에 들어간 자로 매도되었다.

그러나 스테인 시절에 에라스뮈스가 쓴 편지들은 수도원 생활에 대한 깊은 혐오감을 보여 주지 않는다. 만년에 이르러 에라스뮈스는 사람들에게 자신이 첫 시작부터 그 생활을 싫어했다고 말한다. 물론 수도원 감독자의 감시 때문에 마음에 있는 말을 편지에다 다 쓰지 못한 것도 있으리라. 또 그의 마음속 깊은 곳에는 자유에 대한 열망과, 스테인에서는 얻을 수 없는 문명화된 사교 생활에 대한 동경도 자리 잡고 있었으리라. 그래도 에라스뮈스는 수도원에서 동료들이 미리 알려주었던 좋은 것들을 일부 발견할 수 있었다. 이 시기에 "수도원 생활의 찬양", "사촌을 유혹하려는 친구의 비위 맞추기" 같은 글을 썼는데, 비록 나중에 순진한 마음의 소치일 뿐이라고 둘러댔으나, 그래도 에라스뮈스는 그것이 불합리한 주장은 아니라고 생각했다.

스테인 수도원에서 사귄 친구들

────── 스테인에서 그는 상당한 자유를 누렸고, 고전 고대에 대한 지적인 동경을 함양했으며, 비슷한 성향을 가진 수도자들과 교분을 쌓았다. 특히 그의 관심을 끈 수도자가 셋 있었다. 그를 수도자의 길로 인도한 데벤터 동창생에 대해서 우리는 더 이상 소식을 들을 수가 없다. 에라스뮈스의 친한 친구는 스테인에서 함께 시간을 보낸, 로테르담의 세르바티우스 로저Servatius Roger, 호우다의 빌렘 헤르만스Willem Hermans였고, 그 외에 약간 나이가 많은 호우다의 코르넬리우스 헤라르트Cornelius Gerard가 있었는데 보통 아우렐리우스(호우다누스라는 이름의 준準 라틴어 표기)라고 불렀다. 코르넬리우스는 레이던 근처의 로프센에서 대부분의 시간을 보냈다. 에라스뮈스는 이들과 함께 즐겁게 글을 읽

거나 농담을 하며 놀았다. 그들과 함께 있지 않을 때는 편지를 교환했다.

　세르바티우스에게 보낸 편지들 중에는 우리가 그 후 절대 찾아보지 못하는 에라스뮈스의 초상화가 발견된다. 즉 아주 여성적인 감수성을 가진 젊은이로 자신을 묘사하고 있다. 에라스뮈스는 세르바티우스에게 편지를 쓰면서 열렬한 사랑에 빠진 애인의 모든 감정을 토로했다. 친구의 모습을 머릿속에서 상상하면 눈물이 갑자기 튀어 나왔다고 적었다. 그는 울면서 친구가 보낸 편지를 한 시간마다 다시 읽었다고 심경 고백을 했다. 하지만 에라스뮈스는 심리적으로 위축되고, 또 불안했다. 왜냐하면 친구가 그런 과도한 감정의 토로를 못마땅하게 여겼기 때문이다. "그럼 나보고 어떻게 하라는 거야?" 에라스뮈스는 읍소하듯 물었다. 그러자 "넌 뭐가 잘못된 거야?"라는 친구의 대답이 돌아왔다. 에라스뮈스는 자신의 우정이 온전하게 보답을 받지 못하는 것을 견딜 수가 없었다. "왜 그렇게 말이 없는 거야. 내가 뭘 잘못한 거야? 난 오로지 네게 희망을 걸고 있어. 난 오로지 너에게만 몰두하기 때문에 나에게는 나의 것이라는 게 남아 있지 않아. 넌 나의 무기력을 잘 알 거야. 기대거나 위로해 줄 사람이 없을 때 그 무기력은 절망적인 것이 되고, 내 인생은 커다란 짐덩어리가 되고 말아."

　우리는 에라스뮈스가 그 후 이렇게 열정적으로 자신의 심정을 토로한 적이 없다는 사실을 기억하도록 하자. 그는 여기서 우리에게 하나의 단서를 남긴다. 우리는 이 단서를 가지고 그 후의 에라스뮈스 성격의 상당 부분을 이해할 수가 있다.

이 열정적인 편지들은 때때로 글쓰기 훈련에 지나지 않는다는 해석도 있다. 자신의 허약한 심리를 있는 그대로 토로하고, 또 아주 솔직하게 심경을 고백하는 태도는 자신의 내면적 감정을 될 수 있으면 감추려 했던 에라스뮈스의 습관과는 어울리지 않는 것이다. 뭔가 숨기려는 습관을 에라스뮈스는 스테인 이후에 포기한 적이 없었다. 이 문제에 대하여 단정적 입장을 유보한 닥터 알렌(Dr. Allen: 1906년에서 1947년에 걸쳐 에라스뮈스의 편지 전집을 발간한 학자. ─옮긴이)은 그래도 이 편지들을 진실한 감정의 토로로 해석하기를 좋아한다. 내가 보아도 그 진실한 감정에는 의심의 여지가 없다. 이런 뜨거운 우정은 그 시대와 그 사람과 상당히 잘 어울리는 것이다.

15세기에 감상적 교우 관계는 18세기 말 못지않게 세속적 사회에서 유행했다. 각국의 궁정에는 한 쌍의 친구들이 있었는데 그들은 똑같은 옷을 입고, 방, 침대, 마음을 공유했다. 이런 열렬한 우정의 컬트가 귀족의 세계에만 국한된 것은 아니었다. 데보티오 모데르나의 구체적 특징 중 하나였다. 그 본질적인 측면을 살펴보면 데보티오 모데르나는 경건주의와 떼어놓을 수 없는 유대관계를 갖고 있었기 때문이다. 상대방을 공감의 마음으로 관찰하고, 서로의 내면적 생활을 감시하고 주목하는 것은 공동생활형제회나 빈데스하임 수도자들 사이에서 승인된 통상적 절차였다. 스테인과 시온은 빈데스하임 수도회 소속은 아니었지만, 데보티오 모데르나의 이런 정신이 거기에서도 널리 퍼져 있었다.

에라스뮈스는 세르바티우스에게 말을 건넬 때 자신의 성격적 특성을 가장 잘 드러낸다. "나는 이 세상에서 우정이 가장 고귀한 것이라고 생각해. 그것처럼 열렬하게 소망해야 할 것은 없고, 또 그것처럼 질투하면서 소중하게 여겨야 할 것은 없다고 봐." 나중에 그의 순수한 동기가 의심을 받았을 때, 이와 유사한 성격의 강렬한 애정이 그의 마음을 괴롭혔다. 나중에 그는 청춘 시절을 회상하면서 어떤 동료에 대한 열렬한 애정을 품는 시기가 바로 그 시기라고 말했다. 오레스테스Orestes와 필라데스Pylades, 다몬Damon과 피티아스Pythias, 테세우스Theseus와 피리투스Pirithous 같은 고전적 우정의 사례와 다윗과 요나단 같은 성경의 사례가 그의 머릿속에 떠올랐다. 여성적 특성을 가진 어리고 부드러운 심성, 고전 문학의 사례들에서 상상되는 온갖 감정들이 충만한 심성, 이런 심성의 소유자가 실제적 사랑을 하지 못하고 척박하고 냉엄한 환경 속에서 막연한 소망만 품다 보면, 자연스럽게 이런 과도한 애정 표현을 하게 되는 것이다.

하지만 에라스뮈스는 그런 과도한 애정을 절제해야 되었다. 세르바티우스는 그토록 질투심 많고 과도한 우정은 절대 용납할 수 없다고 했고, 그래서 젊은 에라스뮈스는 편지에서 토로한 것보다 더 심한 창피와 굴욕감을 느끼면서 그런 애정을 포기했을 것이다. 그리하여 훗날 그의 감정 표현을 철저하게 경계하는 사람이 되었을 것이다. 에라스뮈스의 감상적인 태도는 영원히 사라졌고, 그 자리에 재치 넘치는 라틴어 학자가 들어섰다. 그는 나이 많은 친구들보다 라틴어를 더 잘 했고, 친구들과 라틴 시와 문학에 대하여 환담했으며, 라틴어 문장 스타일을 조언하고 필요하면 그 문학에 대하여 강의를 하기도 했다.

라틴어에 몰두하며 시인을 꿈꾸다

━━━ 데벤터 학교에서 고전 고대에 대하여 새로운 취향을 갈고 닦을 기회가 그리 적었다고 할 수 없다. 그리고 스테인 수도원에서는 그보다 더 많은 라틴 문학을 공부했다. 에라스뮈스가 후에 회상한 바에 의하면, 이 당시 이미 그는 상당히 많은 라틴어로 글을 쓰는 저자들을 알고 있었다. 에라스뮈스의 아버지가 이탈리아에서 가져와 죽으면서 물려준 책들도 에라스뮈스의 교양에 크게 기여했을 것이다. 에라스뮈스가 학교와 수도원 생활을 비난하는 경향이 있기는 하지만, 그래도 그 생활 덕분에 라틴어를 익히게 되었다는 사실을 언급하지 않는 것은 좀 기이한 일이다. 그가 획득한 휴머니즘 지식은 온전히 그의 노력으로 얻어진 것이라고 할 수 없다. 그가 나중에 네덜란드의 무지無知와 반계몽주의

를 매도했지만, 그래도 학교와 수도원의 역할은 상당했던 것이다. 이것은 코르넬리우스 아우렐리우스와 빌렘 헤르만스가 에라스뮈스에 못지않은 휴머니즘 지식을 갖춘 것으로 알 수가 있다.

코르넬리우스에게 보낸 편지에서 에라스뮈스는 베르길리우스, 호라티우스, 오비디우스, 유베날리스, 스타티우스, 마르티알리스, 클라우디아누스, 페르시우스, 루카누스, 티불루스, 프로페르티우스 등의 라틴어로 글을 쓰는 시인들을 시인의 모범으로 삼는다고 말했다. 산문으로는, 키케로, 퀸틸리아누스, 살루스트, 테렌티우스 등을 모방하고 싶다고 적었다. 이 당시 테렌티우스 문장의 시적 특징은 아직 널리 인정되지 않고 있었다. 이탈리아 휴머니스트들 중에는 **로렌초 발라**Lorenzo Valla를 좋아했는데, 그의 『정밀한 어법*Elegantiae*』이 보나이 리터라이(bonae litreae: "훌륭한 문학")의 개척자적 저서로 평가받을 만하다고 보았다. 그 외에도 에라스뮈스는 필렐포, 아이네아스 실비우스, 과리노, 포지오 등의 이탈리아 작가들을 알았다. 교회 문헌과 관련해서는 특히 히에로니무스의 글을 많이 읽었다. 에라스뮈스는 데보티오 모데르나의 학교에서 공부를 했다. 그 학교는 청교도적인 교육 목적을 갖고 있었고, 엄격한 훈련과 기강을 강요하여 개인의 돌발적인 개성을 꺾어 놓으려 했던 학교였다.

그런데 수도원 시절의 에라스뮈스는 이미 수준 높은 휴머니스트의 심성을 갖추고 있었으니, 참으로 기이한 일이 아닐 수 없다. 그는 라틴어로 시를 쓰고 순수한 라틴어 문장을 쓰는 데만 관심이 있었다. 호우다의 코르넬리우스와 빌렘 헤르만스와 주고받은 편지들 속에서 경건주의를 찾으려 해도 잘 찾아보기 어렵다. 에라스뮈스의 편지들은 가장 까다로운 라틴어 운율이나 희귀한 신화 용어도 별 어려움 없이 잘 활용하고 있다. 그 편지의 주제는 전원, 연애, 혹은 예배였는데 고전주의의 전고典故가 너무 많이 사용되어 경건한 분위기가 거의 없었다. 인근 이헴 수도원의 원장이 에라스뮈스에게 대천사 미카엘을 노래하는 시를 지으라고 요청해 왔는데, 그 사포(Sapphō: 고대 그리스의 여류시인) 풍의 노래를 수도원 문 앞에 붙여 놓을 수가 없었다. 그 시는 너무나 "시적"이어서 거의 그리스어처럼 보인다고 수도원장은 생각했다. 그 당시 시는 곧 고전을 의미했다. 에라스뮈스는 자신의 시가 너무 수식이 없어서 산문 같다고 생각했다. "그 당시는 너무 메마른 시기였지" 하고 그는 나중에 한탄했다.

이 젊은 시인들은 그들을 압박하는 어둠과 야만 속에서 그들 자신이 한 줄기 빛이라고 생각했다. 젊은 시인들이 늘 그러하듯이, 각자의 작품이 불후의 명작이라고 여겼고, 스테인이 시적 영광으로 빛나는 장래를 꿈꾸며 그 영광이 이탈리아의 만투아와 겨루게 될 것이라고 내다보았다. 그들이 광대 같고 편협하고 규약에 사로잡힌 자들이라고 생각하는 성직자들은 그들을 인정하지도 격려하지도 않았다. 에라스뮈스는 자신이 언제나 위협받고

학대받는다고 상상하는 경향이 있었는데, 이 때문에 자신이 압박 받는 천재적 순교자라고 공상했다. 에라스뮈스는 호라티우스의 운율을 흉내 내면서 코르넬리우스에게 보낸 라틴어로 된 시에서, 시가 이처럼 경멸되는 세상이 따로 없을 것이라는 불평을 터트렸다. 동료 수도자인 코르넬리우스는 에라스뮈스에게 끊임없이 시를 써대는 펜을 잠시 쉬라고 권했다. 그는 권고를 받아들여 잠시 시 쓰기를 포기했다. 엄청난 야만이 그 나라를 휩쓸었고, 그 나라는 높은 자리에 앉아 있는 아폴로의 기술을 비웃었다. 아폴로가 하사하는 월계관 따위는 우습게 여겼다. 무식한 농부가 학식 높은 시인에게 시를 쓰라고 명령했다. "비록 나는 고요한 밤하늘에 빛나는 별들처럼 많은 입을 가졌고, 또 부드러운 봄바람이 땅 위에 흩뿌리는 장미들처럼 많은 입을 가졌지만, 오늘날 시라는 고상한 예술이 핍박당하는 저 많은 사악한 사례들을 불평할 수가 없구나." 이런 감정의 토로로부터 코르넬리우스는 대화록을 만들었고, 그것은 에라스뮈스를 크게 만족시켰다.

이 예술에서 10분의 9가 수사적 허구이고 공들인 모방이지만, 그래도 이것 때문에 젊은 시인들의 열광적 영감을 과소평가해서는 안 될 것이다. 우리는 이제 라틴어의 매력에 대하여 다들 둔감해졌다. 그렇다고 해서 이 젊은 시인들의 고양된 기분을 가볍게 보아서는 안 될 것이다. 그들은 아주 황당한 초급 독본과 아주 우스꽝스러운 방식으로 라틴어를 배웠지만, 그래도 라틴어의 순수

에라스뮈스의 초상화, 퀜틴 메트시스 작, 1517년.

16세기 초의 로테르담 전경.

함을 발견했다. 또 그 후에는 아주 예술적인 운율 속에서 매혹적인 리듬을 살려냈고, 멋진 시의 구조와 낭랑한 소리의 멜로디 속에서 화려하고 정확한 운율을 지속시켰다.

Nec si quot placidis ignea noctibus

Scintillant tacito sydera culmine,

Nec si quot tepidum flante Favonio

Ver suffundit humo rosas

Tot sint ora mihi…

비록 나는 고요한 밤하늘에 빛나는

별들처럼 많은 입을 가졌고, 또 부드러운

봄바람이 땅 위에 흩뿌리는 장미들처럼

많은 입을 가졌지만……

이렇게 읊조리는 젊은이가 자신을 시인이라고 생각하는 것이 이상한 일일까? 친구와 함께, 50개의 이행연구二行聯句로 된 멜리보이아(Meliboea: 그리스의 테살리아의 도시명. - 옮긴이) 노래로 봄을 찬양한 이 젊은이를 시인이라고 보아야 하지 않을까? 애써 공을 들인 현학적인 작품이지만 그래도 순수 라틴어의 신선함과 활기가 가득하다.

이런 분위기로부터 에라스뮈스의 최초 저서가 자연스럽게 흘러나왔다. 그는 이 원고를 그 후에 잃어버렸다가 여러 해가 지난 후에 부분적으로 되찾게 되는데 제목은 『야만인에 반대하며 *Antibarbari*』이다. 닥터 알렌에 의하면, 그는 이미 스테인 시절에 이 작품의 집필을 시작했다고 한다. 『야만인에 반대하며』가 최초로 출간되었을 때, 거기에는 에라스뮈스 생애의 후반부 경험이 반영되어 있다. 그래서 세속 문학을 재치 있게 옹호하는 편안한 어조는 스테인 시절의 젊은 시인이 갖고 있었던 그런 분위기는 아니다. 그렇지만 만년까지 갖고 있었던 자유롭고 고상한 생활, 혹은 다정한 우정의 이상과 고전작가들에 대한 지속적인 면학 정신은 이미 수도원의 담장 안에서 시작되었던 것이다.

신부 서임

────── 세월이 흐르면서 수도원 담장은 점점 더 그를 억세게 조여 들어왔다. 친구들과의 박식한 시문詩文 교환, 사스보우트Sasbout라는 친구와의 그림 그리기 등에 몰두했지만, 그것만으로는 갑갑한 수도원 생활과 협량하고 비우호적인 환경을 극복하기가 어려웠다. 닥터 알렌의 면밀한 연보에 의하면 수도원 체류 말기의 생활상을 묘사하는 편지들은 남아 있는 것이 없다.[1] 우울하여 편지를 쓰기를 그만두었거나 상급자들의 편지 교환 금지 때문에 편지를 쓸 수 없었거나, 아니면 어떤 우연한 사고로

그 편지들이 인멸된 것일까? 우리는 알 수가 없다. 에라스뮈스는 1492년 4월 25일 위트레흐트 주교인 부르고뉴의 다비드에 의해 신부로 서임되었는데, 우리는 이때의 주변 상황이나 에라스뮈스의 심리 상태에 대해서도 아는 바가 없다. 그의 서임은 수도원을 떠나려는 계획과 관련된 것일 수도 있다. 그는 수도원을 떠난 후에는 미사에도 잘 참석하지 않았다고 말했다. 캉브레 주교인 베르겐의 앙리를 보좌하는 비서직을 제안 받았기 때문에 수도원을 떠날 수 있었다. 그는 라틴어 학자 겸 문필가라는 명성 덕분에 이런 보직을 얻었다.

캉브레 주교는 추기경 자리를 얻기 위해 로마로 여행할 계획이었는데, 에라스뮈스의 재주가 소용이 있을 것 같다고 판단한 듯하다. 위트레흐트 주교, 수도원 원장, 종단의 원장 등도 에라스뮈스의 보직 변경을 위한 이동을 승인했다. 하지만 수도원을 영원히 떠나는 것은 아니었다. 에라스뮈스는 주교의 비서로 근무하면서 수도원 참사회원의 복장을 갖추어야 했기 때문이다. 에라스뮈스는 아주 은밀하게 출발을 준비했다. 그의 친구이자 동

---

1) Allen No. 1612. cf . IV p. xx and vide LB. IV 756. 여기에서 닥터 알렌은 에라스뮈스의 청년 시절에 대하여 조사하면서 이렇게 썼다. Pingere dum meditor tenuis sine corpore formas(신체가 없는 막연한 형상을 그리는 것을 깊이 명상했다). 여기서 말하는 Allen은 P. S. and H. M. Allen's Opus epistolarum Des. Erasmi Roterdami(에라스뮈스 서한 전집), Oxford, 1906-47을 가리킨다.

료 시인인 빌렘 헤르만스는 호우다 외곽에서 친구가 지나가는 것을 기다렸다. 에라스뮈스가 남쪽으로 가기 위해 도시를 통과하려면 그곳을 지나가리라는 것을 알았기 때문이다. 이처럼 친구를 기다리는 헤르만스의 정성은 우리를 감동시킨다. 두 사람 사이에는 스테인을 함께 떠나자는 의논도 있었던 것 같다. 에라스뮈스는 자신의 계획을 마지막까지 친구에게 알리지 않았다. 빌렘은 스테인에 계속 남아 라틴 문학을 공부하며 자신을 달래는 수밖에 없었다.

에라스뮈스가 수도원을 떠난 해는 1493년이었을 것으로 추정되므로 당시 23세였다. 그는 당시 아주 흔하고, 또 선망의 대상이 되는 출세의 길로 한 발을 내디딘 것이었다. 그의 후원자는 유수한 벨기에 귀족 가문 출신이었고, 그 가문은 부르고뉴 공작들에게 봉사하면서 출세했고, 그리하여 부르고뉴 공국의 번영에 특별한 관심을 갖고 있었다. 글리메 가문의 사람들은 대대로 베르겐 오프 줌이라는 도시의 영주를 지냈다. 이 도시는 스헬트 강과 뫼즈 강 사이에 위치한 도시로서 남부와 북부 네덜란드를 연결시켜 주는 고리들 중 하나였다. 캉브레 주교 앙리는 당시 막 황금 양털기사단의 단장으로 임명되었다. 이것은 당시 궁정에서 가장 저명한 정신적 조직이었는데, 궁정은 이미 합스부르크 왕가가 지배하고 있었으나 기사단의 이름은 여전히 부르고뉴 식을 유지했다. 이런 지체 높은 인물을 옆에서 모시는 비서는 장래에 엄청난 영예와 수익이 보장되어 있었다. 이런 자리에서 인내심을 발휘하고 굴욕을 참으며, 또 약간의 원칙을 위반해 가면서 버텨낸 인물은 무난히 주교 자리까지 올라갔다. 하지만 에라스뮈스는 그런 환경을 적절히 이용할 줄 아는 인물이 아니었다.

실의 속의 면학

————— 주교 밑에서 근무하는 것은 결국 실망스러운 일로 판명되었다. 에라스뮈스는 베르겐, 브뤼셀, 메흘린 등지로 관저를 빈번히 옮겨 다니는 주교를 수행했다. 주교는 아주 바빴으나 무슨 일로 그렇게 바쁜지는 알 수가 없었다. 모든 성직자와 수도자의 소망인 로마 여행은 성사되지 않았다. 주교는 처음 몇 달 동안에는 에라스뮈스에게 따뜻한 관심을 보여 주었으나, 그 후에는 기대한 것만큼의 배려가 없었다. 그리하여 에라스뮈스는 다시 우울한 심리상태에 빠져들었다. 자신의 예전 활기를 모두 빼앗아 버린 운명을 가리켜 "아주 가혹한 운명"이라고 말했다. 공부할 기회는 전혀 없었다. 그는 친구 빌렘을 부러워했다. 그는 스테인의 작은 암자에서 '행운의 별빛' 아래에서 아름다운 시를 쓰면서 보내고 있을 것이 아닌가. 에라스뮈스는 눈물을 흘리며 한숨을 쉴 일 밖에 없었다. 그의 마음은 너무나 무감각해지고, 또 가슴도 식어 버려서 예전의 공부는 더 이상 그를 매혹시키지 못했다.

여기에는 수사적 과장이 들어가 있으므로 우리는 수도원을 동경하는 그의 마음을 너무 진지하게 받아들여서는 안 될 것 같다. 하지만 깊은 우울감에 빠진 것만은 분명하다. 정치와 야망의 세계에 직접 부딪친 것도 에라스뮈스를 당황하게 만든 한 가지 요인이었을 것이다. 그는 그런 쪽으로는 재능이 없었다. 인생의 가혹한 현실은 그를 위축시켰고, 또 고민에 빠지게 했다. 그런 현실속에 할 수 없이 참여하게 되었을 때 그는 주위에서 씁쓸함과 혼란스러움 만 보게 되었다. "기쁨과 휴식은 어디에 있는가? 나는 고개를 돌리는 곳마다 재앙과 가혹함을 본다. 이런 소란스러움과 시끄러움 속에서 당신은 내가 뮤즈의 일을 위한 여가를 발견할 수 있다고 보는가?"

에라스뮈스는 평생 동안 진정한 여가를 발견하지 못할 것이었다. 그는 독서든 집필이든 황급한 가운데 해치웠고, 그래서 그것들을 무질서한 일들이라고 불렀다. 그래도 그는 강렬한 집중력과 엄청난 동화력을 발휘하며 일을 해 나갔다. 주교 밑에서 근무할 때 그는 브뤼셀 근처의 흐룬언달 수도원을 방문했다. 그곳은 예전에 기독교 신비주의자 루이스브뢰크Ruysbroeck가 머물면서 집필하던 곳이었다. 그곳의 수도자들은 루이스브뢰크 얘기를 별로 하지 않았고, 에라스뮈스는 설사 이 위대한 신비주의자의 글을 접했다고 하더라도 별로 흥미를 느끼지 못했을 것이다. 하지만 그는 이 수도원의 도서관에서 성 아우구스티누스의 전집을 발견하고서 탐독했다. 흐룬언달의 수도자들은 그의 근면함에 감탄했다. 그는 심지어 침실에 갈 때도 그 책을 가지고 갔다.

그는 이 시기에 틈틈이 집필에 손을 댔다. 주교는 베르겐 오프줌 근처의 마을인 할스테렌에 별장을 갖고 있었는데, 에라스뮈스는 여기서 스테인 수도원에서 시작했던 『야만인들에 반대하며』를 수정했고, 대화 형식으로 정교하게 가다듬었다. 그는 전원의 평화로움과 교양 넘치는 대화 속에서 고생스러운 일상생활에 대한 보상을 얻으려 했다. 그는 이 책에서 인생의 이상적 즐거움을 느낄 수 있는 장면을 제시한다.(그는 나중에 이런 장면을 거듭하여 제시했다.) 장소는 도시 교외의 정원 혹은 정원 딸린 집이다. 화창한 날씨에 몇몇 친구들이 만나서 간단히 한 끼 식사를 하거나 조용히 산책하면서 대화를 나눈다. 친구들은 플라톤적인 평화로움을 느끼며 심중에 있는 말을 털어놓는다. 그가 소개하는 사람들은 그 자신 이외에 그의 친한 친구들이다. 그들은 소중하고 믿음이 가는 친구이다. 베르겐에서 알게 된 학교 교사이고 후에 베르겐 시의 서기가 된 제임스 바트(James Batt, 1464?-1502), 스테인에서 만났고 그 후에 문학 활동을 계속 권장한 오랜 친구 빌렘 헤르만스 등이다. 홀란트에서 우연하게 찾아온 빌렘은 다른 친구들도 만나고, 이어 나중에는 베르겐 시장과 베르겐에서 의사로 활약하는 인물도 그 모임에 참석한다. 가볍게 농담하는 평온한 어조로 그들은 라틴어로 쓴 시와 문학에 대하여 토론한다. 야만적이고 무감각한 사람들은 이런 것이 신앙과는 무관한 것이라고 생각하지만, 이런 한가한 대화는 결코 진정한 신앙과 모순되지 않는다. 이것을 증명해 줄 사람은 구름처럼 많다. 가령 에라스뮈스가 최근에 열심히 연구한 성 아우구스티누스나 성 히에로니무스가 있다. 뒤의 성인은 에라스뮈스가 아주 오랫동안 연구해 와 잘 아는 사람이고, 또 그의 마음에 딱 맞는 성인이다. 아주 엄숙하게 고대 로마 시인의 어조를 흉내 내며 고전 문학의 적수들에게 전쟁이 선포된다. "오, 너희 고트족들이여, 너희는 무슨 권리로 라틴 속주들(즉, 라틴어의 인문학)를 정복하고, 또 그 수도(즉 라틴 문학)마저 정복하려 드는가?"

에라스뮈스와 캉브레 주교와의 관계가 실망스럽게 끝나자 거기서 빠져나갈 길을 알려준 사람은 제임스 바트였다. 바트는 파리에서 예전에 공부한 적이 있는데, 에라스뮈스는 이제 로마 행이 좌절되었으므로 파리로 갈 생각을 했다. 주교는 파리 행을 승인하면서 약간의 급여를 약속했다. 에라스뮈스는 1495년(추정) 늦여름에 온 세계의 대학들 중에서 가장 유명한 파리 대학을 향해 출발했다. 바트의 영향력과 노력 덕분에 이런 행운을 잡은 것이다.

제3장

파리 대학교

1495-99

──────

파리 대학교는 기독교권의 그 어떤 곳보다 의견 충돌과 파당의 갈등이 심한 곳이었다. 중세의 대학 생활은 일반적으로 말해서 소란스럽고 동요가 많았다. 학문적 교류는 반드시 짜증과 분노의 요소를 내포했다. 논쟁은 날마다 벌어지는 일이었고, 대학생들은 자주 표결을 하면서 소란을 벌였다. 여기에 각종 종단, 학파, 집단 사이의 해묵은 혹은 새로운 싸움들이 추가되었다. 대학들은 서로 다른 주장을 폈고, 재속 수도자는 서임 수도자와 다른 생각들을 품었다. 통칭 구파(ancients)라고 하는 토미스트Thomists와 스코티스트Scotists는 지난 50년 동안 파리 대학에서 오캄과 뷔리당의 지지자인 유명론자 혹은 신파(moderns)들과 논쟁을 벌였다. 1482년에 이 두 그룹 사이에 모종의 평화가 찾아오게 되었다. 두 학파는 이제 논쟁의 끝물에 들어섰다. 그들은 무미건조한 전문적 논쟁에 사로잡혀 체계화와 세분 작업에만 몰두했는데, 그런 용어와 어휘를 배열하는 방법으로는 이제 더 이상 학문과 철학에 도움을 줄 수가 없었다. 파리의 도미니크 수도회와 프란체스코 수도회의 대학들은 쇠퇴하고 있었다. 신학 교육은 나바르와 소르본의 세속 대학에서 맡았으나, 그 교수 방법은 여전히 구식이었다.

15세기 말의 파리 지성계

━━━ 15세기의 마지막 25년 동안 전통주의는 휴머니즘이 파리 지성계에 스며드는 것을 막지 못했다. 세련된 라틴어 스타일과 고전시 애호 사상이 열렬한 추종자들 사이에서 퍼져 나갔다. 또한 이탈리아에서 막 시작된 플라톤 사상의 재해석도 널리 받아들여졌다. 파리에서 활약하는 일부 휴머니스트들, 가령 지롤라모 발비Girolamo Balbi, 파우스토 안드렐리니Fausto Andrelini 등은 이탈리아인이었다. 그러나 15세기 말에는 프랑스인이 그들의 지도자로 나섰는데 로베르 가갱Robert Gaguin이 그 사람이다. 가갱은 마튀랭(Mathurins: 삼위일체파) 종단의 단장이었고, 외교관이었으며, 프랑스 시인에다 휴머니스트였다. 신플라톤주의와 함께 아리스토텔레스의 새로운 해석도 널리 도입되었는데, 이것 역시 이탈리아에서 건너온 것이었다. 에라스뮈스가 파리에 도착하기 직전에 에타플의 자크 르페브르Jacque Lefèvre가 이탈리아 유학에서 돌아왔는데 르페브르는 그곳에서 **마르실리오 피치노**Marsilio

Ficino, **피코 델라 미란돌라**Pico della Mirandola, 에르몰라오 바르바로 (Ermolao Barbaro: 아리스토텔레스 사상을 부활시킨 사람) 등을 만나 연구했다. 파리의 이론 신학이나 철학은 여전히 보수적이었지만, 다른 곳에서와 마찬가지로 파리에서도 교회를 개혁해야 한다는 운동이 움트고 있었다. 파리 대학의 학장(1400년경)인 장 제르송Jean Gerson의 권위는 아직도 기억되고 있었다. 하지만 개혁은 교회의 교리에서 벗어나자는 것이 결코 아니었다. 먼저 수도원 종단들을 정화하여 원래 모습대로 회복시키고, 그 다음에는 교회 내에서 현재 벌어지고 있고, 또 교회도 그 폐해를 시인한 각종 권리 남용을 뿌리 뽑자는 것이었다. 이러한 정신적 개혁이라는 측면에서, 데보티오 모데르나라는 네덜란드의 운동이 파리에서도 힘을 얻기 시작했다. 이 운동의 주요 추진자는 메흘린의 얀 스탄동크Jan Standonck였다. 스탄동크는 호우다에 있는 공동생활형제회에서 교육을 받으면서 아주 엄격한 개혁 정신을 전수받은 수도자였다. 그는 빈데스하임 수도회에서 요구하는 절제된 금욕보다 더 엄격한 금욕주의를 실천했는데, 이런 명성은 교회 이외의 분야에서도 널리 알려졌다. 그는 식사 중에 일체의 고기반찬을 거부했다. 몽테귀 대학의 학장 자격으로 스탄동크는 가장 엄격한 생활 규칙을 부과했고, 조금이라도 그것을 위반하면 징벌을 가했다. 그는 이 대학에 가난한 학자들을 위한 숙소를 마련했는데, 학자들은 이곳에서 거의 수도원 공동체 같은 생활을 했다.

캉브레 주교는 이 사람에게 에라스뮈스를 추천했다. 비록 에라스뮈스는 가난한 학자들의 공동체에 소속되지는 않았지만—그는 거의 서른 살이 다 되었다—그 대학의 가혹한 환경을 속속들이 알게 되었다. 이 체험이 파리 체류 초창기의 추억을 더욱 씁쓸하게 만들었고, 금욕과 고행에 대한 뿌리 깊은 혐오감이 그의 내면에 자리 잡는 계기가 되었다. 그는 이런 의문이 들었다. 어린 시절의 암담하고 고통스러운 체험을 더욱 지독한 형태로 다시 맛보기 위해 파리로 왔단 말인가?

에라스뮈스가 파리 행을 결심한 주된 목적은 신학박사 학위를 따려는 것이었다. 이것은 에라스뮈스로서는 그리 어려운 목적이 아니었다. 그는 수사修士로서 수도원에서의 학력이 인정되어 문과대학에서의 사전 학습은 면제되었고, 게다가 그의 학식, 놀라운 지능, 부지런함 덕분에 단시일 내에 시험과 논문을 준비할 수 있었다. 하지만 그는 파리에서 그 목적을 달성하지 못했다. 그는 중간에 다른 곳에 다녀오기도 했지만 1499년까지의 파리 체류는 고통과 분노의 시기였다.[2] 학자 생활에 필수적으로 따라다니는 가난과 그 가난을 이겨내기 위하여 부끄러운 생계 수단(가정교사 혹은 잡문 쓰기)으로 근근이 생활을 유지해 나가는 고통의 시기

---

2) Allen No. 43. 이 사안의 구체적 사항들이 설명되어 있다. 에라스뮈스의 파리 체류 시기에 대하여 정확하면서도 명확한 결론이 내려져 있다.

였다. 그렇지만 앞날의 성공을 기대할 수 있는 빛은 어디에서도 보이지 않았다.

그가 어려움을 겪게 된 첫 번째 원인은 신체적인 것이었다. 그는 몽테귀 대학에서의 가혹한 생활환경을 이겨내지 못했다. 썩은 계란과 지저분한 침대는 평생 그의 기억 속에서 사라지지 않았다. 이곳의 가혹한 환경 때문에 말년에 허약한 체질로 고생하게 되었다고 생각했다.『대화집』에서 그는 스탄동크의 금욕, 고행, 단련하는 제도를 혐오스럽게 여기는 논평을 했다. 그는 이곳에 1496년 봄까지 머물렀다.

스콜라주의에 대한 반감

──── 에라스뮈스는 신학 연구를 시작했다. 성경과『문장의 책Book of the Sentences』강의를 열심히 수강했다.『문장의 책』은 중세의 신학 교과서인데 그 당시에도 널리 교재로 이용되었다. 그는 대학에서 성경에 대한 강의를 하는 것도 허용되었다. 그는 인근 성 주네비에브 수도원에 가서 성자들을 기념하는 설교를 했다. 하지만 그는 강의나 설교에 대해서는 별로 신명이 나지 않았다. 치밀한 논리만을 강조하는 학교 분위기가 그의 마음에 들지 않았다. 그는 어떤 형태의 스콜라주의든 싸잡아서 비난했고, 그 사상에 대해 심한 혐오감을 느꼈다. 그의 마음은 아주 넓었지만 자신이 거부하겠다고 생각한 것에 대해서는 언제나 부당

하게 판단했다. "그 학문은 사람에게 편견과 논쟁만 안겨준다. 그 학문은 사람을 현명하게 만드는가? 그것은 건조하고 쓸데없는 논리만 따지면서 사람의 마음을 풍성하게 하거나 영감을 주는 것이 아니라 아주 피곤하게 만든다. 신학은 고전 작가들의 웅변술로 풍성해지고, 또 아름답게 장식되었는데, 스콜라주의는 그 더듬거리는 어조와 불순한 문장으로 오히려 신학을 왜곡시키고 있다. 그 사상은 모든 것을 해결하려고 하면서 정반대로 모든 것을 묶어 버린다." 에라스뮈스는 "스코투스주의자"를 모든 스쿨맨(스콜라 철학자)을 지칭하는 간결한 별명이라 생각했고, 낡고 쓸데없는 것의 표상으로 여겼다. 그는 **스코투스**의 저작과 키케로(혹은 플루타르코스)의 저작 중 하나를 고르라면 서슴없이 후자를 고르겠다고 말했다. **키케로**의 책을 읽으면 정신이 맑아지지만, 스콜라주의의 책들을 읽으면 진정한 미덕에 대한 열망을 느끼게 되는 것이 아니라, 짜증을 느끼며 논쟁하고 싶은 마음만 든다는 것이었다.

당시 파리 대학을 휩쓸던 무미건조한 전통주의 속에서, 에라스뮈스가 전성기의 스콜라주의 철학과 신학을 발견한다는 것은 어려운 일이었다. 소르본 대학에서 청강한 논쟁들은 에라스뮈스에게 아무런 감흥을 주지 못했고, 오히려 신학박사를 비웃는 습관만 생기게 했다. 그는 언제나 존칭인 마기스트리 노스트리(Magistri nostri: "우리들의 선생님")라고 신학박사들을 부르면서 그들을 조롱했다. 그는 하품을 하면서 "이 거룩한 스코투스주의자들" 사이에 앉아 있었다. 그들은 이마를 찌푸리고, 눈을 똑바로 뜨고, 당황하는 얼굴로 앉아서 자기들의 주장만 되풀이했다. 에라스뮈스는 집으로 돌아와서 젊은 친구인 토머스 그레이Thomas Grey에게 불경한 환상적 시를 써 보였다. 소르본의 성직자들과 함께 있으면 **에피메니데스**Epimenides의 잠에 빠져든다는 내용이었다. 에피메니데스는 그래도 47년 동안 잠을 자다가 깨어났지만, 우리의 신학자들은 대부분 잠에서 깨어날 줄 모른다고 조롱했다. 에피메니데스가 무슨 꿈을 꾸었는지 알 수 없지만, 스코투스주의자들은 퀴디티(quiddities: 본질), 포말리티(formalities: 형식) 따위의 논리적 형식 이외에는 아무것도 꿈꾸지 않는다. 그러니 에피메니데스가 스코투스로 환생했거나, 아니면 에피메니데스가 스코투스의 원형이었는지 모른다. 왜냐하면 그(에피메니데스) 또한 신학적인 책을 썼기 때문이다. 그 책에서 그는 삼단논법의 매듭을 꽉 묶어 두었는데 그 매듭은 너무 복잡하여 그 자신도 나중에 풀 수 없게 되었다. 소르본 대학은 신비한 글자들이 새겨진 에피메니데스의 양피지를 간직하고 있는데 그것을 마치 신탁처럼 여긴다. "마기스테르 노스테르Magister noster"라는 칭호를 들은 지 15년이 지난 사람만 그 양피지를 볼 수 있다는 것이다.

소르본 학자들을 이처럼 조롱하는 태도는 **라블레**의 바르부야 망타 스코티(Barbouillamenta Scoti: 스코투스에 대한 혐오증)와 별반 다르지 않다. 에라스뮈스는 자신의 격정적 토로를 이렇게 마무리 짓는다. "뮤즈나 그레이스와 교류가 없는 자는 이 학문의 신비를 이해하지 못한다. 보나이 리터라이(훌륭한 문학: 라틴 문학)에서 당신이 배운 것을 먼저 다 잊어버려야 한다. 당신이 헬리콘 산의 물을 마셨다면 먼저 그 물을 토해야 한다. 나는 라틴 취향에 따라서 발언을 하거나 우아하고 재치 있는 것은 말하지 않으려고 최선을 다했다. 그래서 나는 좀 발전하고 있는 중이다. 언젠가 그들이 에라스뮈스를 인정해 줄 거라는 희망마저도 생긴다."

에라스뮈스에게 혐오증을 안겨준 것은 그 시스템의 건조하고 쓸모없는 방법론만이 아니었다. 에라스뮈스의 사상과도 관련이 있었다. 에라스뮈스의 마음은 넓고 날카로웠지만 철학적이거나 교리적 추론을 깊게 파고들지 않으려는 성향이 있었다. 그리하여 그는 스콜라주의만 싫어한 게 아니었다. 에타플의 르페브르가 가르치는 젊어진 플라톤 사상과 재해석된 아리스토텔레스주의도 고리타분하기는 마찬가지였다. 파리 시절, 에라스뮈스는 성경적, 도덕적 바탕을 깔고서 라틴 문학을 선호하는 휴머니스트였고, 오래 전부터 좋아해 온 히에로니무스 연구에 몰두했다. 그 후에도 오랫동안 에라스뮈스는 자신을 시인 겸 연설가라고 소개했는데, 연설가는 곧 문필가라는 뜻이었다.

로베르 가갱과의 만남

━━━━ 　　에라스뮈스는 파리에 도착하자마자 문학적 휴머니즘의 본부를 접촉했다. 이 이름 없는 네덜란드 수도자는 칭송으로 가득 찬 장문의 자기소개 편지(현재 전해지지 않음)를 썼고 거기에다 자신이 공들여 쓴 시도 첨부했다. 편지의 수신인은 삼위일체파의 단장이고 파리 휴머니스트들의 우두머리인 로베르 가갱이었다. 가갱은 아주 호의적인 답변을 보냈다. "당신이 보낸 서정시로 미루어 볼 때, 공부를 많이 한 학자인 것 같습니다. 당신만 좋다면 언제든 교제할 생각이 있습니다. 하지만 칭찬을 너무 많이 하지는 말기 바랍니다. 때로는 그것이 아첨처럼 보이니까." 이런 편지 교환을 한 직후 에라스뮈스는 이 저명한 인사에게 봉사할 수 있는 기회를 잡았고, 가갱의 이름 덕분에 파리의 독자층에 그의 이름을 알릴 수 있게 되었다. 그것은 중요한 사건이었다. 이 사건 덕분에 우리는 에라스뮈스의 경력에서 늘 발견되는 문필업과 인쇄업 사이의 연결고리를 최초로 엿볼 수 있기 때문이다.

　가갱은 만능의 인물이었고 그가 라틴어로 집필한 프랑스어 역사책인『프랑스인들의 기원과 업적 집성*De origine et gestis Francorum Compendium*』이 막 인쇄 중이었다. 그것은 프랑스에서 나온 최초의 휴머니스트 역사서였다. 인쇄소는 이 책을 1495년 9월 30일에 인쇄 완료했으나, 총 136전지 중 2장의 전지가 공백이었다. 그 당시에는 책의 페이지를 공란으로 남겨둔다는 것은 있을 수 없는 일이었다. 가갱은 당시 몸이 아파서 그 여백을 채워 넣을 수가 없었다. 인쇄소는 지혜를 발휘하여 1장의 전지는 가갱의 시, 간기刊記, 파우스투스 안드렐리누스Faustus Anderlelinus와 또 다른 휴머니스트의 칭송시 각 1편으로 채워 넣었다. 그러나 마지막 1장이 문제였다. 이때 에라스뮈스가 등장하여 장문의 추천사를 써줌으로써 그 여백을 채웠다. 이런 식으로 해서 그의 이름이 가갱의 역사서에 관심이 많은 독자들에게 널리 알려지게 되었다. 이 일로 에라스뮈스는 가갱의 후원을 더욱 확고하게 받게 되었고, 가갱 또한 에라스뮈스의 놀라운 라틴어 실력을 다시 한 번 확인했다. 가갱의 역사서는 추후에 에라스뮈스가 명성을 얻게 되는 징검돌로서만 기억되는데, 그 당시에 가갱은 이런 결말을 꿈에도 생각하지 못했을 것이다.

에라스뮈스는 이제 가갱의 피보호자가 되어 파리 휴머니스트들에게 소개되었지만, 출판을 통해 명성을 획득하는 길은 그리 만만한 것이 아니었다. 그는 『야만인들에 반대하며』를 가갱에게 보여 칭찬을 듣기는 했지만 어디 한번 출판해 보자는 제안은 받지 못했다. 하지만 에라스뮈스가 쓴 얇은 라틴어 시집이 1496년 발간되어 스코틀랜드 사람인 헥터 보이스Hector Boys에게 헌정되었다. 보이스는 몽테귀 대학에서 알게 된 친구였다. 그러나 에라스뮈스가 파리 시절에 쓴 더 중요한 저술은 훨씬 뒤에 발간되었다.

로베르 가갱과 파우스투스 안드렐리누스 같은 사람들과의 교우는 명예로운 것이기는 했지만 수익을 올려 주지는 못했다. 캉브레 주교의 보조금은 그가 당초 생각했던 것보다 훨씬 적었다. 1496년 봄 에라스뮈스는 병에 걸려 파리를 떠났다. 먼저 베르겐으로 간 그는 후원자인 주교로부터 따뜻한 환영을 받았다. 이어 건강을 회복하고서 친구들이 있는 홀란트로 갔다. 거기서 계속 머물 생각이라고 그는 당시에 말했다. 그러나 친구들은 파리로 되돌아갈 것을 권했고, 그는 1496년 가을에 다시 파리로 갔다. 그는 빌렘 헤르만스가 쓴 시들과 자기소개 편지를 가갱에게 보였다. 곧 그 시들을 출판해 줄 인쇄소가 섭외되었고, 에라스뮈스는 친구이자 동료 시인인 헤르만스를 파우스투스 안드렐리누스에게도 소개시켰다.

고단한 문필가 생활

───── 　그 당시 지적 노동으로 생계를 이어가겠다고 마음먹은 사람의 생활은 결코 쉬운 것이 아니었고, 또 언제나 고상하기만 한 것도 아니었다. 그는 교회의 성직급聖職給이나 저명한 후원자의 지원 혹은 그 둘 다에 의존해야 되었다. 하지만 성직급은 얻기 어려웠고 후원자 또한 찾는 것이 불확실했으며 설사 얻었다고 하더라도 실망스러운 경우가 많았다. 출판사는 유명한 저자들에게만 인세를 지불했다. 일반적으로 말해서 저술가는 출판된

자신의 책을 정해진 부수만큼 받는 것으로 끝이었다. 저술가의 주된 수입원은 저명한 인사에게 그 책을 헌정하고서, 그 사람으로부터 받는 답례조의 선물이었다. 사정이 이렇다 보니 같은 책을 여러 사람들에게 헌정하는 습관을 가진 저자들도 있었다. 에라스뮈스는 후일 이런 의심을 받지 않도록 아주 조심했고, 자신이 책을 헌정한 인사들 중 상당수가 답례 선물을 아예 안 주거나 조금밖에 안 주었다고 기록했다.

에라스뮈스 같은 처지의 문필가가 제일 먼저 해야 할 일은 메세나(후원자)를 찾는 것이었다. 휴머니스트의 뒤를 봐주는 메세나는 생활비를 대주는 사람이나 마찬가지였다. 『격언집』 중 「암소가 죽지 말기를Ne bos quidem pereat」이라는 부분에서 에라스뮈스는 메세나를 얻는 그럴 듯한 방법을 묘사하고 있다. 파리 시절, 에라스뮈스의 행동이 좀 품위 없어 보일지라도, 우리는 그것을 현대의 기준으로 평가해서는 안 된다. 당시 그는 호구지책이 막연한 아주 어려운 상황이었기 때문이다.

파리로 되돌아온 에라스뮈스는 더 이상 몽테귀에서 묵지 않았다. 그는 부유한 가문의 젊은 자제들을 가르치면서 생계를 유지하려 했다. 뤼벡 상인의 아들들인 크리스티안Christian과 헨리 노소프Henry Northoff는 어거스틴 빈센트Augustine Vincent라는 젊은이와 함께 숙식하고 있었는데, 이들이 에라스뮈스의 학생들이 되었다. 그는 이들을 위해 아름다운 편지를 대필해 주었다. 언변이

유려하고 재치가 넘치고 약간 향수를 친 것처럼 달콤한 분위기가 묻어나는 그런 편지였다. 동시에 그는 토머스 그레이와 로버트 피셔Robert Fisher라는 두 영국 젊은이를 가르쳤다. 에라스뮈스는 특히 그레이를 좋아하여 그 젊은이의 보호자인 어떤 스코틀랜드 신사와 마찰을 빚었다. 에라스뮈스는 그 보호자를 영 못마땅하게 생각했다.

파리는 에라스뮈스에게 적잖은 영향을 미쳤고, 그는 점점 세련된 사람이 되어 갔다. 그의 문장 스타일은 더욱 유창하고 화려하게 발전했다. 그는 홀란트에서 젊은 시절에 썼던 자신의 촌스러운 글들을 경멸했다. 한편, 나중에 온 세상의 독자들에게 영향을 주게 되는 저작들이 집필되었지만 출판 전이었고, 그래서 소수의 독자들만 읽을 수 있었다. 그는 노소프 형제들을 위해 공손한 대화집을 라틴어로 집필했는데 『친밀한 대화의 요령 Familiarum colloquiorum formulae』이라는 책이었고 이것은 후일 온 세상에 알려지게 되는 『대화집』의 초고가 되었다. 로버트 피셔를 위해서는, 『편지 쓰는 기술에 대하여De conscribendis epistolis』의 초고를 썼는데, 이것은 라틴어 편지를 작성하는 기술을 다룬 훌륭한 논문이다. 또 순수 라틴어를 논한 **발라**의 논문 「우아함에 대하여」를 쉽게 풀어쓴 글도 썼는데, 발라는 에라스뮈스의 젊은 시절에 문화의 횃불 같은 존재였다. 「말과 사물의 보고De copia verborum et rerum」는 초심자들에게 어휘와 표현 방식을 가르쳐 주는 글인데, 나중에 더 큰 저작을 집필하는 밑그림이 되었다. 「공부의 방법De ratione studii」은 공부하는 요령을 가르치는 글인데, 나중에 또 다른 글을 쓰는 밑바탕이 되었다.

당시의 에라스뮈스 생활은 불확실하고 불안정했다. 캉브레 주교는 거의 지원을 해주지 않았다. 에라스뮈스는 건강도 좋지 않은데다 재정 형편도 어려워 계속 울적한 기분이었다. 하나의 돌파구로 이탈리아 여행을 계획했으나 성사될 가능성이 별로 없었다. 1498년 여름, 그는 또다시 홀란트로 여행하여 주교를 방문했다. 홀란트의 친구들은 파리에서 무위도식하는 것처럼 보이는 에라스뮈스를 못마땅하게 여겼고, 파리에서 빚을 지면서 생활하고 있는 게 아닐까 하고 우려했다. 파리에서 들려오는 에라스뮈스 소식도 그리 좋은 것이 아니었다. 캉브레 주교를 찾아갔더니 주교는 영국 출장을 준비 중이었는데 에라스뮈스에게 짜증을 내며 불평을 했다. 이제 다른 후원자를 찾아볼 때가 되었다는 게 점점 분명해졌다. 어쩌면 보르슬랭의 안나, 베레 부인(1469?-1518)을 찾아가야 하는 게 아닐까 하는 생각도 들었다. 당시 에라스뮈스의 충실하고 우직한 친구인 제임스 바트는 칼레와 생토마르 사이에 있는 투르넴 성에서 베레 부인의 아들을 가르치는 가정교사를 하고 있었다.

파리로 다시 돌아온 에라스뮈스는 예전의 생활을 다시 시작했으나, 그것은 지겨운 노예 노동에 지나지 않았다. 바트는 투르넴으로 오라고 초청했으나, 에라스뮈스는 또다시 파리를 떠날 엄두가 나지 않았다. 파리에서 그는 새로운 학생으로 마운트조이공(윌리엄 블라운트)을 맡게 되었다. 그래서 이제 화살통에 두 개의 화살을 갖게 되었다. 하나는 바트를 계속 격려하면서 베레의 안나에게서 자리를 얻을 수 있는지 살피는 것이었다. 다른 하나는 마운트조이를 후원자로 모시는 것이었다. 에라스뮈스는 친구 빌렘 헤르만스에게 젊은 마운트조이 공에게 편지를 써서 공의 문학 애호를 칭송하면서 동시에 자신(에라스뮈스)을 추천해 주도록 부탁했다. "헤르만스, 자네는 박학과 성실을 과시하고, 나를 추천하면서, 자네의 서비스를 공손히 제공하도록 하게. 빌렘, 내 말을 믿게, 자네의 명성도 이 일로 도움을 얻으리라 생각하네. 마운트조이는 집안사람들 사이에서 엄청난 권위를 가지고 있는 젊은이지. 자네는 이번 일이 잘 되면 영국 내에 자네 작품을 배포해 줄 후원자를 확보하게 되는 거야. 내가 기도하고 또 기도하노니, 자네가 나를 사랑한다면, 이 사실을 꼭 명심하도록 하게."

에라스뮈스는 1499년 초에 투르넘을 방문했고, 그 후에 또다시 홀란트로 갔다. 이때 이후 베레의 안나는 그의 후원자로 알려지게 된다. 홀란트에서 에라스뮈스는 친구 헤르만스를 만나서 부활절 이후에 이탈리아의 볼로냐로 갈 생각이라고 말했다. 네덜란드 여행은 급박하고 불안한 가운데 다녀온 것이었다. 그는 마운트조이에게서 좋은 제안이 있을지 모른다고 생각하며 황급히 파리로 돌아왔다. 겨울철에 장거리를 여행을 하고 돌아온 이후라 피곤했지만 그는 건강이 허락하는 한 열심히 글을 썼다. 이제 8월로 연기된 이탈리아 여행을 위해서 열심히 돈을 모았다. 하지만 바트는 그가 기대했던 만큼 돈을 마련하지 못했다. 5월에 에라스뮈스는 이탈리아 계획을 포기하고 마운트조이의 제안을 받아들여 그와 함께 영국으로 떠났다.

제4장

최초의 영국 체류

1499-1500

에라스뮈스는 영국에 처음 건너가서 1499년 초여름부터 1500년 초까지 그곳에 머물렀다. 영국 체류는 그가 내면적으로 더욱 성숙하는 계기가 되었다. 그는 박식한 시인, 지체 높은 귀족의 피보호자 자격으로 영국에 건너갔고, 문학적 재능을 알아주고 평가하는 더 넓은 세계와 더욱 긴밀하게 접촉할 수 있게 되었다. 그는 영국을 떠날 무렵에는 장래에 여건이 형성된다면 좀 더 진지한 사업에 자신의 재능을 활용할 수 있기를 열렬히 바랐다. 이런 심적 변화는 영국에서 두 명의 새로운 친구를 만났기 때문에 벌어진 것이었다. 두 친구는 지금까지 알았던 그 어떤 사람보다 탁월한 인품을 갖추고 있었는데 바로 **존 콜렛**John Colet과 **토머스 모어**Thomas More였다.

존 콜렛과 토머스 모어

━━━━ 영국 체류 내내 에라스뮈스는 기분이 아주 좋았다. 그는 세상을 잘 아는 사람처럼 발언했고, 이어 자신의 탁월한 재능을 과시하는 세련된 문필가 자격으로 발언했다. 그는 이때까지 캉브레 주교와 투르넴의 베레 부인의 피보호자로 있으면 귀족들의 세계를 엿볼 기회가 많지 않았는데, 영국에서는 많은 귀족들을 만났고, 또 그 사회에 만족했다. 그는 파우스투스 안드렐리누스에게 이런 가벼운 어조의 글을 써 보냈다. "여기 영국에서 장족의 발전을 이루었습니다. 당신의 친구 에라스뮈스는 이미 훌륭한 사냥꾼이 되었고, 사냥말도 그런 대로 잘 타며, 궁정 신하노릇도 실무적으로 잘 하고 있습니다. 그는 다소 공손하게 인사를 하고 보다 친절하게 미소를 짓습니다. 당신이 현명한 사람이라면 당신 또한 이곳에 오고 싶을 겁니다." 그는 여자 좋아하는 그 시인에게 영국 여자들의 매력을 장황하게 설명했고, 또 상대방을 칭찬하면서 키스로써 보충하는 영국의 훌륭한 관습을 써서 보냈다.[3]

에라스뮈스는 왕족을 만나서 인사하는 행운도 누렸다. 그리니치에 있는 마운트조이 영지에서 토머스 모어는 에라스뮈스

---

3) Allen No. 103, 17. Cf. Chr. Matrim. inst. LB. V. 678 and Cent nouvelles 2, 63. "ung baiser, dont les dames et demoiselles du dit pyas d'Angleterre sont assez liberales de l'accorder(영국 여자들의 자유로운 키스는 그러한 관습과 일치한다.)"

세인트폴 대성당의 주임사제인 존 콜렛의 초상화, 피에트로 토리지아노 작.

토머스 모어 경의 초상화, 한스 홀바인 작, 1527년.

와 함께 산책을 하다가 그를 왕가의 자녀들이 교육받고 있는 엘섬 궁으로 데려갔다. 거기서 에라스뮈스는 왕실 사람들에게 둘러싸여 있는 헨리를 보았다. 헨리는 당시 9세였는데 후일 **헨리 8세**로 영국 왕에 등극하게 된다. 헨리 옆에는 두 명의 어린 여동생과 한 명의 남동생이 있었는데 그들은 아직 양팔에 안긴 어린 아이들이었다. 에라스뮈스는 선물로 내놓을 것이 아무것도 없어서 부끄러움을 느꼈다. 그는 집에 돌아오자 영국을 칭송하는 찬양시를 써서(당시 에라스뮈스는 상당 기간 시를 쓰지 않아서 다소 어려움을 겪었다) 우아한 헌사와 함께 헨리에게 바쳤다.

10월에 에라스뮈스는 옥스퍼드를 방문했다. 처음에는 그 대학이 마음에 들지 않았으나, 뒤이어 마운트조이가 따라오면서 생각이 바뀌었다. 그는 존 콜렛에게 소개되었으나 콜렛은 자신이 에라스뮈스를 잘 안다면서 그런 소개가 불필요하다고 말했다. 가갱의 역사서 뒤에 붙인 에라스뮈스의 추천사를 읽고서 뛰어난 학자라는 것을 이미 알아보았다는 것이다. 그런 칭찬에 에라스뮈스는 기분이 좋아졌고, 그 후 옥스퍼드 체류는 유쾌한 경험이 되었다. 이곳에서 그는 대화와 편지 교환에 몰두했고, 말이든 글이든 자신의 다양하고 폭넓은 성향을 잘 드러내 보였다.

에라스뮈스와 나이 차이가 별로 나지 않는 존 콜렛은 어린 나이부터 비교적 손쉽게 학문의 길을 발견했다. 부유한 집안에서 태어난(그의 아버지는 고위 관리였고 두 번이나 런던 시장을 지냈다) 그는 여유 있게 학문 연구에 임할 수 있었다. 에라스뮈스 같은 뛰어난 천재를 만난 것도 그로서는 행운이었고, 문학의 길로 이탈하는 법 없이 처음부터 신학 연구에 매진했다. 그는 그리스어는 잘 알지 못했지만 **플라톤**과 **플로티누스**의 사상을 알고 있었고, 초기 교부들의 저작을 널리 읽었으며, **스콜라주의**도 상당히 잘 알았다. 뿐만 아니라 수학, 법률, 역사, 영국 시인들에 대한 지식도 수준급이었다. 1496년 콜렛은 옥스퍼드에 자리를 잡았다. 신학박사 학위가 없으면서도 성 바울의 서한들을 강의했다. 그리스어를 잘 몰라서 불가타(라틴어역 성경)로 만족해야 했지만, 그는 후대의 주석들은 무시하고 오로지 성스러운 경전을 중시하며 그 원뜻을 파악하려 애썼다.

콜렛은 아주 진지한 성격이었다. 활기차게 삶을 구가하며 즐기려는 자신의 성향을 늘 경계했고, 또 자신의 오만함과 쾌락 추구적인 마음을 억제하려고 노력했다. 유머 감각도 남달랐는데, 그 때문에 더욱 에라스뮈스의 호감을 샀다. 그는 열성적인 사람이었다. 신학적인 문제를 옹호할 때면 그 열성이 그의 목소리와 눈빛마저 바꾸어 놓았고, 온몸에서 고상한 기운이 뿜어져 나왔다.

에라스뮈스의 유머 감각

———   콜렛과 교제하면서 에라스뮈스는 처음으로 신학적

인 글을 한 편 썼다. 겟세마네 동산에서의 예수의 고뇌에 대하여 토론하던 중, 에라스뮈스는 통상적인 견해를 옹호하는 발언을 했다. 즉, 그리스도가 고통을 두려워한 것은 그의 인간적인 본성에서 나온 것이라고 보았던 것이다. 그러나 콜렛은 이 문제에 대해서 좀 더 깊이 생각해 보라고 권했다. 그들은 이 문제에 대하여 편지를 주고받았고, 마침내 에라스뮈스가 두 사람의 입장을 기록하여 「예수의 고뇌, 공포, 슬픔에 관한 소논문Disputatiuncula de tedio, pavore, tristicia Jesu」이라는 글을 썼다. 이 논문은 두 사람의 편지들을 좀 더 정교하게 가다듬은 것이다.

이 소논문의 어조는 진지하고 경건하기는 하지만 아주 열성적인 것은 아니다. 문필가 기질이 여전히 글 안에서 느껴진다. 에라스뮈스는 첫 번째 편지의 말미에서 자기 자신을 약간 냉소적으로 지칭하면서 이렇게 말한다. "어디 한번 살펴보시오, 콜렛, 신학적 논의를 시적 이야기(에라스뮈스는 몇 가지 신화적 은유를 구사했다)로 마무리하는 것이 수사법에 맞는 것인지를. 하지만 호라티우스는 이렇게 말했다오. 당신이 막대기로 자연을 내쫓는다고 해도 그것은 계속하여 되돌아온다(Naturam expellas furca, tamen usque recurret)."

이처럼 신학과 문학을 뒤섞는 에라스뮈스의 애매모호한 입장은 새로 사귄 프리지아 사람이며 같은 라틴어 시인인 존 식스틴John Sixtin에게 보낸 보고서에서 더욱 분명하게 드러난다. 그것은 모들린 대학의 식당에서 존 콜렛과 주고받은 또 다른 논쟁에 대해서 보고한 것이었다. 그 논쟁에는 울지 추기경도 참석했던 것으로 보인다. 그는 존 식스틴에게 같은 시인 자격으로 다소 느슨하면서도 약간 허세가 들어간 글을 써 보냈다. 그것은 에라스뮈스가 좋아하여 후에 『대화집』에서 자주 등장시키는 그런 스타일의 식사였다. 교양 있는 친구들, 좋은 음식, 약간의 술, 고상한 대화 등 모든 것이 갖추어져 있었다. 사회는 콜렛이 맡았다. 콜렛의 오른쪽에는 에라스뮈스가 묵고 있던 성 메리 대학의 차녹Charnock 수도원장이 앉았다.(이 수도원장은 그리스도의 고뇌를 두고서 두 사람이 논쟁할 때도 현장에 참석했다.) 왼쪽에는 이름이 명시되지 않은, 스콜라주의를 신봉하는 성직자가 앉았다. 이 성직자 옆에 에라스뮈스가 앉았다. "향연에는 시인이 약방의 감초처럼 껴야 하니까."

그 날의 논의 사항은 주님을 불쾌하게 만든 카인의 죄악에 관한 것이었다. 먼저 콜렛은 이런 의견을 말했다. 카인은 창조주의 선량함을 의심하고 자신의 근면에 의존하여 땅을 경작하는 일에 몰두함으로써 하느님을 불쾌하게 했다. 반면에 아벨은 양떼를 돌보면서 땅에서 저절로 생겨나는 것으로 만족했다. 콜렛 왼쪽에 앉은 신학자는 삼단논법을 사용하여 그런 의견에 반박했다. 에라스뮈스는 "수사학"의 논증을 사용하며 자신의 의견을 말했다. 그러나 콜렛은 더욱 열정적인 어조로 두 논쟁자를 제압했다.

잠시 뒤 논의가 너무 길어지고, 또 식사 자리답지 않게 너무 심각해지자, 논쟁의 열기를 좀 식히고 다소 유쾌한 얘기로 식사 분위기를 띄워야 할 필요가 생겼다. "그래서 시인의 역할을 다하기 위해 내가 이렇게 말했지요." 에라스뮈스는 식스틴에게 보낸 글에서 말했다. "이건 아주 오래된 이야기입니다. 아주 오래된 문헌에서 발굴된 거지요. 당신들이 이것을 한낱 지어낸 이야기로 여기지 않는다는 약속 아래, 문헌에서 찾아낸 이 얘기를 말씀드리겠습니다."

그럴 목적으로 에라스뮈스는 오래된 육필 원고(실제하는 것은 아니고 그가 있다고 꾸며낸 원고)에서 읽었다고 하면서 농담을 시작했는데 그 내용은 이러하다. 카인은 부모님으로부터 에덴동산에서는 식물들이 인간 세계의 오리나무처럼 아주 크게 자란다고 말하는 것을 여러 번 들었다. 그래서 천국의 문을 지키는 천사를 찾아가 그 식물들의 씨앗을 좀 달라고 요청했다. "이건 사과나무의 씨앗을 달라고 하는 것도 아니니, 하느님도 반대하지 않으실 것 같은데요" 하고 카인은 말했다. 천사에게 하느님의 뜻에 불복종하라고 꼬드긴 부분은 에라스뮈스 위트의 백미였다. 카인은 천사에게 또 이런 말도 했다. "그 무거운 칼을 들고서 하루 종일 천국 문을 지키는 것이 재미있습니까? 지상에서는 그런 경비 업무는 경비견에게 맡긴 지 이미 오래되었습니다. 지상이라고 해서 그리 나쁜 곳도 아니고 점점 더 좋아지고 있습니다. 우리는 틀림없이 질병을 치료하는 방법도 알아낼 겁니다. 금지된 지식이 왜 중요한지 나는 잘 이해하지 못하겠습니다. 하지만 그 문제도 우리의 줄기찬 노력으로 온갖 장애를 극복하게 될 겁니다." 이런 식으로 천사는 설득을 당했다. 하지만 하느님은 카인의 영농 방식이 가져온 기적적인 결과를 보고서 신속한 징벌을 내렸다. 창세기와 프로메테우스의 신화를 이처럼 멋지게 혼합시킨 휴머니스트는 에라스뮈스 말고는 다시없을 것이다.

문학에서 신학으로 관심이 확대되다

▬▬ 에라스뮈스가 동료 시인들 사이에서 문필가 행세를 계속하고 있었지만, 그의 마음은 더 이상 문학 수업에 있지 않았다. 어떤 큰 위기를 겪지 않았다는 것이 에라스뮈스의 정신적 성장이 보여 주는 특징적인 사항이다. 위대한 사상가들은 으레 엄청난 내적 갈등을 겪으면서 성장하는데 우리는 에라스뮈스에게서 그런 점을 발견할 수가 없다. 문학에서 신학으로 관심이 전환된 과정은 개종의 성격 같은 게 아예 없다. 에라스뮈스의 생애에는 타르수스(Tarsus: 사도 바울이 유대교도에서 기독교도로 개종한 획기적 사건. ─옮긴이)가 없다. 그러한 전환은 점진적으로 발생했고, 어느 특정 시점을 기준으로 완성되는 법이 없다. 앞으로도 여러 해 동안 에라스뮈스는 자신의 기분 내키는 대로, 그렇다고 해서 위선의 혐의는 조금도 없이 문학자 노릇도 하고 신학자 노릇도 하게 된

다. 그는 영혼의 깊은 흐름을 천천히 표면으로 솟구치게 만드는 그런 사람이었다. 그는 어떤 못 말리는 내적 충동의 힘으로 전진하는 사람이 아니라, 환경의 억압 아래 높은 윤리 감각을 획득하는 사람이었다.

그는 신앙의 문제에만 전념하려는 욕구를 오래 전에 이미 드러냈다. 그는 수도원 시절 호우다의 코르넬리우스에게 이렇게 써 보냈다. "나는 앞으로 시는 더 이상 쓰지 않기로 결심했습니다. 단 성인들을 찬양하는 시나 성스러움 그 자체를 노래하는 시는 예외입니다." 하지만 그것은 젊은 날, 순간적으로 벌어진 경건한 결심일 뿐이었다. 영국으로 첫 여행을 떠나기 전까지, 에라스뮈스의 글들(특히 그의 편지들)은 세속적인 기질을 보여 준다. 그런 기질은 질병과 권태의 순간에만 잠시 그를 떠나갔을 뿐이다. 그는 고통이 찾아오는 순간에는 이 세상을 지겹게 여겼고, 자신의 야망을 경멸했다. 그는 거룩한 정숙함 속에서 살기를 희망했고, 성경을 깊이 명상하면서 자신의 오래된 잘못에 대하여 참회의 눈물을 흘렸다. 하지만 이것은 그 순간의 일시적 현상일 뿐이어서, 우리는 그것을 너무 진지하게 받아들여서는 안 된다.

지금까지 건성이었던 신학 연구를 진지한 연구로 받아들여 평생의 사업으로 받아들이게 된 것은 콜렛의 권유와 모범 때문이었다. 콜렛은 자신이 바울 서한을 강의하는 것처럼, 에라스뮈스도 옥스퍼드에서 모세5경이나 이사야 같은 예언서를 강의해 보라고 권했다. 에라스뮈스는 자신의 능력을 잘 안다면서 그런 제안을 거부했다. 이것은 그가 상황 통찰이나 자기인식의 측면에서 콜렛보다 뛰어났다는 것을 보여 준다. 콜렛은 원어에 대한 지식 없이 성경을 직관적으로 해석하려 들었는데, 그런 태도는 에라스뮈스가 볼 때 불만족스러운 것이었다. "친애하는 콜렛, 당신은 속돌에서 물을 얻으려는 것처럼(플라우투스의 말), 무모하게 행동하고 있습니다. 내가 배우지도 않은 것을 어떻게 남들에게 가르칠 수 있습니까? 내가 추위로 온몸을 떨고 있는데 어떻게 남들을 따뜻하게 해줄 수 있습니까?…… 당신은 내게 상당한 기대를 했는데 속았다고 불평을 하고 있습니다. 하지만 나는 당신에게 그런 것을 약속한 적이 없습니다. 내가 나 자신에 대하여 진실을 말해 주었는데도, 당신 자신이 그것을 믿지 않음으로써 스스로 속은 것입니다. 나는 시학이나 수사학을 가르치려고 여기 온 것도 아닙니다.(콜렛은 이것도 암시했다.) 이런 것들은 내게 불필요한 게 되어 재미없어진 지 오래입니다. 이 일이 내 인생의 목표에 부합하지 않기 때문에 거절합니다. 신학을 강의하는 것은 내 능력 밖이기 때문에 거절하고요…… 하지만 장래 어느 날 내게 그런 능력이 있다고 확신하게 되면 신학을 가르치는 일에 매진하겠습니다. 비록 보잘것없지만 성실한 노력을 아끼지 않겠습니다."

에라스뮈스가 여기서 얻은 교훈은 그리스어 실력을 더욱 향상시켜야 한다는 것이었다. 그는 지금껏 라틴어 공부에만 전념하고 그리스어 공부는 소홀히 했던 것이다.

이제 영국 체류 기간이 거의 끝나가자 그는 파리로 돌아갈 생각을 했다. 체류 말미에 그는 이탈리아에 머물고 있는 예전 제자 로버트 피셔에게 편지를 썼다. 영국 체류가 아주 만족스럽다는 활기찬 글이었다. 그는 날씨에 아주 민감한 사람인데 영국의 부드럽고 상쾌한 날씨가 마음에 든다고 적었다. 인정 많고 박식한 사람들을 많이 만났는데 그들의 학식은 고리타분하거나 사소한 것이 아니라, 라틴 문학과 그리스 문학에 통달하여 진정으로 학사學士 칭호를 받을 만한 사람들이라고 칭찬을 아끼지 않았다. 그래서 현재로서는 이탈리아에 가고 싶은 마음이 없다는 얘기도 적었다. 콜렛의 말을 들으면 플라톤의 말을 직접 듣는 것 같고, **그로신**Grocyn에게서는 진정한 그리스어 학자를 발견했으며, 리너커(Linacre, c.1460-1524)는 진정으로 박식한 의사라고 썼다. 이런 사람들을 만나면 누구나 칭찬하고 싶은 마음이 들게 될 것이었다! 그리고 토머스 모어. 그처럼 부드럽고 달콤하고 행복한 영혼을 가진 사람이 또 있을까?

도버 세관에서의 봉변

──── 1500년 1월 영국 땅을 떠나면서 에라스뮈스는 봉변을 당했다. 그것은 영국에 대한 즐거운 기억을 망쳐 놓았을 뿐만 아니라 그의 앞날에 또 다른 장애를 설치해 놓았다. 그 일은 그의

민감한 영혼에 날카로운 가시로 남았고, 앞으로 몇 년 동안 그를 괴롭힐 터였다.

그가 지난 몇 년 동안 파리에서 해온 생활은 아주 불안정한 것이었다. 주교의 지원은 거의 끊긴 상태였다. 베레의 안나는 보조를 해주기는 했지만 아주 조금씩 찔끔찔끔 지원해 주었을 뿐이다. 그렇다고 마운트조이에게 일방적으로 기댈 수도 없었다. 이런 상황에서 비오는 날을 대비하여 모아 놓은 약간의 돈은 아주 소중한 것이었다. 그는 어렵게 모은 돈 20파운드를 가지고 영국으로 건너왔다. 그런데 에드워드 3세의 법령(그리고 최근에 다시 부과된 헨리 7세의 법령)은 황금과 순은의 해외 반출을 금지했다. 그러나 모어와 마운트조이는 영국 동전이 아니라면 안전하게 영국 밖으로 가지고 나갈 수 있다고 에라스뮈스를 안심시켰다. 막상 도버 세관에 도착하니 그곳 관리들은 다른 말을 했다. 그는 여섯 개의 "에인절" 동전만 가지고 나갈 수 있고, 나머지는 모두 세관 관리에게 맡겨야 한다는 것이었다. 말이 좋아 맡기는 것이지 사실상 몰수였다.

이 사건의 충격 때문에 에라스뮈스는 칼레에서 파리로 오는 도중에 자신이 도둑과 살인자들에게 위협당하는 광경을 여러 번 공상하게 되었다. 그 돈을 잃어버린 것은 에라스뮈스의 상황을 더욱 어렵게 만들었고, 그리하여 하루하루 생계를 걱정해야 할 처지가 되었다. 그는 너무나도 하기 싫은 벨에스프리(bel esprit: 재미있게 가르치는 사람) 직업을 다시 잡아야 했다. 후원자들로부터 돈을 얻어내기 위해서는 온갖 굴욕스러운 가르침도 다 해주어야 되었다. 그것은 위엄을 중시하는 그의 정신 상태에 악영향을 미쳤다. 그러나 이런 재정적 불운이 이 세상과 에라스뮈스에게 커다란 이득을 가져다주었다. 그런 어려움 때문에 이 세상에 『격언집』이라는 책이 나왔고, 그 책 덕분에 에라스뮈스는 명성을 얻게 되었다.

도버에서 당한 봉변이 에라스뮈스에게 안겨준 감정은 씁쓸한 분노와 복수심이었다. 몇 달 뒤 그는 제임스 바트에게 이런 글을 써 보냈다. "현재의 사태는 이런 일을 당한 사람들의 경우와 똑같이 돌아가고 있습니다. 영국에서 받은 상처는 계속 따끔거리며, 이제 고질병이 되었습니다. 내가 그 어떤 방법으로도 복수를 할 수 없기 때문에 더욱 고통스럽습니다." 여섯 달 뒤에는 이렇게 썼다. "나는 그 일을 잠시 접어 두겠습니다. 하지만 그들에게 복수할 기회가 틀림없이 생길 겁니다." 하지만 에라스뮈스에게는 날카로운 통찰력이 있었다. 그런 통찰력이 그가 바라는 이상적 상태로까지 도달하지는 못했지만, 그래도 영국인 친구들뿐만 아니라 그가 아주 좋게 보았던 많은 영국인들이 도버의 봉변과는 아무 상관이 없다는 것을 깨닫게 해주었다. 부정확한 정보로 그에게 엄청난 피해를 입힌 모어와 마운트조이를 결코 비난하지 않았다. 언제나 미덕의 외피를 입히는 경향이 있는 자신의 이해관계도 생각해야 되었다. 영국과 좋은 연결 고리를 맺어 놓았기 때문에 그런 일로 영국과의 관계를 끊지 않는 것이 무엇보다 중요했다. 이런 생각 덕분에 오히려 영국과의 관계는 강화되었나. 나중에 그는 자신의 이런 의도를 아주 순진한 어조로 설명했다. 그는 어떤 문제를 억압하거나 감추려 할 때는 일부러 그런 순진한 어조의 글쓰기를 했는데, 그 덕분에 그런 글은 마치 고백의 문장처럼 읽힌다.

"한 푼 없이 파리로 돌아온 나에게 많은 사람들이 문필가답게 이런 불행에 대하여 복수를 가할 것을 기대했다. 가령 영국이나 영국 왕에 대하여 욕설을 퍼붓는 펜대를 놀리기를 바랐다. 하지만 간접적이기는 하지만 내 돈을 잃어버리게 한 윌리엄 마운트조이가 그 일로 나의 애정을 잃는 것을 두려워할 게 걱정되었다. 나는 파리 사람들의 복수 기대를 무색하게 만들고 싶었고, 또 무자비한 개인의 잘못으로 소액의 돈을 잃었다고 해서 영국을 비난할 정도로 내가 쩨쩨한 사람이 아니라는 것을 알리고 싶었다. 또 그런 비난을 퍼부어 영국 왕이 나 자신과 영국의 내 친구들을 못마땅하게 여기는 일도 피하고 싶었다. 무엇보다도 내 친구 마운트조이에게 그런 일로 해서 내가 전보다 덜 그 친구를 생각한다는 인상을 주고 싶지 않았다. 그래서 가능한 한 빨리 여기에 관련된 글을 쓰기로 결심했다. 나는 준비해 놓은 것이 없기 때문에 며칠간의 황급한 독서를 통하여 『격언집』을 엮어 내려고 한다.

어떤 형태로 나오게 되든 이런 소책자가 학생들의 손에 들어가 유익하게 사용되기를 기대한다. 그리고 그 말미에 첨부한 시에서 나는 돈을 빼앗긴 데 대해 영국이나 영국 왕에 대해 분노를 느끼지 않는다는 사실을 말했다. 나의 계획은 나쁘게 받아들여지지 않았다. 나는 솔직하고 겸손한 태도를 취했고, 그리하여 영국에서 많은 훌륭한 친구들을 얻었다. 그들은 박식하고, 올바르고, 영향력 있는 사람들이었다."

이것은 대외적으로 과시하기 위한 윤리적인 행동의 구체적 사례이다. 이런 식으로 에라스뮈스는 자신의 분노를 다스렸고, 나중에 도버 세관 일을 회상할 때면 이렇게 말했다. "나는 단번에 전 재산을 잃어버렸다. 하지만 그 일을 개의치 않았고 더욱 더 활기차고 정력적인 자세로 내 책들로 돌아갈 수 있었다." 하지만 그의 친구들은 그 상처가 얼마나 깊은지 잘 알았다. "이제(헨리 8세가 즉위했다는 소식을 듣고서) 당신의 영혼에서 모든 씁쓸함이 사라졌겠군요." 마운트조이는 1509년 암모니우스(Ammonius: 이탈리아 루카 출신으로 영국에서 활약한 앤드루 암모니우스. - 옮긴이)의 펜을 통하여 에라스뮈스에게 말했다.

연속되는 고난과 궁핍

—— 프랑스에 돌아온 이후의 몇 년 동안은 어려움이 계속되는 세월이었다. 그는 돈이 궁했고, 온갖 재주와 지식을 동원

하여 문필가가 손댈 수 있는 일은 다 해야 되었다. 그는 또다시 호모 포에티쿠스(Homo Poeticus: 시를 쓰는 사람) 혹은 호모 레토리쿠스(Homo rhetoricus: 수사학을 가르치는 사람)가 되어야 했다. 그는 신화 이야기와 약간의 거짓말이 가미된 아름다운 편지들을 썼다. 그는 시인으로서 명성이 있었기 때문에 후원자의 지원을 기대할 수 있었다. 한편 신학 공부를 열심히 한다는 계획은 그의 머릿속에서만 가득할 뿐 진행되지 못했다. 그 생각만 하면 좀 더 힘을 내어 노력해야겠다고 자신을 채찍질했으나 여전히 답보 상태였다. 그는 바트에게 이런 편지를 써 보냈다. "내 영혼이 하고자 하는 일을 생각하면 잘 믿어지지가 않습니다. 내가 구상 중인 작품들을 모두 완료하고 싶고, 그리스어에 통달하고 싶고, 또 오랫동안 동경해 온 성경 공부에 전적으로 매달리고 싶습니다. 내 건강은 비교적 좋은 편입니다. 그러니 올해(1501)에는 온 힘을 기울여 인쇄소에 넘긴 책이 출판되도록 해야겠습니다. 또한 신학적인 문제들을 다룸으로써 무수한 중상모략가들의 정체를 폭로해야 되겠습니다. 나에게 3년 세월이 더 주어진다면 시샘의 손길에서 훌쩍 벗어날 수 있을 것입니다."

여기서 우리는 위대한 업적을 남기려 하는 에라스뮈스의 심리 상태를 읽을 수 있다. 그런 마음가짐은 즉흥적인 신앙의 충동에서 나온 것은 아니었다. 이미 그는 진정한 신학의 회복을 자신의 사명으로 여기고 있었다. 하지만 이런 고상한 결심이 세속적 목적을 토로한 편지 속에 같이 들어 있다는 것이 문제이다. 그는 충실한 친구 바트에게 보낸 이 편지에서 베레 부인으로부터 돈을 뜯어낼 수 있는 구체적 방법도 동시에 지시하고 있는 것이다.

그 후 여러 해 동안 생활고는 에라스뮈스에게 거의 지속적인 시련과 고민을 안겼다. 그는 이제 프랑스라면 신물이 나서 한시바삐 그곳을 떠나기를 소망했다. 그는 1500년의 후반에는 오를레앙에서 시간을 보냈다. 역경은 그를 속 좁은 사람으로 만들었다. 오귀스틴 뱅상 카미나드Augustine Vincent Caminade와 교우에 대하여 불미스러운 얘기도 나돌았다. 카미나드는 나중에 미델뷔르흐 대학의 이사가 되었는데, 당시에는 오를레앙에서 젊은이들에게 하숙을 치면서 생계를 유지했다. 여기서 카미나드와의 교우를 자세히 얘기하려면 너무 길어서 생략하지만, 그 당시 에라스뮈스의 심리 상태를 보여 주는 사건이라는 점만 언급하도록 하겠다. 당시 에라스뮈스는 생활이 너무 어렵다 보니 친구들이 자신을 이용해 먹으려는 게 아닌가 하는 피해망상과 불신감으로 가득 차 있었다. 또 자코부스 뵈흐트Jacobus Voecht와의 교우 관계도 있었다. 그는 뵈흐트의 집에 공짜로 하숙하면서 그를 위해 돈 많은 하숙인을 소개해 주었다. 그때 소개한 사람이 캉브레 주교의 배다른 동생이었다. 이 무렵 에라스뮈스는 주교를 반反 메세나라고 부르면서 주교가 파리에서 스탄동크를 시켜서 자신을 감시하게 했다고 말했다.

이 시기에 에라스뮈스가 쓴 편지들에는 씁쓸한 분노의 감정이 물씬 풍겨난다. 에라스뮈스는 의심이 많았고, 짜증을 잘 냈으며, 툭하면 흥분을 하고, 또 친구들에게 편지를 쓸 때 무례한 언사를 서슴지 않았다. 그는 이제 빌렘 헤르만스를 더 이상 참아 줄 수가 없었다. 너무 쾌락주의적이고 정력이 없는 사람이라는 것이었다. 그러면서 에라스뮈스는 자신은 쾌락이나 무기력과는 거리가 먼 사람이라고 말했다. 하지만 그가 충실한 친구 바트에게 대하는 태도는 정말 실망스러운 것이다. 물론 에라스뮈스는 그를 칭찬하고, 또 그를 불멸의 시인으로 만들어 주겠다고 약속한다. 그러면서도 바트가 에라스뮈스의 뻔뻔한 요구에 즉시 응해 오지 않으면 정말 기분 나쁘다며 불평을 터트린다. 자신(에라스뮈스)에게 호의를 베풀도록 베레 부인에게 어떻게 말할 것인지 바트에게 일러주는 에라스뮈스의 편지를 읽어보면, 그가 정말 부끄러움을 모르는 사람이라는 생각이 든다. 그런 충직한 친구(바트)가 1502년 전반기에 병으로 사망했을 때, 에라스뮈스는 슬픔을 표현하는 데 아주 인색했다.

에라스뮈스는 자신이 겉으로 드러내기 바랐던 것보다 더 완벽하게 자신의 궁핍한 상태를 친구에게 드러낸 것, 또 약간의 돈을 얻기 위해 자신의 기본적 신념, 세련된 취향까지 희생해 가며 베레의 안나에게 아첨한 것 등에 대해서 바트에게 대신 분풀이를 한 듯하다. 그는 장중한 부르고뉴 스타일로 안나를 찬양하는 시를 바쳤다. 당시 네덜란드 사람들에게는 부르고뉴 가문의 화려한 스타일이 잘 알려져 있었지만, 에라스뮈스 자신은 그런 스타일을 아주 역겹게 생각했지만 지원을 얻어내려 일부러 그렇게 했던 것이다. 그는 안나의 경건한 신앙심에 아첨하면서 이런 표현을 썼다. "당신에게 몇 가지 기도를 보냅니다. 이 기도를 하나의 주문으로 삼아 당신은 하늘로부터 달을 따오는 것이 아니라, 정의의 태양(포에부스)을 낳은 그녀(여신 라토야)를 하늘로부터 끌어내릴 수 있을 것입니다."(베레의 안나가 라토야보다 더 위대한 사람이라는 아첨의 뜻. - 옮긴이)

오, 『대화집』의 저자여, 당신은 이런 글을 쓰면서 은근한 미소를 지었는가? 그건 당신에게 정말 민망한 일이 아니었는가?

제5장

휴머니스트 저자인 에라스뮈스

출세작『격언집』

그가 이미 손 놓아 버린 문학 연구의 결과물 덕분에 에라스뮈스에게 명성이 찾아들었다. 도버에서 봉변을 당한 해인 1500년에 이 작품이 출간되어 마운트조이에게 헌정되었는데 제목은 『격언집*Adagiorum Collectanea*』이었다. 이 책은 고대의 라틴 작가들로부터 약 8백 개의 격언들을 뽑아서 모아 놓은 것인데, 우아한 라틴어 문장을 쓰려고 하는 사람들을 대상으로 이 격언을 적절히 사용하는 방법을 제시했다. 헌사에서 에라스뮈스는 고대의 유명한 문장들을 이런 식으로 한데 모아 놓으면, 문장 스타일을 아름답게 하고, 또 글의 주장을 강화하는 데 큰 도움이 된다고 지적했다. 에라스뮈스는 이런 도움을 독자들에게 제공하겠다고 제안한다. 하지만 에라스뮈스는 실제로 그 이상의 효과를 거두었다. 선배 휴머니스트들도 고대의 정신을 전파한 적이 있지만 에라스뮈스는 그들보다 더 많은 독자층에게 그 정신을 알려주었다.

이 당시 휴머니스트들은 고전 문화의 보물을 독점하고 있었다. 일반 대중이 잘 모르는 지식을 과시함으로써 자신들이 놀라운 학식과 세련된 정신을 갖춘 귀재라는 것을 자랑하려 했다. 에라스뮈스에게는 이들과 다른 점이 있었다. 그는 사람들을 가르치려는 강한 의욕을 갖고 있었고, 또 사람들뿐만 아니라 그들의 일반적 문화를 진정으로 사랑했다. 그는 16세기의 기독교인들의 영혼이 충분히 이해할 수 있는 범위 내에서 고전 정신을 소개하려 했다. 물론 이런 소개 작업은 에라스뮈스가 유일한 것은 아니지만 그처럼 광범위하고, 또 효과적으로 소개해 준 휴머니스트는 없었다. 하지만 에라스뮈스의 가르침이 모든 사람들에게 전파된 것은 아니었다. 에라스뮈스는 라틴어로 글을 썼기 때문에 그 직접적인 영향은 당시의 교육받은 계층, 즉 상류 계층에 국한되었다.

에라스뮈스는 고전의 정신을 널리 유통시켰다. 휴머니즘은 더 이상 소수의 전유물이 아니게 되었다. 베아투스 레나누스Beatus Rhenanus에 의하면, 에라스뮈스는 『격언집』을 발간하기 직전에 일부 휴머니스트들에 의해 비난을 당했다. 고대 학문의 신비를 이런 식으로 공개해도 되느냐는 것이었다. 하지만 그는 고대의 책들이 모든 사람에게 공개되기를 원했다.

에라스뮈스의 문학 저서와 교육 관련 저서는 파리 시절에 구상된 것이었지만 그 중 대부분이 훨씬 뒤에 출간되었다. 이 저서들은 당시의 표현 방식과 논증 방식을 크게 바꾸어 놓았다. 하지만 이런 일이 에라스뮈스 혼자 힘으로 이루어진 게 아님을 다시금 강조하고 싶다. 당시 다른 학자들도 이와 유사한 작업을 수행했다. 그렇지만 『격언집』과 『대화집Colloquia』이 판을 계속하여 출판되었다는 사실을 유념할 필요가 있다. 이것은 에라스뮈스가 다른 학자들보다 이런 교육의 분야에서 훨씬 큰 영향을 미쳤다는 뜻이다. 많은 휴머니스트들이 있었지만, 온 세상의 가정에 잘 알려진 이름으로는 "에라스뮈스"가 유일했다.

여기서 우리는 이런 교육적 목적을 가진 에라스뮈스의 대표적 저서들을 살펴봄으로써 그의 학문적 진로를 미리 예상해 보기로 하자. 몇 년 뒤 『격언집』에 들어간 격언은 수백 개에서 수천 개로 늘어났다. 이 책에는 라틴어 지혜뿐만 아니라 그리스어 지혜도 들어갔다. 1514년 에라스뮈스는 동일한 방식으로 비유의 모음집인 『비유집Parabolae』을 발간했다. 에라스뮈스는 『격언집』에 대한 보충으로 비유, 잠언, 암유, 시적·성경적 알레고리 등을 별도의 책으로 펴내려 했는데 『비유집』은 그런 계획의 일환이었다. 생애 말년에 그는 재치 넘치는 일화, 고대 현인들의 말씀과 행동 등을 한데 묶은 『경구집Apophtegmata』를 발간했다. 이런 모음집 이외에도 「말과 사물의 보고De copia verborum et rerum」, 「편지 쓰기에 대하여De conscribendis epistola」, 「공부의 방법De ratione studii」 등의 문법적 매뉴얼(지침서)도 집필했다. 또한 고대 그리스 저자들의 작품을 라틴어로 번역함으로써 에라스뮈스는 고전 문학의 모든 산맥을 올라가려 하지 않는 사람들에게 하나의 폭넓은 관점을 제시했다. 또한 이 모든 지식을 활용하는 탁월한 방법의 하나로 『대화집』이 있고, 또 에라스뮈스의 펜 끝에서 흘러나온 무수한 편지들이 있다.

이런 고대의 저작들이(16세기가 허용하는 품질과 수량의 범위 내에서) 집단적으로 전시되어 하나의 시장을 형성했는데, 일반 독자들은 그 시장에 들러 원하는 것만 소매로 사갈 수 있었다. 학생들은 자신의 취향에 맞는 것만 골라들 수 있었다. 거기 전시된 물건들은 다양한 목적에 부응하는 것이었다. 에라스뮈스는 나중에 크게 증보된 『격언집』에 대하여 이렇게 말했다. "당신은 『격언집』을 이런 방식으로 읽어도 됩니다. 가령 그 책의 어떤 한 부분을 읽은 것으로, 그 책 전부를 읽었다고 생각해도 무방합니다." 에라스뮈스는 그 책의 활용도를 높이기 위하여 색인을 작성했다.

스콜라주의의 세계에서, 에라스뮈스만이 그 사상 체계와 그 표현 방식의 세부 사항들을 완전 터득한 권위자로 인정되었다. 게다가 성경 지식, 논리학, 철학 등에 박식한 것으로 인식되었다. 그러나 스콜라주의의 전문 용어와 자연스러운 대중적 문어 사이에는 커다란 심연이 가로놓여 있었다. 페트라르카 이후 휴머니즘은 엄격한 삼단논법 구조를 불식하고 그 자리에 고대의 자유스럽고 암시적인 표현을 대체하려고 노력해 왔다. 이런 식으로 해서 학자들의 언어는 일상생활의 자유스러운 표현 방법에 접근해 갔고, 단테가 『신곡』을 라틴어가 아닌 이탈리아어로 집필하는 등, 대중 언어를 고유의 높은 수준으로 끌어올렸다.(물론 이 경우에도 라틴어는 계속 사용되고 있었다.)

화제가 다양하고 풍성하다는 점에서 에라스뮈스를 따라갈 학자는 없을 것이다. 어떤 생활 지식이든, 또 어떤 윤리적 사항이든 모두 고대 저자들의 높은 권위에 의해 뒷받침되어 있었다. 게다가 그런 사항들을 아주 경쾌하고 우아한 형태로 표현해 놓았기 때문에 당시의 사람들은 에라스뮈스를 높이 평가했다. 풍성한 화제 이외에도 그의 고전 고대 지식은 깊고 넓었다. 실제 생활에서 도움이 되는 것에 대한 동경은 무제한이었고, 또 그런 것을 흡수하는 능력도 무제한이었다. 이러한 태도는 르네상스 정신의 주된 특징들 중 하나이기도 했다. 에라스뮈스와 동료 학자들은 놀라운 사건들, 기이한 세부 사항들, 진귀하고 변태적인 것들에 대하여 무한정으로 알고 싶어 했다. 후대에 나타나는 지적 소화불량의 징후는 아직 보이지 않았다. 그들은 현실에서 벌어지는 모든 일을 적절히 소화할 줄 알았고, 음미할 줄 알았다. 당시의 사람들은 풍성함 그 자체를 추구하고, 또 즐겼다.

고전 숭상에 대한 현대인의 의문

━━━━   하지만 우리는 여기서 이런 의문을 갖게 된다. 혹시 에라스뮈스와 동료 학자들은 문명의 지도자로서 잘못된 길에 들어선 것이 아닐까? 그들이 겨냥하는 것이 과연 진정한 현실일까? 그들이 자랑스럽게 여기는 라틴 정신은 결정적 잘못이 아닐까? 이것은 역사적 현실과 관련하여 제기할 수 있는 중요한 질문들 중 하나이다.

자신의 인생을 풍요롭게 할 목적으로 『격언집』이나 『경구집』(이런 책들은 그런 목적에 봉사하기 때문에 가치가 있다고 평가된다)을 집어든 현대의 독자는 곧 이런 질문을 하게 된다. "문헌학적이나 역사적 고려 사항들을 제외한다면, 고대의 인물들, 가령 프리기아인이나 테살리아인들에 대하여 아주 자세하게 다루고 있는 이런 글들이 우리와 무슨 상관인가? 이런 글들은 나에게는 아무것도 아니다." 현대의 독자는 이어서 이 책들이 에라스뮈스 당시의 사람들에게도 그리 중요하지 않았을 것이라고 주장한다. 16세기의 역사적 현실은 이런 고전 문장이나 표현의 방식으로 전개되지 않는다. 16세기 역사는 고전적 이해관계나 인생관에 바탕을 두고 있지도 않다. 그 시대에는 프리기아인도 테살리아인도 없었고 아게실라우스나 디오니시우스 같은 인물도 없었다. 휴머니스트들은 이런 것들로부터 하나의 정신적 영역을 만들어냈는데, 그것은 시대 상황과는 무관하다.

휴머니스트들의 시대는 그들의 저작으로부터 아무런 영향도 받지 않고 지나간 것인가? 다시 말해, 휴머니즘은 당시의 사건들에 얼마나 영향을 미쳤는가? 우리는 이런 질문을 제기할 수는 있지만 명확한 답변을 내놓기는 조심스럽다.

아무튼 에라스뮈스와 동료 학자들은 중세 내내 라틴어와 교회 덕분에 존재해 왔던 문명의 국제적 특징을 더욱 강화했다. 만약 그들이 라틴어를 국제적 활용 수단으로 생각했다면 라틴어의 힘을 과대평가한 것이다. 파리 유학생 사회 같은 국제적 환경에서는, 『대화록』 스타일의 라틴어 놀이와 게임은 분명 기발하고 재미있는 지적 유희였을 것이다. 하지만 에라스뮈스는 다음 세대가 공기놀이를 하면서 라틴어를 사용할 것이라고 기대한 것일까?

물론 라틴어 덕분에 로마 제국의 멸망 이래 유럽 전역에서 지적 소통이 보다 원활하게 이루어질 수 있었다. 당시에는 라틴어를 배우는 사람이 사제들이나 학자들에게만 국한되지 않았다. 관직에 나아가 입신양명하려는 부르주아지와 귀족의 자제들이 그래머 스쿨을 다니며 라틴어를 배웠고, 그 과정에서 에라스뮈스를 발견했다.

라틴어가 아니었더라면 에라스뮈스는 그런 세계적 명성을 얻지 못했을 것이다. 그의 모국어를 세계 언어로 만든다는 것은 그의 능력 밖의 일이었다. 에라스뮈스의 동포들은 그처럼 관찰력, 표현력, 상상력이 뛰어난 사람이 네덜란드어로 글을 썼더라면 조국 문학에 엄청난 기여를 했을 텐데 하고 아쉽게 생각하는 것이다. 또 『대화집』을 16세기 네덜란드어로 썼다고 한번 상상해 보라. 고전들의 격언을 수집, 논평하지 않고 네덜란드의 속담들을 주제로 삼아 그와 비슷한 격언집을 만들었더라도, 그의 재주라면 충분히 멋진 작품으로 만들 수 있지 않았을까? 우리 현대인에게는 이런 속담이 훨씬 재미있었을 것이다. 에라스뮈스가 아주 공들여서 논평해 놓은 고대 로마의 표현 방법보다는 말이다.

에라스뮈스가 라틴어로 집필한 이유

━━━   하지만 이것은 역사적 현실을 감안하지 않은 추론이다. 그것은 시대가 요구하는 게 아니었고 에라스뮈스가 해줄 수 있는 것도 아니었다. 에라스뮈스가 왜 라틴어로만 집필했는지 그 이유는 매우 분명하다. 게다가 모국어로 글을 썼다면 모든 것이 너무 직접적이고, 개인적이며, 또 현실적으로 표현되었을 텐데, 그것은 에라스뮈스의 취향과도 어울리지 않았다. 그는 애매함과 막연함의 베일이 없으면 글을 쓰지 못했는데, 라틴어로 집필하면 모든 것이 그런 막연한 분위기 속에 녹아들었던 것이다. 그의 까다로운 심성은 라블레가 사용한 프랑스어의 노골적인 천박함이나 루터가 사용한 독일어의 촌스러운 난폭함과는 천리만리 동떨어져 있었다.

에라스뮈스는 읽기와 쓰기를 배우던 어린 시절부터 모국어를 회피했다. 그는 스테인 수도원을 떠나면서 조국 땅에 대해서도 거리감을 느꼈다. 그가 라틴어에 아주 능숙했다는 사실도 이런 기피 심리와 거리감을 크게 했다. 라틴어를 사용하면 모국어 못지않게, 혹은 그보다 더 낫게 자신의 뜻을 표현할 수 있었던 에라스뮈스는 동포들 사이에 함께 살고 말하면서 느끼는 편안함 혹은 모국어로 더 잘 표현할 수 있다는 자신감을 느끼지 못했다. 그를 홀란트로부터 떼어놓는 또 다른 심리적 영향도 있었다. 그는 파리에 도착하면서 자신의 재주를 활용하여 출세할 수 있는 여러 가지 진로를 생각해 볼 수 있게 되었다. 그러자 홀란트가 자신을 평가해 주지 않았을 뿐만 아니라 자신을 불신하고 나아가 중상모략한다고 확신하게 되었다. 이런 확신에는 나름대로 근거가 있었을 것이다. 하지만 부분적으로는 상처 입은 자존심의 반발이기도 했다. 홀란트에서 사람들은 그에 대하여 너무나 많은 것을 알고 있었다. 그들은 그의 쩨쩨하고 유약한 모습을 잘 알았다. 홀란트에서 에라스뮈스는 남들의 말에 복종해야 했다. 무엇보다도 자유를 중시하는 사람인데 그런 일방적 복종은 견디기 어려웠다. 그는 홀란트 사람들이 옹졸하고 천박하고 무절제하다고 생각했다. 이런 사람들이 너무 많다고 생각하면서 네덜란드인의 특징을 전반적으로 나쁘게 보게 되었다.

이때 이후 그는 홀란트에 대해서는 변명하는 듯한 경멸감의 어조로 말했다. "당신은 네덜란드 내의 명성으로만 만족하는 것

같군요." 에라스뮈스는 옛 친구인 빌렘 헤르만스에게 보낸 편지 글에서 그렇게 썼다. 당시 헤르만스는 코르넬리우스 아우렐리우스Cornelius Aurelius와 마찬가지로 조국의 역사서를 집필하는 일에 몰두하고 있었다. 에라스뮈스는 다른 편지에서는 이렇게 썼다. "홀란트의 공기는 내게 알맞습니다. 하지만 홀란트 사람들의 지나친 흥청거림은 싫습니다. 게다가 사람들의 천박하고 교양 없는 특성은 또 어떻습니까. 공부에 대한 노골적 경멸, 내놓을 것이 없는 학문적 성과, 눈에 띌 정도로 지나친 시기심 등은 또 어떻고요." 자신이 어릴 적에 쓴 글에 대해서는 이런 변명을 내놓았다. "그 당시 나는 이탈리아 사람이 아니라 홀란트 사람들을 위해 글을 썼지요. 다시 말해 아주 우둔한 귀를 가진 사람들을 위해." 또 다른 편지에서는 이런 말을 하고 있다. "네덜란드 사람들은 웅변이 필요해요. 그들의 언변은 보이오티아 사람보다 더 형편이 없지요." 또 이런 비난도 있다. "어떤 이야기가 별로 재미가 없으면 그건 네덜란드 이야기라는 걸 기억하세요." 이런 말에는 변명보다는 경멸감이 더 강하게 풍겨 나온다.

조국에 대한 양가감정

—— 1496년 이후 에라스뮈스의 홀란트 방문은 언제나 황급히 다녀오는 여행이었다. 1501년 이후에는 그가 네덜란드 땅을 밟았다는 증거가 없다. 그는 해외에서 만난 동포들에게 홀

란트로 돌아가지 말라고 만류했다.

그러나 가끔씩 조국에 대한 진정한 동정심이 그의 내부에 꿈틀거렸다. 『격언집』에서 마르티알리스Martialis의 「바타비아(Batavia: 네덜란드의 로마식 지명. - 옮긴이) 사람의 귀」에 대해 논평하면서 조국 홀란트에 대한 웅변적 찬양의 글을 썼다. "나를 낳아 준이 나라를 언제나 존중하고 또 명예롭게 생각한다. 이 나라를 조금도 부끄럽게 생각하지 않음으로써, 이 나라의 명예를 드높이고 싶다." 네덜란드 사람의 촌스러움은 오히려 그들의 명예를 드러내는 것이다. "바타비아의 귀는 마르티알리스의 음란한 농담을 듣고서 경악한다. 나는 모든 기독교 신자들이 네덜란드의 귀를 가지기를 바란다. 네덜란드는 도덕을 숭상하며, 인정과 자비심이 많으며, 야만과 잔인함은 멀리 한다. 그들의 심성은 착하여 교활함이나 사기성이 없다. 그들이 식탁에서 다소 관능적이거나 과도한 태도를 보인다면 그것은 곡식이 풍성하게 공급되기 때문이다. 이 나라에서 수입은 아주 수월하게 이루어지고, 땅은 아주 비옥하다. 푸른 초원들이 아주 많으며, 운행 가능한 강들도 많다. 그토록 좁은 땅에 그토록 많은 도시들이 몰려 있는 나라도 드물 것이다. 도시들은 대도시는 아니지만 그래도 원활하게 통치되고 있다. 거리의 깨끗함은 누구나 칭찬하는 점이다. 다소간의 학식을 갖춘 교양인들이 이 나라처럼 많은 나라는 없다. 물론 뛰어난 학식과 재주를 지닌 지식인이 드물기는 하지만."

그가 동포들에게서 발견된다고 칭송한 특징들, 가령 온유함, 성실성, 순박함, 순수함 등은 에라스뮈스 자신이 가장 소중하게 여기는 이상이기도 했다. 그는 다른 곳에서도 홀란트에 대해 이런 사랑의 감정을 표시했다. 그는 게으른 여인들에 대해 말하면서 이런 말을 덧붙였다. "프랑스에는 게으른 여자들이 아주 많다. 그러나 홀란트에는 무위도식하는 남편들을 먹여 살리기 위해 열심히 일하는 주부들이 너무나 많다." 『대화집』 중 「난파」라는 제목이 붙은 부분에서 난파자들을 가장 따뜻하게 맞이하는 것은 홀란트 사람이라고 말한다. "이 나라는 여러 난폭한 나라들로 둘러싸여 있지만, 홀란트 사람보다 더 인정 많은 사람은 없다."

영어를 사용하는 독자들을 위하여 에라스뮈스가 '홀란트' 혹은 '바타비아'라는 말을 사용할 때는 오늘날 네덜란드 왕국의 남북 홀란트 주州를 가리킨다는 것을 상기시키고 싶다. 이 두 주는 대략 바덴 제도諸島에서 시작하여 뫼즈 강江 하구 사이에 있는 지역을 포함한다. 따라서 에라스뮈스의 홀란트라는 명칭에 그 이웃 지역인 젤란트나 프리시아는 포함되지 않는다.

네덜란드 정체성에 기여한 부르고뉴 문화

그러나 에라스뮈스가 조국 혹은 동포라는 말을 썼을 때는 사정이 달라진다. 그 당시 네덜란드 전역에서 민족 감정이 막 생겨나고 있었다. 이 나라 사람들은 아직도 자기 자신을 먼저 홀란트 사람, 프리시아 사람, 플랑드르 사람, 브라반트 사람이라고 생각했다. 그러나 언어와 관습의 공동체가 이미 형성되어 있었고, 근 1세기 동안 부르고뉴 공국이 행사해 온 정치적 영향력이 있었다. 부르고뉴 공국은 이 저지대 지방들 대부분을 그 지배권 아래에 두었고 그리하여 주민들 사이에 공고한 유대의식을 형성시켰다. 이런 유대감은 벨기에의 언어적 장벽 앞에서도 전혀 위축되지 않았다. 그리하여 네덜란드의 국가적 정체성이라고 하면 강력한 부르고뉴 애국심을 의미하게 되었다.(물론 합스부르크 왕가가 부르고뉴 지역을 병합한 이후에도 이런 감정은 변함이 없었다.)

네덜란드 사람들은 부르고뉴 문장紋章의 사자獅子를 사용하여 그들 자신을 "앞발을 들고 서 있는 사자"로 묘사하기를 좋아했다. 에라스뮈스 또한 이 용어를 사용했다. 에라스뮈스의 저작에서 우리는 협소한 홀란트 애국심이 점점 부르고뉴-네덜란드 애국심으로 확대되어 나가는 것을 발견할 수 있다. 처음에, 에라스뮈스가 조국이라는 말을 쓰면 홀란트를 의미했으나, 곧 네덜란드("저지대 지방들")를 의미하게 되었다. 사랑과 미움이 교차하는, 홀란트에 대한 감정이 점점 저지대 지방 전체로 확대되어 나가는 과정을 지켜보는 것은 흥미로운 일이다. 에라스뮈스는 1535년에 과거에 했던 말을 되풀이하며 이렇게 말했다. "나는 젊은 시절 이탈리아 사람이 아니라 홀란트 사람, 브라반트 사람, 플랑드르 사람들을 위해 글을 썼다. 그리하여 이들은 모두 촌스럽다

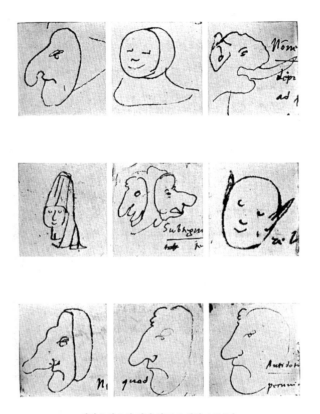

에라스뮈스의 펜과 잉크 스케치, 1514년.

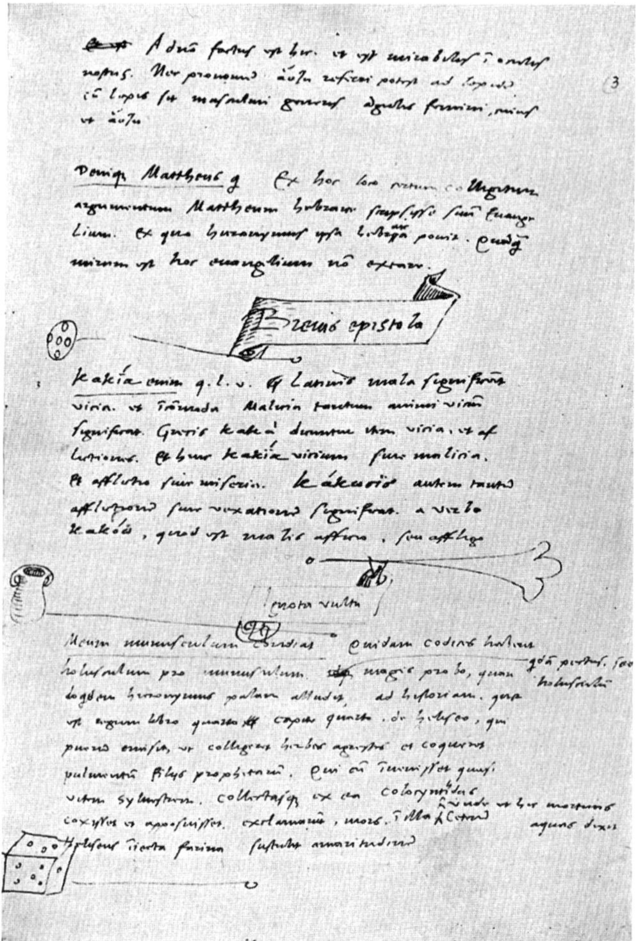
Breuis epistola

Ignota vultu

에라스뮈스의 수고본 페이지.

는 명성을 공유하게 되었다. 전에는 홀란트에만 적용되었던 다음과 같은 말이 이제는 루뱅에게 그대로 적용되었다. 즉, 술자리가 너무 많고 술을 마시지 않고는 아무것도 되지 않는다."

에라스뮈스는 거듭하여 불평했다. 네덜란드처럼 보나이 리터라이(bonae literae: 훌륭한 문학)를 무시하고 학문을 경시하는 나라도 없을 것이다. 중상가와 모략가가 여기처럼 많은 나라도 없을 것이다. 하지만 때로는 네덜란드에 대한 애정도 분출한다. 브라반트의 롱골리우스Longolius가 무대에서 프랑스인 역할을 하자 에라스뮈스는 화가 났다. "나는 롱골리우스가 나오는 연극을 사흘 동안 보았다. 그를 보는 것은 아주 즐겁다. 하지만 그는 너무 프랑스 물이 들었다. 그가 우리 동포라는 사실은 잘 알려져 있다."[4] **카를 5세**가 스페인의 왕관을 차지하게 되었을 때, 에라스뮈스는 이런 말을 했다. "정말 좋은 행운이다! 카를 5세뿐만 아니라 우리나라에도 축복이 되기를 빈다." 그는 만년에 들어와 체력이 점점 떨어지기 시작하자 고국으로 돌아갈 생각을 점점 더 많이 하게 되었다. 에라스뮈스는 1528년 10월 바젤에서 이런 글을 썼다. "페르디난트 왕이 여러 가지 약속을 하면서 나를 초청했다. 하지만 내가 돌아가 쉴 곳으로 브라반트만한 곳이 없다."

---

4) Allen No. 1026. 4. Cf. 914, intr. 나중에 에라스뮈스는 롱골리우스가 네덜란드 사람이라고 믿게 되었다. cf. LBE. 1507 A.

제6장

신학적 열망

1501

에라스뮈스의 어려운 생활은 계속되었다. 생계는 불안정했고, 일정한 거주지도 없었다. 생계 수단이 불안정한데도 불구하고 생계보다는 자신의 건강에 더 신경 썼다는 것은 특기할 만한 일이다. 또 학문 연구에도 당장의 이익에 소용되는 것보다는 지식의 근원에 도달하려는 강렬한 열망을 품었다. 그는 계속하여 전염병의 공포에 시달렸다. 1500년에는 전염병을 피하여 파리에서 오를레앙으로 내려갔는데, 그곳에서 처음에는 오귀스틴 뱅상 카미나드의 집에 하숙했다. 하지만 하숙인들 중 한 사람이 병에 걸리자, 다른 곳으로 옮겨 갔다. 어린 시절 데벤터에서 겪었던 것 때문에 그는 지나칠 정도로 전염병을 두려워했다. 당시 데벤터에서는 쉴 새 없이 전염병이 창궐했던 것이다. 파우스투스 안드렐리누스는 하인을 보내 자신의 이름으로 에라스뮈스의 비겁함을 꾸짖었다. 에라스뮈스는 이렇게 대답했다. "내가 스위스 용병이라면 그런 비난은 참을 수 없는 모욕일 것이다. 그러나 평화와 시원한 그늘을 사랑하는 시인의 영혼을 그렇게 비난해서는 안 된다." 1501년 봄에 그는 또다시 전염병 때문에 파리를 떠났다. 그는 오귀스틴에게 이렇게 써 보냈다. "이곳저곳에서 죽은 사람을 파묻는 일이 벌어지고 있어 두렵습니다."

그는 먼저 홀란트로 갔다. 그는 스테인의 수도원 밖에 머물면서 1년 동안 학문에 정진하라는 허가를 받았다. 하지만 스테인으로 다시 돌아간다면 친구들은 해외 유학을 그토록 여러 해 하고서도 아무런 명성도 얻지 못하고 돌아온 그를 부끄럽게 여길 터였다. 그는 하를렘으로 가서 친구 빌렘 헤르만스를 만났고, 이어 남쪽으로 내려가 브뤼셀에서 캉브레 주교를 예방했다. 그곳에서 에라스뮈스는 베레로 갔으나 베레 부인을 만나지는 못했다. 1501년 7월 그는 다정한 친구 바트와 함께 한적한 투르넴의 성에 머물렀다.

히에로니무스 편집과 그리스어 공부

━━━ 에라스뮈스는 이곳저곳을 전전하면서도 한시라도 학문의 길에서 벗어나 한 눈을 판 적이 없었다. 영국에서 돌아온 이후 그는 두 가지 욕망에 사로잡혀 있었다. 하나는 초기 교회의 교부인 **히에로니무스**Hieronymus의 저작을 편집하는 것이고, 다른 하나는 고대 그리스어를 완벽하게 습득하는 것이었다. 그는

1500년 말 오를레앙에서 바트에게 이런 편지를 써 보냈다. "이것이 나의 명성, 아니 나의 인생이 얼마나 중요한지 당신은 잘 압니다." 만약 에라스뮈스가 평범한 성공이나 명성을 추구했다면 그는 다른 간편한 방도들을 사용했을 것이다. 약간의 돈을 벌기 위해 이런 학문을 활용해야 되었을 때도, 그는 학문의 근원과 본질을 파헤쳐서 그것을 많은 사람들에게 알려주겠다는 열망에 사로잡혀 있었다.

그는 바트에게 이렇게 썼다. "내가 자네로부터 바라는 것을 말해 볼 테니 잘 들어주기 바라네. 생 베르탱Saint Bertin 수도원장으로부터 돈을 좀 우려내게. 자네는 그 사람의 성질을 잘 알잖아. 구걸을 해야 하는 뭔가 그럴 듯하고 겸손한 이유를 꾸며내게. 내가 뭔가 거창한 작업을 준비 중이라고 말하게. 성직자들의 무지로 훼손, 왜곡, 중복된 히에로니무스의 방대한 저작들을 다시 편집할 계획이라고 말하게. 삭제된 그리스어 문장도 다시 집어넣을 계획이라고 말해. 여태껏 그 어떤 사람도 이해하지 못한 히에로니무스의 스타일과 고대 문헌의 진수를 대중 앞에 보여 줄 생각이야. 수도원장에게 내가 이 목적을 위해 많은 책들을 구입해야 한다고 말하게. 특히 그리스어 책자들을 많이 사야 한다고 덧붙이게. 정말 수도원장의 지원이 절실히 필요하다니까. 바트, 이렇게 말하게 될 자네는 거짓말을 하는 게 아니야. 나는 정말로 이런 일을 완수할 생각이야."

그는 진심으로 말한 것이고, 곧 그것을 온 세상을 향해 증명해 보였다. 그가 그리스어를 마스터한 것은 정말로 영웅적인 업적이었다. 그는 데벤터에서 그리스어를 배우기는 했으나 아주 초보 과정이었다. 1500년 3월 그는 바트에게 이렇게 썼다. "그리스어가 정말 나를 괴롭히고 있어. 하지만 시간도 없고 책을 사거나 선생을 들일 돈도 없어." 오귀스틴 카미나드가 빌려준 호메로스 책을 돌려달라고 하자, 에라스뮈스는 불평을 터트렸다. "지루할 때 유일하게 위안을 주는 책을 가져가려 하는군. 나는 이 저자에 대한 사랑으로 온몸이 불타오르고 있어. 비록 그를 완전히 다 이해하지는 못하지만 말이야. 나는 그의 책을 보면서 내 눈을 즐겁게 하고 내 마음을 재창조하고 있어." 에라스뮈스는 이와 똑같은 말을 150년 전에 이미 페트라르카가 했다는 것을 알고 있었을까? 에라스뮈스는 정말로 그리스어를 열심히 공부했다. 그가 그리스어 선생을 따로 모셨는지는 불분명하나 아마 그랬을 가능성이 있다. 그는 처음에는 그리스어를 어렵다고 생각했다. 그러나 점차 자신을 "그리스어 학습자"라고 불렀고, 편지들 속에 그리스어 문장을 여기저기 인용하기 시작했다. 그는 밤낮없이 그리스어 공부를 했고, 만나는 친구마다 그리스어 책을 좀 구해 달라고 부탁했다.

1502년 가을, 그는 자신이 말하고자 하는 바를 모두 그리스어로 표현할 수 있으며, 그것도 즉석에서 해치울 수 있다고 말했다.

평소 그리스어를 마스터하면서 성경을 올바르게 이해하는 길이 열릴 것이라고 생각했는데, 그것은 올바른 판단으로 드러났다. 3년간의 그리스어 공부는 그에게 충분한 보상을 가져다주었다. 그는 히브리어도 함께 공부했으나, 이 언어는 결국 포기했다. 이 당시(1504년) 그는 그리스어 문헌을 라틴어로 번역했고, 비판적 신학 공부에 그리스어를 활용했으며, 여러 사람들에게 그 언어를 가르쳤는데, 그 중에는 프랑스 의사 겸 휴머니스트인 윌리엄 코프(William Cop, 1466-1532)도 있었다. 몇 년 뒤 이탈리아에 갔을 때 에라스뮈스는 더 이상 그리스어를 배울 것이 없었고, 그가 이탈리아에서 가져갈 두 고전 언어의 지식보다 가지고 온 지식이 더 많다고 생각했다.

에라스뮈스는 그리스어 공부에 열광하고 탐닉했기 때문에 그 혜택을 절친한 친구들에게도 널리 알리려고 애를 썼다. 그는 바트에게 그리스어를 반드시 배워야 한다고 말했다. 하지만 바트는 시간이 없었고, 라틴어가 더 적성에 맞았다. 에라스뮈스는 하를렘을 방문하여 친구 빌렘 헤르만스를 만났을 때 그 또한 그리스어 학자로 만들려고 애썼다. 그럴 목적으로 그리스어 책들을 가방 가득 담아 가지고 갔으나 헛수고를 했을 뿐이었다. 빌렘은 그리스어 공부에 별로 관심을 보이지 않았고, 에라스뮈스는 실망이 이만저만이 아니었다. 돈과 정력을 낭비했을 뿐만 아니라 친한 친구를 잃었다고까지 생각했다.

『기독교 전사를 위한 지침서』

━━━━━ 하지만 가까운 장래에 무엇을 할 것인가는 여전히 미정이었다. 영국, 이탈리아, 파리 중 어디로 갈지 막연했다. 마침내 그는 생토메르로 가서 처음에는 생 베르탱 수도원장의 손님으로, 나중에는 그 수도원에서 그리 멀지 않은 쿠르트부른 성에서 보냈다. 그 기간은 1501년 가을에서 1502년 여름까지 근 1년 가까운 시간이었다.

생토메르에서 에라스뮈스는 진정한 성직자이며 훌륭한 수도자를 만났다. 그는 나중에 이 사람을 기억할 때면 콜렛과 나란히 두고 생각하게 되었다. 그는 장 비트리에Jean Vitrier인데 생토메르 프란체스코 수도원의 감독이었다. 비트리에는 수도원 생활의 부패에 대하여 너무 솔직한 의견을 표명하여 소르본 대학으로부터 경고를 받았는데, 이것도 에라스뮈스의 관심을 이끌어내는 이유가 되었다. 비트리에는 경고 후에도 수도원 생활을 그만두지 않았고, 대신 수도원과 수녀원을 개혁하는 일에 전념했다. 스콜라주의에서 전환하여 성 바울의 신학 사상으로 옮겨 갔기 때문에 비트리에는 자유로운 기독교적 생활을 옹호했고, 성무일과와 각종 전례를 중시하는 생활에 반대했다. 비트리에는 에라스뮈스의 또 다른 대표작인 『기독교 전사를 위한 지침서Enchiridion militis Christiani』의 구상에 영향을 준 인물이다.(『기독교 전사를 위한 지침서』는 『엔키리디온Enchiridion』으로 널리 알려져 있으므로 이하 『엔키리디온』으로

통일함. - 옮긴이)

에라스뮈스는 나중에 『엔키리디온』은 우연한 충동에 의해 집필되었다고 말했다. 그러나 외부 환경이 내면의 충동을 이끌어내기도 한다. 외부 환경은 이러하다. 투르넴 성에 바트의 군인 친구가 자주 놀러 왔다. 그는 아주 방탕한 인물이었는데 신앙심이 경건한 아내에게 아주 못되게 굴었다. 게다가 그 군인은 교양이라고는 별로 없었고 신부들을 아주 미워했다.[5] 그 외에는 그런대로 인품이 괜찮았는데, 특히 에라스뮈스는 성직자인데도 미워하지 않았다. 그 군인의 아내는 바트에게 영향력을 행사하여 이런 부탁을 해왔다. 에라스뮈스가 남편에게 종교적 감화를 줄 수 있는 메모를 좀 써주면 어떻겠는가 하는 것이었다. 에라스뮈스는 그 부탁을 받아들였고 장 비트리에도 에라스뮈스가 써낸 메모에 대해서 적극 동조했다. 에라스뮈스는 나중에 이 쪽지들을 루뱅으로 가져가서 다듬었는데, 그것이 디르크 마에르텐스Dirk Maertensz에 의해 안트베르펜에서 출간되었다.

이것이 『엔키리디온』이 나오게 된 외부적 경위이다. 하지만 내면적 이유는 따로 있었다. 에라스뮈스는 당시의 종교적 생활을 아주 못마땅하게 여겼다. 기계적인 전례와 영혼 없는 기독교적

5) 닥터 알렌은 이 사람이 John of Trazegnies라고 생각했고, 또 Renaudet도 그런 생각을 타당하다고 판단했다. 하지만 이런 견해는 아직도 불확실한 것이다. A. 164 t. Renaudet, Prereforme. 428.

의무를 강조하는 그 생활이 진정한 기독교 정신으로부터 멀리 떨어져 있다고 보았다. 이런 비판적 의식이 밑바탕이 되어 『엔키리디온』이 나온 것이다.

형식의 관점에서 보자면, 『엔키리디온』은 무식한 군인으로 하여금 그리스도를 기쁘게 하는 마음가짐을 갖게 하는 지침서의 형태이다. 에라스뮈스는 손가락을 들어 그리스도에게 가는 가장 빠른 지름길을 가리킨다. 또 그 무식한 군인이 궁정 생활을 지겨 워하고 있다고 가정한다. 이런 가정은 그 당시 문헌들의 흔한 주 제였다. 지침서를 써 달라는 친구의 부탁을 들어주기 위해, 에라스뮈스는 단지 며칠만 신학 공부를 중단했을 뿐이다. 또 군인의 스타일을 유지하기 위해 제목에 '엔키리디온'이라는 용어를 사용했다. 이 그리스어는 고대에 단검과 지침서를 동시에 의미했 다. 따라서 책 제목을 풀이한다면 "기독교 전사를 위한 단검"이 된다.[7] 에라스뮈스는 군인에게 경계의 의무를 일깨워주고 기독 교 전사의 무기들을 열거한다. 자기를 안다는 것은 지혜의 시작 이다. 특정한 죄악과 잘못에 대한 여러 치유 방법을 일러준 다음

---

6) 1500년(A. 123,31)에 에라스뮈스는 성 아우구스티누스의 엔키리디온에 대해서 언 급했다. cf. 135, 138. 1501년 A[Allen의 줄인 말]. 152, 33에서 에라스뮈스는 키케로의 의무론을 가리켜 pugiunclus(단검)이라고 불렀다. 따라서 엔키리디온이라는 단어는 그의 마음속에 상당히 오래 머물러 있었음을 알 수 있다.

7) Miles(군인, 전사)라는 단어는 에라스뮈스에게 더 이상 "기사"의 의미를 갖고 있지 않았다. Miles가 "기사"로 쓰인 것은 중세 라틴어에서였다.

일반적인 기독교적 생활 수칙이 제시된다.

기독교의 진정한 가르침

━━━━━ 이상이 책의 외부적 윤곽이다. 하지만 에라스뮈스는
이 책에서 처음으로 자신의 신학적 프로그램을 발전시키는 기회
를 발견한다. 그 프로그램은 우리에게 성경으로 돌아가라고 권
유한다. 모든 기독교인은 성경의 순수한 1차적 의미를 이해해야
한다. 그러자면 기독교인은 고대 작가들, 웅변가들, 시인들, 철학
자들(특히 플라톤)을 공부하면서 사전 준비를 해야 한다. 또 초기
교회의 교부들 가령 히에로니무스, 암브로시우스, 아우구스티누
스 등도 도움이 된다. 하지만 그보다 후대의 많은 논평가들까지
섭렵해야 할 필요는 없다. 에라스뮈스의 주된 주장은 이러하다.
종교는 외면적 의례를 지속적으로 준수하는 것을 핵심으로 삼아
서는 안 된다. 이것은 유대주의적 의례주의이고 아무런 가치도
없다. 아무런 감흥 없이 시편 전편을 읽어 내려가는 것보다는, 단
한 줄이라도 시편의 의미를 깊이 음미하며 하느님과 자기(신자)
자신에 대하여 더 깊게 이해하는 것이 중요하다. 의례는 영혼을
새롭게 하지 못할 경우 아무 가치도 없고 오히려 해로운 것이다.
"많은 사람들이 하루에 미사를 몇 번 참석했다고 회수를 헤아리
면서 그 회수가 아주 중요하다고 말한다. 미사 도중에 그리스도
의 사랑은 전혀 깨닫지 못한 채, 미사가 끝나고 교회를 나서면 일

상생활의 습관으로 고스란히 되돌아가는 것이다." "당신은 매일 희생을 봉헌하지만 그러고 나서는 오로지 당신 자신만을 위해서 살아간다. 당신은 성인들을 존경하고 그들의 유물을 만지고 싶어 한다. 당신은 베드로와 바울의 은총을 얻고 싶은가? 그렇다면 베드로의 신앙과 바울의 자비를 모방하도록 하라. 이렇게 한다면 로마 순례를 열 번 갔다 온 것보다 더 많은 성취를 얻을 수 있을 것이다." 그는 교리와 성무일과를 거부하지 않는다. 비천한 사람들의 신앙을 동요시키려는 것이 아니라, 그리스도가 성무일과로 구성된 컬트가 되어 버리는 것을 용납할 수 없는 것이다. 그런데 성직자들이 신앙을 그토록 허물어뜨리는 것은 무엇 때문인가? "이런 얘기를 하기가 정말 부끄럽다, 성직자라는 사람들이 대부분 사소한 의례에만 매달린다. 그 의례라는 것은 한심한 심성을 가진 인간이 만들어낸 것이고, 때로는 그런 것을 만든 의도조차도 의심스럽다. 그런데 성직자들은 남들에게 그 의례를 준수하라고 밉살스러울 정도로 강요하면서 그것을 따르면 신임하고, 그렇지 않으면 비난을 해댄다."

그들은 바울의 가르침을 따라 진정한 기독교 정신을 배워야 한다. "그리스도께서 우리를 자유롭게 하려고 자유를 주셨으니 그러므로 굳건하게 서서 다시는 종의 멍에를 메지 말라."(신약성경 갈라디아서 5장 1절. - 옮긴이) 이 말씀은 기독교적 자유의 교리를 온전히 포함하고 있고, 나중에 종교개혁의 시대가 도래하면 온 세상에 울려 퍼지게 된다. 에라스뮈스는 여기서 가톨릭교회의 교리를 폄하하기 위해 이 말씀을 인용한 것은 아니다. 그렇지만 『엔키리디온』은 많은 사람들에게 그들이 여전히 간직하고 싶어 하는 것들을 상당히 포기하도록 준비시켰다.

『엔키리디온』의 주제는 에라스뮈스 평생 작업의 주제가 될 터였다. 이 세상에서 실체와 그림자가 너무도 다른 것은 역겨운 일이다. 그리하여 세상은 존경하지 말아야 할 것을 존경한다. 미혹, 기계적 절차, 무신경 등이 사람들로 하여금 사물의 진정한 실체 혹은 본질을 보지 못하게 만든다. 그는 이 주제를 나중에 『우신예찬』과 『대화집』에서 또다시 거론한다. 에라스뮈스에게 영감을 준 것은 종교적 감정 이외에 사회적 감정도 있었다. 「기독교인이 가지면 좋은 생각들」이라는 소제목 아래에서 그는 계급의 오만함, 민족적 적개심, 직업적 시기심, 종단 간의 경쟁 등을 개탄하면서 이런 것들이 사람들을 서로 떼어놓는다고 말한다. 사람은 진지하게 이웃과 형제에 대하여 관심을 가져야 한다. "당신은 노름에서 주사위를 잘못 던져 하룻밤에 1천 냥의 금화를 잃기도 한다. 그런데 한편에서는 가난에 내몰린 비참한 소녀가 자신의 정절을 팔고 있다. 그리스도가 자신의 목숨을 내주면서까지 지키려 했던 사람의 영혼이 이처럼 파멸하고 있는 것이다. 당신은 '그게 나와 무슨 상관인가' 하고 말한다. 나는 내 생각에 따라 내 일에 신경 쓸 뿐이다. 그런데 이런 생각을 갖고 있는 당신, 당신은 그런 한심한 생각을 하면서 당신 자신을 기독교인이라고 여긴단 말인가?"

순수한 신학의 회복

━━━━ 『엔키리디온』에서 에라스뮈스는 자신의 마음속에 있던 것들을 처음으로 털어놓았다. 열정적으로 분노하면서, 또 성실하고도 용기 있는 자세로 기독교 정신을 설파했다. 하지만 우리는 이 책이 경건한 신앙심의 억누를 수 없는 충동에서 나온 작품이라고 말할 수가 없다. 우리가 이미 살펴본 바와 같이 에라스뮈스는 친구의 요청을 받아들여 신학 공부를 이틀 정도 중단하고 급히 써 내려간 사소한 작품으로 여겼다.(물론 이것은 이 저서의 초고에 한해서만 맞는 얘기이고, 그는 나중에 초고를 아주 정밀하게 수정했다.) 그가 구상하고 있던 진지한 학문의 목적은 순수한 신학의 회복이었다. 장차 그는 바울을 해설하면서 이렇게 말할 터였다.

"보나이 리터라이(훌륭한 문학)에 대하여 전혀 모르는 것이 종교적 경건성의 극치라고 생각하는 중상모략가들은 다음과 같은 사실을 알아야 한다. 우리들은 젊은 시절 고전 작가들의 교양 높은 문학을 배웠고, 여러 번 날밤을 새워 가며 그리스어와 라틴어의 정확한 지식을 습득했다. 이렇게 한 것은 허영이나 유치한 만족을 위해서가 아니고, 주님의 신전(어떤 자들은 그들의 무지와 야만으로 이 신전을 훼손했다)을 우리의 정신력, 고전 문학의 지식으로 장식하기 위해서였다. 그리하여 고상한 사람들의 마음속에 성경에 대한 사랑이 불같이 일어나기를 바랐던 것이다." 이 문장은 진정한 종교의 회복을 말하고 있지만 그래도 그 목소리는 여전히 휴머니스트의 것이다.

더욱이 우리는 에라스뮈스가 자기 자신을 정당화하는 목소리도 듣는다. 1504년 말 콜렛에게 보낸 편지에서 그 목소리가 쟁쟁하게 울려온다. 이 편지는『엔키리디온』이 처음 수록된『밤 새워 공부하기Lucubrationes』의 판본을 보내면서 함께 써 보낸 것이다. "나의 글 솜씨와 웅변을 자랑하기 위해『엔키리디온』을 쓴 것은 아닙니다. 나는 종교를 잘못 생각하는 사람들의 의견을 교정하고 싶었습니다. '종교는 유대주의적 의례와 물질적 사항들의 준수'라고 생각하면서 경건한 신앙심을 무시해 버리는 사람들을 경고하고 싶었습니다." 그는 또 이 저서가 휴머니즘의 관점에 입각하여 집필되었다는 것도 알린다. "다른 사람들이 어떤 학문의 이론을 가르치기 위해 글을 쓰듯이, 나는 독자에게 경건한 신앙심의 기술을 가르치려 애썼습니다."

경건한 신앙심의 기술! 에라스뮈스는 그의 지침서인『엔키리디온』보다 60년 전에 나온 또 다른 저서가 온 세상 사람들로부터 더 많은 사랑을 받고 있다는 것을 알았더라면 놀랐을 것이다. 그 책의 저자는 역시 저지대 지방의 수도자였고, 그 이름은 토마스 아 켐피스Thomas à Kempis였으며, 책 제목은『그리스도를 본받아*De imitatione Christi*』였다.

『밤 새워 공부하기』의 일부로 수록된『엔키리디온』은『격언집』처럼 신속한 대성공을 거두지는 못했다. 진정한 신앙심에 대한 에라스뮈스의 견해가 너무 대담해서 그런 것은 아니었다. 책자는 교회의 가르침을 적대시하는 내용은 전혀 담고 있지 않다. 그래서 교회가 에라스뮈스의 모든 저서를 의심스럽게 여기며 일부 금서로 지정했던 반종교개혁의 시대에도 금서 목록을 작성했던 성직자들은『엔키리디온』의 몇몇 문장만 삭제했을 뿐, 금서목록에 올리지는 않았다. 더욱이 에라스뮈스는 이 책에 진정한 가톨릭 교리를 담은 몇몇 글들을 포함시켰다. 신학자와 수도자들은 이 책을 오랫동안 높이 평가해 왔다. 안트베르펜의 한 유명한 설교자는『엔키리디온』의 모든 페이지에서 설교 자료를 발견할 수 있다고 말했다.

이 책은 에라스뮈스의 세계적 명성에 힘입어 영어, 체코어, 도이치어, 네덜란드어, 스페인어, 프랑스어 등으로 번역되면서 각국의 문화계에 커다란 영향력을 발휘하게 되었다. 그러다가 이 책은 마르틴 루터가 엄청난 갈등의 쇠사슬을 풀어놓은 그 시점부터 의심의 대상이 되었다. 에라스뮈스는 1526년에 이렇게 썼다. "그들은 이제『엔키리디온』도 씹어대기 시작했습니다. 성직자들 사이에 그토록 인기가 높았던 책을 말입니다." 그 외에 정통파 신학자들은 이 책의 단 두 문장에 대해서만 비판했을 뿐이다.

제7장

루뱅, 파리, 두 번째 영국 체류

루뱅 방문과 파리 귀환

에라스뮈스의 생활환경은 여전히 좋지가 않았다. 1502년 가을, 에라스뮈스는 "올해는 정말로 내게 불운만 가득했던 한 해입니다"라고 썼다. 이 해 봄에 절친한 친구 제임스 바트가 사망했다. 바트의 사망 직후 에라스뮈스가 애도의 편지를 쓴게 하나도 없다는 것은 애석한 일이다. 에라스뮈스는 『야만인에 반대하며』에서 바트를 회상하며 기억의 기념비를 세웠으나, 그것 이외에 이 충직한 친구를 위하여 좀 더 구체적인 기념비를 세웠더라면 좋았을 텐데 그렇게 하지 않았다. 그 동안 베레의 안나는 재혼을 하여 후견인 지위를 내려놓았다. 1502년 10월 베르겐의 앙리(캉브레 주교)가 사망했다. "나는 캉브레 주교를 위해 세 개의 라틴어 묘비명과 하나의 그리스어 묘비명을 작성했다. 그런데 내게 달랑 6길더(화폐의 단위.-옮긴이)만 보내 왔다. 캉브레 주교는 죽어서도 평소와 다를 바 없이 인색했다." 베상송의 대주교인 부스레이덴의 프란시스가 새로운 후원자가 되어 주지 않을까 하는 희망을 갖고 있었으나 그것마저도 접어야 했다. 그는 전염병의 위험 때문에 아직도 파리, 쾰른, 영국은 들어갈 수가 없었다.

1502년 늦여름, 그는 루뱅으로 갔는데, "전염병 때문에 그곳으로 쫓겨났다"라고 적었다. 파리로부터 정신적으로 독립할 목적으로 1425년에 세워진 루뱅 대학은 16세기 초에 신학적 전통을 단단하게 지키는 학문적 요새들 중 하나였다. 하지만 그가 이 대학에서 고전 연구를 활발히 펼치는 것을 방해하지는 않았다. 그런 고전 숭상의 분위기가 있었기 때문에, 당시 성 베드로 대성당의 사제장이자 신학 교수였던 위트레흐트의 아드리안(후일의 교황 아드리아누스 6세)은 에라스뮈스를 위해 그곳에 교수 자리를 얻어 줄 생각을 했다. 에라스뮈스는 "여러 이유 때문에 교수 제안을 거절했다"라고 말했다. 그가 내세운 이유들 중 한 가지는 우리에게 그리 명석해 보이지 않는다. 그는 이렇게 말했던 것이다. "나는 여기서 네덜란드 언어에 너무 가깝게 있다. 그 언어는 남들을 해치기만 할 뿐 이롭게 하지는 못한다." 그 외의 이유는 자유로운 생활을 사랑하는 정신과 학문 연구에 대한 열정이었다. 그는 시간만 나면 학문을 연구하고 싶어 했지, 가르치는 일에는 그리 큰 매력을 느끼지 못했다.

하지만 그는 생활비를 벌어야 했다. 루뱅의 생활비는 비쌌고,

그는 정기적인 수입이 없었다. 그는 그리스어 작품(리바니우스의 『웅변』)을 라틴어로 번역하고 서문을 써서 당시 루뱅 대학의 학장이었던 아라스 주교에게 헌정했다. 1503년 가을 미남왕 필립이 스페인 여행에서 네덜란드로 돌아왔을 때, 에라스뮈스는 혐오감에 한숨을 내쉬면서 마지못해 왕자의 안전한 귀환을 축하하는 송시를 썼다. 송시 작성은 상당히 힘이 들었다. 과거에 어떤 일이 마음에 들면 아주 빠르게 글을 썼던 에라스뮈스는 이런 불평의 말을 했다. "그 일에 밤낮없이 매달렸습니다. 마음속에 혐오감을 느끼며 글을 쓰는 것보다 더 어려운 일이 어디 있겠습니까? 훌륭한 글이 아닌 글을 쓰는 것보다 더 쓸데없는 일이 어디 있겠습니까?" 이런 마음가짐이었기 때문에 그는 송시를 쓰면서도 가능한 한 칭찬은 아껴 가며 하려고 애썼다. 사례비를 받아내기 위해 송시를 쓰는 일은 그에게 너무나 혐오스러웠기 때문에 그는 서문에서 그런 종류의 작문은 전혀 자신의 취향에 맞지 않는다고 완곡하게 털어놓았다.

1504년 말 에라스뮈스는 마침내 파리로 돌아왔다. 그는 늘 파리로 돌아갈 생각이었기 때문에 루뱅 체류를 일시적인 유배 생활 정도로 여겼다. 그가 어떤 상황에서 루뱅을 떠났는지는 전혀 알 수가 없다. 1504년에 쓴 편지들은 거의 전해지지 않기 때문이다. 아무튼 그는 파리로 돌아가면 곧 신학 연구에 전념할 수 있게 되기를 바랐다. 그는 1504년 말에 콜렛에게 이런 편지를 썼다. "친애하는 콜렛, 나는 돛을 활짝 펴고서 신성한 문헌을 향해 전속력으로 달려가고 있습니다. 이 연구로부터 나를 방해하거나 지연시키는 것은 뭐든지 배척하겠습니다. 하지만 늘 찌푸린 얼굴로 나를 쳐다보는 운명 때문에 이런 방해나 지연을 완벽하게 제거하지 못했습니다. 그렇다면 이런 저런 방식으로 그것들을 피해 보자는 목적으로 프랑스로 돌아왔습니다. 나는 온 정성을 기울여 신학 연구에 매진할 계획입니다. 내 평생을 거기에 바치겠습니다." 그는 '몇 달만이라도 온전한 자기 시간을 가지고서 세속적 문헌으로부터 해방될 수만 있다면 얼마나 좋을까' 하고 생각했다. '지난번 영국으로 자비를 들여 보낸 『격언집』 1백 부의 판매 상황을 콜렛이 좀 알아봐 줄 수 있을까?' 그런 작은 돈이라도 몇 달 간의 자유를 누릴 수 있게 해줄 거라고 에라스뮈스는 생각했다.

에라스뮈스는 자신의 휴머니즘 지식을 팔아먹는 방법으로 돈을 버는 것을 경멸했다. 그는 순수 신학을 회복시키겠다는 빛나는 이상을 위해서 헐벗고 굶주린 상태도 견뎌내려 했다. 이런 인내에는 영웅적인 면모가 보인다.

로렌초 발라의 신약성경 주석

━━━ 로렌초 발라Lorenzo Valla는 에라스뮈스의 젊은 시절 라틴 문학과 고전 문학으로 가는 길에서 길잡이이면서 모범적

사례가 되었던 이탈리아 휴머니스트이다. 그런데 이 학자가 비판 신학의 분야에서도 에라스뮈스의 지도자 겸 등불이 되었다. 1504년 여름, 루뱅 근처의 파르크에 있는 프레몬스트라텐시아 수도원의 도서실("원고 사냥을 하는 데는 이곳보다 더 즐거움을 주는 사냥터는 없다")에서, 그는 발라의 신약성경 주석 원고를 발견했다. 그것은 복음서, 바울 서한, 계시록 등의 텍스트에 대한 비판적 주석을 한데 모아 놓은 것이었다. 불가타(Vulgata: 라틴어역 성경)가 오류가 전혀 없는 번역본이 아니라는 사실은 이미 13세기 초에 로마에서 공인되었다. 수도원 종단과 개인 성직자들이 그것을 교정하려 했으나, 그 작업은 별 성과를 거두지 못했다. 14세기에 들어와 리라의 니콜라스도 이 일에 관심을 기울였으나, 역시 흐지부지되었다.

발라의 원고가 에라스뮈스에게 끼친 영향은 지대했다. 에라스뮈스는 원래 히에로니무스의 저작을 편집하고 바울 서신을 논평할 계획이었다.(그는 나중에 이 두 가지 일을 모두 해냈다.) 그러나 발라의 원고를 읽은 것을 계기로 신약성경 전체로 관심을 돌려서 성경의 순수한 모습을 그대로 복원하기로 결심했다. 1505년 3월 파리의 조세 바디우스Josse Badius는 에라스뮈스를 위해 발라의 주석을 출간했는데, 이것은 장차 에라스뮈스가 펴낼 신약성경 주석의 예고편 같은 것이었다. 발라의 원고를 출판한다는 것은 용기가 필요한 일이었다. 에라스뮈스는 휴머니스트인 발라가 성직자들 사이에서 악명이 높다는 사실을 잘 알았다. 그들은 이 주석본을 펴내면 분명 이렇게 고함칠 터였다. "아, 저 뻔뻔스러운 호모 그라마티쿠스(Homo grammaticus: 문법학자). 온갖 학문을 휘젓고 다니더니 이제는 그 심술궂은 펜으로 신성한 문헌을 공격하려 드는구나. 아무런 양심의 가책도 없이." 그것은 『엔키리디온』보다 훨씬 더 강도 높은 도전적 프로그램이었다.

1505년 가을 에라스뮈스는 파리를 떠나 영국으로 갔는데 그이유와 경위는 불분명하다. 그는 여러 가지 이유와 합리적인 사람들의 조언에 대하여 언급했다. 그는 또 돈이 없다는 한 가지 사유도 명시했다. 1505년 파리에서 장 필리피Jean Pilippi에 의해 출간된 『격언집』 재판이 당분간 그의 생활비를 지원해 주었을 것이다. 이미 나온 책의 재판은 그의 성에 차지 않는 것이었다. 그는 기존의 『격언집』에 불만을 느끼고 새로 발굴한 그리스어 격언들을 그 속에 집어넣어 증보하고 싶어 했다. 홀란트에서는 경고의 목소리가 들려왔다. 그의 상급자이며 친구인 세르바티우스는 왜 파리를 떠나려고 하는지 그 이유를 알고자 했다. 네덜란드 쪽 친구들은 에라스뮈스, 그의 저서, 그의 장래에 대하여 여전히 믿음이 없었다.

두 번째 영국 체류

──── 여러 면에서 영국에 체류하는 것이 다른 곳에 있는

것보다 더 유리해 보였다. 거기에는 지위가 높고 배려심이 많은 오랜 친구들이 있었다. 그는 영국에 도착하자 마운트조이의 성관에서 여러 달을 보냈고, 콜렛과 모어를 만났다. 영국에서 탁월한 그리스어 학자들을 만났는데, 그들과의 대화는 유익하고 또 유쾌했다. 콜렛은 그리스어를 전혀 하지 못했지만, 모어, 리너커, 그로신, 래티머, 턴스톨 등은 그리스어가 유창했다. 곧 윈체스터 주교 리처드 폭스Richard Foxe, 로체스터 주교 로버트 피셔Robert Fisher, 캔터베리 대주교 윌리엄 워럼(William Warham, 1450?-1532) 등의 고위 성직자들을 만났는데 그의 친구 겸 후원자가 되어 주었다. 영국에서 만난 또 다른 친구 앤드루 암모니우스Andrew Ammonius는 그와 기질 및 관심사가 비슷하여 죽은 바트의 훌륭한 대역이 되어 주었다. 그는 이탈리아 루카 출신이었다. 마지막으로 영국 왕은 교회의 성직록(聖職祿: 교회 내의 유급 한직)을 그에게 약속했다. 마침 교황 율리우스 2세는 1506년 1월 4일자 관면장을 에라스뮈스에게 내려주어 영국의 성직록을 받아들이는 데 아무런 지장이 없게 해주었다.

그리스어 저작을 라틴어로 번역하는 것은 호의와 후원을 얻어내는 가장 손쉽고 빠른 수단이었다. 그는 폭스를 위하여 루키아노스의 『대화』와 기타 저작을 번역했고, 워럼을 위해서는 에우리피데스의 『헤쿠바』와 『이피게네이아』를 번역했다. 그는 또 자신이 지금껏 써온 라틴어 편지들을 발간하는 계획도 세웠다.

분명 그와 홀란트와의 관계는 아직 만족스러운 것이 아니었다. 세르바티우스는 그의 편지에 답장을 하지 않았다. 에라스뮈스는 세르바티우스가 자신의 경력과 자유에 큰 위협이 된다고 느꼈다. 그는 스테인 수도원의 원장인 세르바티우스와 여러 갈래의 끈으로 엮여져 있었다. 그 수도원은 에라스뮈스가 그곳으로 돌아와 기독교권의 횃불 역할을 해주기를 기대했다. 하지만 스테인 수도원장은 교황의 관면장에 대해서 알고 있을까? "아우구스티누스 수도회 소속인 스테인 수도원의 규율과 관습으로부터 에라스뮈스를 면제시킨다"라는 내용의 관면장에 대해서? 1506년 4월 1일, 에라스뮈스는 그에게 편지를 썼다. "나는 지금 런던에 와 있네. 영국의 저명하고 박식한 사람들이 나를 평가해주는 듯하네. 왕은 내게 성직록을 약속했다네. 왕자의 방문으로 이 일은 불가피하게 연기가 되었네."[8]

그는 곧 이어서 이렇게 덧붙였다. "나는 남은 생애(얼마나 남았는지 알 수 없지만)를 경건한 신앙과 그리스도에게 모두 바치려고 하네. 인생은 아무리 길어도 결국은 덧없고 일시적인 것이야. 내가 약질이라는 것을 잘 알고, 또 그런 허약 체질이 학문 연구와 불운에 의해 많이 상했다는 것도 아네. 학문 연구에는 끝이 없는 것

---

8) A. 189. 미남왕 필립은 예기치 않게 풍랑을 만나 영국에 오게 되었다. 그리하여 마운트조이가 궁정에서 미남왕을 상대로 접대를 했다.

같아. 날마다 새롭게 연구에 임해야 되는 듯하네. 그래서 이제 나의 보잘것없는 학문(필요한 만큼 그리스어를 학습하여 보충이 되었다고는 하나)을 죽음에 대한 명상과 영혼의 정화에 모두 바치겠다고 결심했네. 나는 진작 이렇게 했어야 되었고, 또 한참 힘 좋을 때 귀중한 세월을 아꼈어야 하는 건데 정말 아쉽네. 이제 시간이 밑바닥에 조금밖에 남아 있지 않을 때, 사람들은 뒤늦게 절약에 나서려고 하지. 그렇지만 그럴수록 그 조금밖에 없는 것의 수량과 품질을 더욱 경제적으로 활용해야 되겠지."

에라스뮈스는 우울증에 빠졌기 때문에 이런 참회와 체념의 글을 쓴 것일까? 인생의 목적을 수행하던 도중에 그런 노력이 덧없다는 것을 깨달으면서 엄청난 피로를 느꼈던 것일까? 이것이 에라스뮈스라는 존재의 가장 깊은 밑바탕인데 어느 한 순간 충동적으로 그것을 오랜 친구에게 드러내 보인 것일까? 하지만 이런 의문은 타당해 보이지 않는다. 이 문장들은 성공의 전망에 몰두하는 편지의 앞부분과 서로 일치하지 않는다. 그 다음 날 호우다에 있는 다른 친구에게 보낸 편지에서는 이런 우울증의 분위기가 전혀 보이지 않는다. 그는 또다시 미래의 성공에 대해서만 생각하고 있다. 엄청난 열정으로 추구하던 학문 연구가 조금이라도 식었다는 기색은 발견할 수가 없다. 세르바티우스는 에라스뮈스가 바라는 것보다 에라스뮈스에 대해서 더 잘 알고, 또 스테인 수도원장으로서 그에 대하여 위협적인 권한을 행사할 수 있는 사람이었다. 그런 친구의 지위를 의식하여, 일부러 에라스뮈스가 세상을 경멸하는 것처럼 꾸미며 자기 자신을 낮추었다는 증거가 여러 군데에서 발견된다.

말 탄 사람의 노래

──── 왕이 약속했던 영국 성직록은 성사되지 않았다. 그 대신 에라스뮈스가 간절히 바라 왔던 이탈리아 여행이 성사되었다. 헨리 7세의 궁정 주치의인 제노바 사람 조반니 바티스타 보에리오Giovanni Battista Boerio는 이탈리아 대학으로 유학을 떠나는 두 아들을 대동할 선생을 찾고 있었다. 에라스뮈스는 그 자리를 수락했다. 두 아들을 가르치거나 그들의 일과를 따라다녀야 할 의무는 없고, 그들의 공부를 감독하고 안내만 해주면 되는 조건이었다. 1506년 6월 초, 에라스뮈스는 또다시 프랑스 땅으로 들어갔다. 여름 두 달 동안 여행자 일행은 파리에 머물렀고, 에라스뮈스는 그 기회를 이용하여 영국에서 가져온 여러 저작들을 파리에서 발간했다. 그는 이제 잘 알려진 인기 작가였다. 오랜 친구들의 환영을 받았고(그는 갑자기 사라져서 친구들 사이에서 죽었다는 소문이 떠돌았다), 또 높이 평가되었다 조세 바디우스는 그가 가져온 원고들을 모두 출판해 주었다. 에우리피데스와 루키아노스의 라틴어 번역본, 역구 모음집, 새로운 자료가 많이 보강된 『격언집』 등이었다.

8월에 들어와 이탈리아 여행이 재개되었다. 그는 말을 타고 알프스 산길을 가면서 가장 대표적인 시를 지었다. 시는 오래 전 쓰기를 중단했으나, 그 여행의 감회가 특별하여 이런 시를 짓게 된 것이었다. 그는 같이 여행하는 친구들에게 짜증이 나서 그들과는 거의 얘기를 하지 않고 시 짓는 데 열중했다. 그 결과가 「말 탄 사람의 노래, 혹은 알프스 산길에서의 노래Carmen equestre vel potius alpestre」였다. 노년의 불편함을 탄식한 이 시는 친구인 윌리엄 코프에게 헌정되었다.

에라스뮈스는 젊은 시절부터 자신을 늙었다고 생각해 온 사람이었다. 아직 마흔이 되지 않았는데도 자신이 노년의 문턱에 올라섰다고 생각했다. 정말 노년은 빨리도 오는구나! 그는 자신의 인생행로를 되돌아보았다. 견과류를 가지고 놀던 어린 시절, 공부를 열심히 하던 소년 시절, 시와 스콜라주의와 그림에 몰두하던 청년 시절. 자신의 엄청난 학식, 그리스어 실력, 학자적 명성에 대한 야망 등을 생각했다. 그런데 이 모든 것 가운데서 노년이 갑자기 들이닥쳤다. 그에게 무엇이 남아 있는가? "우리는 또다시 세상에 대한 체념과 그리스도에 대한 경배를 듣게 된다. 농담과 한사閑事는 사라져라. 철학과 시가詩歌도 물러가라. 이제부터 그리스도를 흠모하는 순수한 마음만 생각하겠노라."

여기 한적한 알프스의 산길에서 세르바티우스에게 보낸 탄식보다 더 심오한 에라스뮈스의 열망이 솟구쳐 올랐다. 이 경우에도 그에게 방향 의식과 충만한 삶의 감각을 제공한 것은 영혼의 강력한 충동이 아니라, 영혼 속에 깃들인 일탈적 요소였다. 그것은 거부하지 못할 엄청난 힘으로 그를 밀어붙여 새로운 연구로 나아가게 했다.

제8장

이탈리아 체류

1506-09

토리노와 볼로냐 방문

━━━━━   에라스뮈스는 1506년 9월 4일, 토리노에 도착하여 신학박사 학위를 받았다. 그는 박사 학위 자체는 그리 대수롭게 여기지 않았다. 하지만 자신의 신학적 저술 능력을 인정해 주는 공식 증표로 여겼고, 나중에 비판자들로부터 공격을 받을 때 그의 입장을 옹호해 줄 것으로 보았다. 그는 편지에서 박사 학위를 경멸하는 어조로 말했다. 초창기 파리 유학 시절에 박사 학위를 받으려고 애쓰는 자신을 도와주었던 네덜란드 친구들에게조차도 그 학위를 대수롭지 않게 말했다. 그는 1501년 초 베레의 안나에게 이렇게 써 보냈다. "이탈리아에 가서 박사 학위나 따볼까요? 이탈리아 여행도 박사 학위도 다 어리석은 계획입니다. 하지만 사람은 시대의 관습에 순응해야 합니다." 세르바티우스Servatius와 요하네스 오브레히트Johannes Obrecht에게는 절반쯤 변

명하는 어조로 말했다. "나는 신학박사 학위를 받았다네. 이건 전혀 나의 의도가 아니었어. 친구들의 기도가 너무 간절하여 받아들이기로 했지."

볼로냐는 다음 행선지였다. 에라스뮈스가 거기 도착했을 때 전쟁이 한참 벌어지고 있어서 할 수 없이 당분간 피렌체로 가 있어야 했다. 프랑스와 동맹을 맺은 율리우스 2세 교황은 군대의 맨 앞에 서서 볼로냐를 향해 행군했다. 벤티볼리Bentivogli로부터 그 도시를 빼앗기 위해서였다. 그 목적은 곧 달성되었고, 볼로냐는 이제 방문해도 좋은 안전한 도시가 되었다. 1506년 11월 11일, 에라스뮈스는 용감한 교황이 그 도시에 입성하는 광경을 지켜보았다.

이 시기에 대해서는 짧고 황급한 편지들만 후대에 전해지고 있다. 그 편지들은 전쟁의 불안과 소문들을 적고 있다. 그가 르네상스 시기의 이탈리아로부터 깊은 인상을 받았다고 보여 주는 편지들은 없다. 이탈리아 체류 시절에 쓴 얼마 안 되는 편지들은 건축도, 조각도, 그림도 언급하지 않는다. 그가 파비아의 대성당을 방문하고서 훨씬 나중에 기억한 것이라고는 쓸모없는 낭비와 엄청난 규모에 대한 얘기밖에 없다. 이탈리아에서 에라스뮈스의 관심을 끈 것이라고는 오로지 책뿐이었다.

볼로냐에서 에라스뮈스는 계약에 의거하여 그 해 말까지 보에리오 형제들의 선생 노릇을 했다. 그 시간이 무척 길게 느껴졌다.

그는 자신의 자유가 침해당하는 것을 더 이상 견딜 수가 없었다. 두 형제는 에라스뮈스가 당초 생각했던 것처럼 총명하지는 않아도 그런대로 똑똑했던 것 같다. 하지만 그가 처음에는 크게 칭찬했던 형제의 개인 교사 클리프턴과는 사이가 크게 틀어졌다. 볼로냐에서는 여러 가지로 마음고생을 했는데, 새로 사귄 친구 파울 봄바시우스Paul Bombasius가 그런대로 위로를 해주었다. 그는 여기서 『격언집』 증보판을 준비했는데 그리스 격언들을 추가하면서 격언의 숫자는 8백 개에서 수천 개로 늘어났다.

1507년 10월 에라스뮈스는 볼로냐에서 베네치아의 유명한 인쇄업자인 알두스 마누티우스Aldus Manutius에게 편지를 보냈다. 바디우스의 기존 출판본이 절판되었고, 또 너무 내용이 허술하므로 자신이 새롭게 라틴어로 번역한 에우리피데스 희곡 두 편을 출판해 보는 것이 어떻겠느냐는 제안이었다. 알두스가 에라스뮈스에게 매력적으로 보인 것은 그의 사업 규모도 있었겠지만(하지만 그 당시 매출이 줄어들고 있었다), 바디우스가 사용하는 활자("저 아름다운 활자들, 특히 소문자는 더 아름답습니다")가 무척이나 아름다웠기 때문이다. 에라스뮈스는 진정으로 책을 사랑하는 사람이었다. 그가 아름다운 활자나 책의 판형에 신경 쓰는 것은 예술적 취향 때문이 아니라, 읽기가 쉽고 휴대하기가 간편하기 때문에 그런 것이었다. 책을 사랑하는 사람들은 무엇보다 이런 점을 아주 중요하게 여긴다. 그가 알두스에게 요청한 것은 값이 저렴

ERASMI ROTERODAMI ADAGIORVM
CHILIADES TRES, AC CENTV-
RIAE FERE TOTIDEM.

ALD·STVDIOSIS·S·

Quis nihil aliud cupio,ŋ̃ prodeſſe uobis Studioſi.Cum ueniſſet in manus meas Eraſmi Roteroda-
mi,hominis undecunŋ̃ doctiss.hoc adagiorũ opus eruditum.uanum. plenũ bonæ frugis,
& quod poſſit uel cum ipſa antiquitate certare,intermiſſis antiquis autorib. quos pa-
raueram excudendos, illud curauimus imprimendum,rati profuturum uobis
& multitudiñe ipſa adagiorũ,quæ ex plurimis autorib.tam latinis , quàm
græcis ſtudioſe collegit ſummis certe laborib.ſummis uigilijs , &
multis locis apud utriuſŋ̃ linguæ autores obiter uel correctis
acute, uel expoſitis eruditæ·Docet præterea quot modis
ex hiſce adagijs capere utilitatem.liceat.puta quẽ-
admodum ad uarios uſus accõmodari poſ-
ſint.Adde,ŋ̃ circiter decẽ millia uer-
ſuum ex Homero·Euripide, & cæ-
teris Græcis eodẽ metro in
hoc opere fideliter, &
docte tralata ha
bẽtur,præ
ter plu
rima
ex Pla-
tone,De-
moſthene,& id
genus ali
is·An
autem uerus ſim,
ἰδὼ ῥόδον,ἰδὼ καὶ τὸ πήδημα.
Nam,quod dicitur, αὐτὸς αὐτὸν αὐλεῖ·

Præponitur hiſce adagijs duplex index·Alter ſecundum literas
alphabeti noſtri·nam quæ græca ſunt, latina quoŋ̃
habentur.Alter per capita rerum.

『격언집』의 속 페이지, 알두스 마누티우스 발간, 1508년.

하고 자그마한 책이었다. 그 해 말 두 사람의 관계는 아주 친밀해져서 에라스뮈스는 계획되었던 로마 행을 취소하고 그 대신 베네치아로 가서 그의 책 출판을 직접 감독하기로 했다. 이제 두 사람의 출판 계획은 에우리피데스 라틴어 번역본에 국한된 것이 아니었다. 알두스는 엄청나게 내용이 불어난 『격언집』도 발간할 의사가 있다고 밝혔다.

베네치아의 인쇄소

───── 베아투스 레나누스Beatus Rhenanus는 에라스뮈스가 베네치아의 인쇄소를 찾아간 얘기를 전하고 있는데, 아마도 에라스뮈스한테서 직접 들은 얘기일 것이다. 에라스뮈스는 베네치아에 도착하자마자 인쇄소를 직접 찾아갔으나, 오랫동안 기다려야 했다. 알두스는 원고 교정을 보느라고 바빴고, 그를 찾아온 손님이 평소에도 자주 인쇄소에 들려 괴롭히는 호사가 중 한 명일 거라고 생각하여 무시했다. 그러나 그 손님이 에라스뮈스라는 것을 알고서는 진심 어린 환영을 했고, 곧 장인 안드레아 아솔라니Andrea Asolani의 집에서 숙식을 해결하도록 조치해 주었다. 그는 이 집에서 8개월을 보냈고, 인쇄소가 그의 적성에 딱 맞는 일터라는 것을 발견했다. 그는 신명이 나서 열심히 일했지만 때때로 너무 황급하게 일하는 것을 탄식했다. 그래도 인쇄소에서 교정하고 편집하는 것은 그의 적성에 딱 맞는 일이었다. 볼로냐

에서 손대기 시작한 『격언집』의 증보 작업은 아직 완료가 되지 않았다. 에라스뮈스는 나중에 이렇게 말했다. "우리는 아주 황급하게 일을 했습니다. 나는 글을 쓰고 알두스는 인쇄를 했지요."

한편 그는 베네치아에서 '뉴 아카데미'의 새로운 문학 친구들을 사귀게 되었다. 그들은 요하네스 라스카리스Johannes Lascaris, 밥티스타 에그나티우스Baptista Egnatius, 마르쿠스 무수루스Marcus Musurus, 그리고 젊은 **제롬 알레안더**Jerom Aleander 등인데 알레안더는 아솔라니의 집에서 에라스뮈스와 한 방에 기거하면서 많은 미출간 그리스 저자들의 책자를 가져와 『격언집』 증보를 위한 새로운 자료들을 제공했다. 플라톤의 저작들, 플루타르코스의 『위인전』과 『모랄리아Moralia』, 핀다로스Pindar, 파우사니아스Pausanias 등인데, 이런 저자들로 인하여 『격언집』의 내용은 크게 불어나게 되었다. 안면이 없지만 에라스뮈스의 작업에 관심을 갖고 있는 사람들도 그에게 새로운 자료들을 가져다주었다.

에라스뮈스는 인쇄실의 시끄러운 환경 속에서 책상에 앉아 글을 써서 인쇄업자를 놀라게 했다. 그는 주로 기억에 의존하여 글을 썼는데, 그가 그림처럼 묘사하고 있는 바와 같이, 얼마나 바쁜지 귀이개로 귀를 후빌 시간도 없었다. 그는 인쇄소의 영주이며 주인이었다. 그에게는 특별 교정 요원이 배치되었다. 그는 마지막 교정쇄에서 텍스트 수정을 했다. 알두스 또한 교정쇄를 열심히 읽으며 작업했다. "당신은 왜냐고 묻고 싶겠지요?" 에라스뮈

VENEGE

알두스 마누티우스의 초상화 메달,
성명 미상의 메달 화가 작.

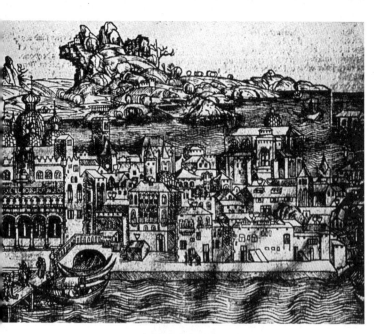

베네치아 전경, 목판화, 1493년.

스가 말했다. "이렇게 하면 교정을 보면서 동시에 공부를 할 수 있기 때문입니다." 이때 에라스뮈스는 고통스러운 신장결석의 공격을 처음 받았다. 그는 아솔라니 집의 나쁜 음식 때문에 이 병을 얻었다고 하면서, 후일 『대화집』에서 이 하숙집과 그 주인을 아주 나쁘게 묘사했다.

1508년 9월 『격언집』의 증보판 원고가 드디어 준비되었을 때, 알두스는 이후에도 좀 더 베네치아에 머물러 많은 글을 써 달라고 요청했다. 그는 12월까지 머물면서 고대 로마의 극작가인 플라우투스Plautus와 테렌티우스Terentius의 희곡들, 그리고 세네카Seneca의 비극들을 편집하는 작업을 했다. 고전 고대의 많은 작품들을 이런 식으로 공동 출판하고, 나아가 히브리 고문헌과 칼데아 고문헌까지도 출판할 수 있지 않을까 하는 원대한 비전이 그의 눈앞에서 어른거렸다.

에라스뮈스는 인쇄술이라는 초창기 산업과 함께 성장한 세대였다. 그 당시 세상 사람들의 눈에 인쇄기는 최근에 획득된 기계처럼 보였다. 사람들은 "이 신성한 기계"를 소유하게 되어 풍요로움과 강력함과 행복감을 동시에 느꼈다. 에라스뮈스와 그의 저작의 명성은 인쇄술 덕분에 가능한 것이었다. 그는 인쇄술의 영광스러운 승리를 증명했지만, 동시에 어느 의미에서는 그 피해자이기도 했다. 그의 사상이 너무 잘 알려져 후일 피해를 입게 되었던 것이다. 인쇄기가 없었다면 에라스뮈스가 어떻게 그의 목적을 달성할 수 있었겠는가? 고대 문헌들을 정화하고 회복시켜서 널리 유포시키는 것은 그의 평생 열정이었다. 인쇄된 책은 동일한 텍스트를 수천 명의 독자들에게 확실하게 전달해 주었다. 그것은 이전 세대들은 맛보지 못한 커다란 혜택이었다.

인쇄술의 혜택과 피해

━━━━━ 에라스뮈스는 저자로서의 명성이 확립된 이후 인쇄소를 위해 직접적으로, 또 연속적으로 작업을 한 첫 세대였다. 그것은 그의 강점이면서 동시에 약점이었다. 그는 예전에는 있어본 적이 없는 수많은 독자층에 직접적이고 즉각적인 영향력을 행사할 수 있었다. 문화의 중심에 섰고, 정신적 지주가 되었으며, 시대정신의 시금석이 되었다. 에라스뮈스보다 더 위대한 사상가, 가령 쿠사의 니콜라스 추기경(그는 인쇄술의 초창기에 그 기술의 개발을 적극 장려했던 인물이기도 했다)이 에라스뮈스처럼 인쇄술의 혜택을 볼 수 있었더라면 그 결과는 어떠했겠는지 한번 상상해 보라.

그러나 이런 상황에 위험한 측면도 도사리고 있었다. 인쇄술 덕분에 화제의 중심이요 정신적 권위가 된 에라스뮈스는 온 세상을 향하여 떠오르는 생각들을 즉각적으로 알릴 수가 있었지만 그 때문에 정신을 너무 혹사했다. 같은 말이 반복되고, 정신은 산만하게 일탈하는가 하면, 그의 명성을 부러워하는 공격에 대한 불필요한 방어에 나서야 했고, 또 손대지 않았더라면 좋았을 법한 평범한 글을 쓰게 되었다. 인쇄소를 위해 직접 쓴 이런 글들은 따지고 보면 저널리즘에 지나지 않는 것인데 지속적 가치라는 기준을 들이댄다면 그건 에라스뮈스를 공정하게 대접하는 것이 아니다. 우리가 글을 쓰면 온 세상에 직접 알려지게 된다는 사실은 부지불식간에 우리의 표현 방식에 영향을 미치는 자극제가 된다. 이런 사치스러움은 최고의 지성만이 큰 탈 없이 감당할 수 있다.

에라스뮈스와 단행본 인쇄를 이어 주는 연결고리는 라틴어였다. 탁월한 라틴어 실력이 없었더라면 그가 누린 저술가의 지위는 불가능한 것이었다. 인쇄술은 라틴어가 널리 사용되도록 촉진시켰다. 그 당시 출판업자에게 성공과 대규모 매출을 약속해 주고, 에라스뮈스의 명성을 확립시켜 준 것은 라틴어 출판물이었다. 라틴어 책자는 어느 한 나라에 국한되는 것이 아니라 온 세상에 팔려 나갔기 때문이다. 유수한 출판업자들은 그들 자신이 휴머니즘에 열광하는 학자들이었다. 교양 있고 부유한 사람들이 인쇄소의 교정 요원으로 활동했다. 가령 에라스뮈스와 모어의 친구로서 안트베르펜 시의 서기였던 페터 길레스Peter Gilles는 디르크 마에르텐스를 위해 전지 교정을 했다. 규모가 큰 인쇄소는 그 지역에서 지적 사교의 중심지 역할을 했다. 그 당시 영국은 인쇄 기술이 많이 낙후되어 있었기 때문에 에라스뮈스는 거기에 눌러앉을 수가 없었다. 그 나라에서 많은 유대 관계를 맺고, 또 많은 유리한 점이 있었지만 떠나야 했다.

로마 방문과 헨리 8세의 등극

━━━ 이런 사실 이외에도 에라스뮈스가 영구 거주지를 마련한다는 것은 아주 어려운 일이었다. 1508년 연말 무렵에 그는 젊은 알렉산더 스튜어트(Alexander Stewart, c.1493-1513)의 수사학 선생 자리를 받아들였다. 스튜어트는 스코틀랜드 왕 제임스 4세의 사생아인데 젊은 나이에도 불구하고 세인트앤드루스 대주교였고, 현재는 파두아 대학에 유학 온 학생이었다. 전쟁의 위험 때문에 그들은 북부 이탈리아에서 시에나로 옮겨 갔다. 여기서 에라스뮈스는 로마를 방문할 휴가를 받았다. 그는 1509년 초에 로마에 도착했는데, 북유럽의 이름 없는 성직자가 아니라 잘 알려지고 존경받는 작가로서 대접을 받았다. 영원한 도시(로마)의 매력이 그의 눈앞에 펼쳐졌고, 고위 성직자들의 배려와 환대에 마음이 우쭐해졌을 것이다. 조반니 데 메디치(Giovanni de' Medici, 후일의 교황 레오 10세), 도메니코 그리마니Domenico Grimani, 리아리오 Riario, 기타 고위직들이 그를 접대했다. 그는 교황청의 어떤 보직도 제안 받은 듯하다. 하지만 그는 젊은 대주교에게 되돌아가야 했다. 그는 나중에 스튜어트와 함께 익명으로 로마를 다시 방문했고, 그 후에는 나폴리 인근까지 여행했다. 그는 쿠마이의 **시빌라**Sibylla의 동굴도 둘러보았는데, 그 동굴에 대하여 그가 어떻게

생각했는지 알려진 바가 없다. 파두아를 떠나서 1511년 봄에 이르는 시기—어떤 점에서 그의 인생 중 가장 중요한 시기—에 대해서 언급한 편지는 단 한 장도 전해지지 않는다. 여기저기에서 그리고 나중에 씌어진 편지에서 산발적으로 로마의 인상을 적고 있다.[9] 전체적인 그림은 아주 막연하고 어둡다. 그리하여 에라스뮈스의 대표작인 『우신 예찬』이 구상된 시기가 우리의 시야에서 완전히 사라졌다.

1509년 4월 21일, 영국 왕 헨리 7세가 죽었다. 그의 후계자 헨리 8세는 에라스뮈스가 1499년에 엘섬 궁에서 만나 영국을 칭송하는 찬시를 바쳤던 젊은 왕자였다. 그 왕자는 에라스뮈스가 볼로냐에 머물던 시절 라틴어 편지를 써서 그에게 보내기도 했는데, 이 편지는 에라스뮈스가 작성했다는 설도 있고, 아니면 15세의 왕자가 썼다는 설도 있다.[10] 후원자를 얻는 절호의 기회라고 한다면 지금이 바로 그때였다. 이 학문을 숭상하는 왕자가 이제 헨리 8세로 영국의 보위에 올랐으니 정말 좋은 기회였다. 에라스뮈스의 가장 충직한 메세나인 마운트조이 공도 그렇게 생각했고, 그런 사실을 1509년 5월 27일자 편지에서 그에게 지적해 보였다. "젊은 군주가 매우 힘차고, 올바르고 떳떳하며, 또 문학과

---

9) LBE, No.1175 c. 1375, 그리마니 방문.

10) A. 206.이 편지에 대한 닥터 알렌의 해설에서 우리는 왕자가 이 작문에 어느 정도 참여했는지 알 수가 있다.

rerum humanarum fortunatrix, mecū adeo confentiat, ut fapiētibus iſtis ſemper fuerit inimiciſſima. Contra ſtultis etiam dormientibus, omnia commoda adduxerit: Agnoſcitis Timotheum illum, cui hinc etiam cognomen, & prouerbium ἐ ἐυ'ς ὁπ[…]ͽ κύρπͽ αἰρε. Rurſum aliud γλαυξ ἵπταπ. Contra inſapientes qͤ drant illa, ᾧ πρα̃ς γυππ δίπτος, & equū habet Seianum, & aurum Toloſanū. Sed deſino παεοιμιᾴεϑ[…], ne uidear Eraſmi mei cōmentaria, ſuppilaſſe. Ergo ut ad rem

nes, triſte iſt: habuiſſe exitū, idignatus ſcripſit, Σωκράτιυ ὁ κόσμͽ πέπ'οίκε σα φὸπ εἰναι κ[…]ᾳ κακῶς. ἐὺδλε τρ σοκφάτιὑ δ' κόσμͽ Ευ τ[…] φυλαᾳ κ[…], κώνσορ πᵗ π'ιῷρ τᵉ θπκικερ π[…]λύποδ'α φαγωρ ὁ δ'ιογἐκκ ὠμοᾳρ τίϑικκερ διϛ ὕλᾳ γά, φοντῖ ἐπ'ιπέππ'ωκι Χιλῶπκ Σοφοκλῆς ῥάϊαρ φαγωρ σαφικλῆς πι, γεις τίϑικκκ κωτκ οἱ καῖα ϑράκιω, εὑπ'ωῖ, δ'κ' ἔϛωγαρ τὸρ θέορ

ἀμφορμλιμὸς κατᾳδ'απάκκσιυ .ἰ. Socratem mundus fecit ſapientem eſſe. Et male ſuſtulit Socratem mundus. In carcere cicutā, quontā bibens mortuus eſt. Polypedē comedens Diogenes crudum mortūus eſt. Aeſchylo ſcribenti incidit teſtudo. Sophocles acinū comedens uuæ, ſuffocatus perijt. Canes Thracij Euripidem uorauerunt. Diuinum Homerū fames confecit. Timotheum.) Hic dux erat Athenienſiū, longe omniū fortunatiſſimus, de ᵹ Suidas ſic ſcripſit, Επ'οίουπ π'αυτ'ρ ἐφ'είκασπ' οἱ ζωγράφοι κοιμωΔμοϝορ, κᾳὴ τ'ας πίχας φαφόσιὐς αὐτᴼ ωϛ d'ίκπ'α πόλᴈς, κᾳ παρόϛπᴍα αὐϛ'ός, ἀππ'ῆο μᴧιοι τὴυ εὐδ'αιμονί'αμ αὐτ'ᴼ, ἀλλ'ὸπβίου μονος'ᵹ ἐπ'ι εὐτύχ'ᵹ ὁ τ'ιμόθεος, ἐφ'κ αὐτ' εἰγαι μᾶΔορ, ᵌ τ τύχκ, τᴂ κατ'οχθώματα. d'ὶ ὁμ λ'ικτύχ'κσπ' ὑδ'έρορ, τεμιοσπ'ἀκκ αὐᴆ τ' τύχκ.ἰ. Finxērūt ipſum in imaginibus pictores dormiētē, & fortunas ferentes ipſi in retia ciuitates, & populantē eas inuentes felicitatē ipſius, ſubiicns aut pter bonā fortunā Timotheus, dixit ipſius magis ᴑ fortunæ eſſe, egregie facta. Q uocirca infelicior euaſit poſtea, indignante ipſi fortuna. ᵌ εὐδ'όιϛ κύρ 'Ιος αἰρε) .ἰ. dormiētes rete capit. Hoc puerbiū ᾳdrat in eos, qbus citra laborē & conatū, οἰ τ'ᵹ cupiūt, eueniūt. Natū ab ipſo Timotheo, q uulgo ἐυτυχ'κ .ἰ. felix cognominat'ᵉ eſt, qᵖ fortuntior ᴑ prudētior haberet. γλαυξ̔ πταπᵌ .ἰ. πο'ζhᴍα uolat. Noctua ſacra eſt Mineruæ. Eia dicta eſt Athenienſiū male cō ſulta, in bonū uertere exitū, unde puerbiū, Noctua uolat. Εμ π'ρᾳ'άι γιππ'δίϝ πν᷄) .ἰ. ἄρτα luna nati, puerbiū eſt in eos, q ex duriſſimis laboribus, qbᵒ alijs profunt, ipſi nihil fructus capiunt. Q uod Hercules hac luna natus ſeræ.

Equū habet Seianū) Vtrūᴑ puerbiū dicebat de extremo infortunio, uni de natum ſit, explicat Au. Gellius. παεοιμιᾴεϑ[…] .ἰ. puerbiari, ſiue puerbijs uti. Suppilaſſe) .ἰ. furtim uſurpaſſe. Nemine nominatim taxauit, prᵋ S 5 ter ſcripſum

한스 홀바인의 삽화가 들어간 『우신 예찬』의 한 페이지.

문필가들을 적극적으로 지지하는 것을 보니 무척 즐겁다"라고 마운트조이는 썼다. 마운트조이—혹은 그를 위해 화려한 편지를 대필했을 암모니우스—는 아주 기뻐했다. 하늘의 웃음과 즐거움의 눈물이 그 편지의 주제였다. 에라스뮈스는 헨리 7세의 죽음이 로마에 알려지자마자 영국에서 좋은 자리를 얻게 될 가능성이 있는지 마운트조이에게 직접 타진한 것 같다. 하지만 자신의 근심과 허약한 건강에 대한 탄식도 빼놓지 않았다. 마운트조이는 에라스뮈스에게 이렇게 썼다. "캔터베리 대주교는 당신의 『격언집』을 아주 재미있게 읽으면서 당신을 하늘 높이 칭찬하십니다. 당신이 영국으로 돌아오면 성직록을 내리겠다고 약속했고 당신에게 여비로 5파운드를 보냈습니다." 마운트조이는 그 금액을 두 배로 불려서 에라스뮈스에게 보냈다.

에라스뮈스가 영국 방문을 결정하기 전에 망설였는지 어쨌는지는 알 수가 없다. 로마의 그리미니 추기경이 그를 붙잡으려 한다고 에라스뮈스는 말했지만 뿌리치고 받아들이지 않았다. 그는 1509년 7월 로마와 이탈리아를 영영 떠나 다시는 돌아가지 않았다.

그는 두 번째로 알프스를 넘어갔다. 이번에는 프랑스 쪽으로 가지 않고 슈플뤼겐을 경유하여 스위스를 통과했다. 3년 전 이탈리아로 오는 길에는 영감이 떠올라서 「말 탄 사람의 노래」를 썼다. 그것은 자신의 과거를 돌아보고 장래의 경건한 신앙생활을 명상하는 기교적이면서도 애수어린 시였다. 이번에도 그의 천재성이 다시 발동하여 작품을 구상하게 되었지만, 라틴 뮤즈의 형태로 나타나지는 않았다. 그것은 애수적인 명상의 시보다 훨씬 심오하면서도 규모가 큰 작품이었다. 제목은 『우신 예찬』인데 장차 에라스뮈스의 대표작이 된다.

제9장

『우신 예찬』

모리아이 엔코미움

알프스 산길을 말 타고 넘어갈 때[11] 틀에 박힌 업무에서 자유롭게 해방된 에라스뮈스의 정신은 지난 몇 년 동안에 공부했던 것, 읽었던 것, 보았던 것을 곰곰 생각했다. 그러고 보니 세상에는 엄청난 야망, 자기기만, 오만, 자부심이 횡행하고 있었다. 그는 이제 다시 만나게 될 토머스 모어Thomas More를 생각했다. 모어는 그가 아는 친구들 중에 가장 재치 있고 현명한 사람인데 기이하게도 모로스Moros라는 이름을 갖고 있었다.(모어와 모로스는 철자가 다르나, 그리스어나 라틴어에서는 격 변화를 위해 영국인이나 프랑스인의 이름 중 어미를 바꾸어서 사용한다. 가령 Paul은 Paulus라고 표기하고 그

---

11) 그가 이 작품을 알프스 산중에서 구상했다는 사실은 에라스뮈스의 진술로 분명하게 알 수 있다. 그는 말을 타고 가면서 구상을 했다고 분명히 말하고 있다. 반면에 스위스를 경유할 때는 배를 타고 여행했다. A. I, IV 216,62.

속격은 Pauli 등으로 쓰는 것처럼 More도 Moros로 격변화를 하는 것이다. - 옮긴이) 모로스는 그리스어로 바보(혹은 어리석음)라는 뜻인데, 그건 모어의 성격과는 너무도 어울리지 않는 것이었다. 토머스 모어와 대화를 하면서 나누게 될 즐거운 농담을 기대하면서 에라스뮈스의 마음속에서는 상쾌한 유머와 현명한 아이러니가 가득 찬 책, 모리아이 엔코미움, 즉 『우신 예찬』이 구상되었다.(모리아이 엔코미움Moriae Encominium은 "어리석음의 예찬"이라는 라틴어이다. 그러나 주격인 모리아Moria를 모어라고 보면 토머스 모어의 예찬이라는 뜻도 된다. 모리아이는 모리아의 속격 형태이다. - 옮긴이)

이 세상은 어디에서나 어리석음이 저질러지는 무대라는 것이다. 어리석음은 인생과 사회를 돌아가게 만드는 필수적인 요소이다. 이 모든 사실이 스툴티티아(Stultitia: 어리석음을 의미하는 라틴어, 곧 우신愚神)의 입을 통하여 발언된다. 스툴티티아는 지혜의 여신 미네르바Minerva와 정반대 위치에 있는 어리석음의 여신인데 자기 자신의 위력과 유용성에 대하여 찬사를 늘어놓으면서 계속 자신을 칭찬한다. 이 작품은 그가 라틴어로 번역한 리바니우스Libanius의 『웅변』처럼 웅변의 형식을 취한다. 주제로 말해 보자면 그가 3년 전에 번역했던 루키아노스의 『갈루스Gallus』에서 그 유희의 정신을 배워 왔을 것이다. 이 작품은 에라스뮈스의 총명한 정신 속에서 오랫동안 은밀하게 숙성되어 왔다. 그가 『격언집』의 증보판을 준비하면서 읽었던 고전 작품들이 그의 엄청난 기억 창고 속에 저장되어 즉시 꺼내 쓸 수 있는 상태로 대기 중이었다. 고전 작가들의 지혜를 바로 옆에 대기시켜 놓은 상태에서 그는 자신의 논증에 필요한 핵심들만 뽑아내어 이 작품을 썼다.

그는 런던에 도착하여 버클러스베리에 있는 모어의 집에 여장을 풀고서, 신장결석의 간헐적인 고통에도 불구하고, 며칠 사이에 이미 구상되어 있던 내용들을 써 내려갔다. 옆에 고전 작가들의 텍스트를 대기시켜 놓지도 않았다. 그의 머릿속에 이미 쓰고 싶은 말이 다 정리되어 있었다. 스툴티티아는 자매 여신인 팔라스(미네르바)와 마찬가지 방식으로 태어났다.(팔라스는 제우스와 메티스 사이의 딸이다. 그러나 메티스가 임신했을 때 가이아는 제우스를 찾아와 메티스가 딸을 낳은 다음에 제우스 사이에 아들을 또 가지게 될 것인데, 그 아들이 제우스를 폐위시킬 것이라는 말을 한다. 그러자 가이아의 조언을 듣고서 경악한 제우스는 메티스를 삼켜 버린다. 아이가 태어날 때가 되자 대장장이 신 헤파이스투스가 도끼로 제우스의 머리를 깨고서 그 머리로부터 아이를 꺼낸다. 그 머리로부터 완전 군장을 한 여자아이가 나왔는데, 바로 팔라스, 즉 아테나이다. 여기서는 스툴티티아라는 여신이 에라스뮈스의 머릿속에서 태어났다는 뜻. - 옮긴이)

형식이나 이미지에 있어서 『우신 예찬』은 흠잡을 데 없는 작품이고, 창조적 충동이 순간적인 영감을 발하면서 만들어진 걸작이다. 우신(愚神: 어리석음의 신, 즉 스툴티티아)이 그녀의 청중을 상대로 웅변을 한다는 형태가 끝까지 잘 유지되고 있다.

둘케 데시페레 인 로코

─────── 어리석음(우신)이 연단 위에 등장하자 청중들의 얼굴은 밝아지고 즐거움으로 빛난다. 우리는 여신의 말을 끊어 놓을 듯한 박수갈채를 듣는다. 공상이 화려하게 펼쳐지는가 하면, 진지한 대사가 간간히 섞여들고, 또 가벼움과 진지함이 절묘하게 조화를 이루고 있어서 우리는 여기서 르네상스 표현의 진수를 본다. 다양한 주제와 생각이 다루어지지만 흘러넘치지는 않는다. 절제, 원만함, 가벼움, 청명함의 분위기가 가득하여 청중을 이완시키는가 하면, 기쁘게 만들기도 한다. 에라스뮈스 책의 완벽한 예술적 기교를 이해하려면 우리는 이 책을 라블레와 비교해 보아야 한다.

어리석음은 말한다. "내가 없으면 이 세상은 단 한순간도 존재하지 못한다. 따지고 보면 인간들이 하는 일이란 모두 어리석음으로 가득 차 있지 않은가? 그 행위들은 바보를 위해서 바보가 하는 짓이 아닌가?" "어리석음이 없다면 그 어떤 사회, 그 어떤 동거도 유쾌하지 못하고, 또 오래 지속하지 못한다. 그들이 가끔 실수를 해서 상대방을 즐겁게 해주지 않는다면, 백성은 군주를, 주인은 하인을, 하녀는 여주인을, 선생은 제자를, 친구는 다른 친구를, 아내는 남편을 단 한 순간도 견뎌낼 수가 없다. 그래서 그들은 현명하게도 어떤 일을 꾸며내는 데 가담하고, 어리석음의 꿀을 그들의 몸에 바르는 것이다." 이 문장에『우신 예찬』의 요약이 들어 있다. 여기서 어리석음은 세속적 지혜, 체념, 관대한 판단 등을 의미한다.

(둘케 데시페레 인 로코dulce desipere in loco는 "때때로 바보짓을 하는 것은 즐겁다"라는 뜻의 라틴어. 고대 로마 시인 호라티우스의 『서정시』 4, 12:28에 나오는 말인데, 에라스뮈스는 『우신 예찬』을 쓸 때 이 말로부터 영감을 받았다. – 옮긴이)

인생의 코미디에서 가면을 벗어 버리는 자는 추방해야 마땅하다. 한 바탕의 놀이마당이 아니라면 우리 인간의 삶은 도대체 무엇이란 말인가? 우리는 저마다 가면을 쓰고서 무대에 오르는 배우가 아니라면 도대체 무엇이란 말인가? 열심히 자신의 배역을 놀이하다가 연출 감독이 그만 내려오라고 하면 내려가야 하는 존재가 아닌가. 기존의 생활 조건들에 자기 자신을 적응시키지 못하는 자, 놀이를 더 이상 놀이로 여기지 않겠다고 고집을 부리는 자, 이런 자들은 모두 엉뚱한 행동을 하고 있는 것이다. 진정으로 현명한 자라면 모든 사람과 어울리면서 그들이 꾸며내는 어리석은 일에 가담하고 더러는 그들처럼 자연스럽게 어리석은 짓을 하는 것, 이것이 생활의 일부분이 되어야 한다.

모든 인간 행동을 밀어붙이는 추진력은 필라우티아Philautia이다. 필라우티아는 자기애自己愛를 말하는 것인데 스툴티티아의 자매이다. 이 인생의 양념을 한번 제거해 보라. 그러면 웅변가의 말은 썰렁해질 것이고, 시인의 언어는 웃음거리에 지나지 않을 것이며, 화가는 자신의 그림을 말아들고 조용히 사라져야 할 것이다.

오만, 허영, 허세의 외투를 입고 있는 어리석음은, 이 세상에서 높고 위대하다고 평가되는 것의 감추어진 원천이다. 명예의 전당, 애국심, 민족정신으로 무장한 국가, 의례의 장엄함, 성관城館과 고귀함의 망상, 이런 치장물들은 어리석음이 아니면 무엇인가? 가장 어리석은 행동인 전쟁은 모든 영웅심의 근원이다. 무엇때문에 고대 로마의 영웅 데키우스Decius와 쿠르티우스Curtius 같은 사람들은 그들의 목숨을 희생 제물로 내놓았는가? 바로 허영심이다. 이런 어리석음이 국가를 만들어낸다. 그 허영심 때문에 제국, 종교, 법원이 존재한다.

크레타인의 역설

―――   『우신 예찬』은 마키아벨리보다 더 과감하고 더 오싹하며, 몽테뉴보다 더 초연하다. 하지만 에라스뮈스는 그것을 자신의 공로로 돌리지 않는다. 발언하는 주체는 어디까지나 어리석음(우신)이다. 그는 의도적으로 우리를 악순환의 쳇바퀴 위에 올려놓는다. 저 오래된 크레타인의 역설을 연상시킨다. 어떤 크레타인이 말했다. "모든 크레타인은 거짓말쟁이이다."(→ **크레타인의 역설**)

어리석음에는 지혜가 필요하고 열정에는 이성이 필요하다. 그런데 이 세상에는 이성보다 열정이 더 많다. 그리하여 이 세상을 돌아가게 하는 생명(생활)의 샘은 어리석음이다. 보라, 사랑이 어리석음이 아니라면 무엇인가? 장애물을 무시하는 어리석음이 아니라면, 사람들은 왜 결혼을 하는가? 모든 즐거움과 오락은 어리석음이 배후에서 작용하는 인생의 양념일 뿐이다. 현명한 사람이 아버지가 되고자 한다면 그는 먼저 바보 노릇을 해야 한다. 생식의 놀이보다 더 어리석은 게임이 이 세상 어디에 있는가?

부지불식간에 웅변가(스툴티티아)는 어리석음 속에다 인생의 활기와 용기를 섞어 넣는다. 어리석음은 즉각적인 에너지이고 그것이 없으면 아무도 인생을 버텨낼 수가 없다. 완벽하게 합리적이고 헛소리는 아예 안 하는 사람은 인생을 살아갈 수가 없다. 사람들이 나, 스툴티티아에게서 멀어질수록 그들은 살아가기가 더욱 어려워진다. 우리는 왜 어린아이를 껴안고 뽀뽀하기를 좋아하는가? 그건 어린아이가 아직도 상대방을 유쾌하게 만들 정도로 어리석기 때문이다. 어리석음이 아니라면 왜 청춘이 그토록 우아하겠는가?

자, 이제 합리적이면서 진지하기만 한 사람을 한번 살펴보라. 그들은 모든 일에서 어색하다. 식사할 때, 춤을 출 때, 놀이할 때, 사교를 할 때, 무슨 일을 할 때나 한결같이 뻣뻣하게 굳어 있다. 그들이 뭔가를 사거나 계약을 체결하려 든다면 반드시 사달이 발생하여 일이 꼬여버린다. 고대 로마의 수사학자 퀸틸리아누스 Quintilianus는 무대 공포증이란 자기 자신의 결점을 잘 아는 현명한 웅변가에게서만 발견된다고 말했다. 맞는 말이다! 퀸틸리아 누스는 지혜가 훌륭한 실행의 장애물이 된다고 공공연히 말하고 있다. 그렇다면 스툴티티아가 나름대로 공로를 인정받아야 마땅하지 않을까? 현명한 자가 수치심이나 수줍음 때문에 아무것도 제대로 하지 못하는 상황에서, 어리석음 혹은 미친 척하는 태도가 무대 공포증을 일거에 날려버릴 수 있으니 말이다.

여기서 에라스뮈스는 심리적 관점에서 인간 행동의 핵심에 도달한다. 자신의 업적이 미흡하다고 느끼는 자의식은 과감한 행동에 브레이크를 거는 것이요, 세상의 발전을 지연시키는 엄청난 무기력을 가져오는 것이다. 너무 자의식이 강하여 자기 배꼽만 들여다보는 사람은 아무런 행동도 하지 못한다. 때때로 바보노릇(어리석은 행동)이 즐거운 이유는 행동의 브레이크를 제거하고 무기력을 발산시켜 주기 때문이다. 일찍이 에라스뮈스 자신도 이것을 느끼지 않았던가? 책에 코 빠트리고 있을 때만 마음이 편하고, 사람들이나 세상일을 상대해야 될 때면 어김없이 어색함을 느꼈던 그런 사람이 아니었던가.

어리석음은 즐거움이요 경쾌함이며 인생의 행복에 빠져서는 안 되는 필수 요소이다. 열정이 없이 이성만 있는 사람은 목석이나 다름없다. 그는 인간적 감정이 없는 퉁명스러운 자요, 허깨비나 귀신이며, 모든 사물이 그로부터 피해서 달아나는 두억시니이다. 그러니 그가 사랑이나 동정을 느낄 리가 없다. 그는 모든 것을 놓치지 않고 모든 것에서 실수를 하지 않는다. 그는 모든 것을 꿰뚫어보고 모든 것의 무게를 정확하게 달며, 그 어떤 것도 잊어버리지 않고 또 용서하지도 않는다. 그는 오로지 자기 자신에게만 만족하며 남에게 맡기면 안심이 안 되어 불안하기 짝이 없다. 오로지 그 혼자 건강하며 그 혼자 왕이고 그 혼자 자유롭다. 에라스뮈스가 여기서 말하고 있는 사람은 아주 교조적이고 징그러운 인물이다. '어떤 국가가 이처럼 완벽하게 현명한 사람을 그 나라의 통치자가 되어 주기를 바라겠는가' 하고 에라스뮈스는 질문을 던진다.

어리석음은 인생의 치료약

──────   어렵고 고단한 인생에서 오로지 현명한 통찰로만 대처하려 드는 사람은 인생의 즐거움을 스스로 빼앗아 버리는 자이다. 오로지 어리석음만이 인생의 치료약이다. 실수를 하고, 오해를 하고, 뭘 모르면서 살아가는 것은 인간적인 것이다. 아내의 단점을 까발려서 그걸로 가정의 비극을 만들기보다는 그 단점을 모르는 체해 버리면 얼마나 결혼생활이 평화로울 것인가! 칭찬은 미덕이다. 약간의 칭찬이 없이 진정한 숭배는 불가능하다. 그것은 웅변, 의학, 시가詩歌의 영혼이다. 인생의 쓸쓸함을 중화시켜 주는 달콤한 꿀이다.

여러 가지 가치 있는 사회적 성질에는 약간의 어리석음이 가미되어 있다. 인자함, 자상함, 남을 인정해 주고 존중하려는 마음. 알면서도 모르는 체하는 마음, 그것이 어리석음이 아니라면 도대체 무엇이란 말인가.

그러나 이렇게 하자면 무엇보다 먼저 자기 자신을 인정하고 존중해야 한다. 먼저 우리 자신을 칭찬하거나 즐겁게 하지 않고는 남을 칭찬하거나 즐겁게 한다는 것은 불가능하다. 그것은 자기 몸이 차가우면서 남의 몸을 따뜻하게 하겠다는 것처럼 말이되지 않는다. 뒤로 계속 헛걸음치면서 자기가 앞으로 나아가고 있다고 생각하는 것이나 마찬가지이다. 그렇다. 먼저 자기 자신을 존중하라. 만약 모든 사람이 자신의 지위나 직업을 자랑스럽게 여기지 않는다면 이 세상은 어떻게 되겠는가? 자신이 좋은 모습, 좋은 가정, 윤택한 재산을 갖고 있으면 다른 사람의 좋은 모습, 좋은 가정, 윤택한 재산도 존중하게 되는 것이다.

허튼소리도 때로는 유익하다. 왜 늘 맞는 얘기만 하면서 살아가야 하는가? 어떤 사람이 엉성하고 서투를수록 그의 삶은 유쾌해지고 그만큼 더 존경을 받게 된다. 교수들, 시인들, 웅변가들을 보라. 인간의 마음은 미묘하여 진실보다 거짓말에 더 귀 기울이는 경향이 있다. 교회에 가보라. 신부가 설교 내내 진지한 얘기만 한다면 신자들은 졸고, 하품을 하고, 따분함을 느낄 것이다. 그러나 목사가 웃기면서도 황당무계한 얘기를 시작하면 그들은 눈을 번쩍 뜨면서 그의 입술에 매달리는 것이다.

철학자들은 말한다. 속임을 당하는 것은 불운이다. 그러나 단한 번도 속임을 당하지 않았다면 그것은 더 큰 불운이다. 인간은 실수를 하게 마련이다. 그렇다면 실수를 했다고 해서 자신이 불행하다고 말하는 것은 어떻게 보아야 할까? 인간은 어차피 그렇게 태어났고, 그렇게 만들어져 있으며, 누구도 그것을 피해 갈 수 없는 운명이다. 우리는 어떤 사람이 하늘을 날지 못하고, 네 발로 달리지 못한다고 해서 그를 불쌍하게 여기는가? 차라리 말[馬]들이 문법을 배우지 못하고 케이크를 먹지 않는다고 해서 그들이 불행하다고 말하라. 어떤 피조물이든지 그의 본성을 따라 살아간다면 그는 불행할 수가 없다. 본성을 도외시하는 온갖 학문들이 만들어져 우리의 파괴를 재촉할 뿐이다. 그런 학문들은 인간의 행복을 위해 만들어졌다고 말들은 많지만 그 행복에 기여한바가 없다. 온갖 악마가 작용하여 그 학문들은 인간의 생활에 많은 질병들을 몰래 가져왔다. 보라, 황금시대의 단순명료한 사람들은 학문의 도움이 전혀 없어도, 본성과 본능만으로도 아주 행복하게 살지 않았는가. 그들이 모두 똑같은 언어를 사용하고 있는데 문법이 왜 필요한가? 의견 다툼이나 의견 차이가 없는데 변증법이 왜 필요한가? 좋은 법률을 만들어내는 나쁜 악덕이 없는데 법률이 무슨 소용이 있는가? 그들은 너무나 종교적 심성이 강했기 때문에 불경한 호기심 따위는 아예 없었고, 그리하여 자연의 비밀, 크기, 움직임, 별들의 영향, 사물의 숨겨진 원인 등은 알아보려 하지 않았다.

이것은 고전 시대에 배태된 아주 오래된 사상으로서, 에라스 뮈스는 여기서 아주 살짝 언급하고 있지만 나중에 루소는 이 것을 아주 본격적으로 선언하게 된다. 즉 문명은 전염병이라 는 것이다.

지혜는 불운이지만 자기 자랑은 행복이다. 만약 나, 어리석음 이 일종의 달콤한 광분으로 그들의 직업적 불편을 완화시켜 주 지 않았더라면, 지혜의 왕홀을 뒤흔드는 문법학자들─즉 학교 선생들─은 가장 불행한 사람들이 되었을 것이다. 학교 선생들 에게 해당되는 얘기는 시인, 웅변가, 저자들에게도 그대로 해당 된다. 이들에게 행복은 허영과 망상으로 구성되어 있다. 법률가 라고 별반 나을 것이 없으며 그 다음을 철학자들이 뒤쫓고 있 다. 그 다음으로 무수한 교역자들, 성직자, 수도자, 주교, 추기 경, 교황의 행렬이 있고 그 사이사이에 왕자들과 궁정 신하들이 끼어든다.

『우신 예찬』을 관통하는 두 가지 주제

──── 이런 공직과 직업을 살펴보는 챕터들에서[12] 풍자의

---

12) 에라스뮈스는 이 책을 챕터별로 나누지 않았다. 후대인 1765년에 이르러 편집자 가 그렇게 구분한 것이다.

방향이 약간 바뀐다. 이 작품의 전편을 통하여 두 가지 주제가 서로 긴밀하게 연결되어 있다. 하나는 유익한 어리석음이 진정한 지혜라는 것이고, 다른 하나는 망상에 빠진 지혜는 완전한 어리석음이라는 것이다. 이 두 주제는 어리석음의 입을 통하여 발언되는데, 우리는 이 둘을 전도시켜 진실을 얻을 수 있다. 즉 어리석음이 지혜라는 것이다. 두 주제 중 첫 번째 것이 더 중요한데 에라스뮈스는 이 주제로부터 논의를 출발한다. 책의 중반쯤에 이르러 인간의 업적과 위엄에서 보편적 어리석음을 발견하면서, 두 번째 주제가 보다 크게 다루어진다. 그리하여 『우신 예찬』은 인간의 어리석음에 대한 상식적 풍자로 전환한다. 어리석음의 사례가 많이 제시되고, 어떤 사례는 아주 미묘하다. 또 어떤 사례들은 아주 심오한 내용을 담고 있다.

가끔 풍자는 주된 노선을 벗어나서 다른 방향으로 가기도 한다. 스툴티티아는 에라스뮈스가 평소 비난하고 싶어 했던 것을 직접 비난한다. 가령 면죄부 판매, 기적에 대한 어리석은 믿음, 특정 성인들에 대한 이기적 숭배, 무모한 도박사들, 뭐든지 기계적으로 획일화하고 평준화하려는 정신, 수도자들의 질투심 등이 비난의 대상이다.

현대의 독자들이 『우신 예찬』을 중시하는 이유는 그 직접적인 풍자 때문이다. 그 지속적인 가치는 어리석음이 지혜요, 지혜가 어리석음이라고 우리를 납득시키는 문장들에 있다. 에라스뮈스는 교조적 논리의 비현실성을 잘 알고 있었다. 신앙의 도그마에서 나온 일관된 사상은 결국 불합리성으로 추락한다는 것을 꿰뚫어보았다. 저 나약한 스콜라주의의 신학적 본질들을 한번 살펴보라. 12사도들이 오늘날 환생해서 그들의 말을 듣는다면 전혀 알아듣지 못했을 것이다. 후대의 성직자들의 눈에는 12사도가 바보로 보였을 것이다. 성경은 어리석음과 한 편이 된다. "아무도 자신을 속이지 말라. 너희 중에 누구든지 이 세상에서 지혜 있는 줄로 생각하거든 어리석은 자가 되라. 그리하여야 지혜로운 자가 되리라. 세상 지혜는 하느님께 어리석은 것이니…… 주께서 지혜 있는 자들의 생각을 헛것으로 아신다 하셨느니라."(고린도전서 3장 18절) "하느님께서는 이 세상의 어리석은 것들을 선택하셨느니라." "믿는 자들을 구제하려는 (설교의) 어리석음은 하나님을 기쁘게 하였느니라." 그리스도는 어린아이, 여자, 가난한 어부 등 단순한 마음과 무지한 사람들을 좋아했다. 심지어 동물도 교활한 여우와는 거리가 먼, 그분께서 잘 타고 다녔던 당나귀, 비둘기, 어린양, 양 등을 좋아했다.

　여기 겉보기에는 가벼운 농담 뒤에 심오한 사상이 깃들어 있다. "기독교 신앙은 일반적으로 말해서 어느 정도의 어리석음과 친밀성이 있는 듯하다." 사도들은 온몸이 새로운 술로 가득 차 있었다고 생각되지 않았는가? 재판관은 이렇게 말하지 않았는가? "바울, 당신은 제 정신이 아니군요." 제 정신? 그렇다면 우리는 언제 제 정신이 아닌가? 정신이 그 족쇄를 부수고 감옥으로부터 탈출하여 자유를 향해 비상하는 때가 그런 때가 아닌가? 이것은 광기이다. 하지만 이 세상의 것이 아님 혹은 최고의 지혜를 갖춘 광기이다. 사랑은 절대적이 되어 갈수록 그 열광은 더 크고 더 황홀하다. 천상의 즐거움 그 자체는 최고의 광기이다. 진정으로 경건한 사람들은 그들의 명상 속에서 지상에 드리워진 그 광기의 그림자를 느낀다.

여기서 스툴티티아는 갑자기 담론을 멈추고 자신이 너무 심술궂거나 수다스럽지 않았는지 두렵다고 간단한 마무리 말을 하고서 이야기를 끝낸다. "자 이만 작별하렵니다. 박수를 쳐 주세요. 그리고 행복하게 살고 또 술을 마셔요. 모리아의 저명한 입회자들이여."

모어의 재담과 라블레의 풍자

―――　　　『우신 예찬』은 탁월한 예술적 기교가 빛나는 작품이다. 마지막 몇 챕터에서도 가볍고 희극적인 어조를 잃지 않으며 노골적인 욕설로 추락하지도 않는다. 궤변술의 밧줄 위에서 아슬아슬하게 춤추면서도 떨어지지 않는다. 『우신 예찬』에서 에라스뮈스는 한결같이 심오한 진리의 가장자리를 맴돈다. 하지만 당시의 시대 상황을 감안할 때, 이런 주제들을 시종일관 가벼운 유희의 분위기에서 끌고 갈 수 있다는 것은 대단한 재주이다.

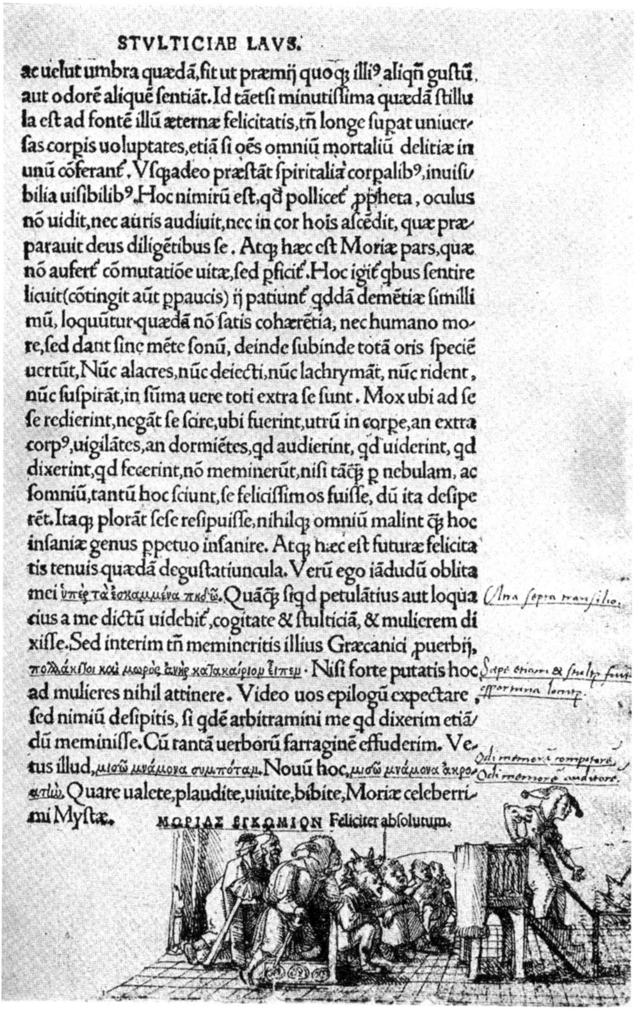
STVLTICIAE LAVS.

ac uelut umbra quædã, fit ut præmij quoq; illi⁹ aliqñ gustũ, aut odorẽ aliquẽ sentiãt. Id tãetsi minutissima quædã stillula est ad fontẽ illũ æternæ felicitatis, tñ longe supat uniuersas corpis uoluptates, etiã si oẽs omniũ mortaliũ delitiæ in unũ cõferant. Vsq; adeo præstãt spiritalia corpalib⁹, inuisibilia uisibilib⁹. Hoc nimirũ est, qd pollicet ppheta, oculus nõ uidit, nec auris audiuit, nec in cor hois ascẽdit, quæ præparauit deus diligẽtibus se. Atq; hæc est Moriæ pars, quæ nõ auferẽ cõmutatiõe uitæ, sed pficit. Hoc igit qbus sentire licuit (cõtingit aũt ppaucis) ij patiunt qddã demẽtiæ simillimũ, loquũtur quædã nõ satis cohærẽtia, nec humano more, sed dant sine mẽte sonũ, deinde subinde totã oris speciẽ uertũt, Nũc alacres, nũc deiecti, nũc lachrymãt, nũc rident, nũc suspirãt, in sũma uere toti extra se sunt. Mox ubi ad sese redierint, negãt se scire, ubi fuerint, utrũ in corpe, an extra corp⁹, uigilãtes, an dormiẽtes, qd audierint, qd uiderint, qd dixerint, qd fecerint, nõ meminerũt, nisi tãq; p nebulam, ac somniũ, tantũ hoc sciunt, se felicissimos fuisse, dũ ita desiperẽt. Itaq; plorãt sese resipuisse, nihilq; omniũ malint q̃ hoc insaniæ genus ppetuo insanire. Atq; hæc est futuræ felicitatis tenuis quædã degustatiuncula. Verũ ego iãdudũ oblita mei ὑπὲρ τὰ ἐσκαμμένα πηδῶ. Quãq; siqd petulãtius aut loquacius a me dictũ uidebit, cogitate & stulticiã, & mulierem dixisse. Sed interim tñ memineritis illius Græcanici puerbij, πολλάκι τοι καὶ μωρὸς ἀνὴρ κατακαίριον εἶπεν. Nisi forte putatis hoc ad mulieres nihil attinere. Video uos epilogũ expectare, sed nimiũ desipitis, si qdẽ arbitramini me qd dixerim etiãdũ meminisse. Cũ tantã uerborũ farraginẽ effuderim. Vetus illud, μισῶ μνάμονα συμπόταν. Nouũ hoc, μισῶ μνάμονα ἀκροατάν. Quare ualete, plaudite, uiuite, bibite, Moriæ celeberrimi Mystæ.

ΜΩΡΙΑΣ ΕΓΚΩΜΙΟΝ Feliciter absolutum.

한스 홀바인의 삽화가 들어간 『우신 예찬』의 한 페이지.

조세 바디우스의 인쇄소, 알브레히트 뒤러의 목판화, 1520-21년.

그리하여 『모리아이 엔코미움*Moriae Encomium*』은 진정으로 유쾌한 재담이라는 것이 우리의 인상에 깊이 각인된다. 그 웃음은 은근하여 라블레처럼 소란스럽지 않다. "자 이만 작별하렵니다. 박수를 쳐 주세요. 그리고 행복하게 살고, 또 술을 마셔요(Valete, plaudite, vivite, bibite)." "이런 사람들에게는 실로 많은 어리석음이 넘칠 정도로 있는데다가 매일 매일 새로운 어리석음이 생겨나고 있다. 그리하여 1천 명의 데모크리토스가 온다 해도 그들 모두에게 웃음을 터트리기에는 부족할 것이다."(몇 명의 데모크리토스가 온다 해도 그들에게 웃음을 터트리려면 여전히 한 명의 데모크리토스가 부족할 것이다.)

우리가 어떻게 모리아를 진지하게 생각할 수 있겠는가? 이 책의 자매편이라 할 수 있고 우리에게 깊은 인상을 남기는 모어의 『유토피아』조차도 저자와 에라스뮈스에 의해 일종의 농담이라고 치부되는 마당에 말이다. 『우신 예찬』에는 모어의 재담과 라블레의 풍자를 두루 갖춘 부분이 있다. 바로 스툴티티아가 그녀의 아버지 플루투스Plutus, 즉 황금의 신을 언급하는 부분이다. 플루투스가 부르면 모든 일이 뒤죽박죽이 되고 이 신의 손짓에 따라 모든 인간사가 규정된다. 전쟁과 평화, 행정과 지도, 정의와 조약, 그 어떤 곳이든 이 신이 통하지 않는 곳이 없다. 플루투스는 '젊음'이라는 님프 사이에 스툴티티아를 낳았는데, 그 당시에는 지금처럼 늙고 눈먼 플루투스가 아니라, 라블레의 주인공 가르강튀아처럼 젊음과 활력이 넘치는 싱싱한 신이었다.

르네상스 시대에 '어리석음'의 모습은 거인처럼 크게 느껴졌다. 그녀는 바보의 모자를 쓰고 종鐘을 들었다. 사람들은 어리석음의 종류를 가리지 않고 어리석은 것을 보면, 개의치 않고 커다란 웃음을 터뜨렸다. 『우신 예찬』에서도 저자는 현명하지 못한 사람과 어리석은 사람, 바보와 정신이상자를 미세하게 구분하지 않았다. 에라스뮈스의 작품에 삽화를 그린 홀바인은 한 가지 종류의 바보, 즉 지팡이를 들고 당나귀 귀를 한 바보를 그렸다. 에라스뮈스 자신도 분명한 구분을 하지 않고 때로는 어리석은 사람들을, 때로는 진짜 광인들에 대해서 언급했다. 이들이 가장 행복한 사람들이라고, 그는 스툴티티아의 입을 통해서 말했다. 그들은 허깨비와 유령을 보고서 놀라지 않기 때문이다. 그들은 곧 다가올 재앙을 두려워하며 번민하지 않는다. 어디서나 그들은 농담, 환희, 장난, 웃음을 가져온다. 분명 그는 여기서 무해한 바보를 의미하는 것인데 이런 바보가 자주 농담꾼으로 활용되었다. 이처럼 바보와 광기를 혼용하고 있는데, 이것은 웃기는 것과 어리석은 것을 일부러 혼동하며 같은 것으로 취급하는 것과 비슷하다. 이 부분을 읽으면 우리 시대가 이제 에라스뮈스로부터 얼마나 멀리 떨어져 있는가를 절실하게 느끼게 된다.

『우신 예찬』은 에라스뮈스의 대표작이며 최고 걸작

만년에 들어와 그는 『모리아이 엔코미움(우신 예찬)』

에 대해서 시원찮은 작품이라고 말했다. 심지어 너무 시시하여 출판할 만한 가치도 없다고 말했다. 하지만 그의 작품 중에서 이 것처럼 칭송을 받은 작품이 없다. 그의 관점에서 볼 때 이것은 사소한 작품이었고, 그의 성격과도 맞지 않는 것이었다. 토머스 모어가 에라스뮈스로 하여금 그것을 쓰게 만들었다. 마치 낙타를 춤추게 하는 것처럼. 하지만 이런 비난의 말에는 2차적 목적이 없는 게 아니었다. 『모리아이 엔코미움』은 그에게 성공과 즐거움만 가져다준 것은 아니었다. 그가 살았던 시대는 풍자를 아주 나쁘게 보는 민감한 시대였다. 특히 교회와 종단을 향한 풍자는 더욱 용납하지 않으려 했다. 그가 책의 서문에서 불경죄의 비난을 모면하기 위해 안전장치를 집어넣었는데도 사정은 그리 좋지 않았다. 성경의 텍스트를 가지고 가볍게 장난을 친 것은 많은 사람들이 볼 때 너무 발칙한 것이었다.

그의 친구 마르틴 반 도르프Martin van Dorp는 영원한 생명을 조롱한 것에 대하여 에라스뮈스를 비난했다. 에라스뮈스는 모리아를 나쁘게 생각하는 사람들에게 책의 목적은 사람들에게 미덕을 권장하려는 것이었다고 애써 말했다. 이것을 확인시키기 위해 그는 모리아에게 부당한 대접을 했다. 아니 그 이상이었다. 하지만 1515년의 그는 더 이상 1509년의 그가 아니었다. 그는 이 재기발랄한 작품을 거듭하여 변명해야 되었다. 그는 1517년 루뱅의 한 친지에게 보낸 편지에서 이렇게 사람들의 기분을 나쁘게 할 줄 미리 알았더라면 작품을 발표하지 않았을 것이라고 말했다. 생애 말년에도 그는 카르피의 알베르토 피오Alberto Pio의 비난을 물리치기 위해 장황한 설명의 편지를 써야 했다.

에라스뮈스는 『우신 예찬』 같은 장르의 글을 더 이상 쓰지 않았다. 그가 1525년에 발표한 논문 「언어Lingua」는 모리아의 자매편이라고 할 만하다. 이 논문에는 「언어의 사용과 남용」이라는 제목이 붙었다. 논문의 첫 몇 페이지에는 모리아를 연상시키는 문장들이 있으나, 형식과 사상에서는 『우신 예찬』의 매력에 한참 미치지 못한다.

에라스뮈스의 저작들은 2절판 책자로 전집 10권이 발간되었다. 하지만 그 중에서 『우신 예찬』만이 진정으로 대중적인 책이 되었다는 사실에 대하여 에라스뮈스를 연민해야 할까? 이 책은 『대화집』을 제외하고 그 자체의 재미로 아직까지도 읽히는 유일한 책이다. 나머지 저서들은 에라스뮈스라는 인물과 그 시대를 연구하기 위한 역사적 관점으로만 읽힐 뿐이다. 하지만 오로지 이 작품만 읽힌다는 것은 내가 볼 때 아주 공정한 것이다. 『우신 예찬』은 그의 대표작이면서 최고 걸작이다. 그는 이보다 심오하고 경건한 다른 책들을 썼다. 어떤 책들은 당대에 모리아만큼 혹은 그 이상의 영향력을 행사했다. 그렇지만 그 책들은 다들 수명이 정해져 있었다. 오로지 『모리아이 엔코미움』만이 불후의 작품이 되었다. 총명한 정신에 유머가 깃듦으로써 아주 심오한 정신의 광채를 발할 수 있었다. 『우신 예찬』을 통해 에라스뮈스는 오로지 그 자신만이 이 세상에 줄 수 있는 것을 주었다.

제10장

세 번째 영국 체류

1509-14

1509년의 초여름 에라스뮈스는 이탈리아에서 영국으로 건너와 토머스 모어의 집에 칩거하며 『우신 예찬』을 썼다. 그리고 그로부터 근 2년이 지난 1511년 봄에 출판업자 질 구르몽Gilles Gourmont을 만나 책 출판을 논의하기 위해 파리 출장을 간다. 이 2년 동안 에라스뮈스의 행적은 전혀 알려진 것이 없다. 그가 이 시기에 주고받은 편지들은 단 한 통도 후대에 전해지지 않는다. 하지만 그의 인생에서 가장 행복했던 시기였던 것 같다. 이 기간 동안 후견자 격인 마운트조이의 집에서 보내거나, 아니면 토머스 모어의 집에서 살면서 재치 넘치고 고상한 인사들과 자주 어울렸는데 그것은 평소 에라스뮈스가 이상적으로 생각해 왔던 생활이었다. 모어의 집에는 에라스뮈스가 전에 영국에 머물면서 사귀었고, 또 마음에 딱 맞는 친구인 앤드루 암모니우스도 자주 놀러 왔다. 이 시기에 그는 자신이 평소 매력을 느꼈던 학문을 방해받지 않고 연구할 수 있었고, 또 가까운 장래에 대한 근심 걱정도 별로 하지 않았다. 게다가 과도한 명성 탓에 심적 부담감을 느끼는 일도 없었다. 그러나 명성은 나중에 그에게 즐거움을 가져다주었지만 동시에 많은 고난과 상실감을 안겨주게 된다.

메세나를 찾아다니는 불안정한 생활

────   미래는 여전히 불확실했다. 토머스 모어의 환대를 더 이상 누릴 수 없게 되자 어려움과 애로 사항을 다시 겪어야 했다. 자유를 염원하는 사람에게 지속적인 가난, 장래의 불확실성, 남에게 의존해야 하는 상태는 견디기 어려운 고통이었다. 파리에 도착한 에라스뮈스는 인쇄업자 조세 바디우스에게 『격언집』의 신규 증보판을 출판하라고 졸라댔다. 당시 파리에서는 베네치아 판 『격언집』의 재고가 비교적 싼 값에 팔리고 있었기 때문에 그것은 인쇄업자에게 그리 매력적인 제안이 아니었다. 『우신예찬』은 질 구르몽의 인쇄소에서 막 출간이 되었고, 1511년 초에 스트라스부르에서 재판이 되었다. 야콥 빔펠링Jacob Wimpfeling은 에라스뮈스에게 공손한 편지를 보냈지만 스트라스부르 판본은 저자와 사전 협의 없이 발간되었다. 다시 영국으로 돌아온 에라스뮈스는 고열이 나는 발한증發汗症으로 런던에서 한동안 드러누워 있어야 했다. 이어 병에서 회복하자 전에 머물던 케임브리지 대학의 퀸스 칼리지로 갔다.

그는 1511년 8월 24일, 케임브리지에서 콜렛에게 약간 희극적 어조의 절망감을 풍기는 편지를 써 보냈다. 런던에서 케임브리지까지의 여행길은 고생스러웠다. 말은 비쩍 말라비틀어진 놈이었고, 노상에서는 음식을 구하기가 여의치 않았으며, 게다가 천둥을 동반한 많은 비가 내렸다. "하지만 그것을 기쁜 마음으로 받아들였습니다. 기독교적 가난이 무엇인지 깨닫게 되었으니까요." 그의 목전에는 큰돈을 만져볼 기회가 전혀 보이지 않았다. 메세나들에게서 힘들게 얻어낸 돈들은 그때그때 다 써버려 모이지가 않았다. 분노하는 수성水星의 기운을 받고 태어난 그가 이런 하찮은 구걸을 해야 하다니!

이 편지는 당초 의도보다 더 우울한 분위기를 풍겼다. 그는 몇 주 후에 다시 편지를 보냈다. "이 구걸에 대하여 당신은 나를 비웃을 겁니다. 이런 나 자신이 너무 싫습니다. 큰돈을 얻어 이 구걸 행위에서 면제되거나, 아니면 노골적으로 디오게네스를 흉내낼 수밖에 없다고 결심했습니다." 그가 말하는 돈벌이는 바실리우스Basilius의 「이사야서 주석서」를 라틴어로 번역하여 로체스터 주교인 존 피셔John Fisher에게 헌정하는 것이었다.

평생 금전적 어려움을 겪지 않은 콜렛은 에라스뮈스의 이런 불평을 잘 이해하지 못했다. 그는 은근한 냉소와 은밀한 비난으로 답변했는데 에라스뮈스는 일부러 그 편지를 이해하지 못한 척했다. 그는 이제 풍요 속에서 결핍을 겪었다(simul et in media copia et in summa inopia). 풍요는 그가 전에 파리에서 시작했던 작업을 바디우스 인쇄소에 건네주기 위해 손보고 있는『말과 사물의 보고De copia verborum et rerum』를 가리키는 것이었다.(라틴어 코피아copia는 보고 혹은 풍요의 뜻을 가지고 있다. – 옮긴이) 이 책은 콜렛에게 헌정되었다. "내가 당신에게 묻습니다. 영국에 건너와 이토록 오랫동안 구걸을 하고 있으니, 나보다 더 뻔뻔스럽고 비참한 사람이 어디에 있겠습니까?"

그는 암모니우스에게 편지를 보내 로마와 이탈리아에서 떠나온 것을 크게 후회했다. 거기서는 행운의 여신이 미소를 지었는데! 하지만 그는 나중에 이와 똑같은 후회를 하면서 영국에 영구적으로 머무르지 못한 것을 한탄하게 된다. '왜 그 기회를 꼭 잡지 못했던가' 하고 후회했다. 에라스뮈스는 행운이 도와줄 수 없는 사람이란 말인가? 그는 자신의 고충을 털어놓으면서 점점 더 씁쓸한 어조로 말한다. "나는 1월 1일에 대비하여 뭔가 미끼를 준비하고 있습니다. 그러나 그게 다 헛일이라는 것을 잘 압니다." 그가 암모니우스에게 말한 미끼는 루키아노스와 플루타르코스의 새 번역을 가리키는 것이었다.

케임브리지에서 에라스뮈스는 신학과 그리스어를 가르쳤다. 하지만 별로 성공을 거두지 못했고 수입은 더 더욱 올리지 못했다. 그가 오랫동안 바라 왔던 성직록이 마침내 수여되었다. 후견자인 윌리엄 워럼 대주교가 1512년에 그를 켄트 주의 올딩턴에 있는 교회의 비상근 신부 자리를 주었던 것이다. 그 교회에 내려가 살 필요는 없었고, 연간 20파운드의 연금을 받는 조건이었다. 대주교는 관례를 무시해 가며 에라스뮈스에게 이런 특혜를 주었다고 강조했다. 그가 "라틴 문학과 그리스 문학의 빛이고, 영국을 사랑하여 이탈리아, 프랑스, 독일 등으로 가지 않고 영국의 친구들과 함께 지내면서 영국에서 평생 살 목적으로 영국에 건너온 것을 가상하게 여겼기 때문"이라는 것이다. 우리는 여기서 각 나라들이 에라스뮈스를 모셔 가려고 이미 경쟁하는 것을 엿볼 수 있다.

조세 바디우스와 요하네스 프로벤

━━━   그 성직록은 에라스뮈스의 근심 걱정을 해결해 주지 못했다. 은근한 농담과 관심의 베일 아래에서 콜렛과 주고받았던 편지와 교제는 에라스뮈스가 끊임없이 돈을 요구했기 때문에 결국에는 시들해졌다. 새로운 일을 하여 새로운 수입을 올리거나, 이미 낸 책의 증보판을 준비하는 것은 어느 것이든 에라스뮈스로서는 힘들었지만 반드시 해야 될 일이었다. 그가 케임브리지에서 온 정성을 기울여 연구하고 작업한 저술은 즉각적인 이득을 가져다줄 것 같지 않았다. 그는 신학 연구를 무엇보다도 중시했다. 이처럼 생활고에 시달리면서도 히에로니무스 전집과 신약성경 텍스트의 수정에 온 힘을 기울였다. 이것은 존 콜렛이 당

초 영감을 주고 그 후에 꾸준히 격려하면서 완성을 재촉한 작업이었다.

하지만 생계를 해결하려면 다른 책들을 먼저 손대야 했다. 그는 많은 원고를 갖고 있었고 인쇄소는 그 원고를 얻으려고 안달이었다. 하지만 저자가 그런 원고로 올릴 수 있는 수입은 그리 크지 않았다. 베네치아의 알두스Aldus 인쇄소를 떠난 후, 에라스뮈스는 1505년 무렵에 그의 책을 인쇄해 주던 출판업자에게로 돌아갔다. 그는 브라반트 출신의 조세 바디우스Josse Badius였는데, 파리에서 아스케시아(그의 고향 아스케에서 따온 이름) 인쇄소를 운영하고 있었다. 그 자신 학자인 바디우스는 텍스트의 정확성을 두고서 베네치아의 알두스와 경쟁했다. 에라스뮈스는 파리의 구르몽에게『우신 예찬』을 맡기면서 바디우스에게는 아직도 증보중인『격언집』의 출판을 맡겼다. 왜『우신 예찬』을 다른 인쇄업자에게 주었는지 우리는 알 수가 없다. 아마도 바디우스가 이 작품을 별로 신통치 않게 생각했을 수도 있다. 그는『격언집』이 더 수익을 올릴 책이라고 판단했던 것 같다. 그것은 두꺼운 책이었고, 저자가 보내 주기로 한 수정 사항과 서문은 아직도 오지 않은 상태였다. 하지만 바디우스는 책의 전망을 밝게 보고 있었다. 모든 사람이 바디우스 인쇄소에서 증보판『격언집』이 곧 나온다는 것을 알고 있었기 때문이다. 이때 독일에서 베네치아 판『격언집』이 재판될 것이라는 소문이 바디우스에게 들려왔다. 그러니 수정 사항과 서문을 좀 빨리 끝내 달라고 그는 1512년 5월에 에라스뮈스에게 부탁했다.

바디우스는 에라스뮈스의 작품을 많이 가지고 있거나, 아니면 건네주겠다는 승낙을 받아놓고 있었다. 『말과 사물의 보고』는 그 직후에 바디우스 인쇄소에서 출판되었다. 새로운 판본이며 제5판인 『우신 예찬』은 이미 나온 상태였다. 루키아노스Lucanius의 『대화록』과 에우리피데스와 세네카의 번역본이 곧 뒤따라 나오게 되어 있었다. 그는 여기에다 히에로니무스의 편지들도 추가시킬 계획이었다. 『격언집』에 대해서 저자와 출판사는 15길더의 저작권료에 합의했다. 히에로니무스의 서한집이나 기타 그후에 나올 책들에 대하여 동일한 저작권료를 지불하겠다고 바디우스는 말했다. "선생님은 이 돈이 너무 적다고 말씀하실 겁니다. 그 어떤 보상을 해드려도 선생님의 천재, 근면, 지식, 노고에 대하여 충분한 대가가 되지 못한다는 것을 저는 잘 압니다. 하지만 신들이 선생님께 보상을 내려줄 것이고 선생님의 미덕은 가장 훌륭한 보상이 될 겁니다. 선생님은 이미 그리스와 로마 문학으로 보상을 받으셨고, 또 신성하고 성스러운 문헌들로도 보상을 받으실 겁니다. 그러니 이 영세한 바디우스를 좀 도와주십시오. 저에게는 가족이 많은데 인쇄 일을 빼놓고는 아무런 수입이 없습니다."

에라스뮈스는 바디우스의 편지를 받고서 약간 아쉬워하는 미

요하네스 프로벤의 초상화, 한스 홀바인 작, 1522-23년경.

요하네스 프로벤 출판사의 로고 디자인, 캔버스에 템페라, 한스 홀바인 작, 1523년.

소를 지었을 것이다. 하지만 바디우스의 제안을 즉각 받아들였다. 그는 증보판에 들어갈 자료를 모두 준비해 주겠다고 약속했다. 1513년 1월 5일 그는 런던에서 증보판 『격언집』에 들어갈 서문—바디우스가 애타게 기다리는 것—을 완성했다. 그런데 돌발적인 사건이 발생했다. 독일과 프랑스에서 저자와 출판사 사이에서 대리인으로 일하는 쾰른의 프란시스 버크만Fracis Berckman이 그 서문을 에라스뮈스에게서 받아서 파리의 바디우스가 아니라 바젤의 요하네스 프로벤Johannes Froben에게 건넨 것이었다. 프로벤은 당시 에라스뮈스의 승낙도 없이 베네치아 판 『격언집』의 재판을 막 끝낸 상태였다. 에라스뮈스는 이런 착오 혹은 배신에 대하여 분노하는 척했다. 하지만 그것을 후회하지는 않았다. 6개월 뒤 에라스뮈스는 가방을 싸들고 바젤로 가서 프로벤과 화기애애한 사업 계약을 맺었던 것이다. 그리하여 두 사람의 이름은 영원히 맺어지게 되었다. 베아투스 레나누스는 나중에 이런 설명을 했다. 프로벤 출판사는 당시 아머바흐와 프로벤이라는 이름으로 알려져 있었는데, 에라스뮈스는 이 출판사가 『격언집』재판을 냈다는 얘기를 들은 이후 프로벤에 대해서 호감을 갖게 되었다.

에라스뮈스의 이중적 플레이에 대하여 결정적 증거가 없기 때문에, 우리는 그가 바디우스를 배신했다고 비난할 수는 없다. 물론 에라스뮈스의 행동이 다소 엉뚱하기는 하지만 그에게 의심의 혜택(불확실한 상황에서 피고의 행위를 죄가 아닐 것이라고 의심해 주는 것)을 주는 것이 타당하다. 우리는 이 일에 대한 바디우스의 관대한 발언을 주목하고자 한다. 버크만이 이 사건에 대해 바디우스에게 해명을 해오자, 그는 저작권을 사전 확보했음에도 불구하고 양해하는 자세를 보이면서 일이 그렇게 된 것을 원망하지 않는다고 말했다. 그러면서 에라스뮈스가 전에도 『말과 사물의 보고』의 신판을 스트라스부르에서 발간함으로써 자신에게 유사한 피해를 입혔다고 지적했다. "하지만 그렇게 하는 것이 선생님의 이익과 명예에 보탬이 된다면 저는 담담한 마음으로 받아들이겠습니다." 그들의 관계는 그 사건으로 깨어지지 않았다. 여기서 우리는 다음과 같은 사실을 감안해야 할 필요가 있다. 당시 출판은 새로운 상업 분야였고, 그런 만큼 어느 정도의 불확실성, 혼란, 사업 윤리의 결핍은 불가피했던 것이다.

이제 케임브리지 체류는 에라스뮈스에게 견딜 수 없을 정도로 따분해졌다. 그는 1513년 11월 암모니우스에게 이런 편지를 써 보냈다. "벌써 몇 달 동안 우리는 달팽이 같은 생활을 해오고 있습니다. 집안에 처박혀서 꾸물거리고 있습니다. 여기는 아주 외롭습니다. 대부분의 사람들이 전염병 때문에 이곳을 떠났습니다. 하지만 그들이 여기 다 있다고 해도 외롭기는 마찬가지입니다." 생활비 부담은 엄청났고, 그는 돈을 전혀 벌지 못했다. 그 겨울에 다음 들어갈 둥지를 만들지 못한다면 무작정 어디론가 날아가겠다고 결심했다. "만약 뚜렷하게 갈 곳이 없다면, 아무데나 가서 죽어 버리겠습니다."

1510년대의 유럽 상황

—— 견디기 어려운 주변 환경, 자꾸만 창궐하는 전염병, 신장결석의 고통 이외에 전쟁이 발발하여 에라스뮈스를 놀라게 하고, 또 울적하게 했다. 1513년 봄, 영국은 오랫동안 준비해 온 프랑스 공격을 마침내 감행했다. 영국은 막시밀리안 황제의 군대와 협력하면서 기네게이트 근처에서 프랑스 군을 격파했고, 테루안을 항복시켰으며, 그 후에는 투르네도 함락시켰다. 한편 스코틀랜드 왕 제임스 4세James Ⅳ는 영국을 침공했다가 플로덴 근처에서 대패했다. 이 전투에서 제임스 4세는 사생아 아들 알렉산더 스튜어트와 함께 전사했다. 스튜어트는 에라스뮈스의 제자가 되어 함께 이탈리아 여행을 했던 청년으로서 당시 세인트앤드루스의 대주교였다.

헨리 8세는 군사적 명성을 드높이면서 1513년 11월에 영국으로 되돌아와 의회의 찬사를 받았다. 그러나 에라스뮈스는 영국 내의 일반적 즐거움과 열광적 칭송에 동참하지 않았다. "우리는 전염병 때문에 여기 갇혀 있고, 도둑들의 발호를 두려워하고 있습니다. 프랑스에서 포도주가 수입이 되지 않기 때문에 최악의 포도주를 마시고 있어요. 그런데 온 사방에서는 우리가 세상의 정복자라는 환호가 가득하군요."

전쟁의 소란과 전쟁의 광적인 의미에 대하여 에라스뮈스는 깊은 혐오감을 갖고 있었다. 그것은 에라스뮈스의 냉소적인 글쓰기를 촉진시켰다. 기네게이트에서 프랑스군이 패주한 사실에 대하여 풍유시를 씀으로써 그가 영국의 자부심에 아첨한 것은 사실이다. 하지만 곧 그는 더 깊이 들어간다. 그는 과거 이탈리아를 방문했을 때 전쟁이 자유로운 이동을 방해한다는 것을 기억해냈다. 교황-정복자 율리우스 2세가 군대의 앞에 서서 의기양양하게 볼로냐 시에 입성하는 모습에 구역질을 느꼈다. 당시 그는 이렇게 썼다. "최고위 사제 율리우스가 전쟁을 하고, 정복을 하고, 개선식을 치르고 그렇게 하여 율리우스(카이사르)의 역할을 하는구나." 율리우스 교황이 유럽 전역에 점점 더 넓게 퍼져 나가는 전쟁의 원인이라고 그는 생각했다. 그런 교황이 1513년 초에 사망했다.

그는 신약성경과 히에로니무스 작업을 하는 도중에 아주 은밀하게 『천국에서 쫓겨난 율리우스Julius exclusus』라는 제목의 풍자시를 써서, 싸움을 좋아하여 시대의 불화와 고통을 가져온 교황에게 복수를 했다. 이 시의 내용은 이러하다. 사망한 교황은 화려한 모습으로 천국 문 앞에 나타나 자신의 정당한 입장을 호소했지만 천국에 들어가지 못하고 지옥으로 쫓겨났다. 에라스뮈스에게 이런 주제는 새로운 것이 아니었다. 그는 옥스퍼드 체류 시절 저녁식사 자리에서 카인 이야기를 지어내어 식사하던 사람들을 즐겁게 해준 사례가 있었다. 하지만 그것은 동료들이 즐겁게 들어주었던 무해한 농담이었다. 사망한 교황을 풍자하는 얘기는 많은 사람들이 즐겁게 들어줄 만한 것이었지만, 에라스뮈스는 거기에 대해 좀 더 신중했어야 마땅했다. 세상의 어리석음에 대해서 조롱하는 것은 문제없지만 최근에 작고한 교황의 세속적 성향을 비난해서는 안 되는 것이었다. 그는 이 원고가 유통되는 것을 도와주기는 했지만 그 후 평생 동안 그 글의 익명성을 유지하려고 애를 썼다. 그 원고가 온 세상에 알려지고 인쇄되어 나오자 그가 저자일 거라고 추측되었으나, 정작 에라스뮈스 자신은 언제나 그것을 조심스럽게 부인했다. 하지만 공식적인 부인이 되는 걸 피하기 위해 애매모호한 용어를 사용했다. 『천국에서 쫓겨난 율리우스』는 바젤에서 출간되었는데 에라스뮈스의 단골 출판사인 프로벤이 아니라 크라탄더Cratander라는 출판사가 발간했다. 그 시기는 1518년이었다.

전쟁에 반대하는 에라스뮈스

━━━ 　전쟁을 혐오하는 에라스뮈스의 마음은 『천국에서 쫓겨난 율리우스』를 쓰는 것만으로는 만족이 되지 않았다. 1514년 3월 그는 케임브리지에서 나와 런던에 있었는데, 예전 후견인이었던 생 베르탱 수도원장 베르겐의 안토니에게 편지를 썼

다. 그는 이 편지에서 전쟁의 어리석음을 자세하게 논의했다. 기독교 군주들 사이에서 기독교적인 평화가 체결된다면 얼마나 좋겠는가! 수도원장은 젊은 카를 5세와 그의 할아버지 막시밀리안 황제에 대한 영향력을 행사하여 이런 평화 증진에 기여할 수 있지 않을까? 에라스뮈스는 전쟁이 영국의 정신을 갑자기 바꾸어 놓았다고 아주 솔직하게 말했다. 그는 군주가 자신에게 고국에서 평화롭게 살 수 있는 생계 수단을 마련해 준다면 고국으로 돌아가고 싶다는 말도 했다. 에라스뮈스가 기독교 세계를 모욕하는 국가 간 전쟁에 대하여 분노를 터트리다가 갑자기 자신의 개인적 고충을 털어놓는다는 것이 좀 기이하지만 그건 그의 순진함을 보여 주는 것이기도 하다. "전쟁은 이 섬나라의 정신을 갑자기 바꾸어 놓았습니다. 생활 물가는 날마다 올라가고 관대한 마음은 점점 사라져 가고 있습니다. 와인을 구하기 어려워 와인을 마시지 못하다 보니, 과거 나쁜 음식 때문에 생긴 신장 결석으로 고통 받고 있습니다. 우리는 전보다 더 답답하게 이 섬에 갇혀 있습니다. 심지어 편지들도 밖으로 나가지 못합니다."

이 편지는 에라스뮈스가 써낸 반전反戰 글쓰기의 첫 번째 것이다. 그는 이것을 「전쟁은 전쟁을 모르는 자에게만 즐겁다Dulce bellum inexpertis」라는 격언으로 만들어 1515년에 프로벤이 발간한 『격언집』 증보판에 삽입했다. 또 독립된 문건으로 출판되기도 했다. 우리는 뒤에서 에라스뮈스의 반전사상을 전반적으로 살펴보게 될 것이다.

1514년 여름에 영국과 프랑스 사이에 강화조약이 체결되었지만, 에라스뮈스는 영국을 떠나기로 마음을 완전히 굳혔다. 그는 짐 가방을 안트베르펜의 친구 페터 길레스에게 미리 보냈고 칼레 근처의 햄스 성에 있는 마운트조이를 잠시 찾아갔다가 네덜란드로 돌아갈 계획을 세웠다. 런던을 떠나기 직전, 그는 평화의 대의를 위해 일하는 교황청 외교관, 카노사 백작을 템스 강변에 있는 암모니우스의 집에서 만나 대화를 나누었다. 처음에 암모니우스는 그를 에라스뮈스에게 상인이라고 소개했으나 곧 정체가 드러났다. 식사를 마친 후, 그 이탈리아인은 에라스뮈스에게 로마로 돌아갈 의향이 없느냐고 물었다. 이렇게 야만적인 국가에서 혼자 살지 말고 로마에서 제1급의 대우를 받으며 살고 싶지 않느냐는 얘기도 했다. 에라스뮈스는 탁월한 학자들이 많은 영국에서 살아온 것을 후회하지 않는다고 말했다. 이런 곳에서라면 아주 낮은 대우를 받아도 만족하겠다는 얘기도 했다. 이 찬사는 그를 지금껏 크게 아껴 온 영국에 대한 일종의 작별 인사였다. 며칠 뒤인 1514년 7월 초, 그는 영국 해협의 반대편에 도착했다. 그는 1514년 이후 영국에 잠시 다녀온 적이 세 번 있었지만, 그 나라에 눌러 살지는 않았다.

제11장

신학의 빛

1514-16

───

────── 평소 늘 그러했듯이 에라스뮈스는 자신이 영국을 떠난 이유를 명확하게 밝히지 않았다. 그는 예전의 약속 사항을 받아내기 위해 로마로 간다는 말을 흘렸다. 하지만 내심 네덜란드로 가서 행운을 찾아볼 결심을 했다. 홀란트로는 갈 생각이 없었고, 브란트의 궁정에 무슨 기회가 있지 않을까 생각했다. 그러나 여행의 일차적 목표는 바젤의 프로벤 인쇄소를 방문하여 신간과 구간 등 많은 저서들의 출간을 감독하는 것이었다. 그가 휴대한 원고에는 평생의 작업이라고 여길 뿐만 아니라 순수 신학을 회복시켜 줄 것이라고 기대하는 신약성경과 히에로니무스 편집 원고도 들어 있었다. 하지만 해협을 건너는 순간 원고가 든 손가방이 다른 배에 선적되었다는 것을 발견하고서 크게 당황했다. 그는 여러 해 동안 정성을 기울인 원고를 잃어버렸다며 깊은 상실감을 느꼈다. 그것은 자식을 잃어버린 부모의 심정과 똑같았다

고 그는 썼다. 그러나 그 원고를 프랑스에 도착하여 곧 되찾게 되어 크게 기뻐했다.

스테인 수도원의 귀환 명령

━━━　　　 그는 칼레 근처에 있는 햄스 성에서 마운트조이의 손님으로 며칠을 머물렀다. 그곳에 머물던 7월 7일, 그는 스테인 수도원의 상급자이며 친구인 세르바티우스 로게루스Servatius Rogerus가 보내 온 4월 18일자 편지를 받았다. 소속 수도원에서 그토록 오랫동안 자리를 비웠으니 이제 그만 돌아오라는 명령이었다. 그 편지는 이미 여러 호사가들의 손에 들어가 내용이 알려졌고, 에라스뮈스는 우연히 그 편지를 받게 되었다.

그것은 가장 높은 열망을 향해 나아가려는 에라스뮈스의 발목을 잡는 청천벽력이었다. 에라스뮈스는 하루 종일 심사숙고하다가 마침내 돌아가지 않겠다는 답신을 보냈다. 그는 예전에도 이 친구에게 편지를 보낼 때는 심각한 어조로 글을 썼다. 그 답장은 그의 입장을 정당화하면서 그 자신을 냉철하게 명상하는 것이었다. 일찍이 「말 탄 사람의 노래, 혹은 알프스 산길에서의 노래」를 썼을 때처럼 자신이 생애의 전환점에 있다고 느끼면서 아주 진실하고 심각하게 자신의 감정을 숨김없이 적었다.

그는 인생의 가장 순수한 열망을 따르기로 결심했으며 하느님을 증인으로 내세워 그것을 입증할 수 있다고 말했다. 그는 세르바티우스에게 수도원에 들어가게 된 경위, 친척들의 압력, 본인의 마지못한 동의 등을 상기시켰다. 또 수도원 생활이 그의 기질에 안 맞는다는 점도 지적했다. 생활의 자유를 빼앗을 뿐만 아니라, 나이든 지금에는 허약한 건강에도 크게 악영향을 줄 것이라고 말했다. 그가 수도원이 아닌 세속에 있다고 해서 그보다 나쁜 생활을 해온 것인가? 오히려 문학 공부를 열심히 하여 많은 악덕으로부터 몸을 지킬 수가 있었다. 비록 불안정한 생활을 해왔지만 명예를 더럽히는 일은 하지 않았으며, 자신의 생활이 솔론, 피타고라스, 성 바울, 히에로니무스의 사례와 비슷한 점이 많다고 다소 겸손한 어조로 말했다. 어디로 가든 친구들과 후견인들로부터 인정을 받지 않았는가? 에라스뮈스는 그러면서 추기경, 대주교, 주교, 마운트조이, 옥스퍼드 대학과 케임브리지 대학, 마지막으로 존 콜렛을 거명했다. 또 『엔키리디온』, 『격언집』 등 여러 훌륭한 저작들도 써내지 않았는가?(그는 『우신 예찬』은 언급하지 않았다.) 이보다 더 훌륭한 저작인 히에로니무스 편집과 신약성경 주석이 곧 나올 예정이다. 이탈리아에 머물던 시절 이래 스테인 수도원의 복장을 입지 않고 일반 성직자의 옷을 입어 온 사실에 대하여 그는 여러 가지 이유를 대면서 변명했다.

답장의 결론은 홀란트로 돌아갈 수 없다는 것이었다. "나는 그곳의 공기와 음식을 견디지 못하리라는 것을 압니다. 모든 시선이 나에게 고정될 것입니다. 이왕 젊을 때 떠난 고국이니 늙고 백

발이 되어 돌아갈 것입니다. 나는 병약자가 되어 돌아갈 것입니다. 그리하여 가장 천한 사람들의 경멸에 노출될 겁니다. 가장 위대한 사람들의 존경을 받던 내가 말입니다." 그는 이렇게 결론 내렸다. "편지에서 솔직하게 발언한다는 것은 불가능합니다. 지금 바젤로 가는 중인데 뒤이어 로마로 갔다가 돌아오는 길에 당신에게 들르도록 노력하겠습니다…… 나는 빌렘, 프란시스, 앤드루(그의 예전 네덜란드 친구들)의 죽음에 대해서 소식을 들었습니다. 수도원장과 당신과 함께 살고 있는 수도자들에게 나의 안부를 전해 주세요. 나는 그들에게 애틋한 동료애를 느낍니다. 예전의 비극들에 대해서는 나의 실수, 아니 나의 운명 탓으로 돌려주세요. 당신이 기도를 올릴 때 나를 위해 그리스도에게 빌어 주세요. 내가 수도원으로 되돌아가서 당신과 함께 사는 것이 그 분을 기쁘게 한다고 확신할 수 있다면 오늘 당장이라도 당신에게 돌아갈 겁니다. 안녕, 예전의 친밀한 친구여, 그리고 지금은 나의 상급자인 수도원장님이여."

표면적으로 신학 연구라는 급한 과제가 있어서 돌아갈 수 없다고 말했지만, 이런 거절의 내면에는 혐오감과 수치심이라는 아주 오래된 심리적 요인이 도사리고 있었다. [13]

---

13) 이 중요한 편지의 내용을 알려면 다음 자료 참조. Letter to Servatius Roger, 8 July 1514, Sent Hammes Castle nera Calais.

바젤의 인쇄소

———   에라스뮈스는 먼저 남부 네덜란드를 통과하면서 여러 명의 친구들과 후견인들을 만났고, 루뱅 대학과의 안면을 새롭게 텄다. 이어 라인 강 쪽으로 방향을 돌려서 1514년 8월 말에 바젤로 들어갔다. 그곳에는 일찍이 전에는 맛보지 못했던 명예롭고 즐거운 환대가 그를 기다리고 있었다. 독일의 휴머니스트들은 편지와 리셉션과 주연을 통하여 그를 "이 세상의 빛"이라고 칭송했다. 그들은 프랑스, 영국, 이탈리아, 그리고 네덜란드의 학자들에 비하여 훨씬 더 진지하고 열광적으로 그를 찬양했다. 그들은 에라스뮈스가 마치 독일 사람인 것처럼 혹은 독일의 보석인 것처럼 높이 평가했다. 프로벤을 처음 만났을 때 에라스뮈스는 일부러 신분을 감추고서 자신을 에라스뮈스의 친구 겸 대리인인 척 소개했다. 그런 다음 자신의 정체를 밝히는 즐거움을 맘껏 맛보았다. 독일의 환경은 그의 마음에 딱 들었다. "나의 독일, 내가 너무 늦게 알아 후회되고 부끄러운 나의 독일."

곧 그가 감독하기 위해 찾아온 인쇄 일이 본격적으로 진행되었다. 그는 다시 한 번 6년 전 베네치아 인쇄소에서 그랬던 것처럼 원기왕성하게 일했다. 그는 커다란 인쇄소에서 여러 학자들에 둘러싸여 열심히 일했다. 가끔 휴식을 취할 때면 학자들이 그에게 감사와 존경의 마음을 표시했다. "나는 아주 상쾌한 뮤즈의 집에서 일하고 있습니다. 엄청난 학식을 갖춘 뛰어난 학자들이 옆에 많이 있습니다!"

8월에 플루타르코스의 사소한 작품들의 번역본이 프로벤에서 발간되었다.『격언집』은 수정·증보되었고, 당초 바디우스에게 주려던 서문이 수록된 상태로 인쇄되었다. 동시에 루뱅에서는 디르크 마에르텐스가 에라스뮈스의 저작을 작업하고 있었다. 그가 루뱅을 경과하는 중에 디르크에게 쉬운 라틴어 텍스트 모음집을 건네주었던 것이다. 프로벤을 위해서 에라스뮈스는 세네카 작품을 작업하여 1515년에 펴냈고, 또 라틴 건축에 관한 저작도 한 권 발간했다. 하지만 히에로니무스 편집과 신약성경 주석이 그의 주된 관심사였다.

히에로니무스 편집과 신약성경 주석

━━━━━ 히에로니무스는 에라스뮈스가 젊은 시절부터 좋아했던 저자였고, 특히 그의 편지들을 사랑했다. 이 위대한 교부의 정확한 판본을 편집하겠다는 생각은 1500년경부터 에라스뮈스의 머릿속에서 맴돌았고, 그때 이래 틈틈이 편집 작업을 해왔다. 1513년에 그는 암모니우스에게 이렇게 썼다. "히에로니무스 수정과 주석에 대한 열정은 매우 강렬하여 마치 하느님으로부터 받은 영감 같습니다. 여러 오래된 수고본手稿本들을 대조하여 그의 텍스트를 완벽하게 편집했습니다. 나는 엄청난 희생을 치르며 이 작업을 하고 있습니다." 1512년 그는 바디우스를 상대로

히에로니무스 편지들의 판본을 내자고 교섭했다. 프로벤의 파트너인 요하네스 아머바흐Johannes Amerbach는 에라스뮈스가 바젤에 도착하기 전에 사망했는데, 이 사람도 히에로니무스 판본의 작업을 여러 해 동안 해왔었다. 이 일에는 로이힐린Reuchlin을 포함하여 여러 학자들이 참여했는데, 이제 에라스뮈스가 바젤에 나타나 준비해 온 원고를 내놓으면서 출판을 해보자고 제안한 것이었다. 그는 사실상 편집자 역할을 했다. 1516년에 프로벤이 발간한 히에로니무스 전집 아홉 권 중 첫 네 권은 에라스뮈스가 편집한 편지들이었다. 나머지 다섯 권도 그가 교정을 보고, 또 서문을 붙였다.

　신약성경 주석은 히에로니무스보다 더 그의 마음 가까이에 있었다. 세월이 가면서 그 주석 작업의 성격도 점점 바뀌었다. 발라의 『주석』을 읽고서 불가타의 텍스트 비평에 관심을 기울여 왔는데, 1505년에서 1506년까지 두 번째로 영국에 체류하는 동안, 존 콜렛의 권유를 받아들여 신약성경을 그리스어 원본에서 라틴어로 번역했다. 이 번역본은 불가타와 다른 점이 아주 많았다. 하지만 콜렛 이외에 이 번역본을 읽어본 사람은 거의 없었다. 나중에 에라스뮈스는 자신의 주석이 들어간 그리스어 신약성경을 발간하는 게 필요하다고 생각했다. 그는 바젤에 도착한 직후, 프로벤과 자신의 그리스어 신약성경을 발간하기로 잠정적으로 합의했다. 그러다 후에 마음을 바꿔 그것을 이탈리아에서 출간하는

게 좋겠다고 생각했다. 그가 이탈리아로 막 출발하려고 하는데, 프로벤의 더 좋은 제안에 마음이 움직여 이탈리아 여행 계획을 취소하고 1515년 봄에 영국으로 짧은 출장을 다녀왔다. 여러 가지 이유가 있었겠지만 아마도 거기에 놔두고 왔던 신약성경 라틴어 번역본을 가져오기 위해서였을 것이다. 여름에 그는 바젤로 돌아와 프로벤의 인쇄소에서 다시 작업을 재개했다. 1516년 초, 에라스뮈스의 주석이 달린 교정된 그리스어 텍스트로 된 신약성경이 발간되었고, 또 불가타와는 크게 다른 에라스뮈스의 라틴어 번역본 신약성경도 함께 발간되었다.

특히 에라스뮈스의 라틴어역 신약성경은 대담한 신학적 시도였는데, 이 두 중요한 저작이 나오자 에라스뮈스는 신학 연구의 중심인물로 떠올랐다. 그는 고전 문학의 태두요 기준인 동시에 이제 신학 연구에서도 핵심적인 인물이 되었다. 그의 권위는 모든 나라에서 높아졌고 그의 편지들은 점점 분량이 늘어났다.

『기독교 군주의 교육』

────── 그의 정신적 영향력이 점점 커져 갔지만 재정적 상태는 여전히 불안정했다. 1515년에서 1517년까지의 세월은 그의 생애에서 가장 불안정한 시기였다. 그는 여전히 투르네의 성당 참사위원 자리, 영국의 성직록, 시칠리아의 주교 자리 등을 두고서 어디 좋은 기회가 생기지 않나 두리번거렸다. 농담조로 과거

에 놓쳐 버린 좋은 기회들을 후회하고, 행운을 찾아다니는 자신의 신세를 조롱하고, 자신의 영원한 배우자인 지독한 가난을 탄식했다. "나는 지금도 그 배우자를 내 어깨로부터 털어내지 못했습니다." 하지만 그는 불운한 운명의 희생자라기보다 자기 자신의 불안정한 성격을 어쩌지 못하는 희생자였다. 그는 이제 50세였고, 아직도 "내가 무엇을 수확할지 모르는 상태에서 씨앗을 뿌리고 있었다." 이것은 그의 성직聖職 경력에 관한 얘기이지 평생의 저작에 관련된 얘기는 아니다.

1515년에 새롭고 유망한 후견인이 등장했다. 그는 브라반트의 총리인 장 르 소바주Jean le Sauvage였는데, 에라스뮈스에게 젊은 카를 5세의 고문관 자리를 추천했고 1516년 초에 그 자리에 임명되었다. 그것은 명예직에 불과했으나 그래도 연간 2백 플로린의 연금이 나오는 자리였다. 하지만 아주 부정기적으로 지급되었다. 군주의 고문관이라는 자리에 걸맞게 그는 『기독교 군주의 교육Institutio Principis Christiani』이라는 논문을 저술했다. 군주의 교육을 다룬 것인데 에라스뮈스의 성격과 기호에 걸맞게 정치적 문제보다는 도덕을 논한 것이다. 이 논문은 그보다 몇 년 전에 출간된 마키아벨리의 『군주론Il Principe』과 극명한 대조를 보인다.

1516년 봄 바젤 인쇄소의 일이 어느 정도 마무리되자 그는 네덜란드로 여행했다. 브뤼셀에서 장 르 소바주를 만났는데 총리는 그에게 고문관 자리 이외에 쿠르트레의 성직록을 얻어 주었다. 이것도 영국의 성직록과 마찬가지로 명예직으로서 연금만 지급되는 자리였다. 안트베르펜에는 평생 동안 에라스뮈스를 지원하고 도와준 친구인 페터 길레스가 살고 있었다. 그는 시청의 서기로 근무했는데 에라스뮈스는 안트베르펜에 올 때마다 이 젊은 서기의 집에서 머물렀다. 페터 길레스는 토머스 모어의 『유토피아』에도 나오는 인물인데, 페터의 집 정원에서 선원이 자신의 해상 경험을 말해 주는 장면이 들어 있다. 이 당시 길레스는 루뱅의 디르크 마에르텐스에게 말해서 『유토피아』의 초판이 인쇄되도록 했다. 나중에 퀜틴 메트시스Quentin Metsys가 길레스와 에라스뮈스의 초상화를 그려 두 쪽 그림을 만들어 토머스 모어에게 선물로 주었다. 이 그림은 에라스뮈스가 간직한 가장 좋은 추억들 중 하나인 3각 우정의 생생한 기념물이다.

1516년 여름 에라스뮈스는 또다시 짧은 영국 출장길에 올랐다. 그는 모어의 집에 머물면서 콜렛을 만나고 워럼, 피셔, 기타 친한 친구들과 재회했다. 이제 긴급하면서도 미묘한 문제가 발생했다. 성직록과 교회 고위직이 그에게 제안되기 시작하면서 자유로운 성직 경력에 장애가 되는 사항을 영구히 제거해야 할 필요가 있었다. 일찍이 교황 율리우스 2세는 영국의 성직록을 받아도 좋다는 관면장과, 수도회의 복장을 반드시 입어야 하는 의무를 면제하는 관면장도 내려준 바 있었다. 그러나 이 두 관면장은 제한된 성격을 가진 것이었고, 그래서 현재의 목적에는 불충분했다. 1514년 세르바티우스의 소환 명령을 거부한 이래, 이 문제는 언제나 그의 머리 위에 언제 떨어질지 모르는 칼처럼 매달려 있었다. 닥터 알렌은 이 때문에 에라스뮈스가 수도회의 서원으로부터 영원히 자유롭게 되는 문제를 노심초사하며 궁리했다고 추측한다.

수도자 서원을 풀어 준 교황청의 관면장

▬▬▬▬ 그는 런던에서 친구 암모니우스와 함께 교황청 법정에 보내는 아주 정교한 호소장을 작성했다. 그는 이 편지에서 플로렌티우스Florentius라는 가명을 사용해 가면서 자신의 생애를 담담하게 서술했다. 반 강제로 수도원에 들어가게 된 경위, 수도원 생활이 맞지 않아 고생한 일, 수도자 복장을 하지 않게 된 경위 등을 적었다. 그것은 열정적인 변명인가 하면, 애수적이면서도 장식적인 문서였다. 이 편지에는 직접적인 요청이 들어 있지 않다. 편지의 말미에 암호문으로 작성된 별첨이 붙어 있었는데, 에라스뮈스는 은현隱現 잉크(쓴 그대로는 보이지 않으나, 불에 쬐거나 화학 약품을 바르거나 하면 써 놓은 것이 나타나게 만든 잉크. - 옮긴이)를 사용하여 그 암호문의 핵심 내용을 알리는 또 다른 편지를 교황청 법정에 보냈다. 내용은 자신의 사생아 출생 신분 때문에 성직 경력과 진급에서 받는 장애를 제거해 달라는 것이었다. 편지의 수취인으로 되어 있는 교황청 서기 람베르투스 그루니우스Lambertus

Grunnius는 아마도 허구적 인물일 것이다.[14] 에라스뮈스는 자신의 핵심적 이해관계가 걸린 문제에서는 이처럼 신비스러운 분위기를 풍기는 것을 좋아했다.

우스터 주교인 실베스트로 질리Silvestro Gigli는 영국의 대표자로 라테란 회의에 참석하게 되었는데, 에라스뮈스의 편지를 가져가 접수시키고, 또 그의 사정을 호소해 주기로 하였다. 에라스뮈스는 8월 말에 네덜란드로 돌아가 이 일의 결과를 아주 초조하게 기다렸다. 이 문제는 마침내 1517년 1월에 결말이 났다. **사돌레트** Sadolet의 서명이 들어 있는 두 통의 편지에서, 교황 레오 10세Leo X는 교회법을 위반한 에라스뮈스의 소행을 관면했다. 또 반드시 수도회의 의복을 입어야 하는 의무에서 면제시켜 주면서 세속에 살면서 교회 성직록을 받을 자격을 수여했고, 또 사생아로 탄생한 사실이 아무런 불이익의 사유가 되지 않는다고 밝혔다.

그의 높은 명성이 이런 결과를 이끌어낸 것이었다. 교황은 신약성경의 헌정을 받아들인다고 말했고, 또 사돌레트를 통하여 에라스뮈스의 저작 전반에 대하여 아주 우아한 어조로 칭찬을 했다. 교황청은 그의 노력을 여러 면에서 높이 평가하는 듯했다.

에라스뮈스는 이제 네덜란드에 영구히 머무를 생각을 했고,

---

14) Grunnius라는 이름은 히에로니무스의 편지에서 취해 온 것인 듯하다. 그 이름은 Ruffinus를 가리키는 별명인데 히에로니무스는 루피누스를 아주 싫어했다. 이 이름은 다음 편지에서도 또다시 등장한다. LB. X 1590A. 5 March 1531.

실제로 모든 것이 그 방향을 가리키고 있었다. 학문의 중심지인 루뱅이 가장 적절한 거주지로 떠올랐다. 그는 과거 이곳에서 2년 동안 머문 적이 있었다. 그러나 루뱅은 별로 마음에 들지 않았다. 그곳은 보수적 신학의 중심지였다. 에라스뮈스와 같이 네덜란드 인이며 루뱅 대학 신학 교수인 마르틴 반 도르프는 교수단의 이름으로 에라스뮈스를 비난하는 편지를 냈다. 그 편지에서 도르프는 『우신 예찬』의 대담무쌍함, 성직자들에 대한 조롱, 라틴어 신약성경의 텍스트를 교정한 모험심 따위를 비난했다. 에라스뮈스는 그 편지에 대하여 자신의 입장을 정성껏 옹호했다. 곧 이어 더 넓은 분야로 싸움이 퍼져 나갔다. 위대한 히브리어 학자인 로이힐린에 대한 찬반양론이 뜨거웠는데 **『이름 없는 사람들의 편지들** *Epistolae obscurorum virorum***』**의 저자들은 로이힐린을 위하여 방어의 몽둥이를 집어 들었다.

루뱅 대학 사람들은 에라스뮈스를 수상한 눈으로 바라보았고, 에라스뮈스 역시 도르프와 기타 루뱅 성직자들을 불신했다. 그는 1516년의 후반기와 1517년의 전반기를 안트베르펜, 브뤼셀, 겐트에서 보냈는데, 종종 페터 길레스의 집에서 묵었다. 1517년 2월, 프랑스에서 매혹적인 제안이 들어왔다. 기욤 부다에우스 Guillaume Budaeus, 기욤 코프Guillaume Cop, 파리 주교 에티엔 퐁셰 Etienne Poncher 등이 만약 파리로 온다면 관대한 성직록을 제공하겠다고 말했다. 어느 한곳에 매여 있기를 싫어하는 에라스뮈스는 정중하지만 애매모호한 답변을 보냈고, 그리고는 가지 않았다.

점점 높아지는 국제적 명성

─── 그는 곧 교황청에서 관면장을 발부했다는 소식을 들었다. 이와 관련하여 그는 다시 한 번 영국 출장길에 올랐다. 하지만 그것이 마지막 영국 여행이 되리라고는 생각하지 못했다. 1517년 4월 9일 웨스터민스터의 성 스티븐 채플에 있는 암모니우스의 집에서 관면 의식이 거행되었다. 그리하여 에라스뮈스는 청년 시절부터 그를 압박해 오던 악몽으로부터 영영 벗어나게 되었다. 그는 마침내 자유인이 되었다!

온 세상에서 초대와 그럴듯한 약속의 제안이 들어왔다. 마운트조이와 울지는 영국으로 오면 고위 성직을 수여하겠다고 말했다. 부다에우스는 프랑스로 건너오라고 계속 졸라댔다. 히메네스(Ximenes, 1436-1517) 추기경은 그를 스페인의 알칼라 대학에 발령 내고 싶어 했다. 작센 공은 그에게 라이프치히의 고위 성직을 제안했다. 피르크하이머Pirckheimer는 뉘렘베르크 자유 제국 도시가 여러 조건이 완벽하니 한번 방문하라고 요청했다. 당시 에라스뮈스는 저술과 편집 일에 너무나 바빴다. 그렇지만 평소 습관대로 이런 제안들을 그 어떤 것도 분명하게 거절하지 않았지만 그렇다고 해서 받아들인 것도 아니었다. 그는 여러 가지 방안을 동시에 다 가지고 싶어 했다. 1517년 초여름 그는 곧 네덜란드에서 스페인으로 떠나려는 젊은 카를 5세의 궁정을 수행하라는 요청을 받았으나 거절했다. 스페인 여행을 떠나면 오랫동안 바젤, 루뱅, 스트라스부르, 파리 등의 거래 인쇄소들과 신속하게 접촉할 수 없고, 그렇게 되면 평생의 작업인 출판이 지연되기 때문이었다. 7월 초, 카를 5세가 스페인으로 건너가는 배를 타기 위해 미델뷔르흐로 출발했을 때, 에라스뮈스는 루뱅으로 떠났다.

그는 이렇게 하여 루뱅 대학으로 갈 운명에 놓였다. 그 대학이 여러 모로 마음에 들지 않았지만 사정상 어쩔 수 없었다. 거기서 그는 강의를 해야 할 것이고, 젊은 라틴어 학자들이 그들의 시나 편지를 갖고 와서 교정을 해 달라는 요청을 들어주어야 할 것이고, 그가 불신하는 성직자들이 가까운 곳에서 감시를 해도 그냥 내버려두어야 할 것이었다. 하지만 그것은 몇 달 체류로 끝날 터였다. "나는 루뱅으로 가기로 했습니다." 그는 캔터베리의 대주교에게 편지를 썼다. "어떤 거주지가 알맞은지 결정할 때까지 임시로 가는 것입니다. 노년은 이제 귀찮을 정도로 대문을 두드리고 있군요."

하지만 그는 루뱅에서 4년(1517-21)을 보내게 된다. 그의 생활은 이제 훨씬 안정적이었는데 그것은 겉으로만 그렇고 내면은 그렇지 못했다. 그는 4년 내내 영국, 독일, 프랑스 등 어디로 건너갈지 따지고 있었고, 적당한 나라에서 그가 언제나 탐내 오던 좋은 자리를 마침내 발견하게 되기를 바랐다. 하지만 그런 자리는 잡을 수가 없었고, 또 잡을 마음도 없었다.

1516-18년은 에라스뮈스의 경력이 절정에 오른 시기였다. 점점 더 많은 칭송자들이 그를 둘러쌌다. 사람들은 뭔가 위대한 사업을 기대했고, 에라스뮈스가 그런 일을 해낼 사람이라고 생각했다. 브뤼셀에 가면 스페인 사람, 이탈리아 사람, 독일 사람들이 끊임없이 그를 찾아왔다. 그들은 에라스뮈스와 인터뷰한 사실을 나중에 자랑하려는 사람들이었다. 진지한 어조로 수다를 늘어놓는 스페인 사람들은 특히 그를 따분하게 했다. 독일 휴머니스트들은 그들의 편지에서 그에 대하여 최상의 찬사를 아끼지 않았다. 그들은 이미 1514년 에라스뮈스가 바젤을 처음 방문했을 때 그런 찬사를 늘어놓은 바 있었다. "위대한 로테르담 사람", "독일의 보석", "세상의 보석" 등이 그런 찬사였다. 바젤 시의회는 그의 방문을 기다렸고, 와인 선물과 공식 만찬은 아주 흔한 행사였다.

프라이부르크의 법률학자인 울리히 자시우스Ulrich Zasius는 아주 과장된 자랑을 늘어놓으며 이렇게 말했다. "나는 대중들 앞에서 에라스뮈스의 편지를 받은 사람으로 지목되었다." 에라스뮈스가 없는 곳에서 그를 가리켜 "가장 위대하다는 말을 세 번 동시에 사용해도 부족한, 위대한 제우스여!"라고 칭송했다. **츠빙글리**Zwingli는 1516년에 이렇게 썼다. "스위스 사람들은 에라스뮈스를 한 번 보았다는 것을 엄청난 영광으로 생각한다." 볼프강 카피토Wolfgang Capito는 이렇게 썼다. "나는 에라스뮈스를 잘 알고 이제 에라스뮈스만 가르친다." **울리히 폰 후텐**Ulrich von Hutten과 하인리히 글라레아누스Heinlich Glareanus는 에라스뮈스 곁에 서 있는 자신들을 가리켜 소크라테스 옆의 알키비아데스라고 지칭했다. 베아투스 레나누스는 한평생 에라스뮈스에게 존경과 도움의 손길을 베풀었고, 그건 다른 사람들의 화려한 칭송의 말보다 한결 유익한 것이었다. 독일인들이 에라스뮈스에게 열광하는 태도에는 엄청난 민족적 흥분의 요소가 개재되어 있었다. 루터는 곧 새로운 말씀을 가지고 이런 금방 불붙는 분위기를 파고들게 된다.

다른 나라들도 나중에 이런 칭송에 합류하지만 그 분위기는 한결 절제되어 있었다. 콜렛과 턴스톨은 그가 불멸의 존재가 될 것이라고 예측했고, 에티엔 퐁셰도 그를 저명한 이탈리아 휴머니스트들보다 한 수 위로 보았으며, 제르맹 드 브리Germain de Brie는 프랑스 학자들이 오로지 에라스뮈스 저서만 읽는다고 말했고, 기욤 부다에우스는 서방의 모든 기독교 국가들이 그의 이름에 환호한다고 선언했다.

이처럼 높은 명성은 엉뚱한 부작용을 낳기도 했다. 거의 해마다 에라스뮈스가 죽었다는 해괴한 소문이 해외로 퍼졌다. 에라스뮈스는 자신을 반대하는 자들이 악의적으로 그런 소문을 퍼트린다고 생각했다. 그가 전혀 쓰지도 않은 편지를 그의 것으로 지목하는 사례도 많았다. 가령 『이름 없는 사람들의 편지들』이 그런 경우이다.

편지의 역할과 기능

━━━━━ 　　　그렇지만 그의 명성에 비례하여 그가 써내는 편지도 많아져 갔다. 그가 토머스 모어에게 편지 쓸 상대를 좀 구해 달라고 요청하던 시기는 지나간 지 이미 오래였다. 온 세상 사람들이 그에게 편지를 보내 답장을 애걸했다. 예전의 한 제자는 에라스뮈스의 편지를 단 한 장도 가지고 있지 못하다고 울면서 한탄했다. 학자들은 다른 학자에게 소개를 받은 다음에 그에게 편지를 보내 왔다. 편지 교환과 관련하여 에라스뮈스는 아주 관대한 사람이었다. 그는 날마다 편지에 파묻혀서 그것을 다 읽을 수도 없었지만 그래도 가능하면 답장을 하려고 애썼다. "내가 답장을 하지 않으면 불친절하게 보일 겁니다." 그 생각은 그에게 참을 수 없는 것이었다.

여기서 우리는 그 당시의 편지 쓰기가 오늘날의 신문과 비슷하다는 사실을 유념할 필요가 있다. 일반적으로 박식한 사람들이 편지를 주고받았으므로 월간 문학잡지 같은 성격도 띠고 있었다. 편지쓰기는 고전 고대에 그러했듯이 일종의 기술이었다. 이 점에서 중세는 그 어떤 분야보다 고대의 것을 잘 모방했고, 또 커다란 혜택을 얻었다. 이미 1500년 이전에 그는 파리에서 「편지 쓰는 기술에 대하여De conscribendis epistolis」라는 논문을 쓴 바 있었다. 이 논문은 1522년에 출간되었다. 당시 사람들은 나중에 출간할 목적으로 더 넓은 독자층을 위해 글을 썼고, 그것이 아니라면 편지 받는 사람이 그것을 이웃들에게 보여 줄 것이라는 확신 아래 편지를 썼다. 에라스뮈스는 부다에우스에게 이렇게 썼다. "턴스톨은 당신이 내게 보낸 편지를 탐독했습니다. 앉은 자리에서 서너 번을 다시 읽었습니다. 나는 그야말로 그의 손에서 편지를 잡아채야 되었습니다."

불행하게도 운명은 완전 공개, 절반 공개, 엄격한 비밀 등 편지의 성격에 따라 편지 저자가 갖고 있는 그러한 의도를 언제나 존중해 주는 것은 아니다. 편지들은 수신인에게 도착하기 전에 여러 사람의 손을 거쳐 간다. 가령 1514년에 수도원 귀환을 명령하며 세르바티우스가 에라스뮈스에게 보낸 편지가 그러하다. 세르바티우스는 여러 번 이렇게 썼다. "편지들을 조심스럽게 간수하십시오. 매복하는 자가 그것들을 가로채려고 호시탐탐 노리고 있습니다." 하지만 기이하게도 덤벙거리는 습관이 있는 에라스뮈스는 자신이 쓴 것에 대하여 아주 부주의했다. 젊은 시절부터 그는 편지를 잘 간수하려 했지만, 여러 나라로 떠돌아다니는 생활을 했기 때문에 많은 편지들이 없어졌다. 그는 자신의 편지가 발간되는 것을 통제할 수 없었다. 이미 1509년에 한 친구가 그(에라스뮈스의)의 편지들을 묶은 원고를 그에게 보내 왔다. 로마에서 그 원고를 팔고 있기에 사왔다는 것이었다. 에라스뮈스는 그 편지를 즉시 소각했다. 1515년 이후 그는 직접 자신의 편지 출간을 감독했다. 처음에는 중요한 편지들만 묶었다. 그러다가 1516

년에는 친구들이 그에게 보낸 편지들을 함께 묶어 출간했다. 그리고 그 이후에는 해마다 새로운 편지 모음집이 나왔다. 출판 시장에서 에라스뮈스 편지 모음집이 수요가 높았는데 그리 놀라운 일도 아니었다. 그 편지들은 훌륭한 스타일, 멋진 라틴어, 재치 있는 표현, 우아한 학식의 전범이었기 때문이다.

절반은 사적이고 절반은 공적인 편지의 성격 때문에 그것이 출판되면 좀 난처한 일이 발생했다. 가령 친구에게 비밀리에 한 말을 많은 사람들이 읽는다면 피해를 줄 수도 있다. 에라스뮈스는 자신이 아주 해로운 방식으로 편지 글을 쓴다는 것을 잘 의식하지 못했다. 그래서 공개된 편지들은 거듭하여 오해와 소외를 야기했다. 당시의 풍속은 기록된 글자의 공공성을 1천 배나 증폭시키는 새로운 인쇄술에 아직 적응하지 못했다. 인쇄술의 영향이 널리 퍼져 나가면서 비로소 인쇄용인 공개적인 말과, 소수의 사람들을 위한 개인 통신 사이에 뚜렷한 구별이 있게 되었다.

에라스미아니의 출현

───── 에라스뮈스의 명성이 높아지면서 초창기 저작들에 대한 일반 대중의 평가도 덩달아 높아졌다. 『엔키리디온』의 대성공은 1515년경에 시작된 것인데, 당시는 11년 전에 비해 한결 여건이 좋았던 것이다. "『우신 예찬』은 최고의 지혜로 인정되고 있습니다"라고 존 왓슨John Watson은 1516년에 에라스뮈스에게 편

지를 보냈다. 같은 해 우리는 전에는 사용되지 않았던 생소한 단어를 사상 처음으로 만나게 된다. 그것은 에라스뮈스가 권위의 중심이 되었음을 알리는 아주 단적인 사례이다. 요하네스 사피두스Johannes Sapidus에 의하면, 독일의 친구들은 그들 자신을 에라스미아니(Erasmiani: 에라스뮈스를 따르는 사람들, 에라스뮈스의 지지자들이라는 라틴어식 표현)라고 부른다는 것이다. 그보다 1년 뒤 요하네스 에크Johannes Eck는 마치 널리 유통되는 단어인 양 그것을 아주 친근한 어조로 사용했다. "독일의 모든 학자들은 에라스미아니이다."

하지만 에라스뮈스 자신은 그 단어를 별로 좋아하지 않았다. 그는 이렇게 대답했다. "왜 어떤 사람 그 자신을 에라스미쿠스Erasmicus라고 생각하는지 잘 이해가 되지 않는군요. 게다가 나는 그런 당파적인 이름을 싫어합니다. 우리는 모두 그리스도를 따르는 사람이고 각자 그 분의 영광을 드러내기 위해 노력해야 합니다." 하지만 이제 문제는 에라스뮈스를 지지하느냐 혹은 반대하느냐로 극명하게 갈려져 있었다. 그는 뛰어난 라틴어 학자 겸 재치 넘치는 사람에서 훌쩍 성장하여, 그 시대의 문명을 회전시키는 중심축 같은 인물이 되었다. 그는 자신이 시대의 두뇌, 심장, 양심이 되었다는 것을 의식하지 않을 수 없었다. 그는 위대한 구원의 말씀을 발언하도록 소명 받았다는 느낌이 들었으리라. 어쩌면 이미 그런 말씀을 발언했는지도 몰랐다. 그는 순수한 지식이 손쉽게 승리를 거두고 장차 기독교적 온유함이 온 세상에 충만하리라고 믿었다. 그런 목소리가 이미 에라스뮈스의 라틴어 역 신약성경 서문에서 들려온다.

그 당시 미래는 아주 밝게 보였다. 이 시기에 에라스뮈스는 거듭하여 황금시대(→ 오비디우스)라는 유쾌한 모티프로 되돌아갔다. 이제 그런 시대가 밝아 온다고 믿었다. 영원한 평화가 바로 문 앞까지 와 있었다. 세상에서 최고 높은 군주들인 프랑스의 프랑수아 1세, 스페인의 **카를 5세**, 영국의 **헨리 8세**, 신성로마제국의 **막시밀리안 황제** 등이 강력한 동맹관계를 맺어 평화를 구축했다. 문학과 학문이 크게 부흥하면서 정의와 기독교적 경건함이 온 세상에 충만하게 될 것이었다. 마치 어떤 신호를 받은 듯, 세상의 가장 강력한 사람들이 높은 문화의 기준을 회복시키기 위해 애를 쓰고 있었다. 우리는 이 시대를 축하해도 좋을 것이다. 그것은 황금시대의 소생이 될 것이다.

하지만 에라스뮈스는 이런 노랫가락을 오래 울리지 못했다. 그 가락은 1519년에 마지막으로 울렸다. 그때 이후 보편적 평화가 곧 도래하리라는 꿈은 사라져 버리고, 그 자리에 온 세상 어디에서나 시대의 각박함을 탄식하는 불평의 소리만 울려 퍼졌다.

제12장

에라스뮈스의 사상 1

동시대의 사람들은 에라스뮈스에게서 그들의 구원을 기대했고, 또 구원의 말을 듣기 위해 그의 입술에 꼭 매달렸다. 무엇이 에라스뮈스를 그처럼 사람들의 기대를 한 몸에 받는 사람으로 만들었을까? 그는 사람들에게 새로운 사상의 자유, 새로운 스타일의 명확함, 지식의 순수함과 단순명료함, 건강하고 올바른 생활을 지향하는 새로운 조화 등을 실천하는 인물로 보였다. 그는 새롭게 발견된 미지未知의 부富를 갖고 있는 사람처럼 보였다. 오로지 그만이 그런 부를 나누어 줄 수 있었다.

세상에 그처럼 많은 약속을 안겨준 저 위대한 로테르담 사람의 정신 속에는 무엇이 들어 있을까?

형식에 대한 혐오증

에라스뮈스는 비합리적인 것, 무미건조한 것, 오로

지 형식으로만 존재하는 것들을 아주 싫어했다. 아무런 동요가 없었던 중세의 문화는 오로지 이런 것들로만 사상의 세계를 채워 넣었다고 그는 생각했다. 어린 시절 라틴어를 배웠던 저 황당무계한 라틴어 교과서를 생각할 때마다 내면에서 구역질을 느꼈고, 그 책들을 저주했다. 마메트렉투스Mammetrectus, 브라킬로구스Brachylogus, 에브라두스Ebradus, 기타 저자들이 집필한 라틴어 교과서는 당장 없애 버려야 할 쓰레기였다. 쓸모없고 알맹이가 없는 낡은 것들에 대한 혐오증은 그보다 더 넓은 범위로 퍼져 나간다. 그는 사회, 특히 종교계가 각종 관행, 의식, 전통, 고정 관념 등으로 가득 차 있다고 보았고, 그 세계에서 종교의 정신은 사라진 지 오래라고 보았다. 에라스뮈스는 그런 관행들을 무조건 배척한 것은 아니었다. 아무런 이해나 진정한 느낌 없이 그런 관행을 기계적으로 따르는 것이 정말로 심각한 문제였다. 그의 정신은 어리석고 황당한 것들을 비판했고, 수준 높은 예절과 내면적 위엄을 추구했다. 그런 만큼 의례와 전통의 분야는 쓸모없는 것, 아니 인간의 어리석음과 이기심을 부추기는 해로운 것이라고 생각했다. 그러나 무지를 경멸하고 높은 지성을 가진 그가 종교적 의례에 대하여 이런 일방적인 의견을 품었다는 것은 다소 의아한 일이다. 왜냐하면 종교적 의식은 그 안에 말로 표현할 수 없고, 무엇이라고 단정할 수 없는 경건함의 소중한 감정들을 포함하고 있기 때문이다.

그의 논문들, 편지들, 『대화집』에는 무지하고 탐욕스러운 수도자들의 행렬이 반드시 등장한다. 우리는 마치 브뢰헬의 그림들을 보고 있는 듯하다. 그 수도자들은 가짜 거룩한 태도와 헛된 수작으로 어리석은 대중을 속여먹으며 그들에게서 빼앗은 돈으로 호의호식하고 있다. 그뿐인가. 하나의 고정적 모티프로서(이런 모티프들이 에라스뮈스에게서는 많이 발견된다), 당시의 미신을 다룬다. 가령 프란체스코 수도회나 도미니크 수도회의 옷을 입은 채로 죽은 사람은 사후에 구원을 받는다는 미신을 사정없이 조롱하는 것이다.

단식, 미리 정해진 기도, 축일의 준수 등은 무시해서는 안 되겠지만, 그런 형식들만 중시하고 정작 자비를 베풀지 않는다면 아무리 그런 것들을 열심히 해봐야 하느님을 기쁘게 하지는 못한다. 고해, 사면, 각종 축복에 대해서도 같은 얘기를 할 수 있다. 종교적 경건함이 뒷받침되지 않은 순례는 아무 가치도 없다. 성자들과 그들의 유물을 숭배하는 것은 미신이요 어리석은 행위이다. 아침에 성 크리스토푸스의 거룩한 초상화를 열심히 들여다보고 있으면 낮에 질병에 걸리지 않는다는 믿음 또한 미신이다. "우리는 성자들의 신발과 그들의 지저분한 손수건에 키스합니다. 그러면서 그들이 남긴 가장 거룩하고 효과적인 유물인 책들은 거들떠보지도 않습니다."

낡고 쓸모없는 것에 대한 에라스뮈스의 혐오증은 이보다 훨씬 광범위한 것이었다. 중세 신학과 철학의 전반적인 구도 또한 쓸모없는 형식에 바탕을 둔 것이라고 생각했다. 삼단논법의 체계에서 그는 머리카락의 두께를 재려는 사소함과 무미건조한 논쟁 기술을 보았을 뿐이다. 그 자신도 가끔 **알레고리**를 사용하기는 했지만, 상징과 알레고리를 근본적으로 그와는 상관없는 것으로 생각했다. 그는 **신비주의**로 기울어지는 법이 없었다.

중세 신학과 철학에는 분명 그가 지적한 대로 머리카락의 두께를 재려는 사소함이 있었지만, 동시에 그 미묘한 차이와 구분을 정확하게 이해하지 못한 에라스뮈스의 자세에도 문제가 있다. 그가 고상한 분노와 세련된 조롱으로 교회의 관습과 의례를 공격한 것은 이해할 만한 일이다. 그런 자신이 완벽하게 이해하지도 못하는 스콜라 신학에 대하여 오만한 냉소주의로 비난한 것은 잘 납득하기가 어렵다. 그 당시의 보수적인 성직자들을 가리켜 마기스트리 노스트리(magistri nostri: "우리들의 선생님")라고 조롱하는 것은 쉽지만, 그 성직자들을 제대로 이해하지 못한 채 찔러대는 조롱은 근거 없는 조롱인 것이다.

의례에 대한 그의 고상한 분노는 비난 받을 만한 사람들을 공격하고, 그 의례를 지키며 선행을 하는 사람들을 격려하는 측면이 있었다. 스콜라 신학에 대한 조롱은 사정이 다르다. 그것은 옥석을 구분하지 않고 그 신학 전체에 대한 조롱이었다. 따라서 그 제도와 관련 인사들을 전혀 격려하지 못하면서 그들을 일방적으로 깎아내리기만 하는 것이었다. 이처럼 개인주의자 에라스뮈스는 성직, 종단(수도회), 가장 고상한 제도인 교회 등의 명예를 공격했지만, 정작 그런 공격이 구체적으로 무엇을 의미하는 것인지 잘 알지 못했다.

고전 사상과 기독교 정신의 융합

━━━━ 에라스뮈스의 교회관은 더 이상 순수 가톨릭(보편교회)이 아니었다. 중세 기독교 문명은 신비주의의 바탕, 철저한 위계 구조, 신-인간-동물-사물 사이의 적절한 균형 등을 갖춘 아주 영광스러운 구조물이었다. 하지만 에라스뮈스는 이런 구조물의 외양을 장식하는 세부 사항과 장식물들만 보았다. 토마스 아퀴나스가 아리스토텔레스 철학을 가져와 세운 스콜라 철학의 구조와 그 구조 위에 단테가 세워 올린 천국-연옥-지옥의 정신적 구조가 분명 있었지만, 에라스뮈스는 그것들을 도외시하고 자신만의 다른 세계를 보았다. 그것은 나름대로 순수한 매혹과 고상한 감정이 깃든 세계였고, 그는 이것을 동시대 사람들 앞에 높이 들어 올렸다.(→연옥)

그것은 고전 사상과 기독교 정신이 융합된 세계였다. 예전에는 존재해 본 적이 없는 세계였다. 그것은 콘스탄티누스 대제의 시대와 위대한 교부들의 시대가 겪었던 역사적 현실—그러니까 쇠퇴하는 라틴 정신, 후퇴하는 헬레니즘, 닥쳐오는 야만족들의

57세 때의 에라스뮈스 초상화, 한스 홀바인 작, 1523년.

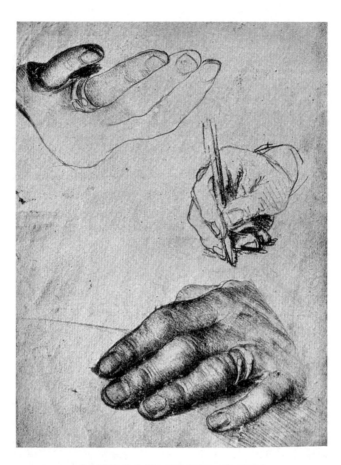

에라스뮈스의 손, 한스 홀바인의 드로잉, 1523년.

침입, 초기부터 부패하면서 시작한 비잔틴 문화 등—과는 아무런 상관이 없는 세계였다. 에라스뮈스가 상상하는 세계는 순수 고전주의와 순수 기독교 정신이 융합된 세계였다. 에라스뮈스에게 순수 고전주의라 함은 키케로, 호라티우스, 플루타르코스 등을 의미하며, 플루타르코스 이전의 만개한 그리스 문명은 포함되지 않는다. 그런데 이런 두 사상이 화학적으로 온전하게 융합될 수 있을까? 별로 그렇지 않은 것 같다. 우리가 에라스뮈스의 지적 경력을 살펴보면, 그의 정신적 빛은 이교도적 고대와 원시 기독교를 번갈아가며 조명할 뿐, 그 둘을 동시에 비추지는 않는다. 에라스뮈스 정신의 주축은 기독교이고 고전주의는 정신의 형식을 부여해 주는 보조물이다. 그는 고전 고대에서 기독교적 이상에 부응하는 윤리적 경향만을 취해 온다.

이 때문에 에라스뮈스는 그에 앞선 1세기의 휴머니즘에도 불구하고 동시대 사람들에게 새롭게 보였다. 고전 고대와 기독교 정신의 융합은 휴머니즘의 아버지인 페트라르카의 마음을 사로잡은 핵심적 주제였다. 그러나 페트라르카의 제자들은 고전 고대의 화려한 형식미에 매혹되어 그 융합에서 천리만리 떨어져 버렸다. 한동안 사라져 버렸던 그 융합을 다시 꺼내든 사람이 바로 에라스뮈스였고, 그래서 그는 새로웠다.

순수 라틴 정신과 고전 정신에 대하여 에라스뮈스가 느꼈던 감정을 우리는 그대로 느끼기가 어렵다. 왜냐하면 그런 정신의 실현을 그는 어려운 정복이요 영광스러운 승리라고 생각했지만 우리는 그렇지 않기 때문이다. 그렇게 생각하자면 우리는 어려움의 학교에서 야만에 대한 증오심을 획득해야 한다. 이런 증오심은 에라스뮈스가 저작 생활을 하던 초창기에 쓴 『야만에 반대하며』라는 논문에 잘 드러나 있다. 그가 낡고 조잡한 것에 대하여 사용한 용어는 고트족Goths, 혹은 고딕Gothic이었다. 그러나 에라스뮈스가 사용한 야만이라는 용어 안에는 우리가 높이 평가하는 중세 정신의 대부분이 포함된다. 에라스뮈스는 그가 살던 시기의 정신적 위기를 2원론적 관점에서 파악했다. 그러니까 세상을 새로운 것과 낡은 것의 2원론으로 보았는데, 이것은 다시 선과 악의 대비로 확대되었다. 그는 전통을 지지하는 태도를 반계몽주의, 보수주의, 보나이 리터라이에 대한 무지한 반대 등으로 파악했다. 그리고 보나이 리터라이야말로 그와 그의 지지자들이 높이 치켜든 훌륭한 대의였다.

보나이 라티라이라는 고상한 문화를 에라스뮈스는 어떻게 설명할까? 그는 그보다 앞선 시기에 정립되어 왔던 르네상스의 역사에서 그 개념을 취해 온다. 그것은 에라스뮈스보다 2-3세기 앞서 시작된 부흥 운동인데 문학 이외에 모든 조형 예술을 아우르는 새로운 운동이었다. '복원'과 '다시 꽃핌'이라는 용어 이외에 재생이라는 용어가 그의 글에서 거듭하여 튀어나왔다. "세상은 긴 잠에서 깨어나는 것처럼 제 정신을 차려가고 있다. 그렇지만 양손과 양발을 다 사용하여 예전의 무지에 그대로 매달리려는 무지한 사람들이 있다. 보나이 리터라이가 다시 살아나고 세상이 그만큼 현명해지면, 그들의 무지가 온 천하에 드러날 것을 두려워하는 것이다." 그들은 고대 사람들이 아주 경건했다는 것을 알지 못한다. 소크라테스, 베르길리우스, 호라티우스, 혹은 플루타르코스의 『도덕Moralia』이 성스러운 특징을 갖고 있다는 것도 알지 못한다. 고대의 역사는 용서와 미덕의 사례로 가득 차 있다는 것을 알지 못한다. 종교적으로 경건하고 훌륭한 도덕을 이교도의 것이라고 매도해서는 안 된다. 키케로Cicero가 『노년에 대하여De Senectute』에서 제시한 것처럼 위엄 있는 인생관은 그들의 사상 어디에서도 찾아보기 어렵다.

인생의 진정한 즐거움

━━━ 에라스뮈스의 사상과 동시대인들을 매혹시킨 측면을 알아보기 위해서는, 그가 찬란한 꿈으로 가슴속에 품고 있었던 이상적 인생관으로부터 시작하는 것이 좋다. 그것은 특별히 그가 독창적으로 생각해낸 인생관은 아니다. 르네상스 시대는 나무 그늘 시원한 집—한가하고 조화를 이룬 집—에서 선량하고 현명한 친구들과 나누는 평온하며 상쾌하고 진지한 교제를 아주 소중하게 여겼다. 그 시대는 단순명료함, 성실함, 진실, 자연 등의 실현을 동경했다. 그들의 상상력은 고대의 본질에 깊이 뿌리

를 내리고 있었다. 하지만 실제로는 그들이 생각했던 것보다 더 가까이 중세의 이상들과 연결되어 있었다. 메디치 가문의 동아리에는 카레지Careggi의 전원이 있었고, 라블레의 이상은 텔렘 수도원이라는 허구적 장소에 뿌리를 내렸다. 그 이상은 토머스 모어의 『유토피아』와 몽테뉴의 『수상록』에서도 모습을 드러낸다.

에라스뮈스의 글에서 그런 이상적 소망은 친구들과의 한가한 산책, 그 후에 정원 딸린 집에서의 식사라는 형태로 나타난다. 그것은 『야만에 반대하며』의 시작 장면, 콜렛과 나눈 여러 번의 식사를 묘사한 글, 『대화집』에 나오는 무수한 콘비비아(Convivia: "회식"이라는 뜻의 라틴어)에서 드러난다. 특히 『대화집』의 한 부분인 콘비비움 렐리기오숨(Convivium religiosum: 종교적 회식)에서 그는 자세하게 그의 꿈을 묘사했다. 이 꿈을 한편으로는 텔렘 수도원과 비교하고, 다른 한편으로는 베르나르 팔리시(Bernard Palissy, 1510-1589. 프랑스의 도자기 공예가 겸 저술가)가 묘사하는 쾌락 정원의 환상적 구조와 비교해 보면 흥미로울 것이다. 네덜란드 국민성이 자랑스럽게 여기는, 18세기 네덜란드의 자그마한 교외 별장과 정원 딸린 집은 순전히 에라스뮈스의 이상에서 나온 것이다. 콘비비움 렐리기오숨의 주인은 말한다. "내게는 간단한 교외의 집, 혹은 둥지가 왕궁보다 더 소중합니다. 자유롭게 자신의 뜻에 따라 사는 사람을 왕이라고 할 수 있다면, 나야말로 이곳에서 왕입니다."

인생의 진정한 즐거움은 미덕과 경건함이다. 즐겁게 사는 사람을 에피큐리언(Epicurean: 쾌락주의자)이라고 한다면 거룩함과 경건함 속에서 사는 사람들이야말로 진정한 에피큐리언이다.

인생의 진정한 즐거움이 세속적 관심사로부터의 초연함과 지저분한 것들에 대한 경멸에 있다고 한다면, 그것은 전원적 즐거움이 되어야 마땅하다. 이 세상에 벌어지는 일에 관심을 갖는다는 것은 어리석은 일이다. 시장의 물품 가격을 잘 알고, 영국 왕의 원정 계획에 대해서 소상하고, 로마에서 온 소식을 잘 알며, 덴마크의 생활 환경을 꿰뚫고 있어 봐야 그게 무슨 소용인가. 『대화집』에 나오는 현명한 노인은 그리 높지 않은 명예의 자리를 차지하고 안전함을 가져다주는 평범한 생활을 하면서, 그 어떤 것도 그 누구도 판단하지 않으며, 이 세상에 대하여 미소를 짓는다. 책들로 둘러싸인 채 늘 한정하게 있으면서 자족하는 것, 그것이 무엇보다도 바람직하다.

평온과 조화의 이상 주변에는 미학적 가치를 가진 기화요초들이 피어난다. 에라스뮈스가 중시하는 예의바름, 손님들에 대한 아낌없는 환대, 자상하면서도 공손한 접대, 교양 높으면서도 자연스러운 매너 등이 그런 꽃들이다. 그 가까운 곳에는 에라스뮈스의 정신적 특성들이 자리 잡고 있다. 그는 난폭함과 과도함을 싫어한다. 따라서 그리스 드라마의 코러스는 그를 불쾌하게 만든다.

에라스뮈스의 문장론

━━━━ 그가 중시하는 시적 가치는 열정을 피해가고 애수를 절제하는 태도이다. "내 시들 속에는 단 하나의 폭풍우도 없습니다. 양쪽 둑으로 격렬하게 솟구치는 산간의 시냇물도 없습니다. 일체의 과장은 배격합니다. 어휘들을 아주 절제하며 사용합니다. 나의 시는 경계를 초월하기보다 그 안에 머무르기를 좋아하며, 높은 파도처럼 부서지기보다 부드럽게 해안을 보듬기를 바랍니다." 다른 곳에서 그는 이런 말도 했다.

"나는 산문散文과 별반 다르지 않은 시를 가장 좋아합니다. 하지만 가장 뛰어난 산문이 비교 대상이 되어야겠지요. 필록세누스 (Philoxenus, 440-523. 시리아의 기독교 성직자 겸 작가)가 말한 것처럼, 가장 맛좋은 물고기는 진짜 물고기가 아니지요. 가장 맛좋은 수육은 진짜 수육이 아니고요. 가장 유쾌한 여행은 해안을 따라 여행하는 것이고, 가장 유쾌한 산책은 물가를 따라 산책하는 것이지요. 그래서 나는 수사적 시, 시적 산문에 특별한 관심을 갖고 있습니다. 시는 산문일 때 가장 맛이 있고 그 반대도 마찬가지요."

이렇게 말하는 에라스뮈스는 절반만 말하기, 절반만 암시하기, 마음속에 있는 생각을 다 표현하지 않되 독자가 그것을 상상하게 만들기 등을 신봉하는 문장가이다. 하지만 그는 이런 말도 덧붙인다. "기발하지만 황당무계한 생각은 나와는 맞지 않습니다. 나의 주된 관심은 사물로부터 생각을 끌어와야 한다는 것입니다. 사물을 있는 그대로 표현하도록 애를 써야지 우리의 생각을 일부러 사물에 갖다 붙이려 해서는 안 되는 것입니다." 이렇게 말하는 에라스뮈스는 리얼리스트이다.

이런 신념으로부터 그의 멋지면서도 단순명료한 스타일, 뛰어난 논리 제시, 탁월한 묘사력이 생겨난다. 하지만 이것이 에라스뮈스 문장의 특징인 깊이의 부재 혹은 방만함의 원인이 된다. 그의 글은 너무 부드럽게 내달린다. 그가 생애 후반에 쓴 저 무수한 변명의 글들 속에서는 새로운 논리적 주장이 자꾸만 생겨난다. 그 주장을 강조하고, 또 지원하기 위하여 새로운 문장과 새로운 인용문을 들이댄다. 그는 간결함을 칭송하지만 결코 자신의 문장에서 그것을 실천하지 않는다. 에라스뮈스는 정곡과 핵심을 잘 찌르는 격언 혹은 속담 같은 생생한 문장을 만들어내지 못했다. 현대에 들어와 자주 인용되는 에라스뮈스 문장은 하나도 없다. 『격언집』의 저자가 정작 자기 자신의 격언은 만들어내지 못한 것이다.

에라스뮈스가 좋아한 일은 쉽게 풀어쓰는 것이었다. 그는 이일을 정말로 많이 했다. 쉽게 풀어서 펼치는 것이 그가 좋아한 일이었다. 가장 좋은 사례가 그의 라틴어역 신약성경이다. 그는 이 번역본에서 요한계시록을 제외하고 모든 텍스트를 쉽게 풀어 썼다.

언어, 윤리, 미학

────────   에라스뮈스의 사상은 철학적인 것도 아니고 역사적인 것도 아니었다. 그의 저서들은 칼같이 정확한 논리적 구분을 주장하지도 않았고, 다양하고 복잡한 구체적 사항들을 하나의 이미지로 엮어내는 역사적 관점에 입각하여 이 세상의 운영 방식을 심오하게 꿰뚫어보지도 않았다. 그의 사상은 문헌적(언어적)인 것이었다. 하지만 이것만 있었더라면 세상 사람들의 마음을 정복하지 못했을 것이다. 또한 깊은 윤리의식과 강렬한 미학적 경향을 갖고 있었는데, 이 셋(언어, 윤리, 미학)이 에라스뮈스 사상의 핵심을 이룬다.

에라스뮈스 사상의 바탕은 자유, 명석함, 순수함, 단순명료함, 한정함에 대한 열망이다. 이것은 오래된 이상적 인생관이지만 그는 풍요로운 정신을 발휘하여 그 인생관에 새로운 실체를 부여했다. 자유가 없으면 인생은 인생이 아니다. 한가함이 없으면 자유도 없다. 그가 어느 편에도 소속되지 않은 것은 완벽한 독립을 열망했기 때문이다. 모든 약속(비록 일시적인 것이더라도)은 에라스뮈스에겐 족쇄였다. 그는 『대화집』의 등장인물을 통하여 자신의 이상적 인생관을 발언하게 한다. 그 인물은 말한다. 결혼을 하지 않겠으며 성직聖職을 받지 않겠으며, 수도원에 들어가지 않겠으며, 나중에 자유롭게 해지할 수 없는 계약은 맺지 않겠노라고. 그 자신에 대해서 완벽하게 알게 될 때까지는 일체의 족쇄를 거부하겠다는 것이다. "완벽하게 알게 되는 때는 언제인가? 아마 결코 오지 않을 것이다." 에라스뮈스는 생애 말년에 이런 말도 했다. "나는 그 어떤 당에도 소속되지 않았다는 사실을, 내가 한 일 중에서 가장 잘 한 일이라고 생각한다."

자유는 무엇보다도 정신적 자유이어야 했다. 성 바울은 말했다. "신령한 자는 모든 것을 판단하나 자기는 아무에게도 판단을 받지 아니하느니라."(고린도전서 2장 15절. -옮긴이) 인간의 법률이 요구하는 것보다 더 잘 알아서 스스로 처리하는 사람에게 법률적 처방이 무슨 소용인가? 성령의 영감에 의해 움직이는 사람을 제도로 묶어 두려는 것은 얼마나 오만한 짓인가?

우리는 에라스뮈스에게서 의로운 사람은 고정된 형식이나 규칙이 필요 없다는 낙관주의의 단초를 발견한다. 『유토피아』의 토마스 모어와 『가르강튀아』의 라블레처럼, 에라스뮈스는 이미 자연의 명령을 따르고 있다. 우리가 신앙과 경건함이 내면에 충만하다면 자연은 당연히 우리를 선량함으로 인도하는데, 우리는 그것을 따라가기만 하면 된다.

자연 회귀 사상

———   자연 회귀 사상과 단순명료하고 합리적인 것에 대한 열망이 곧 에라스뮈스의 사회 사상과 교육 사상의 바탕이다. 이러한 사상은 시대를 훨씬 앞서 간 것이다. 에라스뮈스의 교육 사

상을 깊이 천착하는 것은 아주 흥미로운 연구가 될 것이다. 그 사상은 18세기 계몽사상의 예고편이다. 그는 말했다. 아이는 놀이하면서 배워야 하고, 아이의 마음에 쾌적한 것 가령 그림들을 수단으로 배워야 한다. 아이의 잘못은 부드럽게 지적하면서 교정해 주어야 한다. 교사의 매질과 욕설을 에라스뮈스는 아주 혐오스러운 것으로 생각했다. 교직을 성스럽고 보람 있는 것으로 생각하는 사람이 교사를 맡아야 한다. 교육은 탄생하는 순간부터 시작되어야 한다. 에라스뮈스는 다른 데서도 그렇지만 여기에서도 고전주의에 대하여 너무 많은 가치를 부여하고 있다. 그는 친구인 페터 길레스에게 두 살짜리 아들에게 고대 언어를 가르쳐서 그리스어와 라틴어로 아버지에게 인사를 올리도록 교육하라고 권했다. 하지만 교육과 가르침에 대하여 에라스뮈스가 한 말들은 모두 상식과 애정이 가득 한 말들이었다.

결혼과 여자에 대해서도 이와 비슷한 사상을 갖고 있었다. 성적 관계에 대해 그는 깊은 확신을 가지고서 여성 편을 들었다. 부녀자의 취약한 입장에 대하여 부드러우면서도 애정 넘치는 이해심을 갖고 있었다. 『대화집』에서 남자 애인과 담소하는 처녀, 수도원장과 재치 넘치는 대화를 나누는 교양 있는 여자 등을 묘사할 때, 그는 아주 동정어린 눈으로 그들을 바라본다. 에라스뮈스가 생각하는 이상적인 결혼은 사회적인 것이고 위생적인 것이었다. "국가와 그리스도를 위하여 아이를 낳읍시다"라고 여자의 애인은 말한다. 좋은 성품을 가진 올바른 부모로부터 좋은 자질을 물려받은 아이, 집에서 부모의 모범 사례를 보며 훌륭하게 커나갈 아이를 낳자고 요청한다. 에라스뮈스는 거듭하여 어머니는 아이에게 모유를 수유해야 한다고 주장한다. 또 집안을 깨끗하고 단정한 상태로 청소해 놓는 요령에 대해서 말한다. 쓸모 있는 아이들의 옷을 만드는 법도 말한다. 그 당시 사람으로 누가 에라스뮈스처럼 영락한 처녀 혹은 생활고에 내몰려 창녀가 된 여자를 옹호한 적이 있는가? 유럽의 새로운 저주(성병)에 감염된 사람들의 결혼처럼 사회적 위협이 되는 것은 없다고 주장한 사람이 에라스뮈스 말고 또 누가 있는가? 에라스뮈스가 그 질병을 누구보다도 혐오했다. 그는 그런 자들의 결혼은 교황에 의해 즉각 무효처리 되어야 한다고 주장했다. 그는 당시의 안이한 사회 이론에 동의하지 않았다. 당시의 문헌들은 하나같이 간통과 호색의 책임을 여자에게 뒤집어씌우고 있었다. 그는 간통의 문제에 대해서 이렇게 말했다. "자연에 사는 야만인들 사이에서도 간통이 발생했을 경우 남자를 처벌하고 여자는 용서해 주었다."

에라스뮈스는 여기에서 비록 절반쯤 농담이기는 하지만 자연의 미덕과 알몸 상태의 섬나라 야만인들의 행복을 알고 있는 듯하다. 이런 자연 회귀 사상은 몽테뉴의 『수상록』에도 다시 나타나고, 그 다음 세기들에 이르러서는 하나의 문학적 교리로 발전된다.

제13장

에라스뮈스의 사상 2

———

——— 윤리와 미학의 관점에서 단순명료함, 자연스러움, 순수함, 합리성 등이 에라스뮈스가 높이 평가하는 필수적 덕목이었다. 그의 관점이 철학으로 옮겨 갈 때도 이들 덕목은 여전히 유효한데, 사실상 그에게서 철학과 윤리와 미학은 서로 떼어놓을 수 없는 것이었다.

에라스뮈스는 이 세상이 인간의 제도와 의견, 그리고 스콜라주의의 교리로 가득 차 있으며, 수도회의 전제적 권위에 눌려 질식하고 있다고 말했다. 이런 압박 때문에 복음의 교리에서 힘이 빠져나가고 있다는 지적도 했다. 그는 "신앙은 단순명료함을 요구한다"고 주장했다. 우리의 스콜라주의에 대하여 투르크인들은 뭐라고 말하겠는가? 콜렛은 어느 날 그에게 이런 편지를 써 보냈다. "끝없는 책들과 학문이 있습니다. 우리는 이런 우회로를 모두 버리고 지름길을 타고서 진리로 직접 다가갑시다."

성경적 휴머니즘

————— 진리는 단순명료해야 한다. 세네카는 "진리의 언어는 단순해야 한다"고 말했다. 그렇다면 그리스도처럼 단순명료하고 진실한 말씀은 없다." 에라스뮈스는 다른 곳에서는 이런 말도 했다. "이 단순명료하고 순수한 그리스도의 말씀이 사람들의 마음에 깊이 새겨지기를 바란다. 우리가 이렇게 하는 가장 좋은 방법은 근원에서 철학을 함으로써 오리지널 언어의 지식을 충분히 갖추는 것이다."

여기에서 가장 중요한 말이 전면에 떠오른다. 이것은 단지 문헌학적(언어적), 철학적 요구에 그치는 것이 아니다. 인생의 윤리적, 미학적 필연성도 그것을 요구하는 것이다. 잡박하지 않고 여러 사람의 손을 거치지 않은, 근원적(오리지널)이고 순수한 것은 아주 강력한 매력을 가지고 있다. 에라스뮈스는 그것을 우리가 직접 나무에서 따는 사과에 비유했다. 이 세상을 학문의 원시적 단순명료함으로 되돌려 놓아야 한다. 흐리고 탁해진 물웅덩이 같은 세상을 맑고 순수한 수원水源으로 되돌려 놓아야 한다. 가장 맑은 물이 흐르는 수원은 복음의 교리이다. 그는 이 원천을 회복하는 것이 신학의 임무라고 생각했다. 여기서 맑은 물의 비유는 특별한 의미를 갖는다. 에라스뮈스가 신봉하는 원칙의 심리적 측면을 드러내기 때문이다.

그는 이렇게 개탄한다. "각종 막연한 철학 체계에 대해서는 온갖 사소한 사항까지 다 신경 쓰는 사람들이, 왜 기독교 정신의 원천으로 다가가는 것은 게을리 하는가?" "이 지혜는 워낙 탁월하여 세상의 온갖 다른 지혜들을 다 부끄럽게 만들 것이다. 이 지혜는 수정水晶 같은 몇 개의 책자들로부터 얻을 수 있다. 아리스토텔레스의 지혜를 얻기 위해 많은 책을 읽어야 하는 수고에 비하여 수고랄 것도 없으며, 그 열매는 더욱 풍성하다…… 이 여행을 위한 장비는 단순하며 모든 사람의 손 가까운 곳에 있다. 이 철학은 모든 사람이 접근할 수 있다. 그리스도는 자신의 신비가 온 세상에 널리 퍼지기를 바랐다. 나는 모든 선량한 가정주부들이 복음서와 바울 서신을 읽기를 바란다. 이 말씀들이 모든 언어로 번역되기를 바란다. 그리하여 농부는 밭을 갈다가, 베 짜는 사람은 베를 짜다가 그 말씀을 노래 부를 수 있으리라. 성경 이야기들을 가지고 여행자는 자신의 여행에 동반자로 삼을 수 있을 것이다…… 이러한 종류의 철학은 삼단논법보다는 성품의 문제이며, 논쟁보다 생활의 문제이며, 학식보다 영감의 문제이며, 논리보다 변모의 문제이다…… 그리스도 자신이 레나스켄티아(Renascentia: 부활)라고 불렀던 그 분의 철학은 무엇인가? 그것은 선량하게 창조된 자연으로 온 세상을 충만하게 만드는 것이다. 이 진리를 그리스도처럼 절대적으로, 또 효율적으로 가르치신 분은 없지만, 그래도 우리가 이교도들의 책을 뒤져보면 그 가르침에 부합하는 것들이 많이 발견되는 것이다."

이것이 이 성경적 휴머니스트의 인생관이었다. 에라스뮈스는 이 문제들로 되돌아갈 때마다 점점 더 분명한 목소리로 말한다. 신약성경의 주석 서문에서 그는 이렇게 말한다. "이 책을 집어 드는 사람은 겔리우스Gellius의 『아티카의 밤Noctes atticae』이나 폴리치아노Poliziano의 『잡동사니Miscellanies』를 집어 드는 것처럼 해서는 안 될 것이다…… 우리는 신성한 것들의 한 가운데에 있다. 여기에서는 웅변이 문제가 되지 않는다. 그런 것은 세상에 돌리고 우리는 단순명료함과 순수함을 가지기로 하자. 여기서 인간의 학식을 자랑한다는 것은 우스운 일이다. 인간의 웅변을 자랑하려 든다면 불경한 일이 될 것이다." 하지만 정작 에라스뮈스 자신은 이 서문에서 가장 웅변적인 말을 털어놓는다.

여기서 그가 평소보다 힘차고 열정적인 웅변을 털어놓은 것은 성경 비판의 타당성을 얻기 위한 싸움을 벌이기 때문이다. 사람들이 불가타의 텍스트를 두고서 서로 싸우는 것은 그를 역겹게 했다. 그들은 불가타의 텍스트가 그리스어 원본과 차이가 있고, 또 와전되었다는 것을 알고 있다. 그렇다면 그리스어 원전으로 되돌아가서 원래의 형태와 최초의 의미를 파악하면 될 텐데 그렇게 하지 않는 것이다.

불가타에 대한 입장

———— 에라스뮈스는 이제 비난을 받았다. 일개 문법학자의

자격으로, 사소한 실수나 오탈자를 빌미로 삼아 성경(불가타)의 텍스트를 공격하려 든다는 것이었다. "물론 그것들은 사소한 세부 사항들입니다. 하지만 이런 세부 사항 때문에 위대한 성직자들이 실수를 하거나 헛소리를 하는 것을 보게 됩니다." 문헌학적인 고증은 필요한 것이다. "우리의 음식, 우리의 옷, 우리의 돈 문제에 대해서는 그토록 까다로우면서, 유독 성스러운 문헌 속에서 찾아낸 언어학적 정밀성이 왜 그토록 당신들을 불쾌하게 만듭니까? 사람들은 에라스뮈스가 쓸데없이 땅위에서 기어간다. 혹은 단어와 음절을 두고서 헛고생을 한다고 말합니다. 우리가 '말씀'의 이름으로 경배하고 예배하는 그 분의 말씀을 왜 이토록 무시합니까? 그냥 놔두십시오! 내가 더 나은 다른 일이 없어서 또는 게으른 마음, 차가운 심장, 천학비재 때문에 이런 아주 저급한 일을 하고 있다고 그들이 멋대로 상상하도록 내버려두십시오. 기독교 사상에 의하면, 경건한 열정을 가지고 해놓은 일은 모두 선량한 일입니다. 우리는 저마다 벽돌을 가져와 하느님의 신전을 짓고 있는 것입니다."

그렇다고 해서 에라스뮈스가 옹고집은 아니었다. 전례, 학교, 설교에서는 불가타를 그냥 사용해도 무방하다는 것이었다. 그러나 집에서 성경을 읽으려는 사람은 불가타보다는 새로운 라틴어 역 신약성경을 읽는 것이 성경의 말씀을 더 잘 이해하게 될 것이다. 그는 새 번역본을 읽은 사람이 의문을 표시하면 거기에 대하여 해명을 할 것이고, 그 자신이 오류를 저질렀다면 고칠 용의가 있다고 말했다.

에라스뮈스는 자신의 언어학적 비판 방식이 교회의 기반을 송두리째 흔들고 있다는 것을 의식하지 못한 듯하다. 그는 적들의 맹렬한 반응에 깜짝 놀랐다. "사람들이 순화된 형태의 성경을 읽고, 또 그 원래의 의미를 이해하려고 노력한다면, 그들(성직자)의 권위가 일거에 사라질지도 모른다고 그들은 생각했다." 그는 성경의 절대적 권위가 무슨 의미인지 제대로 깨닫지 못했다. 단지 성경을 언어학적으로 정밀하게 접근할 수 있다는 것만을 기뻐했다. 무슨 말이 나왔고, 누가 했으며, 누구를 위해서 했으며, 발언의 시간과 장소를 따지고 말의 선후를 살펴보는 것 등, 역사적 문헌 비평을 통하여 성경의 모든 뉘앙스를 밝혀낼 수 있다는 것만을 기뻐했다.

에라스뮈스는 성경을 읽으면서 그리스도의 가르침에 어긋나거나 그 분의 신성함과 배치되는 부분을 만났을 때, 텍스트가 와전되었기 때문에 이런 잘 이해되지 않는 부분이 생겨난다고 생각하는 것이, 잘 모르는 채로 그냥 넘어가는 것보다 한결 경건한 태도라고 생각했다. 그러다 보니 부지불식간에 서로 다른 판본들의 교정이 곧 내용의 수정으로 이어졌다. 서한들은 그 앞에 이름이 붙은 사도들이 모두 집필한 것은 아니었다. 때로는 사도들 자신도 실수를 저질렀다.

레나스켄티아와 르네상스

────── 에라스뮈스는 지적 생활의 기반이 어느 한 곳으로 통일되어야 한다고 보지 않았다. 한편으로는 단순명료하고 순수한 올바른 생활, 다시 말해 선량한 기독교인이 되고자 하는 간절한 소망이 있었다. 또 다른 한편으로는 좋은 취미와 조화를 바라는 철학적, 미학적 요구가 있었다. 그것은 고대인들이 좋아했던 조화와 명석한 표현에 대한 열망이고, 또 엉성하고 복잡한 것에 대한 혐오감으로 표현되었다. 에라스뮈스는 훌륭한 학문이 신앙과 그 형식의 순화를 촉진하는 데 봉사할 수 있으리라 생각했다. 교회 찬송가의 가락은 수정되어야 한다고 보았다. 기독교적 표현과 고전주의가 양립 불가능한 것이라고 생각하지 않았다. 그러나 여기서 한 가지 역설이 발생한다. 성경 연구의 분야에서 모든 저자들(복음사가들과 바울 서신 및 기타 서신의 작성자. – 옮긴이)의 자격 요건을 철저하게 캐묻던 사람이, 정작 고대 문인들에 대해서는 아무런 근거가 없는데도 그들의 권위를 그대로 믿고 있는 것이다. 그는 자신의 과감한 소행을 정당화하기 위해 거듭하여 고전 고대의 근거가 박약한 권위에 의존하고 있는데, 이것은 때때로 순진하게 보이기까지 한다. 가령 이런 식이다. 사람들이 나보고 비판적이라고 한다고? 고전 고대의 작가들도 비판적이었어. 내가 본문에서 이탈하는 내용을 집어넣었다고? 그건 고전 고대의 작가들도 마찬가지였어.

에라스뮈스는 정말로 중요한 것은 생활 속의 실천이라고 확신했기 때문에 고전 고대에 대한 깊은 공감을 느꼈다. 견인주의 학파나 소요학파의 가르침을 기계적으로 암기하는 자는 위대한 철학자가 아니다. 생활 속의 실천과 도덕을 통해 철학의 의미를 표현하는 자가 위대한 철학자이고, 그것이 철학의 목적이다. 마찬가지로 기교적인 삼단논법으로 가르치는 자는 진정한 성직자가 아니고, 자신의 성품, 자신의 얼굴과 눈빛, 자신의 검소한 생활로 가르치는 자가 진정한 성직자이다. 이러한 기준에 맞추어 사는 것이 그리스도가 말한 레나스켄티아이다. 에라스뮈스는 레나스켄티아Renascentia라는 용어를 기독교적 의미로만 사용했다. 그런 의미로도 이 용어는 역사적 현상인 르네상스의 아디이어와 긴밀하게 연결된다. 르네상스의 세속적이고 이교도적인 측면은 거의 언제나 과장되어 왔다. 에라스뮈스는 아레티노Aretino나 카스틸리오네Castiglione보다 훨씬 더 진정한 시대정신의 대변자이다. 그의 기독교적 감정 위로 고전 고대의 부드러운 바람이 불어오고 있는 것이다. 강력한 기독교적 노력과 고전 고대 정신의 융합이 에라스뮈스의 놀라운 성공을 설명하는 핵심이다.

사상의 의도와 표현의 형식

─────── 사상의 의도나 내용은 적절한 표현의 형식이 뒤따르지 않으면 이 세상에 영향을 미치지 못한다. 에라스뮈스의 문

학적 재주는 아주 중요한 요소이다. 표현의 명석함과 용이함, 생생함, 재치, 상상력, 세련된 취미와 유머는 그의 문장에 묘한 매력을 불어넣었다. 그리하여 동시대인들은 그의 글을 아주 좋아했고, 오랜 세월이 지난 지금 우리 현대인들이 읽어도 여전히 매혹적이다. 에라스뮈스의 재주는 모든 면에서 르네상스의 완벽한 대변자라고 할 만하다. 그런 측면을 열거하자면 먼저 그의 한결같은 적절성을 들어야 할 것이다. 그가 쓴 글은 결코 막연하거나 어둡지가 않고 언제나 그럴 듯한 타당성을 갖고 있다. 모든 것이 샘물에서 흘러나오는 물처럼 자연스럽게 흘러내려 간다. 그어조, 발상의 전환, 강조점 등이 모두 진실처럼 울려온다. 아리오스토의 가볍고 발랄한 조화감이 느껴진다. 실제로 아리오스토 Ariosto처럼 비극적이지도 않고 영웅적이지도 않다. 그 문장은 언제나 우리를 매혹시키지만 정작 그 자신(문장)은 그 매혹에 흥분되는 법이 없다.

에라스뮈스 재주의 예술적 측면은, 그 후 여러 번 수정을 거친 『우신 예찬』과 『대화집』에서 훨씬 분명하게 드러난다.(물론 다른 작품들에서도 얼마든지 그 증거를 찾아낼 수 있다.) 이 두 작품은 그의 시대에 커다란 영향을 미쳤기 때문에 아주 중요하다. 가령 히에로니무스 전집이 수십 명의 독자들에게 읽히고 라틴어역 신약성경이 수백 명에게 읽혔다면, 이 두 책은 수천 명이 읽고 열광했다. 특히 에라스뮈스가 이 두 작품에서 아주 자연스럽게 자기 자신을 표현했기 때문에 그 중요성이 더욱 높이 평가된다.

『대화집』에 들어 있는 각 대화에는 코미디, 노벨레트novelette, 풍자의 스케치가 반드시 들어 있다. 이것은 심지어 맨 앞에 나오는 상투적인 대화들에서도 발견된다. 어느 대화에서나 "요점" 없는 문장은 없고, 생생한 공상 없는 표현은 없다. 타의 추종을 불허하는 은근함과 은밀함이 있다. 「박식함의 대화eruditae colloquium」에 나오는 아바티스 수도원장은 몰리에르Molière 희곡의 캐릭터를 연상시킨다. 에라스뮈스는 자신이 묘사하는 캐릭터들을 눈앞에서 명확하게 보고 있기 때문에 캐릭터의 일관성과 장면의 현장성을 끝까지 유지한다. 「어린이 침대의 여자」라는 대화에서 그는 에우트라펠루스가 예술가라는 사실을 단 한 순간도 잊어버리지 않는다. 「양의 척골 뼈를 가지고 노는 공기놀이」라는 대화의 끝부분에서 대화자들은 라틴식 척골 뼈 공기놀이의 종류를 모두 열거한 후, 자신들이 직접 그 놀이를 하려고 한다. 그러면서 카롤루스는 말한다. "하지만 먼저 문을 닫아. 주방장이 우리가 어린 소년처럼 공기놀이를 하는 것을 보면 곤란하잖아."

홀바인Holbein은 『우신 예찬』에 우신의 삽화를 그려 넣었다. 우리는 『대화집』에 브뢰헬의 삽화가 들어갔으면 얼마나 좋았을까 하는 아쉬운 생각을 하게 된다. 에라스뮈스가 명석하고 재치 있게 묘사한 당시의 사건들은 이 위대한 대가의 그림들에 나오는 사건들과 무척이나 비슷하다. 종려 일요일에 벌어진 술 취한

자들의 행렬, 난파된 배의 선원들을 구조한 사건, 여행용 수레 운전사는 여전히 술을 마시고 있는데 오지 않는 수레를 기다리는 노인들, 이 모든 사건들이 가장 우수한 네덜란드 풍속화의 소재인 것이다.

우리는 르네상스의 리얼리즘에 대하여 말하기를 좋아한다. 에라스뮈스는 구체적 세상을 구석구석 알고 싶어 하는 맹렬한 허기를 느꼈다는 점에서 진정한 리얼리스트이다. 그는 사물들과 그것들의 이름을 알기 원했다. 로마인들이 놀았던 놀이의 종류와 규칙 등, 아무리 멀리 떨어져 있는 것일지라도 그런 구체적 사물의 세부 사항을 알고 싶어 했다. 「콘비비움 렐리기오숨 Convivium religiosum」이라는 대화에 나오는 정원 딸린 집에 걸린 장식 그림의 묘사 부분을 한 번 정독해 보라. 이 문장은 좋은 교훈이 되는 사례이다. 리얼리티의 형식들을 그림처럼 재현한 문장이다.

르네상스는 물질적 세계를 즐겁게 여기고 그에 대응하는 유연하고 신축적인 어휘를 많이 만들어냈다. 그리하여 온갖 이미지와 표현 방식이 풍성하게 생산되었다. 라블레의 단골 메뉴인 이름과 사물의 철저한 열거는 에라스뮈스에게도 생소한 것이 아니었다. 하지만 에라스뮈스는 이름과 사물을 지적이고 유익한 목적에만 사용했다. 「말과 사물의 보고」에서는 다양한 표현 방식들이 연속적으로 제시된다. "당신의 편지는 내게 큰 기쁨을 주었습니다", "비가 올 것 같군요" 같은 간단한 말을 하는 50가지 방법을 제시한다. 여기서 미학적 충동은 주제와 다양성의 충동과 일치한다. 언어의 논리로 조작할 수 있는 다양한 변형을 제시하는 것이다. 다른 곳에서도 에라스뮈스는 자신의 천재로 쌓아 올린 이 말의 보고를 마음껏 활용하려는 경향을 보인다. 그와 그의 동시대인들은 단 하나의 사례가 아니라 모든 사례들을 제공하고 싶은 충동을 억제하지 못했다. 이런 충동은 「진정한 신학적 설명Ratio verae thologiae」, 「발음에 대하여De pronuntiatione」, 「언어 Lingua」, 「구약성경 전도서Ecclasiates」 등의 글에서 발견된다. 『격언집』, 『비유집』, 『경구집』 또한 이런 르네상스적 열정과 충동을 바탕으로 삼고 있다. 그러나 르네상스라는 것도 따지고 보면 중세로부터 물려받은 문화적 유물이다. 에라스뮈스는 이런 여러 글들에서 구체적 세계의 풍성함을 묘사하면서 말과 사물을 한껏 즐기고 있다.

놀이와 진지함의 경계선상

━━━ 기이한 것들을 멋지게 관찰하기 위해 그의 감각은 언제나 열려 있었다. 레오나르도 다빈치Leonardo da Vinci, 파라켈수스Paracelsus, 베살리우스Vesalius같이 자연의 신비를 증명하려고 애쓰지는 않았지만, 날카로운 통찰력을 발휘하며 주변의 사물을 살펴본다는 점에서 에라스뮈스는 역시 그 시대의 아들이었

다. 그는 여러 나라들의 특별한 습관과 관습을 알아보는 탁월한 안목을 갖고 있었다. 그는 스위스 병사들의 걸음걸이, 멋쟁이 신사들의 앉은 자세, 피카르드 사람들의 프랑스어 발음 등을 눈여겨보았다. 오래된 그림들 속에서 의자에 앉아 있는 사람들은 언제나 절반쯤 눈을 감고 입은 꼭 다물고 있었는데 그것은 예의바름의 표시라는 것을 간파했다. 일부 스페인 화가들은 생활 속의 이런 표현 방식을 여전히 선호하는 데 비해, 독일 화가들은 키스를 원하는 것처럼 입술을 비죽 내미는 표정을 더 선호한다는 것도 알아보았다. 그가 자신의 글 속에서 종횡무진으로 구사하는 생생한 일화들은 바로 이런 날카로운 관찰의 결과이다.

이런 리얼리즘에도 불구하고 에라스뮈스가 관찰하고 묘사하는 세계는 전적으로 16세기의 세계라고 할 수 없다. 모든 것이 라틴어라는 베일에 가려져 있다. 저자의 마음과 현실 사이에 이 오래된 언어가 끼어든다. 그의 정신이 내다보는 세계는 본질적으로 상상적인 것이다. 그가 묘사하는 세계는 부분적이고 제한적인 16세기 현실이다. 그의 세계에는 조야한 것, 난폭한 것, 직접적인 것이 등장하지 않는다. 예술가들, 루터와 칼뱅, 정치가들, 항해가들, 군인들과 과학자들과 비교해 볼 때, 에라스뮈스는 속세에서 다소 떨어져 있는 은둔자처럼 세상을 바라본다. 이것은 라틴어의 영향이다. 그의 예리한 감수성과 관찰력에도 불구하고 에라스뮈스는 결코 현실과 직접적으로 대면하는 법이 없다. 그의 전 작품을 통해 단 한 마리의 새도 울지 않고, 단 한 줄기의 바람도 불어오지 않는다.

그러나 이런 직접성의 회피 혹은 무시는 일방적으로 부정적인 요소라고 할 수는 없다. 그것은 모든 사물의 불확실성에 대한 의식, 존재하는 모든 것들의 애매모호함에 대한 두려움에서 나오는 것이기도 하다. 에라스뮈스는 놀이와 진지함의 경계선상에서 오래 머무르면서 그 어떤 확정적 결론도 내리지 않는다. 그것은 조심성에 기인한 것이지만 동시에 자기 자신을 어느 한쪽에 맡겨 버리는 것을 두려워하는 마음에서 나온 것이기도 하다. 그는 어디에서는 어휘의 뉘앙스, 의미들의 혼합을 본다. 중세의 사람들은 사물을 가리키는 용어들이 황금에 상감한 수정, 혹은 밤하늘의 별들처럼 명확한 의미를 갖고 있다고 생각했지만, 에라스뮈스는 그런 생각을 거부했다. "나는 단정적인 주장을 너무 싫어하여, 성경의 권위와 교회의 명령이 허용하는 범위 내에서, 가능하면 회의론자들과 한편이 되고 싶어 했다. "과연 어떤 것이 오류로부터 면제될 수 있을까?" 신학적 명상에서 나오는 온갖 미묘한 주장들은 기이한 호기심으로부터 생겨나는 것이고 결국 불경한 무모함에 도달하고 만다. 삼위일체와 성처녀 마리아에 대한 커다란 논쟁들이 결국 무슨 이익을 가져왔는가? "우리는 미지의 상태 혹은 미결의 상태에 남겨 두어도 좋을 법한 것을 너무 많이 정의함으로써, 오히려 우리의 구원을 위태롭게 한다……

종교의 본질은 평화와 일치이다. 우리가 가능한 한 정의를 내리지 않고, 또 많은 문제들을 개인의 판단에 맡겨 두지 않는 한, 이런 평화와 일치는 불가능하다. 이제 많은 문제들을 보편 종교회의 때까지 연기하기를 희망한다. 희미한 거울이 제거되고 어둠이 사라져서 우리가 하느님을 직접 대면할 수 있을 때까지 이런 문제들을 연기하는 것이 더 좋으리라."

"성경 연구와 관련하여 하느님이 우리의 탐구를 원하지 않는 성스러운 분야들이 있다. 우리가 이 분야를 파고들려 한다면 우리는 더욱 깊은 어둠 속으로 들어가게 되고, 그리하여 결국에는 신성한 지혜의 이해 불가능한 장엄함과 인간 이해력의 하찮음을 깨닫게 된다."

제14장

에라스뮈스의 성품

에라스뮈스의 사상은 동시대인들의 가슴에서 커다란 반향을 이끌어냈고, 또 문명의 진보에 지속적인 영향을 미쳤다. 하지만 그를 역사상의 영웅이라고 부를 수는 없다. 그가 더 높은 정신적 고지에 오를 수도 있었는데 그렇게 하지 못한 것은 그의 성품이 그의 사상을 뒷받침해 주지 못한 탓이 아닐까?

비록 에라스뮈스는 자신을 가리켜 아주 단순명료한 사람이라고 말했지만, 그의 성품은 복잡다단한 것이었다. 그 성품은 에라스뮈스 사상의 구조를 결정한 여러 요인들로부터 영향을 받았다. 우리는 그의 성품이 결국 그의 사상과 연결되어 있다는 것을 되풀이하여 발견한다.

그는 도덕적인 사람이었고, 그 도덕의 뿌리는 순수함이었다. 이것은 그의 성품을 이해하는 핵심 열쇠이다. 그 순수함을 간절히 원했기 때문에 성경 연구에서 원천으로 소급하려고 애썼던 것이다. 그가 내남없이 간절히 바랐던 것은 물질적·도덕적 순수함이었다. 어떤 일을 하든지 어떤 때가 되었든지 순수함을 최고의 덕목으로 여겼다. 와인의 순도를 속이는 술장수나 음식에 다른 것을 섞는 식료품상을 누구보다도 싫어했다. 그는 자신의 언어와 스타일을 순화하고 가능하면 실수를 저지르지 않으려 했다. 이런 밝고 깨끗함에 대한 열정이 있었기 때문에 거주하는 집과 자신의 몸을 정결하게 유지하려 애썼다.

질병에 대한 공포

▬▬▬ 그는 답답한 공기와 냄새나는 물건을 병적일 정도로 싫어했다. 냄새나는 골목길을 피하기 위해 일부러 길을 에둘러 갔다. 고물상이나 생선가게를 싫어했다. 악취가 전염병을 옮긴다고 생각했기 때문이다. 에라스뮈스는 시대에 앞서서 전염의 위험을 경고하며 살균 소독을 강조했다. 가령 사람들이 붐비는 여인숙의 나쁜 공기, 고해성사를 하러 온 사람들의 입 냄새, 세례반의 세례용 물 등이 감염의 요인이 된다고 생각했다. 그는 이런 호소도 했다. "컵을 공동으로 사용하지 맙시다. 누구나 다 깨끗하게 면도를 합시다. 침대 시트를 깨끗이 빨아서 덮읍시다. 인사를 할 때 서로 키스하는 것을 피합시다." 그의 생전에 유럽에 누구나 무섭게 생각하는 성병이 수입되었다. 그는 이 성병이 자꾸 전파되는 것을 우려의 시선으로 바라보았다. 이런 몹쓸 질병에 대한

공포는 깨끗함에 대한 그의 욕망을 더욱 강화했다. 사법 당국이 성병의 전파를 막기 위해 아무런 조치도 취하지 않는다고 생각했다. 그는 수상한 여인숙에는 들어가지 말라고 경고했다. 매독에 걸린 사람들이 서로 결혼하는 것을 금지시키는 조치가 있어야 한다고 생각했다. 그는 **후텐**에 대하여 인신공격성 태도를 취했는데, 후텐에 대한 신체적·도덕적 혐오감이 작용했을 것이다.

에라스뮈스는 모든 면에서 아주 섬세한 영혼이었다. 그의 몸이 그것을 강요했다. 그는 모든 것에 민감했지만 그 중에서도 그가 말하는 "학자의 질병", 즉 감기에 아주 취약했다. 게다가 젊은 시절부터 신장결석이 그를 괴롭히기 시작했다. 하지만 중요한 저서를 집필해야 할 때는 그 고통을 강인하게 견뎌냈다. 그는 자신의 연약한 몸에 대하여 언제나 애원하는 어조로 말했다. "내 몸은 단식을 잘 견디지 못합니다. 내 몸은 적당한 운동으로 단련을 시켜야 합니다." 가령 말타기는 그가 좋아하는 운동이었지만 날씨가 좋은 날만 골라서 승마를 하려고 했다. 그는 때때로 자신의 질병에 대하여 말할 때 에둘러서 묘사했다.[15] 그는 잠자는 문제에 대해서도 신경을 많이 썼다. 그는 자다가 깨면 다시 잠들기가 어려웠다. 이 때문에 늦잠을 자게 되어, 일을 해야 하는 귀중한 오전 시간을 종종 놓쳐 버렸다. 그는 추위, 바람, 안개를 잘 견

---

15) Cf. the letter to Beatus Rhenanus, 15 October 1518, Louvain.

디지 못했고, 냉방은 더욱 견디지 못했다. 그는 독일의 난로를 아주 싫어했다. 그들은 일 년 내내 난로를 피워서 독일이라는 땅은 거의 견딜 수가 없었다! 우리는 앞에서 그가 전염병을 무서워한다는 것을 언급했다. 그가 피해 달아난 것은 전염병만이 아니었다. 그는 감기가 걸릴 것을 두려워하여 루뱅에서 안트베르펜으로 가는 여행을 포기했다. 안트베르펜에서는 그의 친구 페터 길레스가 상중喪中이었는데도 문상을 거부했다. 그는 "종종 질병의 대부분은 머릿속의 공상"이라는 것을 알았지만, 그의 공상은 그를 가만히 내버려두지 않았다. 그러나 더욱 괴이한 것은 정작 중병에 걸렸을 때는 죽음을 두려워하지 않았다는 것이다.

그가 강조하는 위생 방식은 절제, 정결, 신선한 공기였다. 그러나 신선한 공기도 너무 많이 마시는 것은 좋지 않다고 생각했다. 바닷가 근처는 외풍이 너무 세어 별로 위생적이지 않다고 생각했다. 친구 페터 길레스가 병에 걸렸을 때 그는 이런 조언을 했다. "약을 너무 많이 먹지 말고 안정을 취하면서 화를 내지 말게." 그의 글 중에는 「의학의 찬양」이라는 것이 있으나 그는 의사들을 별로 신임하지 않았고, 『대화집』에서도 여러 번 "의사야 네 병이나 고쳐라"라고 하면서 그들을 조롱했다.

그의 외관에서도 신체적 허약함이 드러났다. 그는 중키에 아담한 몸집이었고, 얼굴색은 희었다. 머리카락은 금발이었으며, 눈은 푸르고, 얼굴은 쾌활한 표정을 지었다. 아주 분명하게 말을 했으나, 정작 목소리는 가늘었다.

싸움을 싫어하는 성격

━━━━━　　도덕 분야에서 에라스뮈스의 민감한 성격은 우애와 협조를 아주 좋아하고 싸움을 극도로 싫어했다. 그는 평화와 조화를 가장 우선시하면서 모든 행동의 기본 원칙으로 삼고 있다고 말했다. 그는 가능하다면 세상 모든 사람과 친구처럼 지내기를 바랐다. "나는 그 어떤 사람도 내가 의식적으로 교우 관계에서 내친 적이 없습니다." 그는 때때로 변덕스럽고, 또 친구들에게 짜증을 내기도 했지만 한결같이 좋은 친구로 남았다. 그를 배신한 적이 없는 많은 친구들, 그가 한때 싸웠으나 곧 화해한 많은 친구들을 한 번 생각해 보라. 토머스 모어, 페터 길레스, 존 피셔, 앤드루 암모니우스, 기욤 부다에우스, 그 외에 너무 많아 여기서 다 적을 수가 없다. **베아투스 레나누스**는 이렇게 말했다. "그는 교우 관계를 한결같이 일정하게 유지했습니다." 베아투스 자신이 에라스뮈스를 아주 좋아했다는 것도 그가 친구들 사이에 얼마나 큰 호감을 불러일으켰는지 증명해 준다.

이런 우정의 뿌리에는 애정을 바라는 간절한 욕구가 있었다. 스테인 수도원 시절에 세르바티우스에게 내보인 거의 여성적인 애정의 토로를 한 번 생각해 보라. 가혹하고 소란스러운 부조화를 병적으로 싫어한 것은 도덕적 평온함을 좋아하는 심성 탓도 있을 것이다. 그는 싸움을 혐오하는 자신의 성격을 가리켜 "어떤 신비스러운 자연적 감각"이라고 말하기도 했다. 그는 어떤 사람과 갈등 관계에 놓이는 것을 참지 못했다. 자신의 펜에 피를 묻히지 않고, 남들을 공격하지 않고, 남들에게 도전하지 않으려 했다. 심지어 자신이 공격을 당할 때도 반격하는 것을 주저했다. 하지만 그의 적들은 사정을 봐주지 않았다. 만년에 그는 씁쓸한 논쟁에 이골이 났고 르페브르 데타플Lefevre d'Etaple, 리Lee, 에그몬다누스Egmondanus, 후텐Hutten, 루터Luther, 베다Beda, 스페인 사람들, 이탈리아 사람들과 치열한 논쟁을 벌였다.

논쟁 초기에 그는 심한 고통을 받았고 논쟁은 그를 피 흘리게 했다. 그는 고통을 묵묵히 참아낼 수가 없었다. "우리 다시 친구가 됩시다"라고 그는 르페브르에게 애원했다. 하지만 상대방은 대답하지 않았다. 그는 논쟁으로 보낸 시간을 낭비라고 생각했다. 그는 1520년에 이렇게 썼다. "나는 날마다 몸이 무거워지는 느낌입니다. 나이 때문이 아니라 내 연구의 쓸데없는 노고 때문에 그렇습니다. 아니 연구 그 자체는 그런대로 재미있지만, 논쟁의 피곤함이 나를 무겁게 짓누르고 있습니다." 하지만 그 당시 그의 앞에 아직도 발생하지 않은 많은 논쟁이 남아 있었다!

에라스뮈스가 여론을 무시할 수 있었다면 얼마나 좋았겠는가! 하지만 그것은 불가능했다. 그는 사람들에 대한 공포가 있었고, 좀 더 분명하게 말한다면 자기 자신을 정당화하려는 강렬한 욕구가 있었다. 그는 언제나 한 발 앞서서 내다보았고, 자신의 말과 행동이 사람들에게 미칠 영향을 좀 과장하며 내다보는 경향이 있었다. 자기 자신에 대해서는 이렇게 쓴 적이 있었다. "남들에게 무시당하는 공포가 높은 명성에 대한 열망보다 더 크다." 에라스뮈스는 루소와 마찬가지로 도덕적 순수함을 너무나 의식했기 때문에 죄의식을 견디지 못하는 사람이었다. 어떤 혜택을 받았을 때 이자를 붙여서 되갚지 못하면 부끄러움과 슬픔을 느끼는 사람이었다. 그는 "돈 갚으라고 요구하는 채권자, 처리하지 않고 미루어 둔 일, 곤궁한 친구를 모른 체하기" 등을 견디지 못했다.

어떤 의무 사항을 즉시 수행하지 못할 상황이면 반드시 그것을 해명했다. 네덜란드 역사가 프루인Fruin은 이런 날카로운 관찰을 했다. "에라스뮈스가 의무에 반하는 일을 하거나 자신의 정당한 관심사가 아닌 일을 한 경우는 그 자신의 잘못이 아니라 나쁜 상황이나 엉뚱한 조언의 탓이라고 둘러댔다. 그가 스스로 책임질 일은 아니었다. 그가 이런 식(남의 탓으로 돌리기)으로 자기 자신을 정당화하는 것은 하나의 보편적 법칙이 되었다. "하느님은 사람들을 그들의 해로운 선서에서 면제시켜 주신다. 단 그들이 그 선서를 참회한다면……." 이런 말은 자신의 수도자 서원을 깨트린 사람이 할 법한 말이다.

기질과 확신의 위험한 융합

──── 에라스뮈스에게는 신체적 기질과 정신적 확신을 서로 융합시키려는 위험한 경향이 있었다. 그의 기행奇行과 원칙 사이에는 부인할 수 없는 상관관계가 있다. 이 점은 단식과 금육禁肉에 대한 그의 관점을 살펴보면 뚜렷하게 드러난다. 그는 물고기에 대한 혐오증을 노골적으로 드러내면서, 식사 시간이 늦어지는 것은 참을 수 없다는 말을 하는데, 이 둘 사이의 연결 관계는 별로 설득력이 없어 보인다. 마찬가지로, 수도원에서 겪은 자신의 개인적 체험을 가지고 수도원 생활을 비판하는 원칙의 기준으로 삼는 것도 위험한 발상이다.

우리는 앞에서 그의 기억 속에서 젊은 날의 이미지가 많이 왜곡되었다는 것을 지적했다. 이런 왜곡은 자기 정당화의 소망 때문에 벌어진 것이다. 부정할 수 없는 사실들을 무의식 속에서 재해석하여, 자신이 공표한 이상에 꿰맞추려 하고, 또 자신이 그 이상을 정직하게 지켰다고 일방적으로 생각해 버리는 것이다. 이런 자기 이미지의 주된 특징은 그(에라스뮈스)가 보기에 의심할 나위 없는 성실함과 솔직함의 태도이다. 그리하여 일상적 관심사에 대한 무경험과 소홀함 혹은 전혀 야망이 없는 상태 등을 그대로 드러낸다. 이것은 언뜻 진실인 것처럼 보인다. 이런 이미지에 그대로 부합하는 피상적인 에라스뮈스가 분명 있다. 그러나 그게 에라스뮈스의 전부는 아니다. 그와 정반대되는 심층 속의 에라스뮈스, 그 자신도 그 존재를 알지 못하기 때문에 그게 누구인지 잘 모르는 에라스뮈스가 엄연히 있다. 표면적인 사람 뒤에 더 깊이 있는, 더 선량한 존재가 자리 잡고 있다.

그가 자신의 약점을 자기 탓으로 돌리지 않았다고? 그런 점도 물론 있다. 하지만 그는 자신을 격려하는 말을 많이 했음에도 불구하고 자기 자신과 작품들에 대하여 늘 불만스럽게 생각했다. 그는 자기 자신을 가리켜 푸티둘루스(Putidulus: ~인 체하는, 부자연하게 꾸미는 등의 라틴어 형용사. - 옮긴이)라고 했는데, 자기 자신에게 결코 만족하지 못하는 사람이라는 뜻이다. 이 때문에 그는 어떤 작품을 써낸 직후 곧바로 불만족을 느꼈다. 그래서 출간 후에 계속하여 수정하고 보완했다. "나는 소심합니다"라고 그는 콜렛에게 보낸 편지에서 말했다. 하지만 그런 소심함을 시인한 것을 자신의 공로라고 생각하면서 그것(소심함)을 하나의 미덕으로 바꾸어 놓는다. 이렇게 하여 자랑하기 혹은 자기애가 그 정반대인 겸손함과 아슬아슬하게 공존한다.

자기 자신에 대하여 이런 소심한 마음을 갖고 있었기 때문에 자신의 용모에 대해서도 자신이 없었고, 그래서 친구들이 그의 초상화 제작을 위해 포즈를 취하라고 했을 때도 아주 어렵게 성사되었다. 그가 볼 때 그의 용모는 영웅 같지도 않고, 또 명성에 걸맞게 위엄이 있지도 않았다. 그래서 그에게 아첨하는 화가의 말에도 속아 넘어가지 않았다. 『우신 예찬』에 넣기 위해 홀바인

이 그린 자신의 초상화 스케치를 보고서 에라스뮈스는 이렇게 말했다. "야, 이것 보게. 에라스뮈스가 아직도 저렇게 생겼다면 곧 아내를 얻었을 텐데." 그의 초상화들에 적혀 있는 다음과 같은 문장은 자기 자신에 대한 깊은 불만족을 보여 준다. "그의 글이 그림보다 저자를 더 돋보이게 한다."

에라스뮈스의 겸손과 자신에게 찾아온 명성에 대한 경멸은 다소 수사학적(과장하는) 특성을 갖고 있다. 하지만 이것은 에라스뮈스 자신의 개인적 특성이라기보다 모든 휴머니스트에게 일반적으로 적용되는 특징이다. 또 이런 분위기는 노골적으로 인위적인 것은 아니다. 그가 자신의 자식들이라고 불렀던 저서들은 그리 큰 성공을 거두지 못했다. 그는 그 책들이 오랜 수명을 누릴 것이라고 보지 않았다. 그가 쓴 편지들도 시원치 않게 보았다. 친구들이 자꾸 출판하라고 권했기 때문에 마지못해 출판한 것이다. 그가 시를 쓴 것은 새로운 글쓰기를 연습하기 위해서였다. 그는 곧 천재들이 등장하여 그를 무색하게 만들고, 그를 말더듬이 같은 존재로 만들어 버리기를 희망했다. 명성이란 무엇인가? 세속에 전해지는 것뿐이다. 그는 명성이라면 신물이 날 정도로 많이 누렸고, 어느 때라도 그것을 던져 버릴 용의가 있었다.

때때로 엉뚱한 소리가 그의 입에서 새어 나왔다. 만약 에드워드 리가 그(에라스뮈스)의 노력을 도와준다면 그는 리를 불후의 존재로 만들어 주겠다고 말했다. 이것은 첫 번째 논쟁 때 에라스뮈스가 한 말이었다. 이어 미지의 적수를 이렇게 위협했다. "만약 당신이 무모하게도 나의 선량한 이름을 계속 공격한다면 나의 이런 온유한 태도는 사라져 버릴 것임을 명심하십시오. 그리하여 당신은 천 년 뒤에 남을 해롭게 하는 아첨꾼, 한가한 자랑꾼, 무능한 의사들의 무리에 속하게 될 것입니다."

자기중심적이고 은둔자적인 심성

────── 그가 사상과 문화의 중심이요 핵심이 되어 가면서 이런 자기중심적 요소는 더욱 강화되었다. 온 세상이 그를 중심 축으로 하여 돌아가고, 또 온 세상이 그의 말에 매달리는 듯한 때가 분명 있었다. 그를 열광적으로 추종하는 사람들이 온 세상에 퍼져 있었고, 환대를 베푸는 친구들과 존경을 표시하는 사람들을 어디서나 만날 수 있었다. 에라스뮈스는 바젤에서 루뱅으로 돌아오는 길에 병에 걸렸는데, 그 병에 대하여 공개된 서한에서 아주 자세하게 묘사했다. 이처럼 모든 친구들에게 자신의 근황을 알려야 한다고 생각하는 그의 태도에는 좀 순진한 구석이 있었다. 그의 역할, 그의 입장, 그의 이름, 그리고 이런 저런 개인적인 사항들을 점점 세계사적인 사건으로 보기 시작했다. 하지만 그의 방대한 편지들이 자기 자신을 변명하기 위한 하나의 장편 편지가 되어 버린 시절이 곧 닥쳐오게 된다.

이처럼 많은 친구들을 가진 사람이었으나, 실은 아주 고독한 사람이었다. 그는 마음속 깊은 곳에서 혼자 있고 싶다는 생각이 강했다. 그는 아주 운둔적인 기질을 갖고 있었다. 아니 그는 하나의 은둔자였다. "나는 늘 혼자 있기를 바랐습니다. 어떤 당파에 소속되어 활약하는 것처럼 나를 불쾌하게 만드는 것은 없습니다." 에라스뮈스는 남들과 활발하게 접촉하면 할수록 오히려 영혼이 허약해지는 그런 사람이었다. 남들과 덜 접촉하고 친구든 적이든 별로 생각하지 않을 때, 자신의 깊은 영혼을 더욱 진실하게 털어놓았다. 어떤 사람들과의 교제는 그의 마음에 불편함을 주었고, 또 일부러 하는 의례적인 말, 듣기 좋은 말, 침묵, 수줍음, 악의적 공격, 도피 등 복잡한 반응을 일으켰다. 그래서 그의 편지들을 읽고 그를 속속들이 알 수 있다고 생각하면 안 된다. 사람들과 접촉할 때마다 당황스러움을 느끼는 그런 성격은 몰개성적으로 모든 사람을 상대로 말을 할 때 가장 솔직하고 깊이 있는 말을 한다.

초창기에 친구에게 감상적으로 자신의 애정을 무절제하게 토로한 이후, 그는 그 어떤 사람에게든 자신의 마음을 완전히 털어놓지 않았다. 그는 마음속 깊은 곳에서 자신이 모든 사람들과 격리되어 있으며, 또 모든 사람을 경계해야 한다고 생각했다. 다른 사람들이 그의 영혼을 뒤흔들어 놓고, 그가 공들여 만든 이미지를 훼손할지 모른다는 공포심이 있었다. 이처럼 남을 경계하는 태도는 사람들에게 너무 까다롭거나 너무 수줍음을 많이 타는 사람으로 비쳐졌다. 부다에우스는 농담 삼아 말했는데, 그건 에라스뮈스 성격의 핵심을 찔렀다. "까다로운 사람! 자넨 너무 까다로워." 에라스뮈스는 자신의 이런 까다로운 태도를 처녀 같은 수줍음으로 해석했다. 출생의 오점汚點에 대해 극도로 민감했던 것도 이런 심성의 소치였다. 그의 친구 암모니우스는 이런 심성을 가리켜 촌스러운 어색함(subrustica verecundia)이라고 불렀다. 실제로 에라스뮈스에게는 평범한 사람을 선망하는 기질이 있었다. 그러나 높은 명성은 그런 기질을 압박하기 때문에 그는 애써 위대함 혹은 명성 따위를 피했다. 그는 마음속 깊은 곳에서 위대함의 강박증이 그를 괴롭히고, 또 그런 강박증이 자신의 진정한 존재에 해롭다고 생각했다.

이렇게 말하기는 좀 미안하지만, 진정한 충성심과 열렬한 고마움은 에라스뮈스에게는 좀 생소한 감정이었다. 그의 성격은 심장의 강렬한 분출을 제지하는 금속 덩어리 같은 것이 있었다. 그는 이런 격언을 신봉했다. "사랑을 할 때는 증오하게 될 어느 날을 생각하고, 증오심을 느낄 때는 사랑을 하게 될 어느 날을 기억하라." 그는 남들과 깊은 교류를 이루어 열매를 맺는 능력이 부족했다. 그의 깊은 영혼은 모든 사람들로부터 벗어나려 했다. 자신을 단순명료하고 의심하지 않는 호의好意의 표준이라고 생각했으나 그의 모든 친구들에 대하여 엄청난 의심을 품었다. 그의 어려운 문제들을 진심으로 도와준 작고한 암모니우스도 그런 의심에서 벗어나지 못했다. 부다에우스는 에라스뮈스에게 이렇게 불평했다. "당신은 언제나 지나칠 정도로 나를 의심합니다." 그러자 에라스뮈스로부터 이런 대답이 돌아왔다. "뭐라고요? 나처럼 친구를 의심하지 않는 사람은 찾아보기 어려울 겁니다."

친구들을 의심하는 성격

━━━━ 그의 명성이 최고조에 이르러 온 세상이 그의 언행에 집중되어 있었을 때, 자신이 감시받고 또 위협받고 있다는 에라스뮈스의 느낌은 어느 정도 근거 있는 것이다. 하지만 무명이었던 파리 시절에도 그가 주위 사람들을 불신했다는 증거를 계속 발견하게 된다. 그런 의심과 불신은 병적인 감정이라고 보아야 한다. 그의 말년에 이런 불신의 감정은 특히 두 명의 적인 에펜도르프Eppendorf와 **알레안더**Aleander에게 집중되었다. 에라스뮈스의 머릿속에서, 에펜도르프는 어디에서나 스파이를 고용하여 에라스뮈스가 친구들과 나누는 편지들을 감시했다. 또한 알레안더는 사람들을 부추겨 에라스뮈스에게 싸움을 걸게 했고, 또 그 자신도 호시탐탐 공격할 기회만 노리는 것으로 의심되었다. 에라스뮈스가 이런 공격자들의 의도를 해석하는 태도는 너무나 자기중심적이어서 도저히 정상적이라고 할 수 없는, 그래서 약간 정신이상의 기미마저도 엿보인다.

그는 자신의 평화를 위협하는 중상모략과 매복이 온 세상에 깔려 있다고 생각했다. 과거의 친한 친구들이 거의 모두 최고의

적이 되었다고 보았다. 그들은 만찬장, 대화, 고해소, 설교, 강단, 법정, 마차, 배 등 어디에서나 에라스뮈스를 비난하는 해로운 혓바닥을 놀려대고 있었다. 좀벼룩 같은 이 적수들은 그를 괴롭혀 인생에 대하여 염증을 느끼게 하고, 또 불면증으로 거의 사망 직전까지 몰고 갔다. 그는 자신이 고문당하는 상황을 무수한 화살에 옆구리를 찔려 죽은 성 세바스티안Sebastian의 순교에 비유했다. 하지만 자신의 고통이 더 극심하다고 생각했다. 왜냐하면 그 고통은 순교와 달라 끝이 없기 때문이었다. 그는 여러 해 동안 날마다 혼자서 죽임을 당했다. 질투심에 사로잡힌 그의 친구들(이제 친구들이 남아 있는지도 의문이지만)이 날마다 중상모략과 비방을 해대기 때문이었다.

그는 후견인들이 너무 인색하다고 사정없이 조롱했다. 그들에 대한 혐오와 증오의 감정이 밤하늘의 섬광처럼 갑자기 빛났다. 일찍이 그는 영국에서 좋은 대접을 많이 받았다. 영국처럼 그를 많이 칭찬한 나라도 없었다. 하지만 갑자기 영국을 원망하는 비통하고 근거 없는 비난의 말이 그의 입에서 튀어나온다. 그가 수도원의 서원을 지키지 못한 것은 영국 때문이라는 것이다! "다른 이유들도 여러 가지 있지만, 나는 바로 이 때문에 영국을 아주 미워한다. 그 나라는 언제나 나를 괴롭혀 왔다."

하지만 그는 노골적으로 비난을 퍼붓지는 않는다. 증오와 악의의 감정은 대체로 은근한 표현에 그친다. 그런 표현은 후텐과 베다 같은 적들은 물론이고 부다에우스나 리프시우스 같은 친구들도 겨냥한다. 때때로 다른 사람들의 불행을 고소하게 여기는 천박한 즐거움의 표현도 우리는 만나게 된다. 하지만 이런 악의적인 감정에 대하여 현대인의 예절 기준으로 에라스뮈스를 평가해서는 안 된다. 대부분의 동시대인들과 비교해 볼 때, 그래도 온건하고 세련되게 그런 감정을 표현했기 때문이다.

자신을 불행하다고 생각하는 에라스뮈스

────────   에라스뮈스는 결코 행복을 느끼기 못했고 만족하게 여기지도 않았다. 이것은 우리를 다소 놀라게 한다. 그의 쾌활하고 활기찬 정력, 즐거운 농담과 유머 등을 생각하면 더욱 그러하다. 하지만 깊이 생각해 보면 이런 불행한 느낌은 그의 성품과 아주 잘 어울린다. 그것은 남들을 전반적으로 경계하는 태도에서 나온 것이다. 그는 기분이 아주 상쾌할 때도 여전히 자신을 모든 면에서 불행한 사람이라고 생각했다. 그는 "인간들 중에서 가장 비참한 인간, 비참하다는 말을 세 번 써서 묘사해야 할 에라스뮈스"라는 정교한 그리스 식 표현을 썼다. 그의 인생은 "재앙의 대서사시요, 불행의 연속이었다. 그러니 그 누가 나를 부러워하겠는가?" 운명은 그 누구보다 에라스뮈스에게 한결같이 가혹했으며, 그를 파괴시키겠다고 맹세했다. 그는 젊은 시절 가갱에게 바친 시에게 그렇게 노래했다. 또 이런 말도 했다. 모질고도 슬픈

운명이 끈질기게 나를 쫓아다녔다. 판도라의 상자가 나의 머리 위에서 열린 것 같았다.

이 불행한 느낌은 헤라클레스의 난사難事를 가지고 불운한 별들 아래서 태어났다는 이미지로 구체화되었다. 그처럼 어려운 일을 맡고 태어났으니 그 자신에게는 즐거움도 이득도 있을 리가 없다.[16] 끝없는 고난과 고통뿐이었다. 만약 그가 모험을 걸었더라면 그의 인생은 한결 편해졌을지도 몰랐다. 가령 이탈리아에 머물러야 했는데 떠난 것이나, 영국에 눌러앉지 않은 것 등이 그러했다. "하지만 자유를 무척이나 사랑했기 때문에 나는 의리 없는 친구들과 고질적인 가난에도 불구하고 앞으로 나아갈 수 있었다." 다른 곳에서 그는 체념하는 어조로 이렇게 말했다. "하지만 우리는 운명이 내모는 대로 가야만 한다."

자유를 무척이나 사랑하는 것은 그에게 운명 같은 것이었다. 그는 조용한 자유를 언제나 찾아다녔지만 그것은 만년에도 찾아오지 않았다. 그는 족쇄가 될 만한 의무 사항은 결코 받아들인 적이 없었다. 여기에는 인생의 분규에 말려들어 가는 것을 두려워하는 마음이 작동했다. 자유를 찾아 언제나 떠돌았기 때문에 그의 생활은 불안정할 수밖에 없었다. 그는 그 어떤 것에서도 진정

---

16) Ad. 2001 LB. II, 717B, 77c, 58A. 롱퍼드 성의 에라스뮈스를 그린 홀바인 초상화에서 에라스뮈스는 손에 책을 들고 있다. 그 책에는 그리스어 문구가 들어 있는데 "헤라클레스의 10대 난사(難事)"라는 뜻이다.

한 만족을 얻지 못했고, 자신이 쓴 저작은 더 더욱 불만스러웠다. 루뱅 대학의 한 교수는 이렇게 물었다. "그렇다면 당신은 왜 그토록 많은 책을 써서 우리들에게 안긴 겁니까? 그 책들 중 어느 하나도 마음에 들지 않는다면 말입니다." 에라스뮈스는 호라티우스의 시구로 대답을 대신했다. "무엇보다도 나는 잠을 잘 수가 없었지요."

그의 에너지는 잠잘 줄 모르는 에너지였다. 그는 쉬지를 않았다. 아직 배멀미가 낫지도 않고 여행 가방을 다 정리하지 못했으면서도 그는 방금 받은 도르프의 편지(『우신 예찬』을 비난한 편지)에 대한 답장을 생각했다. 조용한 것을 좋아하고 두려움이 많은 에라스뮈스, 안락함, 정결함, 좋은 음식을 사랑했던 에라스뮈스. 이런 사람이 왜 그토록 싫어했던 위험한 여행이나 항해를 마다하지 않았을까? 그것은 오로지 그의 저서를 잘 써보겠다는 집념 때문이었다. 따라서 그의 불안정한 생활을 거론할 때는 이런 집념도 함께 생각해야 한다.

그는 성격이 불안정할 뿐만 아니라 급한 면도 있었다. 엄청난 기억력의 도움을 받아 그는 생각나는 대로 마구 글을 써댔다. 그렇지만 비문非文을 쓰는 일은 전혀 없었다. 그의 재주가 너무나 뛰어나고 세련되었기 때문에 그런 실수는 하지 않았다. 하지만 그는 같은 말을 반복했고 세부 사항에 대해서는 불필요할 정도로 상세했다. "나는 모든 것을 쓰는 것이 아니라 분출해내는 것

이다"라고 그는 말했다. 그는 자신의 저작물을 출산, 아니 유산流
産에 비유했다. 그는 주제들을 선별하지 않고 그냥 주제들 속으
로 뛰어들었다. 한번 어떤 주제에 대해서 쓰기 시작하면 중단 없
이 끝을 보았다. 그는 여러 해 동안 온갖 잡동사니 문헌들을 읽었
다. 그는 더 이상 수준 높은 독서로 정신을 청량하게 하고, 그런
다음 즐겁게 일을 할 시간이 없었다. 그런 점에서 그는 부다에우
스를 부러워했다.

남의 거짓과 나의 거짓

─────   "너무 황급하게 출간하지 말게." 모어는 그에게 조언
했다. "나중에 부정확함을 지적당하게 되면 아주 비참하지." 에
라스뮈스는 그 점을 알고 있었다. 하지만 나중에 고치면 된다고
생각했다. 그래서 그는 모든 저작을 수정하고 다시 다듬었다. 그
는 수정과 교정 작업을 싫어했지만 그것을 받아들였고, 열심히
일했다. "바젤의 인쇄소에서 6년 걸려 작업한 책을 여덟 달 만에
끝낼 수 있었지" 하고 그는 말했다.

이렇게 무모하고 황급하게 일하는 자세에서 우리는 그의 모순
된 성격을 또 하나 발견한다. 그는 황급하고 부주의했지만, 동시
에 조심스럽고 신중하기를 원했다. 그의 성격은 첫째가 되라고
부추겼으나, 그의 심성은 절제하라고 가르쳤다. 하지만 쓰고 싶
은 말을 다 써서 출간한 후에나 절제를 생각하는 경향이 있었다.

그 결과 그의 행동은 언제나 광분과 절제가 뒤섞였다.

에라스뮈스가 단정적 선언을 피하는 태도는 우리를 짜증나게 한다.『대화집』에서 그는 아주 조심스럽게 등장인물들을 묘사하고 있으나, 그의 내적 모순이 상당히 많이 드러난다. 그는『대화집』이 친구들을 즐겁게 하려고 종이 위에 끄적거린 사소한 작품에 지나지 않는다고 둘러댔다. 그냥 사람들에게 라틴어를 가르치기 위해 그 글을 썼다는 것이다! 만약 그 중에 어떤 대화가 신앙의 문제를 건드렸다면 그렇게 말한 것은 내가 아니라 등장인물이라고 둘러대면서 비난을 피해 나갔다. 사정이 그렇지 않은가? 그는『격언집』에서 상류 계급과 고위 관료, 특히 군주들을 비난하고 있지만, 그의 말이 어떤 특정인을 겨냥한 것이 아니라고 독자들에게 미리 말해 준다.

에라스뮈스는 무엇을 잘 단정하지 않는 유보의 대가였다. 어떤 결정적인 견해를 가지고 있을 때도 그것을 단정적으로 표현하는 것을 피했다. 이것은 조심성 때문이기도 하지만 인간사가 언제나 애매모호하다는 것을 잘 알고 있었기 때문이다.

에라스뮈스는 거짓말을 아주 싫어한다고 말했다. 거짓말하는 사람을 보면 몸으로 고통을 느낀다는 말도 했다. 어린 시절에도 거짓말하는 소년을 싫어했고,『대화집』에서도 어린 허풍쟁이를 비난하고 있다. 물론 이런 감정은 진실하다. 하지만 정작 에라스뮈스 자신도 거짓이라고 할 수 있는 행위를 많이 했다. 그의 편지에는 불일치, 아첨, 교활한 언사, 악의 없는 거짓말, 객관적 사실의 억압, 억지로 꾸민 존경과 슬픔의 감정 등이 발견된다. 그는 베레의 안나에게 아첨함으로써 지원금을 받고 고마워했으나, 그것을 완전히 뒤집어 버리는 행동을 했다. 가장 친한 친구인 제임스 바트에게 그의 이익을 위해 안나에게 거짓말을 하라고 시켰던 것이다. 그는 사후 결과를 두려워하여 『천국에서 쫓겨난 율리우스』의 저자가 자신이 아니라고 은근하게 부인했고, 심지어 토머스 모어에게도 그렇게 말했다. 하지만 "내가 그것을 쓰지 않았다"고 분명하게 말하는 것은 피했다. 에라스뮈스의 이런 거짓은 가볍게 넘어가 줄 만한 구석도 있다. 동시대의 다른 휴머니스트들이 그보다 훨씬 뻔뻔한 거짓말을 더욱 자주 했으니까 말이다.

남을 판단하는 당신은 누구인가

━━━━ 그 외에 언제나 유보적인 태도, 절반만 결론을 내리고 더 이상 나아가지 않기, 베일을 둘러친 진실, 은근한 중상모략의 암시 등도 비난을 면치 못했다. 가끔 배신자라는 비난이 엄청난 분노와 함께 그에게 퍼부어졌다. 에드워드 리는 이렇게 말했다. "당신은 언제나 남들을 의심만 하고 있습니다. 어떻게 당신은 감히 검열관의 완장을 차고 당신이 읽어보지도 않은 것을 비난할 수 있습니까? 어떻게 감히 당신 자신을 제외한 모든 사람을

경멸할 수 있습니까? 당신은 『대화록』에서 당신의 적들을 엉뚱하고도 모욕적인 방식으로 묘사하고 있습니다." 리는 자신을 비난한 악의적 문장을 몇 개 인용하고서 계속 말했다. "이런 문장을 읽는 독자는 성직자, 검열관, 겸손하고 성실한 저자인 에라스뮈스가 진지함, 예의바름, 정직함의 표상이라고 생각할 것입니다. 에라스뮈스의 겸손함은 오래 전부터 이미 정평이 나 있습니다. 당신은 언제나 '잘못된 비난'이라고 말합니다. 가령 이렇게 말하는 겁니다. 만약 내가 그(에드워드 리)의 잘못된 비난을 조금이라도 의식적으로 저질렀다면, 나는 주님의 식탁에 나아갈 자격이 없을 것이다. 오 이런, 남을 판단하는 당신은 누구인가, 당신은 주님 앞에서 제멋대로 일어섰다 앉았다 하는 주님의 종인가?"

이것은 1520년 초 보수 진영에 나온 최초의 격렬한 공격이었다. 당시 **루터**가 촉발한 엄청난 갈등이 온 세상을 커다란 소용돌이 속으로 밀어 넣고 있었다. 6개월 뒤 과격한 종교개혁가들 측에서 최초의 진지한 비난이 터져 나왔다. 성격이 급하고 다소 머리가 혼란스러운 기사 울리히 폰 후텐이 앞에 나섰다. 그는 루터의 대의가 독일의 민족주의를 대표하여 승리를 거두기를 바라는 사람이었다. 그는 한때 에라스뮈스를 "새로운 행복의 빛"이라고 추켜세웠던 사람이었는데, 이제 종교개혁의 대의를 버리거나 위태롭게 하지 말아 달라고 에라스뮈스에게 긴급하게 호소해 왔다. "당신은 로이힐린 사건 때 당신이 엄청 무서운 사람임을 증명해 보였습니다. 이제 루터 사건에서 당신은 루터의 적수들에게 당신이 루터의 대의를 혐오한다고 애써 설득하고 있습니다. 우리는 사정이 그렇지 않다는 것을 압니다. 우리를 모른다고 하지 마십시오. 우리는 당신의 편지들이 자랑스럽게 유통되고 있다는 것을 알고 있습니다. 그 편지에서 당신은 의심으로부터 당신을 보호하기 위해 다소 야비하게도 그 의심을 남에게 떠넘겼습니다…… 우리의 대의 때문에 약간의 적개심을 불러일으키는 것을 두려워한다면 적어도 나에게만은 실정을 털어놓으십시오. 남을 두려워하여 나를 모른다고 말하지는 않겠노라고 말입니다. 그리고 나에 대해서는 차라리 침묵하십시오."

이것들은 씁쓸한 비난이었다. 그것을 묵묵히 삼켜 버린 사람은 분명 그런 비난을 받아 마땅한 '소인 에라스뮈스'였다. 비록 불쾌했지만 그래도 개의치 않으면서 그는 신중한 유보적 태도로 일관했고, 마침내 후텐의 우정은 에라스뮈스에 대한 증오로 변해 버렸다. 하지만 그의 내면에는 '대인 에라스뮈스'가 있었다. 그는 파당들이 열정과 미혹에 휩싸여 서로 싸우는 상황에서도 그가 추구한 진리와 소망한 사랑이 결국 이 세상의 어둠을 걷어내고 이 세상을 구원하리라고 생각했다. 대인 에라스뮈스는 자신이 믿는 하느님은 결코 이런 싸움에서 그 어느 편도 거들지 않는다고 확신했다. 이제 소인 에라스뮈스의 생활 반경이 허용하는 범위 내에서 대인 에라스뮈스를 살펴보기로 하자.

제15장

루뱅 대학 시절

에라스뮈스는 1517년 루뱅 대학에 자리를 잡으면서 거대한 변화가 가까이 다가왔다는 막연한 예감이 들었다. 그는 7월에 이렇게 썼다. "하느님의 은총과 군주들의 경건과 지혜가 인간사에 크게 개입하지 않는다면 엄청난 파괴적 현상이 벌어질 것 같은 두려움이 앞섭니다." 그러나 그 거대한 변화가 어떤 형태를 취할지 그는 조금도 알지 못했다.

내일 또 내일

그는 자신의 루뱅 이주를 일시적인 것이라고 생각했다. "이미 문을 두드리고 있는 노년에 어떤 거주지가 가장 좋을지 그걸 알아낼 때까지" 잠정적이라는 것이었다. 그는 오로지 한적함과 자유를 바랐고, 자신의 불안정한 성격 때문에 다른 사람들의 일에 끼어들지 않으려 했으며, 그 때문에 일정한 거주지나 진정한 독립의 상태를 발견할 수가 없었다. 이런 에라스뮈스에게 우리는 일말의 애수 같은 것을 느낀다. 에라스뮈스는 언제나 "내일 또 내일"이라고 말하는 사람처럼 보인다. "우선 이걸 먼저 하고 그러면 내일에는……." 그리스어 신약성경의 개정판을 내고 본의 아니게 말려들게 된 불쾌하고 고통스러운 신학적 논쟁을 마무리 지으면 그때는 편안히 잠도 자고, 어디 한적한 곳에 숨을 수도 있고, '나 자신과 뮤즈를 위해 노래를 부를 수 있으리라'고 생각했으나 그런 때는 결코 오지 않았다.

만약 그가 완전히 자유롭게 된다면 그는 어디에 살 것인가? 히메네스 주교가 오라고 초청해 준 스페인은 별로 마음에 들지 않았다. 독일은 너무 더운 난로와 불확실한 치안이 두려워 가고 싶지 않았다. 영국에 가면 높은 사람들에게 아첨을 해야 하니, 그 또한 혐오스러웠다. 그렇다고 네덜란드에서 편안함을 느끼는 것도 아니었다. "여기서 나는 심하게 공격을 당하고 있습니다. 그리고 보상도 별로 없습니다. 마음 같아서는 오래 머무르고 싶었지만 도저히 그렇게 할 수가 없었습니다." 그렇지만 그는 네덜란드에 4년을 머물렀다.

에라스뮈스는 루뱅 대학에서 좋은 친구들을 많이 만났다. 처음에 그는 오랜 친구인 루뱅 대학 수사학 교수인 요하네스 팔루다누스Johannes Paludaus의 집에 머물렀으나, 여름에는 릴리 대학의 숙소로 옮겨 갔다. 같은 네덜란드 사람인 마르틴 도르프Martin

Dorp와는 『우신 예찬』에 대한 논쟁 때문에 사이가 벌어지지는 않았다. 도르프는 신학대학에서 영향력 있는 교수였으므로 그의 호의가 에라스뮈스에게는 아주 중요했다. 그리고 예전의 후견인이었던 위트레흐트의 아드리안Adrian이 있었다. 그 무렵 아드리안은 루뱅을 떠나 더 고위직으로 이동했으나 그의 영향력은 루뱅에서 줄어든 것이 아니라 오히려 강화되었다. 당시 추기경으로 승진했는데 후일 교황에까지 오르게 된다.

루뱅의 성직자들은 기쁜 마음으로 에라스뮈스를 환영했다. 그들의 지도자인 대학 부학장 아트의 장 브리아르Jean Briard는 그리스어판 신약성경을 여러 번 칭찬하여 에라스뮈스를 기쁘게 했다. 곧 에라스뮈스는 신학대학의 교수가 되었다. 그러나 그는 루뱅 신학 교수들 사이에서 편안함을 느끼지 못했다. 그곳의 학문적 분위기는 보수적이었고, 영국 학자들과 비교해 볼 때 그에게 잘 대해 주는 것이 아니었다. 여기서 그는 어떤 묘한 정신적 분위기를 느꼈고, 결국에는 그것을 불신하게 되었다.

신앙과 학문

—— 종교개혁이 벌어진 첫 몇 년 동안 에라스뮈스는 엄청난 오해를 받는 피해자였다. 그의 온유하고 미학적인 학문 정신이 신앙의 심오한 깊이와 인간 사회의 가혹한 현실을 제대로 이해하지 못한 결과였다. 그는 신비주의자도 현실주의자도 아

니었으나, 루터는 그 둘 다였다. 에라스뮈스가 볼 때 교회와 국가와 사회의 문제는 비교적 단순명료한 것이었다. 기독교 정신의 오염되지 않은 근원으로 되돌아가면 모든 것이 회복되고 정화된다고 보았다. 신앙에 덕지덕지 붙어 있는 곁가지들은 혐오스럽다기보다 우스꽝스러운 것이었는데 이것을 제거하면 문제는 자연 해결될 터였다. 모든 것이 신앙의 핵심인 그리스도와 복음으로 환원되어야 마땅했다. 번거로운 형식 절차, 의례, 추상적 논리 등은 진정한 경건함에 자리를 내주어야 했다. 복음은 누구나 쉽게 이해할 수 있는 것이고 모든 사람이 손을 뻗으면 잡을 수 있는 곳에 있다. 이렇게 손 뻗게 해주는 수단이 곧 보나이 리터라이(bonae literae: 좋은 문학)였다. 그가 그리스어 신약성경, 히에로니무스 전집, 이보다 전에 나와 유명해진 『엔키리디온』 등을 펴내어 해야 할 일을 대부분 하지 않았는가? "나는 현재 올바른 사람들을 즐겁게 하는 것이, 모든 사람을 즐겁게 하기를 바랍니다." 1517년 초, 그는 볼프강 파브리치우스 카피토에게 그 위대한 과업을 성취한 사람처럼 편지를 써 보냈다. "자, 이제 당신이 우리에게서 횃불을 넘겨받으십시오. 그 일은 이제 한결 쉬울 것이고 증오와 질투를 별로 일으키지 않을 것입니다. 우리는 첫 번째 충격을 견뎌냈습니다."

부다에우스는 1517년에 턴스톨에게 편지를 보냈다. "이제 거룩한 문헌이 에라스뮈스의 근면 덕분에 예전의 순수함과 명석함을 되찾았습니다. 그러니 따분하고 애매모호한 학문(스콜라주의)을 좋아할 정도로 불길한 별 아래에서 태어난 사람은 없다고 해야 합니다. 하지만 에라스뮈스가 앞으로 더욱 근면한 노력으로 **키메르족**Cimmerian의 어둠으로부터 거룩한 진리를 이끌어낼 수 있다면 그것은 더욱 위대한 일이 될 겁니다. 신학자들은 아직도 궤변술의 찌꺼기를 완전히 털어버리지 못했습니다. 아무튼 그런 일이 장래 언젠가 벌어진다면 그것은 우리 시대에 이루어진 자그마한 시작 덕분일 것입니다." 문헌학자(언어학자)인 부다에우스는 에라스뮈스보다 더 철저하게 신앙은 곧 학문의 문제라고 생각하고 있다.

사람들이 하나같이 정화된 진리의 타당성을 받아들이지 않는 것은 에라스뮈스를 분노하게 만들었다. 그가 볼 때 대낮처럼 환하고 분명한 것을 왜 사람들이 거부하는지 도무지 납득이 되지 않았다. 온 세상 사람들과 평화롭게 살기를 진정으로 원했지만, 에라스뮈스는 본의 아니게 일련의 논쟁에 빠져들게 되었다. 반대하는 사람들의 저항을 그냥 흘려보낸다는 것은 그의 성격상 있을 수 없는 일이었다.(당시 그는 온 세상을 상대로 자신의 정당함을 증명하려고 애쓰는 중이었다.) 또 논쟁을 아주 좋아하는 당시의 관습도 그런 무반응을 허용하지 않았다.

신학자들과의 논쟁

━━━ 먼저 자크 르페브르(라틴어 이름은 파베르 스타풀렌시스 Faber Stapulensis)와의 논쟁이 있었다. 이 파리 신학자는 종교개혁의 준비자로서 그 누구보다도 에라스뮈스와 어깨를 겨룰 수 있는 사람이었다. 에라스뮈스가 루뱅으로 가는 수레에 올라타려는 순간, 어떤 친구가 파베르의 저서 『성 바울 서한의 주석』 신간 속에 들어 있는 한 문장을 일러주었다. 그러면서 파베르가 히브리서 2장 7절에 대한 에라스뮈스의 주석을 문제 삼았다는 것이었다. 에라스뮈스는 즉시 파베르의 책을 구입하여 정독하고서 『변명Apologia』을 출간했다. 그 문장은 그리스도와 하느님, 그리고 천사들에 관계되는 것이었는데, 파베르가 문제 삼은 교리적 문제는 결국 에라스뮈스의 문헌학적 해석과 관련되는 것이었다.

에라스뮈스는 아직 직접적인 논쟁에 익숙하지 않았기 때문에 이 문제로 심한 마음의 동요를 겪었다. 게다가 파베르는 그가 존경하는 신학자였고, 또 그의 마음에 맞는 친구였기 때문이다. "도대체 그 친구에게 무슨 일이 벌어졌는가? 누군가 그를 사주하여 나와 싸우게 하였는가? 모든 신학자들이 나의 주장이 옳다는 데 동의하고 있다"고 에라스뮈스는 말했다. 파베르가 즉각 답장을 보내오지 않는 것도 에라스뮈스를 불안하게 만들었다. 인쇄업자 바디우스는 페터 길레스에게 파베르가 그 일을 미안하게 생각하고 있다고 전했다. 에라스뮈스는 품위 넘치는 편지를 써서 그들의 우정에 호소했다. 파베르의 가르침과 비난을 달게 받겠다는 말도 했다. 그러면서 불평하는 말도 했다. "이런 비난은 조심스럽게 해야 한다. 나와 파베르의 논쟁이 온 세상을 긴장시키고 있다." 저녁 식사에 초대받아 온 손님들은 에라스뮈스냐 파베르냐 어느 한쪽을 선택하도록 강요받는다. 하지만 그 논쟁은 마침내 잦아들었고, 그들의 우정은 보존되었다.

1518년 부활절 무렵 에라스뮈스는 바젤로 여행할 계획을 세웠다. 그곳에 가서 그리스어 신약성경 수정본을 몇 달 동안 열심히 작업하여 인쇄에 부칠 생각이었다. 그는 이런 출장 목적에 대해 보수적인 루뱅 신학자들에게 그리스어 신약성경에 관련하여 이의 제기할 것이 있으면 미리 말해 달라고 요청했다. 부학장 아트의 브리아르는 처음에는 그 책에 대해 온갖 나쁜 이야기를 보고 받았으나, 그 자신이 그 책에서 어떤 불쾌한 사항을 발견하지 못했다고 말했다. "수정본은 전보다 훨씬 더 당신을 기쁘게 할 겁니다"라고 에라스뮈스는 말했다. 브리아르의 친구인 도르프, 제임스 라토무스James Latomus, 그리고 고참 신학자 한 사람도 같은 뜻을 내비쳤다. 카르멜 수도회의 수도자인 에흐몬트의 니콜라스는 에라스뮈스의 책을 읽어본 적이 없다고 말했다. 루뱅에서 그리스어를 전공하는 젊은 영국인 에드워드 리 한 사람만 그리스어 신약성경에 대한 비판을 10개 조항으로 요약하여 제출했다. 에라스뮈스는 리에게 10개 조항을 잘 이해하지 못해 수정본에 반영하지 않겠다는 편지를 쓰는 것으로 그 문제를 간단히 처리해 버렸다. 하지만 젊은 비판자는 그런 홀대를 당한 것에 분개하여 자신의 비판을 더욱 자세하게 설명한 논문을 작성했다.

이렇게 하여 에라스뮈스는 1518년 5월 다시 한 번 바젤 출장을 떠났다. 그는 영국 친구들에게 출장비를 좀 지원해 달라고 요청했다.(친구들 중 암모니우스는 1517년에 사망하여 도움을 청할 수 없었다.) 그는 영국 친구들에게 이 수정본 작업이 끝나면 영국에 한 번 들르겠다는 말도 했다. 라인 강을 거슬러 올라가면서 마르틴 리프시우스에게 보낸 편지에서 에라스뮈스는 에드워드 리의 비판이 아주 신경에 거슬린다고 말했다. 그는 그리스어 신약성경을 수정하면서 리의 비판을 거의 감안하지 않았을 뿐만 아니라 1506년에 나왔던 라틴어 신약성경을 전혀 수정하지 않고 출판하기로 했다. 동시에 그는 신약성경 수정본에 대하여 교황의 추천서를 받음으로써, 중상모략자를 물리치는 확실한 방어용 무기를 얻었다.

인신공격을 마다하지 않는 반격

━━━━━ 바젤에 도착한 에라스뮈스는 또 한 번 무거운 짐을 끄는 짐말처럼 힘들여 일했다. 그는 정말로 열심히 작업했다. 신약성경 제2판이 나오기도 전에 『엔키리디온』과 『기독교 군주의 교육』이 프로벤에서 재간되었다. 에라스뮈스는 바젤에서 돌아오는 길에 여름 내내 고생했던 소화불량이 악화되어 크게 아팠

고, 그래서 잠시 여행을 중단해야 했다. 그는 1518년 9월 21일 아주 힘겹게 루뱅에 돌아왔다. 그것은 전염병일 가능성이 있었다. 평생 전염을 두려워했던 에라스뮈스는 친구들에게 사전 경고하여 병을 옮기지 않으려고 애를 썼다. 그는 릴리 대학의 숙소로 가지 않고 가장 신임하는 친구인 인쇄업자 디르크 마에르텐스의 집에 임시 거처를 정했다. 하지만 전염병의 소문과 에라스뮈스의 사전 경고에도 불구하고 먼저 도르프가, 뒤이어 아트가 병문안을 왔다. 이런 것을 보면 루뱅 교수들이 에라스뮈스에게 그리 무심하지 않았음을 알 수 있다.

그러나 에라스뮈스와 루뱅 교수들 사이의 의견 차이는 뿌리 깊은 것이었다. 자신의 비판 사항들이 에라스뮈스에게 무시당했던 에드워드 리는 새로운 비판의 글을 썼으나, 그것을 에라스뮈스에게 보여 주지 않았다. 리의 그런 태도에 에라스뮈스는 분노와 불안을 동시에 느꼈다. 한편 새로운 반대자가 등장했다. 루뱅에 돌아온 직후 에라스뮈스는 제롬 부스라이덴Jerome Busleiden이 기획하고 자금을 댄, 3개 언어 대학(Collegium Trilingue)의 루뱅 대학 내 설립을 적극적으로 추진했다. 이 대학에서는 성경의 3대 언어인 히브리어, 그리스어, 라틴어를 가르칠 예정이었다. 에라스뮈스는 루뱅 대학교 신학대학 교수이고 존경하는 학자인 제임스 라토무스와 3개 언어와 신학 연구에 관해 대화를 나누었는데, 라토무스는 3개 언어의 교육에 대해서 회의적인 의견이었다. 에

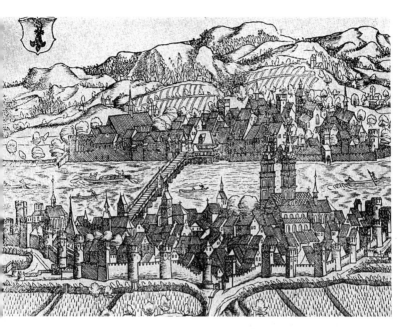

바젤 전경, 목판화, 1548년.

프로벤 사가 출판한 신약성경(1520)의 속 페이지, 한스 홀바인 디자인.

라스뮈스는 그것을 심각하게 받아들여 그 즉시 해명의 글을 써서 라토무스에게 제출했다.

이 무렵(1519년 봄) 에라스뮈스는 부학장과도 문제가 있었다. 에라스뮈스는 아트가 최근에 나온 「결혼의 찬양」이라는 글과 관련하여 공개적으로 자신을 비난했다고 생각했다. 아트는 그 비난의 말을 금방 취소했으나, 에라스뮈스는 해명의 글을 쓰지 않을 수 없었다. 한편 에드워드 리와의 은근한 싸움은 점점 더 불붙으면서 증오의 양상을 드러냈다. 에라스뮈스의 영국 친구들은 이 젊은 동포의 혈기를 억제해 보려 했으나 성공하지 못했다. 에라스뮈스는 은근히 리의 약을 올렸다. 그는 이 싸움에서 자제심과 위엄을 지키지 못하는 소인의 모습을 드러냈다. 평소에는 예의에 대해서 그처럼 신경 쓰던 사람이 이제 에드워드 리를 향하여 영국의 독사, 사탄, 꼬리 달린 영국인 등의 욕설을 퍼붓기 시작했다. 서로 맹렬한 비난의 말을 퍼붓는 바람에 논쟁의 요점은 가뭇없이 사라졌다. 너무나 화가 난 나머지 에라스뮈스는 가장 비열한 무기를 사용했다. 그는 독일 친구들을 사주하여 리에게 반대하는 글을 쓰고, 또 리의 어리석음을 조롱하도록 했다. 그런 다음 에라스뮈스는 영국 친구들에게 이렇게 말했다. "독일의 모든 학자들이 리에게 화를 내고 있어요. 그 학자들을 말리느라고 힘들어 죽겠습니다."

하지만 당시 독일은 다른 골치 아픈 문제들이 있었다. 그 해는

1520년이었고 루터는 가톨릭교회에 반발하는 3대 논문을 발표하여 온 세상에 불을 붙였다.(→ 루터의 3대 논문)

우리는 에라스뮈스의 난폭한 행동과 사소한 악의에 대해서는, 남자다운 성격과는 거리가 먼 민감한 마음의 소치라고 관대하게 보아 넘길 수 있다. 그러나 그가 크게 실수한 점 한 가지는 그냥 보아 넘길 수가 없다. 그는 논쟁에 나선 적수들의 주장을 이해하지 못했을 뿐만 아니라 그 당시의 거대한 움직임들도 간파하지 못했다.

학문과 교리의 상충

▬▬▬ 에라스뮈스가 보수적인 성직자들의 속 좁은 마음을 비웃는 것은 아주 쉬운 일이었다. 불가타 텍스트를 수정하려 들면 성경에 대한 믿음이 끝장나 버릴 것이라고 생각하는 그들을 에라스뮈스는 이해하기가 힘들었다. "신부는 놀라는 신자들을 앞에 두고 내가 거룩한 복음이나 주기도문을 고치려 든다고 화를 내며 말합니다. 나는 무지와 부주의로 신약성경의 문장을 와전시킨 사람들을 비난하는 것인데 마치 내가 마태나 누가를 비난한 것처럼 말합니다. 도대체 그들이 원하는 것이 무엇입니까? 교회가 가능한 한 정확한 신약성경을 갖기를 바라지 않는 것입니까?" 원래의 모습 그대로 순수한 성경을 사용해야 한다고 보는 에라스뮈스에게 이런 주장은 누구나 받아들일 만한 결정적인

것이라고 생각되었다. 그러나 보수적 성직자들의 본능은 정확했다. 그들은 어떤 개인의 언어학적(학문적) 판단이 성경 텍스트의 정확성을 결정해 버린다면 교리 그 자체가 위태롭게 된다고 생각했다.(→ "루터", 중 3대 신학사상)

에라스뮈스는 가능한 한 교리를 공격하는 논평은 피하려 했다. 하지만 그는 한 가지 사실을 간과했다. 그가 교회, 성사, 교리 등에 대해서 갖고 있는 생각은 더 이상 가톨릭적인 것이 아니었다. 그의 사상은 언어학적 통찰의 지배를 받고 있었던 것이다. 그는 이것이 어떤 파급 효과를 가져오는지 잘 알지 못했다. 비록 그가 종교적 경건함과 철저한 윤리적 감정을 갖고 있다고 할지라도, 그는 모든 신앙의 핵심인 신비주의적 통찰이 없었던 것이다.

이처럼 개인적으로 **신비주의**를 배척했기 때문에 그는 가톨릭 정통파의 저항과 그 근거를 제대로 이해하지 못했다. 에라스뮈스에게는 너무나 명백하고 논박 불가능한 사항을 고위 성직자들이 받아들이지 않으려 하다니, 그는 정말 이상하다고 생각했다. 그는 그들의 그런 자세를 아주 개인적인 관점으로 해석했다. 그는 온 세상 사람들과 평화롭게 살고 싶고, 공감과 인정을 동경했고, 남들의 적개심은 잘 견디지 못하는 사람이었다. 그런 에라스뮈스가 그의 주위에서 증오하며 반대하는 사람의 대열이 점점 늘어나는 것을 지켜보아야 했다. 그는 그들이 그의 조롱과 야유를 두려워한다는 것을 알지 못했고,『우신 예찬』이 얼마나 많은 사람에게 상처를 주었는지 깨닫지 못했다. 그런 실제적인 혹은 허구적인 증오가 에라스뮈스의 마음을 괴롭혔다. 그는 적들을 하나의 집단으로 보았다. 특히 새로운 학문적 신학에 대하여 반감을 품고 있는 것은 도미니크 수도회와 카르멜 수도회가 심했다.

그때 루뱅에서 또 다른 적수가 출현했는데, 에라스뮈스와 같은 나라 사람인 에흐몬트의 니콜라스였다. 그는 카르멜 수도회 예하의 수도원장이었는데, 에라스뮈스가 특히 미워한 사람이었다. 에라스뮈스는 루뱅에서 가장 사나운 적수들을 만났는데, 그들은 하를렘의 빈센트 디르크스Vincnt Dirks, 비아넨의 빌렘Willem, 루르드 타퍼Ruurd Tapper 등의 동포들이었다. 박해는 날이 갈수록 심해졌다. 중상모략의 해독은 점점 넓게 퍼졌고, 날마다 더 지독해졌다. 에라스뮈스에 대한 황당한 거짓말들이 뻔뻔스럽게 설교되었다. 그는 중상하는 사람들을 막아내기 위해 아트의 브리아르에게 도움을 요청했으나 아무 소용이 없었다. 그늘 속에 숨어 있는 적들은 비웃었다. 저 자가 박식한 자들을 위해 글을 쓸 테면 써라. 그런 자들은 소수니까. 우리는 계속 짖어대어 대중을 동요시키겠다. 1520년 이후 그는 거듭하여 이렇게 썼다. "나는 날마다 돌을 맞는다."

에라스뮈스는 1519년과 1520년에 그 자신이 논쟁의 중심에 있다고 생각했고, 나름대로 근거가 있었다. 또 이 커다란 갈등이 오로지 그(에라스뮈스) 한 사람에게만 관련된 것이 아니라는 사실도 알았다. 온 사방에서 싸움이 벌어지고 있었다. 영혼과 신앙에 대한 저 커다란 동요는 도대체 무엇인가?

보나이 리터라이에 대한 음모

—————　이 질문에 대하여 에라스뮈스가 내놓은 답변은 이러하다. 그것은 훌륭한 학문을 질식시키고 그 자리에 예전의 무지無知를 복구시키려는 보수주의자들의 황당하고 악의적인 음모이다. 1518년 중반 이후에 쓰여진 에라스뮈스의 편지들에는 이런 생각이 자주 등장한다. 그는 1519년 3월 21일 한 독일 친구에게 이렇게 썼다. "나는 확신하고 있습니다. 온 사방의 야만인들은 보나이 리터라이를 억압하기 위해 모든 지저분한 수단을 총동원하기로 음모를 꾸몄습니다." "여기서 우리는 예전의 무지를 보호하려는 자들과 싸우고 있습니다. 울지 대법관은 교황을 설득하여 이런 작태를 금지시킬 수 없을까요? 이 속 좁은 자들은 고대의 교양 있는 문헌들을 가리켜 '시詩'라고 하고 있습니다. 그들은 이 시라는 말을 가지고 우아한 교리의 냄새를 풍기는 모든 것, 다시 말해 그들이 배우지 못한 모든 것을 비난하고 있습니다."

그러니까 모든 소동과 비극—에라스뮈스는 당시의 엄청난 신학적 투쟁을 이런 용어로 지칭했다—보나이 리터라이에 대한 증오에서 나온다는 얘기이다. "이것이 이 모든 비극의 원천이요 온상입니다. 언어학적 연구와 보나이 리터라이를 무한정 미워하고 있는 것입니다." "루터는 이 진압하기 어려운 적들을 부추기고 있습니다. 그들의 대의大義가 분명 잘못되었는데도 말입니다. 한편 질투심이 보나이 리터라이를 괴롭히고 있습니다. 이 날파리들이 그(루터)의 사주 아래 이렇게 공격하는 것입니다. 그들은 일이 잘 되어 가지 않을 때도 용납하기가 힘든 존재입니다. 하지만 그들이 승리를 거둘 때는 누가 그들에게 맞설 수 있겠습니까? 내가 눈이 멀었거나, 아니면 그들이 루터 아닌 다른 어떤 사람을 겨냥하고 있습니다. 그들은 뮤즈의 신전을 정복할 준비를 하고 있습니다."

이 편지는 1520년 12월에 라이프치히 대학의 한 교수에게 보낸 것이다. 그 당시 벌어지고 있는 엄청난 사건들에 대하여 일방적이고 학술적인 생각이 표현되어 있다. 그것은 골방에 들어앉아 책에 고개를 떨구고 있는 한 은둔자의 머리에서 솟아난 생각이다. 그런 생각을 갖고 있었으니 에라스뮈스가 종교개혁의 진정한 성질과 목적을 이해하지 못한 것은 그리 놀라운 일도 아니다.

제16장

종교개혁의 초창기

―――

　　　　　1516년이 저물어 가던 시점에 에라스뮈스는 작센 선제후 프리드리히의 사서 겸 비서인 게오르게 스팔라티누스 George Spalatinus로부터 편지를 한 통 받았다. 그 편지는 정중하고 공경하는 어조로 위대한 에라스뮈스에게 접근해 왔다. "이곳에 있는 우리는 당신을 무척 존경합니다. 선제후는 당신이 쓴 모든 책을 서재에 소장하고 있으며, 앞으로 나오는 책들도 모두 사들일 예정입니다." 그 편지의 목적은 스팔라티누스의 친구가 해온 부탁을 전하려는 것이었다. 에라스뮈스를 무척 존경하는 아우구스티누스 수도회의 한 수도사가 성 바울의 해석에 대하여 이의를 제기하고 싶다는 것이었다. 특히 로마서의 의례 부분에 대하여 언급했는데, 에라스뮈스가 **의화**(義化, justitia)의 개념을 정확히 이해하지 못했고, 또 원죄에 대하여 별로 신경을 쓰지 않았다는 지적이었다. 그리고 에라스뮈스가 **아우구스티누스**를 읽는다면 한결 도움을 받으리라는 조언도 했다.

이 이름 없는 아우구스티누스 수도자는 마르틴 루터Martin Luther였는데, 당시 그가 교수로 봉직하던 비텐베르크 대학 이외의 지역에서는 무명 인사였다. 그는 자신이 힘들게 획득한 신앙의 요체인 믿음에 의한 의화를 에라스뮈스에게 지적하려 했던 것이다.

에라스뮈스는 이 편지에 별로 신경을 쓰지 않았다. 그는 그런 종류의 편지들을 워낙 많이 받았고, 당시만 해도 비난은 거의 없고 칭찬 일색이었다. 설사 이 편지에 답장을 했더라도 그것은 스팔라티누스의 손에 들어가지 않은 듯하다. 에라스뮈스는 그 후이 편지를 완전히 잊어버렸다.

면죄부의 판매

——— 그로부터 9개월이 지나간 1517년 9월, 에라스뮈스는 당시 루뱅에 잠시 머무르고 있었는데 한 지체 높은 고위 성직자로부터 명예로운 초대장을 받았다. 신성로마제국의 첫 번째 고위 성직자인 젊은 마양스 대주교 브란덴부르크의 알베르트가 보낸 것이었다. 대주교는 에라스뮈스를 한 번 만나보았으면 좋겠다는 뜻을 밝혔다. 대주교는 에라스뮈스의 저서를 높이 평가한다고 말하면서(하지만 실제로는 저서에 대해서 잘 몰라서 신약성경 주석본이라고 말해야 할 곳에서 구약성서 주석본이라고 했다), 장래 언젠가 성인들

의 전기를 우아한 문체로 써주기를 바란다고 말했다.

이 호엔촐레른 왕가의 젊은 왕자는 고전 연구의 새로운 빛을 지지했고, 그의 궁정에 출입하던 후텐과 카피토의 조언으로 에라스뮈스를 알게 되었다. 알베르트는 최근에 그 당시로서 가장 대담한 정치적·재정적 거래에 참여했다. 그는 24세의 젊은 나이에 마양스 대교구장으로 승진하기 위해서는 교황의 특면장이 필요했다. 그는 마그데부르크 대주교 자리와 할버슈타트 교구의 교구장 자리도 동시에 유지하려 했기 때문이다. 이런 교회 고위직의 획득은 당연히 브란덴부르크 정책에 연계되어 있었는데, 그 정책은 언제나 라이벌 왕가인 작센가와 대립하는 것이었다. 교황은 막대한 금액을 헌납 받는 대가로 특면장을 수여했다. 그리고 그 헌납전의 융통을 촉진시키기 위하여 마양스 대교구, 마그데부르크 대교구, 브란덴부르크 영지 내에서 면죄부(→ **연옥**)를 판매할 수 있는 권한을 알베르트에게 수여했다. 면죄부 판매액의 절반은 자신이 가지는 조건이었으므로 알베르트는 먼저 푸거 가문에게서 돈을 빌려와 헌납전을 냈고, 이어 면죄부 판매로 대부금을 상환할 예정이었다.

1517년 12월, 에라스뮈스가 마양스 대주교의 편지에 답장하던 때, 면죄부 판매에 반대하는 루터의 항의가 이미 공표된 상태였다.(1517년 10월 31일) 루터의 항의는 특히 마양스 대주교의 면죄부 판매 지시로 촉발되었다. 루터의 항의문은 독일 전역에 유통되면서 온 교회를 뒤흔들었다. 일찍이 에라스뮈스는 기계적·파편적·율법적 종교관에 저항한 바 있는데, 루터의 저항 또한 그런 종교관을 정조준한 것이었다. 하지만 두 사람이 일으킨 실제적 효과는 아주 달랐다. 에라스뮈스는 온건한 방법으로 교회를 정화하는 평화적 노력을 찬양했던 것이다.

"성인들의 전기를 써 달라고요?" 에라스뮈스는 대주교의 요청에 대답했다. "나는 변변치 못한 솜씨지만 성인들의 군주(그리스도)에 대하여 작은 빛을 던지려고 애써 왔습니다. 여러 가지 어려운 행정 일이 많고, 또 비교적 젊은 나이인데도 불구하고, 헛소리와 혐오스러운 스타일이 배제된 성인들의 전기를 펴내려는 당신의 노력을 극구 칭송합니다. 교회 내에서는 완벽하게 순수하고 세련된 것만 허용되어야 합니다." 그런 다음 에라스뮈스는 고명한 대주교에 대한 화려한 찬사로 편지를 마무리했다.

루터의 95개조

━━━━ 1518년 내내 에라스뮈스는 바젤 여행, 그곳 인쇄소에서의 중노동, 그리고 돌아오는 길의 와병 등으로 너무 바빠서 루터의 일에 신경 쓸 겨를이 없었다. 3월에 그는 루터의 95개조를 아무런 논평 없이 토머스 모어에게 보냈고, 지나가는 어조로 콜렛에게 로마 교황청이 너무 뻔뻔하게 면죄부를 유통시킨다고 불평했다.

당시 루터는 이단으로 선언되고 아우구스부르크 의회에 출두하도록 소환을 받았다. 그는 교황 대리인 카예타누스 앞에 서서 자신의 신조를 철회하는 것을 거부했다. 루터를 둘러싸고 치열한 논쟁의 분위기가 조성되었다. 바로 이 무렵 에라스뮈스는 루터의 지지자인 존 랭John Lang에게 편지를 보내어 95개조가 모든 사람을 기쁘게 했다는 아주 호의적인 언급을 했다. "나는 현 상태의 로마 교황청 제도는 기독교 세계에 전염병 같은 것이라고 생각합니다. 하지만 그 상처를 노골적으로 찔러대는 것이 좋은 일인지 잘 모르겠습니다. 그건 군주들이 해결해야 할 일입니다. 하지만 이들 군주는 교황과 결탁하여 면죄부 판매 대금의 일부를 챙기고 있습니다. 에크가 무슨 생각으로 루터에게 곤봉을 쳐들었는지 이해가 안 됩니다." 이 편지는 그 어떤 에라스뮈스 편지 모음집에도 들어가지 않았다.

1519년 1월에 연로한 막시밀리안 신성로마제국 황제가 사망하자 황제 선출의 문제가 불거졌고, 교황청은 대대적 관면 조치를 통하여 실지를 회복하려고 별렀다. 독일은 오래 전부터 예상되던 요하네스 에크Johannes Eck와 안드레아스 카를슈타트Andreas Karlstadt의 라이프치히 토론을 기대했는데, 이 토론은 사실상 루터 문제가 핵심이었다. 에라스뮈스 자신도 1519년에 많은 논쟁에 가담했다. 하지만 라이프치히 토론(루터로 하여금 교회의 최고 권위를 부정하게 만든 사건)이 세계사에서 지속적으로 아주 중요한 사건으로 계속 남게 되는 반면, 자신의 에드워드 리와의 논쟁은 역사의 뒤안길 속으로 사라지리라는 것을 에라스뮈스가 어떻게 미리 알 수 있었겠는가?

1519년 3월 28일, 루터가 처음으로 직접 에라스뮈스에게 편지를 보내왔다. "우리의 보석이며 우리의 희망인 에라스뮈스여, 당신도 내 얘기를 많이 듣고 나도 당신 얘기를 많이 들어 왔습니다. 하지만 우리는 아직 서로 만나지 못했군요." 그는 에라스뮈스가 많은 사람을 불쾌하게 만든 것을 기쁘게 생각한다고 말했다. 그건 하느님이 그를 축복한다는 증거이기 때문이다. 이제 그(루터)의 이름이 알려지기 시작했기 때문에 두 사람 사이에 더 오랜 침묵이 지속되는 것은 오해의 소지가 있다고 말했다. "그러므로, 온화한 신사인 나의 에라스뮈스여, 당신이 적절하다고 생각하신다면, 그리스도를 믿는 이 작은 형제의 존재를 인정해 주소서. 나는 당신을 정말로 존경하고 당신이 나의 친구 같은 느낌이 듭니다. 그 외에는 더 이상 드릴 말씀이 없습니다. 왜냐하면 나는 너무 무식하여 세상 한 구석에 무명의 상태로 엎드려 있다가 사라져야 할 존재이기 때문입니다."

촌스럽지만 영악하고, 또 절반쯤 아이러니가 담긴 이 편지에는 뚜렷한 목적이 있다. 루터는 에라스뮈스로 하여금 명확한 입장을 밝히게 하여 그를 자신의 편으로 끌어들이고 싶어 한다. 학문과 문화의 기준인 이 강력한 권위자를 종교개혁의 대의에 동참시키려 하는 것이다. 하지만 루터는 마음속 깊은 곳에서 그와 에라스뮈스를 갈라놓은 깊은 심연이 존재한다는 것을 알고 있었다. 그가 95개조를 공표하기 6개월 전인 1517년 3월에 이미 그는 존 랭에게 에라스뮈스에 대하여 이렇게 써 보냈다. "그에게는 신적인 문제보다 인간적인 문제가 더 중요합니다." 많은 사람들이 에라스뮈스에 대하여 이런 견해를 표명했으나 일리가 있는 반면 부당한 점도 있다.

소인 에라스뮈스와 대인 에라스뮈스

━━━ 루터 자신이 협력을 요청해 왔다는 사실 자체가 에라스뮈스로서는 즉각 뒤로 물러서는 이유가 되었다. 이제 에라스뮈스의 아주 애매모호한 자세가 시작되었다. 그는 세상의 빛이라는 자신의 권위를 이용하여 평화를 유지하려 했으며, 어느 쪽 편도 들지 않은 채 중도 노선을 유지하려 했다. 이런 태도에는 소인 에라스뮈스와 대인 에라스뮈스의 측면이 서로 밀접하게 연결되어 있다. 역사가들은 종교개혁에 대한 에라스뮈스의 태도를 어느 한쪽으로 평가내리기를 좋아한다. 가령 그가 종교개혁에 대하여 아주 부정적인 입장이었다고 말하는가 하면, 정반대로 영웅적이고 장기적인 안목으로 그것을 바라보았다고 평가한다.(독일 역사가 칼코프Kalkoff의 평가) 나는 이러한 평가를 오류라고 보는데, 그 이유는 그들이 에라스뮈스를 심리적으로 일원화되어

있는 사람이라고 잘못 생각했기 때문이다. 그는 결코 그렇지 않았다. 그의 이원성은 존재의 깊은 곳에 뿌리를 내린 것이었다. 갈등이 계속되는 동안 그가 했던 많은 말들은 공포와 소심에서 나온 것이었지만, 동시에 어떤 특정 인물이나 대의를 전적으로 지지하는 것을 싫어하는 중립적 관점이 작용한 것이었다. 갈등하는 양쪽 중 그 어느 쪽도 완벽하게 진리를 표명하지 못하고 있으며, 인간의 증오와 맹목은 인간의 이성을 미혹시킨다는 철저한 믿음을 갖고 있었다. 이런 확신은 고상한 환상으로 발전했다. 즉, 절제, 통찰, 배려 등으로 여전히 양측의 화해와 평화를 유지할 수 있을 것이라고 생각했다.

1519년 4월 에라스뮈스는 루터의 후견인인 작센 선제후 프리드리히에게 편지를 보냈다. 그는 2년 전에 나온 수에토니우스 Suetonius 라틴어 판본을 선제후에게 헌정한 사실을 언급하면서 편지를 시작했다. 그러나 편지의 진짜 목적은 루터에 관하여 말하려는 것이었다. 루터의 글쓰기가 루뱅의 반계몽주의자들에게 많은 빌미를 제공하여 그들이 보나이 리터라이를 공격하고, 또 모든 학자를 매도하게 되었다고 적었다. 그는 아직 루터를 만나지 못했고, 그의 글을 대충 읽어보았지만, 모두들 루터의 생애를 칭찬한다는 말도 했다. 루터를 무분별한 대중 앞에서 마구 공격한다는 것은 신학적 배려에도 어긋나는 일이었다. 무엇보다 루터는 토론을 제안하고 모든 사람의 비판을 자유롭게 받아들이겠다고 하지 않았는가? 지금껏 그 누구도 루터를 훈계하고, 가르치고, 납득시키지 않았다. 모든 오류가 곧바로 이단이 되는 것은 아니지 않는가.

에라스뮈스는 루터의 지지자들을 기쁘게 할 법한 말로 결론을 맺었다. 사실 그들은 에라스뮈스의 지원을 간절히 바라고 있었다. "공작께서는 무고한 사람이 경건함의 외피를 감고 있는 불경건한 소수의 압제에 굴복하지 않게 하소서. 이것은 교황 레오 10세의 소망이기도 합니다. 교황께서는 무고한 사람의 안전을 보호해 주어야 한다고 생각하십니다."

동시에 에라스뮈스는 프로벤 출판사가 루터의 저작을 발간하지 못하도록 최대한 말렸다. 이유는 "보나이 리터라이에 대한 증오를 더욱 확산시킬지 모른다"는 것이었다. 그리고 그는 "나는 루터를 모른다, 아직 그의 저작을 읽어보지 못했다"는 말을 되풀이했다. 그는 루터의 3월 28일자 편지에 답변하면서 루터에게도 똑같은 말을 반복했다. 1519년 5월 30일에 에라스뮈스가 루터에게 보낸 편지는 일종의 신문 사설 같은 것으로서,[17] 일반 대중에

---

17) Letter to Martin Luther, Louvain, 30 May 1519. I declared that you were quite unknown to me, that I had not yet read your books, and accordingly neither approved nor disapproved of anything in them(당신이 내게 생소한 존재라는 것을 선언합니다. 나는 아직 당신의 책들을 읽어보지 못했으므로 그 내용에 대하여 승인도 거부도 하지 않겠습니다).

게 자신의 루터에 대한 입장을 밝힌 것이었다. 편지의 내용은 이러하다. 루터는 그의 저서가 루뱅 대학에 일으킨 비극에 대하여 알지 못한다. 이곳 사람들은 에라스뮈스가 루터의 저작을 뒤에서 지도했고, 그래서 에라스뮈스를 그 파당의 지도자라고 생각한다! "나는 당신을 잘 알지 못한다고 선언했습니다. 아직 당신의 책들을 읽지 않았고, 그래서 그 어떤 것도 승인도 부인도 하지 않는다고 말했습니다." "나는 나 자신이 학문을 부활시키는 데 쓸모가 있기를 희망합니다. 격렬한 항의보다 신중한 절제가 더 많은 발전을 가져온다고 봅니다. 그리스도는 이런 방식으로 세상을 굴복시키셨습니다."

같은 날 그는 루터의 친구이며 지지자인 존 랭에게, 공개할 의사가 없는 짧은 쪽지를 보냈다. "나는 당신과 당신 그룹의 노력이 성공을 거두기를 희망합니다. 여기에 있는 교황주의자들은 미친 듯이 떠들어대고 있습니다…… 모든 지성인들은 루터의 과감한 행동을 기뻐하고 있습니다. 루터는 사태가 두 당파의 갈등으로 끝나지 않도록 크게 신경 쓸 것이라고 봅니다!…… 로마 교황청과 그 위성 기구들, 즉 도미니크 수도회, 프란체스코 수도회, 카르멜 수도회 등의 전제를 먼저 철폐시키지 않으면 우리는 가짜 크리스천들을 상대로 승리를 거두지 못할 것입니다. 하지만 그 누구도 엄청난 소란 없이는 이런 승리를 거두지 못합니다."

조정자 역할의 포기

────── 두 당파의 심연이 점점 벌어지면서 "나는 루터와 아무 상관이 없다"는 에라스뮈스의 항변은 더욱 빈번해졌다. 루뱅대학의 분위기는 점점 살벌해졌고, 에라스뮈스에 대한 일반적인 감정은 아주 험악했다. 1519년 8월 그는 교황에게 호소하면서 자신을 이 반대자들로부터 보호해 달라고 요청했다. 그는 아직도 양측의 불화가 얼마나 심각한지 깨닫지 못하고 있었다. 그는 아직도 그 갈등을 학자들의 싸움이라고 보았다. 영국의 헨리 8세와 프랑스의 프랑수아 1세는 서로 싸움하는 자들에게 함구령을 내려놓았다. 교황도 그렇게 했으면 좋으련만!

10월에 그는 다시 한 번 루뱅 교수진과 화해했다. 바로 이 시점에 그 누구보다 에라스뮈스의 입장을 잘 이해했던 콜렛이 사망했다. 독일의 루터 지지자들은 여전히 에라스뮈스를 위대한 인물로 여기면서 그가 개입할 적절한 시기를 살피고 있다고 생각했다. 그는 신중함과 절제를 중시하는 사람이지만, 때가 되면 친구들에게 지지 신호를 보내 줄 것이라고 기대했다.

하지만 싸움의 소음이 점점 심해지면서 그의 목소리는 전처럼 강력하지 못했다. 1519년 10월 19일, 지난봄에 작센 선제후에게 보낸 것과 동일한 내용의 편지를 마얀스 교구의 알베르트 추기경에게 보냈다. 이 편지는 즉각 루터의 지지자들에 의해 유통되었다. 에라스뮈스가 "나는 루터를 모른다"고 거듭 항변하는데도 보수주의의 지지자들은 이 편지로 에라스뮈스를 공격했다.

에라스뮈스가 바랐던 중재하고 화해시키는 입장은 점점 더 유지하기가 어렵게 되었다. 쾰른 대학의 교수인 야콥 호그스트라텐Jacob Hoogstraten이 심문관 자격으로 루뱅을 찾아왔다. 그는 전에도 로이힐린을 상대로 비난을 한 적이 있는데 이번에는 루터가 대상이었다. 1519년 11월 7일 루뱅 대학 교수진은 쾰른 대학 교수진의 사례에 따라 결정적인 조치를 취했다. 루터의 여러 의견을 공식적으로 비난한다는 선언을 한 것이다. 그리하여 루뱅은 개혁자들에 반대하는 중심적 요새가 되었고, 그런 만큼 루뱅은 에라스뮈스가 머물기에는 적절치 못한 곳이 되어 가고 있었다. 그런 곳에서 에라스뮈스가 체류를 2년이나 더 끌었다니 좀 놀라운 일이다.

에라스뮈스는 자신이 양측을 화해시키는 말을 할 수 있다는 자신감이 점점 사라졌다. 게다가 그는 사태의 진정한 그림을 보지 못했다. 1520년의 첫 몇 달 동안 그의 주의력은 오로지 에드워드 리와의 논쟁에 바쳐졌다. 거대한 혁명의 와중에서 그런 논쟁은 아주 하찮은 일이었는데 거기에 몰두했던 것이다. 이제 에라스뮈스는 보수 세력과 개혁 세력 양측의 싸움으로부터 초연해지고 싶다는 욕망이 더욱 강해졌다. 6월에 그는 멜란히톤에게 편지를 썼다. "사태는 이제 소동으로 번지는 것 같습니다. 어쩌면 스캔들이 발생할 것 같은데, 나는 그 제공자가 되고 싶지 않습니다." 그는 울지 대법관과의 안면을 통해 루터의 저작이 영국 내에서 불태워지는 것을 막을 수 있다고 생각했으나, 그것은 착각이었다. 런던에서 루터 저작 화형식이 5월 12일에 거행되었다.

에라스뮈스가 조정자 역할을 포기했다는 결정적 증거는 다음의 사실에서 미루어 알 수 있다. 1520년 여름, 헨리 8세, 프랑수아 1세, 카를 5세가 칼레에서 만나 회담을 했다. 에라스뮈스는 카를 5세의 고문관 자격으로 그 회담에 수행하게 되어 있었다. 만약 화해에 대한 그의 생각이 불변이라면 여기에 좋은 기회가 있었다. 프랑스, 영국, 스페인, 독일 제국, 그리고 이탈리아의 상당한 지역을 대변하는 군주들 사이의 평화로운 회의에서 뭔가 구체적 화해를 이끌어낼 수 있었다. 하지만 그가 그런 노력을 했다는 흔적은 없다. 에라스뮈스는 1520년 7월 칼레에 있었고, 그곳에서 헨리 8세와 대화를 나누고, 또 토머스 모어와 인사를 했다. 하지만 생애 마지막으로 영국 친구들에게 인사를 한 것 말고는 그 여행에 특별한 의미를 부여하지 않았다.

신앙의 대의가 점점 더 험악한 형세를 취해 가던 그 당시, 젊은 카를 5세는 신성로마제국의 황제로 즉위하기 위해 스페인에서 독일로 돌아와 있었다. 하지만 카를 5세의 고문관이라는 자격이 전보다 더욱 에라스뮈스의 자유를 구속하여 그를 갑갑하게 만들었다. 1520년 루뱅 대학의 교수진들이 제출한 유죄 증거를 바탕으로 하여 루터를 이단자로 선언하는 교황 칙령이 나왔는데, 루터가 신속하게 자신의 의견을 취소하지 않는 한 파문을 당할 것이라는 내용이었다. 1520년 9월 9일, 에라스뮈스는 이렇게 썼다. "불운한 루터에게 최악의 사태가 벌어진 것 같습니다. 어디에서나 음모가 창궐하고 온 사방에서 군주들이 그에게 분노를 터트리는데 특히 교황 레오 10세가 더합니다. 루터가 내 조언을 따라 적대적이고 소란스러운 행동을 하지 않았더라면 좋았을 텐데!…… 그들은 언어 연구와 보나이 리터라이를 파괴할 때까지 쉬지 않을 것입니다…… 보나이 리터라이에 대한 증오와 수도자들의 어리석음 때문에 이런 일이 벌어졌습니다…… 나는 이 일에 끼어들지 않겠습니다. 그런데 내가 루터에 반대하는 글을 쓴다면 주교직을 주겠다는 제안도 있습니다."

두 세력의 협력 강요

━━━ 실제로 에라스뮈스는 엄청난 국제적 지명도 때문에 황제와 교황의 정책에서 소중한 자산이 되어 가고 있었다. 사람들은 그의 이름을 사용하고 싶어 했고, 그가 어느 한쪽을 선택하기를 바랐다. 하지만 에라스뮈스는 그 어떤 상황이 되었든 그것은 하지 않으려 했다. 그는 루터와의 관계에 대하여 교황에게 애매모호한 회피적 답변을 했고, 루터를 노골적으로 반대하는 말은 하지 않았다. 많은 소란스러운 수도자들은 에라스뮈스가 루터의 편이라고 설교를 해댔고, 또 조롱하는 비아냥거림 속에서

두 사람이 실은 한 사람이라고 맹공을 퍼부었다. 이런 혐의와 비난에 맞서서 에라스뮈스는 자신을 열정적으로 옹호하고 변명했으나 별 효과를 거두지 못했다.

하지만 개혁파들도 또한 어느 한쪽을 선택하고 그런 입장을 공개적으로 밝히라고 압박해 왔다. 1520년 10월 말경, 신성로마제국 황제의 대관식이 엑스라샤펠에서 거행되었다. 에라스뮈스는 이 대관식에 참석했을 것으로 짐작되며, 황제를 따라 쾰른까지 갔다. 그는 11월 5일 쾰른에서 루터 후견인인 작센 선제후 프리드리히와 회담하며 루터에 관해 의견을 나누었다. 회의 후, 그는 선제후에게 설득 당하여 루터의 대의에 관한 22개의 명제를 작성했다. 이 명제는 에라스뮈스의 의도와는 다르게 즉각 출판되었다.

이 당시 에라스뮈스가 한편으로는 루터를 부인하고 다른 한편으로는 루터를 승인하면서 주저하는 태도를 보인 것은 그리 불명예스러운 일이라고 볼 수 없다. 그것은 에라스뮈스 인품의 비극적 결함이었다. 그는 명확한 결론을 내리기를 거부하거나, 아니면 내리지 못하는 그런 성격이었다. 만약 그가 냉정하게 이해타산만 따지는 성격이고 자신의 목숨만 생각하는 사람이었더라면, 그는 오래 전에 루터의 대의를 비난하고 나섰을 것이다. 겉으로 자꾸만 소인 에라스뮈스가 드러나고 그의 내면 깊숙이 자리잡은 대인 에라스뮈스가 거의 보이지 않게 된 것은 그의 명성을 깎아내리는 불운이었다.

쾰른에서 에라스뮈스는 자신보다 14세 연하인 앞날이 유망한 젊은 휴머니스트를 만났다. 에라스뮈스는 과거 베네치아 인쇄소에서 일할 때 인쇄업자 알두스의 장인 집에서 그와 한 방을 쓰기도 했는데 이름은 **히에로니무스 알레안더**였다. 그는 교황의 특사 자격으로 황제에게 파견되었다. 그의 임무는 황제를 설득하여 제국의 정책이 교황의 정책과 일치되게 하려는 것이었다. 특히 굵직한 교회의 문제와 관련하여 교황을 지지하고, 또 제국의 금지령을 반포하여 교황청의 파문을 뒷받침해 주기를 바랐다.

권력과 지위에서 그토록 높이 올라간 친구를 바라보는 것은 에라스뮈스로선 조금 고통스러운 일이었다. 에라스뮈스는 조화, 선의, 절제 등의 이상으로 종교적 현안을 해결하고 싶어 했는데 알레안더가 외교적 수단을 통해 그 문제에 더욱 가까이 다가가는 것을 바라보는 일 또한 고통스러웠다. 에라스뮈스는 알레안더를 신임한 적이 없었고, 이제는 전보다 더 그를 경계했다. 알레안더는 뛰어난 재주를 갖고 있기는 했지만 휴머니스트로서는 에라스뮈스보다 한참 급이 떨어지는 학자였고, 게다가 문학 공부에서 진지한 신학 공부로 발전해 나아간 사람도 아니었다. 그는 교회 고위 성직자들에게 봉사하는 일에만 아주 유능했다.(에라스뮈스는 오래 전에 그런 봉사를 포기했다.) 이런 사람에게 최고의 조정 권한이 부여된 것이다.

루뱅에서 에라스뮈스에게 격렬하게 반대하는 사람들의 분노가 어느 정도에 이르렀는지는 에라스뮈스가 토마스 모어에게 보낸 재치 넘치고 약간 악의적인 편지에서 잘 드러난다. 루뱅 대학의 학장은 에라스뮈스와 에그몬다누스를 화해시키기 위해 함께 불렀는데 그때 에그몬다누스의 분노가 가관이더라는 내용이었다. 하지만 사태는 울리히 폰 후텐이 생각하는 것처럼 그렇게 암울하지는 않았다. 후텐은 에라스뮈스에게 이런 글을 써서 보냈다. "이제 루터의 책들이 불태워졌는데, 당신이 거기에서 여전히 안전하리라고 생각하십니까? 어서 달아나십시오, 우리를 위해 당신 자신을 보존하십시오!"

자신은 루터와 아무 상관이 없다는 에라스뮈스의 항변은 점점 어조가 강해졌다. 이미 오래 전에 에라스뮈스는 루터에게 자신의 이름을 사용하지 말아 달라고 요청했고, 루터는 그러겠다고 약속했다. "당신(에라스뮈스)을 그처럼 괴롭힌다고 하니, 나는 당신의 이름을 다시는 사용하지 않겠습니다. 나의 좋은 친구들 또한 그렇게 할 것입니다." 에라스뮈스는 수도자들의 비난이 너무 심하다는 계속 불평했고, 탁발 수도자들이 특정인(에라스뮈스)을 비난하는 설교를 하지 못하게 해 달라고 강력하게 요구했다.

보름스 제국의회

——— 1521년 4월, 기독교 세계가 기대했던 역사적 사건이

벌어졌다. 루터가 **보름스 제국의회**에 나가, 제국의 가장 높은 권위 앞에서도 굴복하지 않고 자신의 종교적 신념을 옹호했다. 그 당시 독일 내의 기쁨은 워낙 강렬하여 루터와 그 지지자들이 위태로운 것이 아니라 황제의 권력이 위태롭다는 생각이 나돌 정도였다. 에라스뮈스는 이렇게 썼다. "만약 내가 그 자리에 있었더라면 나는 절제된 논증으로 이런 비극을 막으려고 애를 썼을 텐데. 그런 비극으로 온 세상이 엄청 큰 피해를 입지 않도록 노력했을 텐데."

곧 황제의 칙령이 선포되었다. 제국 내에서(그 전에 부르고뉴 네덜란드에서 그렇게 했던 것처럼) 루터의 책들을 불태우고, 그의 지지자들을 체포하고 그들의 재산을 몰수하며, 루터는 제국의 사법 당국에 넘겨질 것이다. 에라스뮈스는 이제 사태가 좀 잠잠해지기를 희망했다. "루터의 비극이 여기에서는 이제 끝났습니다. 그런 비극을 다시는 무대에 올리지 않았으면 좋겠습니다." 이 당시 루터가 죽었다는 헛소문을 듣고서 **알브레히트 뒤러**Albrecht Duerer는 자신의 일기에다 열정적인 탄식을 써넣었다. "오 로테르담의 에라스뮈스여, 당신은 어디로 갈 겁니까? 그리스도의 기사인 당신은 그리스도 옆에서 말을 타고 달리면서 진리를 수호하며 순교자의 왕관을 얻으십시오. 지금의 당신은 마네킹에 지나지 않습니다. 당신이 앞으로 2년 동안 적절한 일을 하겠다고 말했다는 것을 들었습니다. 그 시간을 잘 보내십시오. 복음과 진정한 기독

브뤼셀 근처 안더레흐트에 있는 에라스뮈스의 집.

안더레흐트에 머무는 동안 에라스뮈스가 서재로 사용한 방.

교 신앙을 위하여…… 오 에라스뮈스여, 우리 편이 되어 주십시오. 하느님이 당신을 자랑스럽게 생각할 수 있도록."

이 일기는 에라스뮈스의 위력에 대한 믿음을 표시하고 있으나 밑바탕에는 그가 이런 일들을 하지 않으리라는 우려를 깔고 있다. 뒤러는 에라스뮈스를 제대로 이해한 사람이었다.

루뱅에서도 갈등은 전혀 진정되지 않았다. 루뱅 성직자들 중 가장 위엄 있고 유능한 라토무스가 이제 루터를 강력하게 반대하는 사람이 되었고, 그로 인해 에라스뮈스도 간접적 영향을 받게 되었다. 카르멜회 수도사인 에흐몬트의 니콜라스도 루터 반대자였는데 여기에 도니미크회 수도사인 하를렘의 빈센트 디르크스도 가세했다. 에라스뮈스는 이런 교수진을 상대해야 되었고, 새로운 공격에 맞서서 왜 자신이 루터를 반대하는 글을 쓰지 않았는지 해명해야 되었다. 그는 곧 루터의 저서를 읽고서 그 소란을 진정시키기 위한 글을 쓰겠다고 말했다. 그는 6월에 루뱅에 도착한 알레안더를 설득하여 그(에라스뮈스)에 대한 비난 설교를 하지 못하도록 하는 데 성공했다. 이제 다시 에라스뮈스와 사이가 좋게 된 교황은 알레안더가 에라스뮈스를 잘 설득하여 다시 올바른 길로 인도해 줄 것을 희망했다.

그러나 에라스뮈스는 유일한 출구 전략을 생각하고 있었다. 그것은 루뱅과 네덜란드를 떠나 다른 곳에서 자신의 위협받는 독립적 생활을 확보하자는 것이었다. 이미 오래 전부터 루뱅을 떠날 구실은 마련되어 있었다. 그리스어 신약성경 제3판을 내는 일로 다시 한 번 바젤로 가는 것이었다. 그건 영원히 떠나가는 것은 아니었고, 그는 루뱅으로 돌아올 생각이었다. 10월 28일(그의 생일), 그는 어려운 4년간을 보낸 루뱅을 떠났다. 릴리 대학에 있는 그의 숙소는 비워 두었고, 장서들도 그대로 놔두었다. 11월 15일 그는 바젤에 도착했다.

곧 알레안더가 무서워 에라스뮈스가 신체적 안전의 차원에서 도망을 쳤다는 소문이 나돌았다. 에라스뮈스가 애써 그 사실을 부인했는데도 불구하고 그 소문은 현대에서도 되살아나고 있다. 하지만 알레안더가 교활하게도 에라스뮈스를 네덜란드에서 몰아냈다는 것은 원천적으로 그럴 법하지 않은 일이다. 교회의 입장에서 볼 때, 에라스뮈스는 어디에 있어도 루뱅에 있는 것보다 더 위험스러웠다. 루뱅은 보수주의의 본부였고, 부르고뉴 정부의 엄격한 통제를 받는 곳이었다. 루뱅에 계속 머무른다면 에라스뮈스는 압력을 못 이겨서라도 반 루터 정책을 거들 수밖에 없는 형편이었다. 이런 사정인데 일부러 에라스뮈스를 루뱅에서 쫓아낸다는 것은 말이 되지 않는다.

닥터 알렌이 정확하게 지적했듯이, 그는 이런 본의 아닌 상황(압력을 못 이겨 반 루터 정책을 거들 수밖에 없는 입장)을 두려워하고, 또 피하려 했던 것이다. 결코 신체적 안전을 찾아서 도망친 것이 아니었다. 제국이나 교회의 입장에서 볼 때 에라스뮈스는 너무나 소중한 자원이기 때문에 그의 인신을 해치는 조치는 있을 수 없었다. 그는 자신이 무엇보다도 소중하게 여기는 독립적인 생활이 침해되는 것이 아닐까 위협을 느꼈던 것이다. 그 생활을 계속 보존하기 위해 그는 바젤에 눌러앉았고, 다시는 루뱅으로 돌아가지 않았다.

제17장

바젤 시절

————

———— 인생의 만년에 가서야 비로소 에라스뮈스 초상화의 특징이 정립되었고, 그것은 후대에 전해지게 된다. 바젤에 도착하여 그는 두 당파의 협력 강요에서 벗어날 수 있었다. 증오하고 반대하는 사람들의 환경으로부터 떠나서 친구들, 동지, 협력자, 숭배자들의 동아리 사이에 들어가게 되었다. 군주들의 궁정으로부터 완전히 벗어났고, 위대한 사람들의 후원으로부터도 독립하여 자신에게 소중한 일에 엄청난 에너지를 지속적으로 쏟아붓는 사람이 되었다. 다시 말해 홀바인이 그린 에라스뮈스가 되었다. 이 생애 말년에 그는 개인적 생활의 이상에 가장 가깝게 다가갔다.

그는 아직도 자신의 앞에 15년의 세월이 남아 있다고 생각하지 않았다. 오래 전부터, 그러니까 마흔 살이 되었던 1506년부터 자신이 노년에 들어섰다고 생각했다. 그는 1517년 이후에는 이런 말을 자주 했다. "연극의 마지막 막이 시작되었다."

에라스뮈스 초상화, 한스 홀바인 작, 1523년 이후,

개인적 도덕과 정신적 계몽

━━━━━ 그는 이제 금전적인 문제에서는 자유롭게 되었다고 느꼈다. 이런 느낌을 가진 지 벌써 여러 해가 되었다. 하지만 재정적 능력을 얻었다고 해서 동시에 마음의 평화가 찾아오는 것은 아니었다. 그 평화는 결코 찾아오지 않았다. 홀바인 초상화 속의 에라스뮈스는 평온하고 한적해 보이지만, 그는 진정으로 그런 상태에 도달한 적이 단 한 번도 없었다. 그는 사람들이 그에 대하여 생각하고 말하는 것에 너무 많이 신경을 썼다. 심지어 바젤에 가서도 완벽하게 편안한다는 느낌이 들지 않았다. 그는 가까운 장래에 로마로, 프랑스로, 영국으로, 심지어 네덜란드로 돌아가겠다는 얘기를 자주 했다. 그의 내면에는 원래 휴식이라는 것이 없었으나 외부적 상황에 의해 신체적 휴식이 주어졌다. 그는 바젤에서 8년 가까이 머물렀고, 그 후에는 프라이부르크에서 6년을 살았다.

바젤 시절, 에라스뮈스의 세계관과 사회관은 완전히 실패했다. 1517년 전에 그가 굳게 믿었던 평화와 빛의 황금시대는 어떻게 되었는가? 젊은 카를 5세를 위해 『기독교 군주의 교육』을 썼던, 그 선의와 합리적 통찰에 대한 믿음은 어떻게 되었는가? 에라스뮈스가 볼 때, 국가와 사회의 복지라는 것은 단지 개인적 도덕과 정신적 계몽의 문제였다. 이 두 가지를 강조함으로써 그 자신이 엄청난 혁신안을 제공했다는 생각을 했던 적이 있었다. 그러나 신학적 논쟁이 분노에 가득 찬 투쟁으로 발전하는 것을 보는 순간부터 그는 더 이상 참여자이기를 거부하고 방관자로 남았다. 교회 내의 엄청난 싸움에 직접 참여하는 배우가 되기보다 그 연극의 무대를 자발적으로 떠나기로 했다.

하지만 그는 자신의 이상을 포기하지는 않았다. 그는 복음 철학에 관한 편지를 이렇게 마무리 지었다. "조롱과 위협, 무력과 불공정이 아니라, 신중함, 혜택, 온유함, 관용의 힘으로 저항합시다." 그는 생애가 끝나갈 무렵 이런 기도를 올렸다. "오 하느님, 모든 사람의 마음속에 있는 성령을 새롭게 하실 생각이시라면, 그들의 외부적인 재앙도 그치게 하소서…… 이 혼란에 질서를 부여하소서. 우리 주 예수님, 당신의 성령이 혼란스러운 교리의 바다 위에 임하소서."

일치, 평화, 의무감과 친절함 등이 에라스뮈스가 높이 평가하는 가치였으나 그런 것이 실제 생활에서 실현되는 것은 별로 보지 못했다. 그는 인생에 환멸을 느꼈다. 정치적 낙관론이 지속되던 짧은 시기가 흘러간 후, 그는 언제나 씁쓸한 어조로 그 시대를 말했고, '가장 범죄적인 시대' 혹은 '가장 불행하고 가장 타락한 시대'라는 말도 했다. 그는 「평화에 대한 불평Querela pacis」, 「전쟁은 그것을 모르는 자에게만 달콤하다Dulce bellum inexpertis」, 「평화와 불일치에 대한 연설Oratio de pace et discordia」 등 언제나 평화의 대의를 위해 글을 썼으나 아무 소용이 없었다. 그래도 자신의 이런 평화적 노력을 높게 평가했다. 그는 『대화집』의 한 인물의 입을 통해 그 자신을 이렇게 묘사했다. "저 글을 많이 써내는 작가는 그의 펜으로 전쟁을 계속 박해하고 있지요." 멜란히톤이 수집한 한 전승에 의하면, 베네치아 공화국과의 전쟁을 그만 두라는 에라스뮈스의 조언과 관련하여 율리우스 2세 교황은 에라스뮈스를 직접 불러 놓고 화난 목소리로 군주들의 관심사에 대해 글 쓰는 행위를 그만두라고 요구했다. "당신은 그런 문제들을 잘 알지 못합니다."

너무 순진한 정치사상

────── 에라스뮈스는 타고난 온건함에도 불구하고 아주 비정치적인 성향을 갖고 있었다. 그는 실제적 현실의 바깥에서 너무 오래 살았고, 또 인간의 교정 가능성에 대해 너무 순진하게 생각했다. 그래서 정치적 행위와 통치의 어려움과 필요성을 잘 깨닫지 못했다. 훌륭한 통치에 대한 그의 사상은 너무나 순진했고, 강력한 윤리적 기반을 가진 학자들의 경우가 그러하듯이, 그 바탕이 아주 혁명적이었다. 그런 사상에 맞추어 현실적 조치를 추론해 낼 생각은 전혀 하지 않았다. 모어, 부다에우스, 자시우스 같은 정치적·법률적 사상가들과 교우했으나 별로 영향을 받지 않았다. 정부 형태, 법률 혹은 권리에 대한 구체적 질문이 그에게는 아예 없었다. 그는 경제적 문제들도 전원적田園的 단순함의 관

점에서 바라보았다. 군주는 좋은 의도로 다스려야 하고 세금은 가능한 한 부과하지 말아야 했다. "훌륭한 군주는 일반 시민들이 좋아하는 특성을 다 갖추고 있어야 한다." 일하지 않는 사람은 그냥 쫓아 버려야 한다. 그는 군주의 평화적 사업들을 말할 때 오히려 통치의 문제에 좀 더 현실적으로 접근한다. 가령 도시의 청소, 다리·관청·거리의 건설, 물웅덩이의 배수, 강바닥의 준설, 황무지의 제방과 개간 사업 등이 그런 사례이다. 이런 평화적 사업을 말하는 에라스뮈스는 동시에 청소와 정화를 자신의 주된 성격으로 갖고 있는 네덜란드 사람임을 알 수 있다.

에라스뮈스처럼 막연한 정치사상을 가진 사람은 군주들을 아주 가혹하게 판단하는 경향이 있다. 왜냐하면 군주가 모든 잘못에 대하여 책임을 져야 한다고 생각하기 때문이다. 에라스뮈스는 개인적으로는 군주들을 칭송했으나, 일반적으로는 비난했다. 그는 당대의 군주들이 오래 대망해 온 교회와 국가의 평화를 가져다주기를 기대했으나 실망을 느꼈을 뿐이다. 군주들에 대한 가혹한 비판은 그 당시의 정치적 체험에서 우러나온 것이 아니라 그가 읽은 고전 문헌의 가르침에서 나온 것이었다. 『격언집』의 후기 판본에서 그는 군주들의 책무와 직무 유기 등 군주에 관한 얘기를 많이 하고 있으나 정작 군주들의 이름을 구체적으로 거명하지는 않는다. "가난한 사람들을 마음 내키는 대로 착취하고 무고한 시민들의 가난으로 자신의 탐욕을 충족시키기 위해,

그들의 도시에 불화의 씨앗을 뿌리는 군주들이 있다."「풍뎅이가 독수리를 찾다Scarabeus aquilam quaerit」라는 격언에서 그는 군주의 이미지를 독수리로 제시하면서 아주 잔인한 도둑 혹은 박해자로 묘사한다.「군주나 바보는 만들어지는 것이 아니라 태어난다Aut regem aut fatuum nasci opertere」와「전쟁은 전쟁을 모르는 자에게만 즐겁다Dulce bellum inexpertis」같은 격언에서 그가 자주 인용하는 말을 쓴다. "사람들은 도시들을 건설하고 발전시키지만 군주의 어리석음은 그 도시들을 파괴한다." 그는 1518년 콜렛에게 이렇게 썼다. "군주들은 교황과 음모하고 심지어 투르크족(→술레이만 1세)과 음모하여 민중의 행복을 망칠 계획을 세운다."

그는 자신의 서재에서 글을 쓰는 강단 비평가였다.『유토피아』를 쓸 때 토머스 모어에게 혁명의 사상이 전혀 없었듯이, 그런 목적은 에라스뮈스에게도 아주 생소한 것이었다. "때때로 나쁜 군주를 모시게 되면 그것을 참아야 한다. 그에 대한 치유책을 찾으려고 해서는 안 된다." 아무튼 군주들에 대한 비판으로 에라스뮈스가 당시의 군주들에게 어떤 영향을 미쳤을 것 같지는 않다. 평화에 대한 사랑과 전쟁의 광기에 대한 비난이 오히려 더 큰 파급 효과가 있었을 것이다. 에라스뮈스의 글을 읽은 많은 지식인들은 그런 평화주의적 감정에 공감했을 것이다. 그러나 16세기의 역사를 살펴볼 때 그런 감정이 현실에서 열매를 맺었다는 증거는 찾아보기 어렵다. 이렇게 볼 때, 에라스뮈스의 영향력은 이런 정치적 선언에 있지 않았다. 그는 치열한 열정과 냉정한 이해관계를 가진 사람들의 지도자가 될 수는 없었다.

기독교 문헌의 편집과 번역

━━━━ 그의 평생 작업은 다른 곳에 있었다. 이제 바젤로 온 그는 평생 목표로 삼아 왔던 훌륭한 과제에 전심전력할 수가 있었다. 지난 세월 동안 자신을 괴롭혀 온 신체적 질병으로 간간히 고통을 받았지만 개의치 않았다. 그는 기독교의 순수한 원천을 발굴하여 아주 읽기 쉽고 이해하기 쉬운 형태로 복음의 진리를 일반 대중에 알려주려 했다. 그리하여 교부들의 저서, 고전 작가들, 그리스어 신약성경의 수정본, 『격언집』, 그의 편지들이 도도한 강물처럼 인쇄되어 나오기 시작했다. 또 신약성경 해설, 시편에 대한 주석, 그 외 다수의 신학적·도적적·철학적 논문들을 집필하여 출판했다. 1522년에 그는 몇 달 동안 계속해서 아팠으나, 이 해에 아르노비우스Arnobius, 그리스어 신약성경 제3판, 루뱅 시절이던 1520년부터 편집해 온 키프리아누스Cyprianus 등을 출간했다. 1523년에는 힐라리우스Hilarius, 1524년에는 히에로니무스의 새로운 판본이 나왔다. 그 후에 나온 판본들은 이레나이우스(Irenaeus, 1526), 암브로시우스(Ambrosius, 1527), 아우구스티누스(Augustinus, 1528-29), 크리소스톰Chrysostom의 라틴어 번역본(1530) 등이 있다. 이런 방대한 양의 판본이 나왔다는 사실은 에

라스뮈스가 평소와 마찬가지로 아주 황급하게 일했다는 것을 의미한다. 그의 놀라운 집중력과 사진 같은 기억력 덕분에 가능했는데, 현대의 언어학이 이런 판본들에 요구하는 엄정한 비판과 깐깐한 정밀성은 다소 떨어진다.

에라스뮈스는 박식한 신학자요 환멸을 느끼는 개혁가였지만, 이런 판본들에서 논쟁적이고 재미 넘치는 유머리스트의 모습이 그대로 간직되어 있다. 에라스뮈스에게서 논문을 써대는 전사戰士의 이미지는 없어도 무방하지만 문학의 보고인 유머는 필수불가결의 요소이다. 하지만 『대화집』이 증명하듯이 논쟁과 유머의 불가분의 관계이다.

『우신 예찬』에 대해서 한 말을 여기에서도 반복해 볼 수 있다. 세계 문학사에서 오로지 『대화집』과 『우신 예찬』만이 살아남는다면 그런 역사적 선택은 타당하다. 깊은 생각에 잠기게 하는 신학적 편저는 이제 도서관의 서가로 조용히 밀려나겠지만, 에라스뮈스의 유쾌하고 밝고, 또 재미있는 두 책은 분명 계속하여 읽힐 것이기 때문이다. 이렇게 볼 때 에라스뮈스의 대표작 『대화집』과 『우신 예찬』이 세계 문학사에서 살아남는 것은 자연스러운 일이다. 이 두 작품은 그 빛나는 재치로 세상을 매혹시켰다. 16세기에는 쾌락주의자 데모크리토스Democritos의 후계자들이 많다. 가령 라블레Rabelais, 아리오스토Ariosto, 몽테뉴Montaigne, 세르반테스Cervantes, 벤 존슨Ben Johnson 등인데, 『대화집』의 에라스뮈스도 이 기라성 같은 문인들의 무리에 분명 한 자리를 차지할 것으로 본다.

동시대인들을 조롱한 『대화집』

—————　에라스뮈스가 바젤에서 『대화집』의 결정판을 손보 았지만, 그 책은 아주 이상하면서도 오래된 역사를 갖고 있다. 처음에는 라틴어 대화 방식을 가르치는 「친밀한 대화의 요령 Familiarium colloquiorum formulae」 이상의 것은 되지 못했다. 1500년 이전에 파리에서 처음 집필했는데, 그의 제자들에게 라틴어를 가르치기 위한 것이었다. 젊은 에라스뮈스의 학식에 의존하여 살아가려 했던 초라한 친구 오귀스틴 카미나드는 그 원고들을 모아서 아는 사람에게 팔아 버렸다. 이어 카미나드가 사망한 지 한참 되었을 때 리에주의 람베르트 홀로니우스Lambert Hollonius라 는 사람이 카미나드에게 얻은 원고를 바젤의 프로벤에게 팔아넘 겼다. 당시 에라스뮈스의 신임 받는 친구이던 베아투스 레나누 스Beatus Rhenanus는 저자의 사전 동의도 얻지 않고 그 원고를 곧 바로 출판해 버렸다. 그게 1518년의 일이었다. 에라스뮈스는 당 연히 화를 냈고, 게다가 그 책은 오류와 비문이 너무 많아서 더욱 에라스뮈스를 불편하게 했다.

그래서 에라스뮈스는 더 좋은 판본을 만드는 작업에 곧바 로 착수했고, 이 개정판을 1519년 루뱅의 마에르텐스에게 주어 출판시켰다. 이 당시 이 작품에 진정한 대화는 딱 한 편 들어 있었는데 이것이 나중에 크게 확대되는 「세속적 대화Convivium profanum」의 핵심을 이루었다. 그 나머지는 예절의 규칙과 짧은 대화들이었다. 라틴어 연구자들에게 라틴어를 공부하게 해준다는 당초 목적 이외에도, 유쾌한 재치와 유머러스한 장치가 많이 들어 있어서 사람들 사이에서 아주 인기가 높았다. 1522년까지 25판이 나왔는데(대부분 수정판이 아니고 재판이었지만), 안트베르펜, 파리, 스트라스부르, 쾰른, 크라쿠프, 데벤터, 라이프치히, 런던, 빈, 마양스 등지에서 발간되었다.

바젤에서 에라스뮈스는 1522년 3월에 프로벤에서 증보판을 발간했다. 이 책은 프로벤의 여섯 살 난 아들이며 에라스뮈스의 대자인 요하네스 에라스뮈스 프로벤Johannes Erasmus Froben에게 증정되었다. 그 후에 그는 더 많은 증보를 했다. 1523년과 1524년 사이에 최초로 완전히 새로운 대화 10편, 그리고 곧 이어서 4편, 그리고 또다시 6편을 추가했고, 마침내 1526년에는 책 제목이 『친밀한 대화집Familiarium colloquiorum opus』으로 바뀌었다. 계속 프로벤의 아들에게 헌정되었고, 그 후 새로운 판본을 내놓으면서 내용이 계속 불어났다. 그리하여 잡다한 대화들의 모음집이 되었는데, 각 대화는 훌륭한 문학적 형식을 갖춘 걸작이었고, 유기적 구조, 자연스러운 느낌, 높은 설득력, 경쾌한 분위기, 생생하고 유려한 라틴어 등이 특징이었다. 각 대화는 나름대로 완

에라스뮈스의 초상화 메달, 퀜틴 메트시스, 1519년.

성도 높은 단막극이었다. 1526년 이후 2백 년 동안 『대화집』은 꾸준히 속간되었고, 또 많은 번역본이 나왔다.

『우신 예찬』을 쓴 지 여러 해가 지난 뒤에 다시 풍자의 분야에 발을 들여놓았지만 에라스뮈스의 정신은 그 정확성과 신선함을 전혀 잃지 않았다. 형식의 관점에서 보자면, 『대화집』은 『우신 예찬』처럼 노골적인 풍자는 아니다. 『우신 예찬』은 그 제목이 이미 노골적인 풍자라는 것을 말해 준다. 반면에 『대화집』은 언뜻 보면 순진한 풍속화처럼 보인다. 하지만 그 내용을 살펴보면 훨씬 풍자적이며 그것도 대놓고 풍자적이다. 『우신 예찬』은 철학적이며 일반적인 풍자이지만, 『대화집』은 현대적이면서 그 대상도 구체적이고 동시에 부정적인 측면과 긍정적인 측면을 종합하고 있다. 『우신 예찬』에서 에라스뮈스는 묘사에 주력할 뿐 자신의 이상을 명시적으로 표현하지 않는다. 그러나 『대화집』에서는 그 이상을 지속적으로 전면에 내세우면서 강조한다.

이런 점에서 『대화집』은 그 농담과 조롱에도 불구하고 아주 진지한 도덕적 논고이며 『엔키리디온』과 상당히 밀접한 관계를 맺고 있다. 에라스뮈스가 세상과 인류에게 요구한 것, 가령 훌륭한 도덕을 갖춘 순수한 기독교적 사회, 단순명료함, 절제, 친절함, 관용과 평화 등 이 모든 것이 『대화록』에는 아주 분명하게 표현되어 있는 것이다. 생애 말년의 15년 동안 일련의 도덕적·교리적 논고들을 증보함으로써 예전에 『엔키리디온』에서 주장했던 주제들, 가령 단순하면서도 관대한 기독교적 행동, 제약 없고 자연스러운 윤리 등을 다시 한 번 강조한다. 이것이 인간 구원을 위한 에라스뮈스의 메시지이다. 이런 주제는 「참회Exomologesis」, 「살[肉]을 먹음에 대하여De esu carnium」, 「언어Lingua」, 「기독교적 결혼의 교육Institutio christiani matrimonii」, 「기독교의 과부Vidua christiana」, 「구약성경 전도서Ecclesiastes」 등의 논문에서도 찾아볼 수 있으나 『대화집』에서 가장 많이 발견된다.

『대화집』은 『우신 예찬』보다 훨씬 더 많은 증오와 반발을 불러일으켰는데 여기에는 이유가 있다. 왜냐하면 동시대인들을 공격했기 때문이다. 그는 루뱅의 적대적인 성직자들을 조롱했다. 에드워드 리는 1519년 판에서 아첨꾼 겸 허풍장이로 묘사되었다. 그러나 리와의 논쟁이 마무리되어 사이가 좀 좋아지자 1522년 판에서는 그것이 삭제되었다. 빈센트 디르크스는 「장례」(1526)라는 대화에서 탐욕스러운 수도사로 묘사되어 있다. 죽어 가는 신자를 강요하여 수도회에 헌금을 하도록 만드는 수도사로 나온다. 디르크스 묘사는 그 후에도 삭제되지 않고 그대로 남았다. 나중에 베다와 기타 성직자들에 대하여 냉소적인 묘사가 추가되었다. 오이콜람파디우스Oecolampadius의 추종자들은 『대화집』에 나오는 코가 긴 사람이 그들의 지도자를 풍자한 것이라고 말했다. "오, 아닙니다. 그건 전혀 다른 사람을 묘사한 것입니다"라고 에라스뮈스는 말했다. 이렇게 하여 에라스뮈스와 갈등을 벌이고 있거나 사이가 좋지 않은 사람들(그런 사람들은 꽤 되었는데)은『대화집』속에서 조롱을 당할 각오를 해야 되었다. 이런 조롱 이외에도 수도회의 비리를 마구 비난한 이 책이 엄청난 논쟁의 대상이 된 것은 조금도 이상한 일이 아니다.

울리히 폰 후텐과의 논쟁

—— 에라스뮈스는 적들과의 논쟁에서 결코 자유롭게 되지 못했다. 그는 논쟁을 싫어하고, 또 바라지도 않는다고 말했는데, 이것은 진심이었다. 하지만 그의 풍자 정신은 그런 마음을 이겼고, 일단 싸움이 시작되면 상대방을 마구 조롱하면서 능수능란한 필봉을 휘둘러댔다. 그의 성격을 이해하기 위하여 그가 벌였던 모든 논쟁을 여기에 적어 볼 필요는 없을 것이다. 단지 몇 개의 중요한 논쟁들만 살펴보면 충분할 것이다.

1516년 이후 에라스뮈스를 대상으로 하는 논쟁의 냄비가 스페인에서 끓어오르고 있었다. 알칼라 대학의 신학 교수인 디에로 로페스 주니가(Diego Lopez Zuniga, 라틴명 스투니카Stunica)는 에라스뮈스가 펴낸 그리스어판『신약성경』에 대한 주석을 준비 중이었다. "제2의 에드워드 리가 나왔습니다"라고 에라스뮈스는 말했다. 처음에 히메네스 추기경은 그 주석의 출판을 금지시켰다. 하지만 1520년 추기경이 사망하자 봇물이 터졌다. 몇 해에 걸쳐서 스투니카는 이런 저런 비판으로 에라스뮈스를 괴롭혔고, 에

에라스뮈스 초상화, 목탄 드로잉, 알브레히트 뒤러 작, 1520년.

라스뮈스는 아주 고통스러워했다. 그러다가 두 사람은 마침내 화해를 하게 되었는데, 에라스뮈스가 좀 더 보수적인 성향이 되고, 또 스투니카 측에서도 전보다 더 이해심이 높아졌기 때문이었다.

소르본 대학의 이사인 노엘 베디어Noel Bedier, 혹은 베다Beda와의 논쟁도 스투니카와의 논쟁 못지않게 오래 끌고, 또 격렬한 것이었다. 이 논쟁은 1522년에 시작되었다. 소르본 대학은 1526년에 에라스뮈스의 몇몇 격언들을 이단으로 규정했다. 베다는 루이 드 베르캥Louis de Berquin의 재판에 에라스뮈스를 함께 엮어 넣으려 했다. 베르캥은 이단으로 규정된 에라스뮈스의 격언들을 번역했고, 또 1529년에 신아의 문제로 화형대에서 화형을 당한 사람이었다. 이런 베다의 태도는 에라스뮈스에게 말할 수 없이 불쾌한 것이었다.

파리와 루뱅의 신학 교수들이 에라스뮈스를 괘씸하게 생각하게 된 것은 『대화집』때문이었다. 에그몬다누스와 빈센트 디르크스는 에라스뮈스가 그들의 행동과 성격을 아주 우스꽝스럽게 묘사한 것에 대하여 결코 용서해 줄 생각이 없었다.

이것들보다 좀 부드러운 논쟁은 카프리의 왕자로 태어난 이탈리아 사람 알베르토 피오Alberto Pio와의 논쟁이 있었다. 하지만 스페인 수도자 집단과의 논쟁은 아주 살벌하고 쓸쓸한 것이었다. 그들은 이단자 재판소의 논리를 에라스뮈스에게 적용하려

AETHERNA IPSE SVAE MENTIS SIMVLACHRA LVTHERVS
EXPRIMIT·AT VVLTVS CERA LVCAE OCCIDVOS·

·M·D·X·X·

수도자 마르틴 루터의 초상화, 루카스 크라나흐 판화, 1520년.

울리히 폰 후텐의 초상화, 작자 미상의 독일 목판화.

했다. 스페인에서는 자유로운 신앙관을 가진 사람들을 통틀어서 "에라스미스타스Erasmistas"라고 불렀다.

이런 식으로 해서 에라스뮈스의 「해명들Apologiae」을 담은 책의 부피가 점점 늘어났다. 에라스뮈스는 자신의 해명이 "변명"이 아니라 "정당한 입장의 주장"이라고 말했다. "나는 정말 비참한 사람입니다. 이런 해명들이 책 한 권을 채우고도 남습니다." 에라스뮈스는 탄식했다.

그가 벌인 많은 논쟁들 중에서 두 가지는 특히 조심스럽게 살펴보아야 한다. 하나는 울리히 폰 후텐과의 논쟁이고, 다른 하나는 마르틴 루터와의 논쟁이다.

기사 겸 휴머니스트인 후텐은 독일 민족 감정의 열광적 전령으로서 교황제를 미워하고, 루터를 지지하는 사람이었다. 하지만 그는 흥분을 잘 하는 사람이었고, 그래서 두뇌가 때때로 명석하지 못했다. 그는 에라스뮈스가 그들의 편인 것 같아 보였을 때 그를 크게 칭찬했고, 또 루터의 편에 가담해 달라고 호소했다. 에라스뮈스는 이 소란스러운 파당주의자가 곧 자신(에라스뮈스)의 입장을 위태롭게 할지 모른다는 것을 알았다. 후텐이 무모하게 쓴 풍자의 글이 에라스뮈스의 것으로 오해되지 않았던가? 그러다가 후텐이 더 이상 에라스뮈스를 참아 주지 못하는 때가 왔다. 그는 기사적騎士的 본능을 발휘하여 에라스뮈스 성격의 약점을 파고들었다. 에라스뮈스가 어떤 파당에 가담하는 것을 두려워하고, 또 위험에 처했을 때 그의 지지자에게 등을 돌리는 성향이 있다는 비난이었다. 에라스뮈스는 자신의 그런 성격적 약점을 잘 알았다. 그는 1521년 리처드 페이스Richard Pace에게 이렇게 썼다. "모든 사람이 순교를 감당할 정도로 강인한 것은 아닙니다. 대혼란이 벌어진다면 내가 성 베드로의 사례를 따르지 않을까 두렵습니다."(베드로의 사례는 예수를 모른다고 부인한 사실[마태복음 26장 69절]을 가리키는 것으로서, 순교의 용기가 없다는 암시. - 옮긴이)

그러나 이런 시인이 후텐의 비난으로부터 에라스뮈스에게 면제부를 주는 것은 아니었다. 후텐은 1523년 불같은 언어로 에라스뮈스를 공격했다. 이 싸움에서 에라스뮈스는 잘못을 저질렀고, 그리하여 명성에 피해를 입었다. 그는 후텐을 반박하는 글 「후텐의 진흙에 대한 스펀지」에서 아주 품위가 없고 조야한 공격을 해댔다. 게다가 후텐은 그 당시 이미 사망하여 그 글을 읽을 수도 없었다. 후텐은 1523년 초 친구들에게 버림 받아 환멸을 느끼는 상태에서 사망했다. 에라스뮈스는 후텐이 죽은 후에도 옛 친구를 맹렬하게 비난하는 팸플릿의 집필을 전혀 주저하지 않았다.

하지만 죽은 후텐은 살아 있는 에라스뮈스에게 복수를 했다. 그의 지지자인 에펜도르프의 하인리히는 에라스뮈스에 대한 후텐의 지독한 증오심을 그대로 물려받았고, 그래서 여러 해에 걸쳐 에라스뮈스를 괴롭혔다. 자신을 크게 비난한 에라스뮈스의 편지를 입수한 에펜도르프는 명예 훼손으로 소송을 제기하겠다고 계속해서 위협했다. 에펜도르프의 적대적인 태도는 에라스뮈스의 심신을 지치게 했고, 그리하여 그 논쟁이 그친 지 오래된 후에도 그는 강박증에 사로잡혀 어디에서나 에펜도르프의 음모와 스파이를 보게 된다고 말했다.

제18장

루터와의 논쟁과 짙어지는 보수 색채

마침내 에라스뮈스는 무슨 일이 있어도 피하고 싶었던 일을 하게 되었다. 그는 루터를 반박하는 글을 썼던 것이다. 하지만 그것은 한때 에라스뮈스가 생각했던 멋진 계획을 닮은 것이 아니었다. 그는 과거에 기독교권의 대동단결과 신앙의 일치를 호소하면서 격렬한 성품의 루터에게 제동을 걸어 온 세상이 합리적인 정신으로 되돌아가게 한다는 계획을 갖고 있었다. 그러나 실제로 벌어진 논쟁은 두 사람 사이의 논쟁으로 그치는 것이었다. 종교개혁이라는 대변혁이 이루어지는 시기에 그 논쟁은 하나의 뒤풀이 정도에 지나지 않았다. 물론 에라스뮈스만이 환멸과 피곤함을 느끼는 것은 아니었다. 루터 또한 영웅적 전성기가 지나갔고, 여러 조건들에 의해 제약을 받아 세속사에 끼어들어 실망감을 느끼는 사람이 되어 있었다.

에라스뮈스와 루터의 논쟁

에라스뮈스는 그 위대한 비극의 구경꾼으로 남고 싶다는 결심을 계속 유지하려 했다. 에라스뮈스는 이런 논리를 폈다. "루터의 대의가 멋지게 성공한 것으로 미루어 볼 때, 하느님께서 이것을 원하시는지도 모른다. 하느님께서 이 시대의 부패를 도려내기 위해 루터와 같은 수술 의사가 필요하다고 판단하셨다면, 그(루터)에게 반대하는 것이 나의 일이 아니라고 생각한다." 하지만 다들 에라스뮈스를 조용히 내버려두지 않았다. 루터와 아무 상관이 없고 의견도 크게 다르다고 계속 말하는데도 가톨릭교회의 지지자들은 확고한 견해를 고집했다. 그것은 일찍이 1520년에 에흐몬트의 니콜라스가 루뱅 대학 학장 앞에서 말했던 의견이었다. "에라스뮈스가 글을 써서 루터를 반박하지 않는한, 우리는 그를 루터 지지자라고 생각한다." 그런 의견은 여전히 세력을 얻고 있었다. 1522년 비베스Vives는 네덜란드에서 에라스뮈스에게 이렇게 써 보냈다. "이곳에서는 모두들 당신을 루터 지지자라고 생각합니다."

루터에게 반박하는 글을 쓰라는 압력은 점점 강해졌다. 에라스뮈스의 오랜 친구인 턴스톨을 통해 영국의 헨리 8세Henry VIII도 재촉을 해왔다. 작센의 게오르게George도 비슷한 요청을 해왔고, 예전의 후견인이었던 교황 아드리아누스 6세Adrianus VI도 사망 직전에 독촉을 했다.

에라스뮈스는 더 이상 거절할 수가 없다고 생각했다. 그는 『대화집』 스타일의 대화를 써보려 했으나 잘 되지 않았다. 그런 형식은 에라스뮈스를 자기들 편으로 만들고 싶어 하는 사람들을 기쁘게 하지 못할 것 같았다. 루터가 1520년에, "그렇다면 나는 당신의 이름을 다시는 사용하지 않겠습니다"라고 약속한 이후, 두 사람 사이에는 개인적 편지 교환이 없었다. 이제 에라스뮈스가 루터를 공격할 준비를 하고 있는데, 루터가 1524년 4월 15일 자로 에라스뮈스에게 편지를 보내와 이렇게 요구했다. "제발 그동안 공언해 오신 대로 비극의 구경꾼으로 남겠다는 그 자세를 견지해 주시기 바랍니다." 루터의 말에는 냉소적인 경멸의 분위기가 감돌았다. 그러나 에라스뮈스는 그 편지가 "인간적"이라고 말했다. "나는 아첨꾼들 때문에 그런 인간미를 발휘하지 못할 것입니다."

루터와 깨끗한 양심으로 싸우기 위해 에라스뮈스는 자신이 정말로 루터와 다르다고 생각하는 문제를 논쟁의 화제로 선택했다. 교회의 구조와 관련된 문제들 가령, 의례, 축일의 준수, 단식 등에 대해서는 강도가 다소 약하기는 하지만 에라스뮈스도 루터처럼 반대했으므로 그런 문제를 다룰 수는 없었다. 또 각종 성사나 성 베드로의 수위권首位權 등에 대해서도 에라스뮈스는 나름대로 의문을 품고 있었다. 그래서 에라스뮈스는 이런 문제들은 놔두고 두 사람이 성격상 아주 다르게 파악하는 문제, 그러니까 신앙의 본질에 대한 문제를 거론했다. 그것은 선과 악, 죄책과 충동, 자유와 구속, 하느님과 인간 등 핵심적이고 영원한 문제였다. 루터는 답장에서 에라스뮈스가 핵심적인 문제를 다루었다고 말했다.

자유 의지론과 예정론

─── 「자유 의지에 관한 논고De libero arbitrio diatribe」는 1524년 9월에 나왔다. 에라스뮈스는 이런 논문을 쓸 자격이 충분했다. 그는 자신의 방법론에 따라서, 또 교회의 권위와 전통을 정당화하려는 목적에 입각하여, 성경이 가르치고, 신학박사들이 확인하고, 철학자들이 증명하며, 인간의 이성이 증언하는 주장을 펼쳤다. 즉 인간의 의지는 마땅히 자유로워야 한다는 것이다. 자유 의지를 인정하지 않는다면 하느님의 정의나 하느님의 자비라는 용어는 아무 의미가 없게 된다. 모든 것이 불가피한 필연에 따라 벌어지는 것이라면, 성경의 가르침, 비난, 경고(디모데후서 3장 16절)는 무슨 소용이 있는가? 선한 일이나 좋은 일이나, 목수의 도끼처럼 하느님의 손에 있는 도구에 지나지 않는다면, 왜 순명을 그토록 칭송하는가? 이런 필연의 교리를 일반 대중에게 가르치는 것은 위험한 일이다. 왜냐하면 도덕(선과 악의 구분)은 자유의 의식意識에 따라 결정되는 것이기 때문이다.

루터는 이 자유 의지론을 혐오와 경멸의 감정으로 받아들였다. 하지만 답장을 하면서도 외적으로는 그런 감정을 억제하고 공손한 예절을 지켰다. 그의 내적인 분노는 「자유롭지 않은 의지에 대하여De servo arbitrio」의 행간에서 드러난다. 이 답장에서 루터는 에라스뮈스가 비난한 루터의 행동, 바로 그것을 하고 있다. 즉, 이탈해 나간 회원을 정반대 방향으로 선회시켜 그를 치료해주려 하는 것이다. 루터의 불같은 마음은 자신의 불타는 신앙으로부터 놀라운 추론을 이끌어낸다. 그는 아무런 유보 조건 없이 아주 극단적 형태의 **예정론**을 지지한다. 에라스뮈스가 주장한 자유 의지론을 뒤흔들어 놓기 위해, 원시적 비유를 사용한다. 그런 비유는 표현할 수 없는 것을 표현하려는 열광적인 신앙에서 흘러나오는 것이다.

루터의 주장은 이러하다. 하느님의 의지에는 두 가지가 있는데 그것들은 서로 일치하지 않는다. 하느님은 인류에 대하여 영원한 증오심을 갖고 계신다. "인간의 죄악과 자유 의지의 소행에 대한 증오일 뿐만 아니라, 이 세상이 창조되기 이전부터도 그런 증오가 존재했다." 루터는 인간의 자유 의지를 등에 탈 수 있는 맹수에 비유한다. 이 맹수는 하느님과 악마 사이의 중간에 위치하고 있다. 그 맹수의 등에 하느님이 올라타든 혹은 악마가 올라타든, 다시 말해 그 어떤 기수騎手가 올라타든 맹수는 하느님의 상태 혹은 악마의 상태에 도달하지 못한다. 따라서 「자유롭지 않은 의지에 대하여」에서 루터가 강조하는 것은 신앙을 부흥시키고 종교적 관념("자유 의지는 영혼의 구원을 가져온다")은 억제해야 한다는 것이다.

여기서 루터는 심오하고 신비한 신앙의 바탕 위에 서 있다. 영원(하느님)에 대한 절대적인 의식意識이 그 글 전편에 스며들어가 있다. 루터가 볼 때, 모든 종교적 관념은 하느님의 장엄함 앞에서는 메마른 볏짚처럼 불타 버리는 것이었다. 그가 볼 때 인간이 서로 협력하여 구원을 얻을 수 있다는 생각(종교적 관념)은 하느님의 영광을 모독하는 것이었다. 루터는 죄악과 은총, 구원과 하느님의 영광을 모든 것의 근본적 원인으로 파악한다. 하지만 에라스뮈스는 루터의 그런 사상에 동의할 수 없었다.

그렇다면 에라스뮈스의 사상이 모든 면에서 루터의 사상보다 열등한가? 신앙의 핵심이라는 측면에서 루터의 주장이 타당한가? 이 질문에는 확답을 하기가 어렵다. 이와 관련하여 닥터 머리Dr. Murray는 비극은 옳음과 그름 사이의 갈등이 아니라, 옳음과 옳음 사이의 갈등이라는 헤겔의 말을 적절히 인용했다. 루터와 에라스뮈스의 싸움은 우리가 판단을 내릴 수 있는 지점 너머로 나아갔다. 따라서 우리는 정과 반의 양립 가능성을 받아들어야 한다. 그들은 가지적可知的인 것과 표현 가능한 것의 분야를 넘어서는 분야(즉, 신의 분야)로 나아가서 형이상학적 말과 비유로 싸우고 있다. 미묘한 뉘앙스를 잘 파악하는 에라스뮈스는 그 싸움의 성격을 잘 알았다. 그는 관념들은 언제나 서로 뒤섞이고, 또 상호

교환 가능하다는 것을 예전부터 알고 있었다. 그래서 루터는 에라스뮈스를 변덕스러운 프로테우스Proteus라고 불렀다. 반면에 루터는 모든 문제에 대하여 지나치게 불같은 표현을 사용하기를 좋아했다. 바다를 보는 네덜란드인이 산꼭대기만 쳐다보는 독일인과 맞서는 형상인 것이다.

"인간의 불충분한 언어로 하느님에 대해서 정확하게 말할 수 없다는 것은 너무나 분명합니다." "많은 문제들이 보편 종교회의를 기다릴 것이 아니라 거울과 어둠이 제거되어 우리가 하느님과 직접 대면할 때까지 연기되어야 합니다."(고린도전서 13장 12절에는 "우리가 지금은 거울에 비친 모습처럼 어렴풋이 보지만 그때는 얼굴과 얼굴을 마주 볼 것입니다"라는 구절이 있다. - 옮긴이) "어떤 것이 오류로부터 자유로울 수 있겠습니까?" "성경에는 하느님께서 우리들이 침투해 들어오지 않기를 바라는 신비한 곳들이 있습니다."

가톨릭교회는 자유 의지와 관련하여 약간의 단서를 마련하여, 하느님의 은총 아래 인간의 자유로운 의지가 발휘될 수 있는 공간을 부여한다. 에라스뮈스는 그 자유를 상당히 폭넓게 해석하는 반면, 루터는 그것을 절대적으로 부인한다. 동시대 사람들의 견해는 그들이 어느 편에 속해 있느냐에 따라 이미 정해져 있었다. 어떤 사람들은 에라스뮈스가 루터를 과감하게 공격했기 때문에 무조건 그를 지지했고, 반대로 어떤 사람들은 루터를 지지했기 때문에 에라스뮈스의 자유 의지론을 무조건 배척했다. 그리하여 비베스는 에라스뮈스를 칭찬했고, 보다 정통적인 가톨릭인 **사돌레트**Sadolet조차도 마찬가지였다. 오래된 가톨릭교회에게 등 돌리기를 주저하는 독일 휴머니스트들은 에라스뮈스의 공격에 감동받아서 더욱 더 루터에게 등을 돌리게 되었다. 무티아누스Mutianus, 자시우스Zasius, 피르크하이머Pirckheimer 등이 그러했고, 심지어 **멜란히톤**[18]도 에라스뮈스의 견해 쪽으로 기울었다. 그러나 카피토 같은 사람들은 한때 에라스뮈스의 지지자였으나, 이제는 완전히 등을 돌렸다. 곧 무쇠처럼 단단한 논리를 갖춘 **칼뱅**도 완전히 루터 편으로 넘어갔다.

여기서 동시대 가톨릭 학자가 에라스뮈스와 루터의 관계에 대해서 언급한 말을 인용해 보기로 하자. F. X. 키에플F. X. Kiefl[19]은 이렇게 말했다. "자유롭고 훼손되지 않은 인간성이라는 에라스뮈스의 개념은 루터의 개념보다 훨씬 더 교회에 낯선 것이다. 그러나 에라스뮈스는 아주 회의적인 자세로 오로지 자유 의지라는 문제만 가지고 논쟁을 했다. 그런 이유 때문에, 열정적 심리 상태에 있던 루터는 그리스도 교회의 단점과 비참한 상태는 도외시하고 오로지 그 문제만을 거론한 에라스뮈스를 비난했다. 그런

---

18) Melanchton, Opera, Corpus Reformarum, XII 266. 여기서 멜란히톤은 Querela pacis(평화에의 호소)를 언급하고 있으나 이 글은 1517년까지 집필되지 않았다. vide A. 603 and I p. 37.10.

19) Luther's religioese Psyche, Hochland XV, 1917.

논쟁은 독자들의 비웃음만 살 뿐이라고 생각했다. 에라스뮈스가 깊은 고뇌와 함께 하느님 앞에 교회의 심각한 문제를 고발해야 마땅한데 그렇게 하지 않았다는 것이다."

에라스뮈스는 「지나치게 민감한 사람들Hyperaspistes」이라는 논문을 써서 다시 한 번 루터의 문제를 거론했으나, 그것은 에필로그에 지나지 않는 것이므로 여기서는 건너뛰기로 하자.

가톨릭교회의 입장을 지지하다

——— 이렇게 하여 에라스뮈스는 공개적으로 어느 한쪽 편을 들었다. 「자유 의지에 관한 논고」는 비록 교리의 문제를 다루고 있기는 하지만 이 논문의 가장 중요한 점은 개인의 종교관을 명시적으로 거부하고 교회의 권위와 전통을 지지했다는 점이었다. 그는 언제나 그 자신을 가톨릭이라고 생각했다. 그는 1522년에 이렇게 썼다. "죽음도 삶도 나를 가톨릭교회와의 일치로부터 떼어놓지 못할 것입니다." 그리고 「지나치게 민감한 사람들」에서는 이렇게 말했다. "나는 가톨릭교회를 배신한 적이 없습니다. 당신이 교황제 교회라고 부르는 이 교회에는 나를 불쾌하게 생각하는 사람들이 많습니다. 하지만 나는 당신의 교회에서도 그런 사람들을 발견합니다. 사람은 익숙해져 있는 악에 대해서는 좀 더 쉽게 참아냅니다. 그러므로 나는 이 교회를 참아내겠습니다. 이 교회가 더 좋아질 때까지 말입니다. 그리고 나 자신이 더

좋아질 때까지 이 교회도 나를 참아 주어야겠지요. 두 개의 서로 떨어진 악(즉 가톨릭과 개신교. - 옮긴이) 사이에서 중간노선을 항해하는 자는 엉뚱한 길을 간다고 할 수 없겠지요."

하지만 그런 중간노선을 유지하는 것이 가능할까? 양쪽의 사람들은 그로부터 멀어져 갔다. 그는 이렇게 썼다. "나는 과거에 위대하다는 말을 세 번 사용해야 할 영웅, 문장의 왕자, 학문의 태양, 진정한 신학의 보유자라는 말을 들었으나, 지금은 무시되거나 아예 다른 모습으로 재현되고 있습니다." 그가 중간노선을 취하는 바람에 많은 친구들과 마음에 맞는 영혼들이 그의 곁을 떠나갔다.

그러나 에라스뮈스처럼 생각하고 희망하는 친구들이 상당수 남아 있었다. 그의 쉬지 않는 펜은 편지라는 형식을 통하여, 유럽의 여러 나라들에 절제와 정화라는 그의 사상을 전해 주었다. 학자들, 교회 고위 성직자들, 귀족들, 학생들, 민간 행정관 등이 그와 편지 교환을 하는 사람들이었다. 바젤 주교인 우텐하임의 크리스토퍼는 에라스뮈스의 마음에 꼭 드는 사람이었다. 휴머니즘의 열렬한 지지자인 크리스토퍼는 이미 1503년경에 종교회의를 통하여 관내 사제들을 개혁하려고 시도했으나 성공을 거두지 못했다. 그 후에 그는 오이콜람파디우스, 카피토, 빔펠링 같은 학자들을 바젤로 불러서 개혁안을 논의했다. 그것은 종교개혁이 시작되기 전의 일이었고, 루터 사태가 터지면서 오이콜람파디우스와 카피토는 점점 더 바젤 주교와 에라스뮈스로부터 멀어졌다. 1522년 에라스뮈스는 「살을 먹는 것을 금지하는 데 대하여De interdicto esu carnium」라는 논문으로 주교에게 의견을 냈다. 이 논문은 에라스뮈스가 가톨릭교회의 교리에 대하여 직접 반대 의사를 표시하는 마지막 논문들 중 하나이다.

하지만 바젤 주교는 이미 개혁 운동을 통제하지 못했다. 바젤시민들 시의회 대부분이 이미 과격한 종교개혁을 지지하고 있었다. 에라스뮈스가 바젤로 이사한 지 1년이 지나서 오이콜람파디우스도 이 도시로 돌아왔다. 오이콜람파디우스는 오래 전 에라스뮈스가 바젤을 처음 방문했을 때(1514년) 그리스어 신약성경을 수정하는 에라스뮈스에게 히브리서 편집에 도움을 주었던 사람이었다. 오이콜람파디우스가 바젤을 다시 찾아온 것은 이 도시에서 가톨릭교회에 대한 저항을 조직하기 위해서였다. 1523년 시의회는 그를 바젤 대학의 성경 교수로 임명했고, 동시에 네 명의 가톨릭 교수들이 자리를 잃었다. 오이콜람파디우스는 사전 승인을 받지 않고 설교를 할 수 있는 허락을 받아 내는 데 성공했다. 그의 뒤를 이어 무모하고 격렬한 선동자인 기욤 파렐이 바젤에 도착하여 그 일대에서 적극적인 활동을 벌이기 시작했다. 파렐은 나중에 제네바 교회를 개혁하고 거기에 칼뱅이 머무르도록 설득한 사람이다.

교회의 예식에 관한 의견 차이

━━━━━━ 오이콜람파디우스는 처음에는 성찬식, 고해성사, 성인 숭배, 단식 등 교회의 예식에 관해 조심스럽게 새로운 절차를 도입하기 시작했으나, 에라스뮈스는 그런 개혁을 아주 경악하면서 바라보았다. 특히 에라스뮈스는 파렐의 광분하는 태도를 아주 싫어했다. 바로 이런 사람들이 그가 아직도 소망하는 화해를 지연시킨다고 생각했다. 어떤 단정적인 견해를 싫어하는 에라스뮈스의 은근한 심성은 여러 가지 논쟁 중인 사항들에 대하여 보수중도적인 관점으로 점점 굳어지게 되었다. 이런 관점을 갖게 되자, 그는 자신의 양심과 확신에 조금도 저촉되는 바 없이 가톨릭교회에 충실하게 되었다. 1524년 에라스뮈스는「참회 Exomologesis」라는 논문을 발표하여 고해성사에 대한 자신의 견해를 밝혔다. 그는 이 논문에서 중도적인 입장을 취했다. 그리스도나 사도들이 이 예식을 정하지 않았다면 교부들이 정했을 것이다. 그러니 이 성사를 유지하는 것이 옳다. 고해성사는 때때로 악용되었으나 그래도 훌륭한 용도를 갖고 있다. 이런 식으로 에라스뮈스는 양쪽 모두를 경고하려 했다. 비록 그는 가톨릭 신자들 쪽으로 마음에 기울었지만, 고해성사를 부정하는 자들에게 "동의하지도 않았고 그렇다고 공격하지도 않았다."

다양한 논쟁을 오래 겪으면서 그는 점차적으로 자신의 견해를 정립해 나갔다. 가령 1525년과 1529년에 알베르토 피오에 답변하는 편지들을 살펴보면 그것을 알 수 있다. 그는 언제나 「해명 Apologia」의 형태로 글을 썼다. 『대화집』, 『우신 예찬』, 히에로니무스 전집, 신약성경 주석 등에 대하여 공격을 받으면 해명하는 글을 썼다. 마침내 그는 자신의 입장을 「교회의 화목한 일치에 대하여De amabili Ecclesiae concordia」(1524)라는 논문에서 종합했는데, 이 글은 개혁의 노력을 개진한 글들 중에서 가장 백미편이다.

대부분의 쟁점 사항들에 대하여 에라스뮈스는 온건하면서도 보수적인 해결안을 찾아내는 데 성공했다. 가톨릭교회의 여러 예식들에 대해서도 일방적으로 거부하기만 하는 것은 아니었다. 그는 아주 혐오했던 단식, 성스러운 유물에 대한 경배, 교회의 축일 등에 대해서도 이제 좋게 말하기 시작했다. 그는 성인 숭배가 우상 숭배가 아니라고 보았기 때문에 그것도 철폐하자는 말을 하지 않았다. 그는 심지어 성화聖畵도 받아들이려 했다. "성화를 삶에서 아예 배제하자고 말하는 사람은 삶의 커다란 즐거움을 빼앗으려는 사람이다. 우리는 기록된 말보다 그림에서 더 많은 것을 배운다." 그리스도가 실제로 거기에 임한다는 성찬식에 대해서도 그는 가톨릭교회의 가르침을 그대로 받아들였다. 하지만 열렬하게 받아들인 것은 아니었고 교회가 그 문제에 대하여 그렇게 일치를 보았기 때문에 받아들인 것이었다. 진리요 사랑이신 그리스도가 자신의 신부(교회)가 그런 황당한 오류에 오랫동안 매달리게 그대로 놔두었다는 것이 잘 이해되지 않았다. 그 분

에라스뮈스 초상화, 알브레히트 뒤러 판화, 1526년.

이 한 조각의 빵 안에 계신다면서 그 분 대신에 그 빵을 소중하게 받아먹는 예식은 황당한 오류처럼 보였다. 아무튼 이것이 교회의 일치된 의견이 아니었더라면, 그는 오이콜람파디우스의 견해("성찬식의 빵에는 그리스도가 계시지 않는다")에 동의했을 것이다.

바젤 시절에 에라스뮈스가 쓴 가장 순수하고 자상하고 도덕적인 논문 「기독교적 결혼의 교육」(1526)이 집필되었다. 이 논문은 영국 왕비인 아라곤의 카타리나(→ 헨리 8세)를 위해 쓴 것인데, 노년의 특징인 중언부언을 제외하면, 『엔키리디온』의 주제와 아주 흡사하다. 이것 이외에 헝가리의 마리를 위해 「기독교의 과부」라는 논문도 썼는데 역시 순수한 기독교적 정신을 강조한 것이나 좀 덜 흥미롭다.

종교개혁의 배후로 의심받다

──── 에라스뮈스는 이런 발언과 저술들로 가톨릭교회를 지지하는 입장을 밝혔으나, 여전히 교회의 옹호자들은 그를 의심했다. 그들은 『대화집』에서 추론되는 에라스뮈스의 신앙을 거론하면서 도저히 그것을 순수 가톨릭으로 볼 수 없다고 말했다. 에라스뮈스가 겉으로는 가톨릭의 가르침을 글자 하나 고치지 않으려 하지만, 이 『대화집』을 미루어 볼 때, 그는 가톨릭교회의 핵심 교리들을 믿지 않는다고 비난했다. 그래서 나중에 에라스뮈스의 저작들이 검열을 받게 되었을 때, 『대화집』 전편, 『우신 예

찬』, 몇 개의 다른 저서들이 금서 목록에 올랐다. 그 이외의 저서
는 카우테 레겐다(caute legenda: 조심해서 읽을 것) 처분을 받았다. 신
약성경의 주석과 해석 그리고 「해명들」은 대부분 거부되었고,
『엔키리디온』의 일부분, 「진정한 신학의 방법」의 일부분도 거부
되었다. 심지어 「참회」의 어떤 부분도 카우테 레겐다 처분을 받
았다. 하지만 이 조치는 살아 있는 에라스뮈스에 반대하는 논쟁
이 끝난 지 아주 오래되었을 때 벌어진 것이었다.

그는 바젤에 머무르는 동안 대규모 지적 그룹의 중심으로 남
아 있기는 했지만, 그 그룹은 어떤 특정 당파로 두각을 나타내지
않았고, 그래서 어떤 힘을 갖고 있는지 측정되지 않았다. 그런 만
큼 그가 사상적으로 어떤 방향을 잡았는지, 또 교회에 어떤 영향
을 미칠 수 있었는지 알 수 없다. 하지만 그는 자신의 조용한 서
재에서는 사상의 왕이었다. 그에 대한 증오, 그의 말과 행동에 대
한 감시는 외부적으로 위인으로 공인된 사람에게 벌어지는 어쩔
수 없는 현상이었다. 종교개혁의 원인과 잘못을 에라스뮈스에게
뒤집어씌우는 사람들의 코러스는 줄어들지 않았다. "그가 종교
개혁의 알을 낳았고 루터와 츠빙글리가 품어서 부화시켰다." 에
라스뮈스는 이런 비난에 분노하면서 속 좁고 사악하고 어리석은
논쟁의 새로운 사례들을 언급했다.

콘스탄츠에 사는 어떤 의사는 자기 집 벽에다 에라스뮈스 초
상화를 걸어 놓았는데, 그렇게 한 것은 그 초상화를 지나칠 때마

다 거기에 침을 뱉기 위해서였다. 에라스뮈스는 이 사례를 언급하면서 자신의 운명을 성 카시아누스Cassianus와 비교했다. 그 성인은 제자들의 연필에 찔려서 죽은 사람이었다. 에라스뮈스는 말했다. "나는 지난 여러 해 동안 무수한 사람들의 펜과 혀에 찔려 왔지만 급소는 맞지 않았고 그래서 시원히 죽어 버리지는 못하고 지속적인 고통 속에서 근근이 연명을 해왔습니다. 차라리 성인은 나보다 낫다고 해야 할 것입니다." 그는 비판과 반대를 아주 예민하게 의식했고, 그런 성품은 뿌리 깊은 것이었다. 그는 남들을 화나게 하여 자신의 반대 세력으로 만드는 일은 결코 하지 않으려 했다. 그런데도 그처럼 적이 많았던 것이다.

제19장

휴머니스트와 종교개혁가들과의 전쟁
1528-29

당시의 사상운동과 관련하여 에라스뮈스는 자신만의 독립된 상태를 유지하려고 애썼지만, 그래도 휴머니스트 캠프에서 벌어진 논쟁에는 가담했다. 1528년 프로벤 출판사(이 출판사의 사주 요하네스 프로벤은 이 무렵 사망했다)에서 에라스뮈스가 쓴 두 대화가 한 권의 책으로 나왔다. 한 대화는 라틴어와 그리스어의 정확한 발음을 다룬 것이었고, 다른 하나는 「키케로니아누스, 혹은 가장 좋은 수사법Ciceronianus」으로서, 라틴어 글쓰기와 말하기를 다룬 것이었다. 이 두 대화는 에라스뮈스가 생기발랄함과 재치를 아직도 잃지 않고 있다는 것을 보여 주었다. 앞의 논문은 순전히 언어학과 관련된 것으로서 그 나름의 가치가 있었다. 하지만 뒤의 논문은 언어학적 가치 이외에 풍자마저 가미되어 있었다. 이 논문은 에라스뮈스가 오래 구상하여 쓴 글이다.

순수 기독교 정신을 위한 라틴어

━━━━━ 에라스뮈스는 고전 연구가 순수 기독교에 봉사하는 한, 그 연구는 문명의 만병통치약이 될 수 있다고 생각했다. 그는 기독교적·윤리적 감정을 중시했기 때문에 포지오(Gian Francesco Poggio, 1380-1459. 이탈리아의 휴머니스트로서 고대 로마 문학의 원고들을 많이 발굴했으며 외설스러운 글을 썼다. - 옮긴이)의 음란함이나 초창기 이탈리아 휴머니스트들의 부도덕성을 거부했다. 또 부드러우면서도 자연스러운 취향을 좋아했기 때문에, 고전 모델을 현학적으로 혹은 복종적으로 모방하기만 해서는 효과가 없다고 보았다. 에라스뮈스는 라틴어를 아주 잘 알았기 때문에 철저하게 고대 로마의 스타일로 나갈 수가 없었다. 그가 구사하는 라틴어는 생기가 넘쳤으며, 자유로운 분위기를 풍겼다. 에라스뮈스의 초창기 저작에서 우리는 지나치게 정확함을 추구하는 순수 라틴어주의자들에 대한 비난의 문장을 발견한다. 한 비난의 문장에서 그는 새로 발견된 의사擬似 키케로의 파편이 아주 야만적이라고 선언했다. "온갖 종류의 저자들 중에서 키케로 모방자들처럼 역겨운 존재는 없다."

그는 순수 기독교 정신을 위한 고전 연구를 주장하고, 또 큰 기대를 걸었지만, 동시에 한 가지 위험을 보았다. 그는 1517년 카피토에게 이렇게 썼다. "고전 문학을 되살린다는 미명 아래 이교 도주의가 고개를 쳐들고 있다. 겉으로는 그리스도를 경배하지만 속으로는 이교도주의를 흠모하는 기독교 신자들이 있는 것처럼……." 이탈리아에서 학자들은 너무 배타적으로 또 너무 이교도적으로 보나이 리터라이에 헌신하고 있었다. 그는 이런 연구 태도를 고쳐 놓아야 한다고 생각했다. "이탈리아 학자들이 지금껏 거의 이교도적인 방식으로 진행해 온 보나이 리터라이를 그리스도의 말씀과 일치시키는 것"이 자신의 임무라고 여겼다.

그러나 여라 나라들 중에서 하필이면 이탈리아 사람들이 그를 이단으로 비난하면서 그의 학자적 성실성과 학문에 대하여 시비를 걸어 왔을 때 에라스뮈스는 격렬한 분노를 느꼈다. 이탈리아인들은 에라스뮈스가 표절을 했고 교묘한 술수를 쓰고 있다고 고발했다. 그는 이런 비난에 대하여 알레안더에게 불평을 털어놓았으나, 내심 그가 배후일지 모른다고 생각했다.

1527년 10월 13일자 편지에서 우리는 키케로니아누스(Ciceronianus: 키케로 모방자)에 대한 윤곽을 발견한다. 에라스뮈스는 이렇게 썼다. "정통 신앙을 위하여 고전을 연구하는 것을 싫어하는 자들 이외에, 최근에는 매복 중에 있던 또 다른 적이 튀어나왔습니다. 이들은 보나이 리터라이를 그리스도와 관련하여 말하는 것을 꺼리면서 마치 이교도적인 것이 아니면 우아해질 수가 없다는 식으로 말합니다. 그들의 귀에는 최고의 신 유피테르Jupiter가 구세주 예수 그리스도보다 더 달콤하게 들립니다. 또 부름을 받은 아버지들(patres conscripti)이 거룩한 사도들(sancti apostoli)보다 더 좋게 들립니다…… 그들은 크리스천이 못되는 것보다 키케로니아누스가 되지 못하는 것을 더 큰 수치로 여깁니다. 마치 키케로가 지금 이곳에 환생한다면 키케로 당시의 종교에 대하여 그 당시의 언어를 구사하며 말할 것처럼 생각합니다…… 키케로니아누스라는 이름을 이처럼 거들먹거리며 자랑하는 것은 무슨 뜻입니까? 나는 당신의 귀에만 살짝 말씀드리겠습니다. 그들은 진주 파우더를 가지고 그리스도의 영광보다는 더 소중하게 여기는 이교도주의를 감추고 있습니다." 에라스뮈스가 볼 때 키케로의 스타일은 결코 이상이 아니었다. 에라스뮈스는 그보다 훨씬 견고하고, 분명하고, 활기차고, 덜 장식적이고, 보다 남성적인 문장 스타일을 원했다. 하루 만에 책을 써내야 하는 사람은 문장을 자세히 손볼 시간이 없다. 어떤 때는 그 책을 찬찬히 읽어볼 시간도 없다……. "키케로의 책 이곳저곳에서 따온 열 개의 단어들, 그런 단어들로 이루어진 공허한 말의 성찬이 무슨 소용이 있는가? 그보다 나는 키케로의 정신을 배우고 싶다." 이런 키케로 모방자들을 우리는 비웃어 줄 수 있을 것이다. 새로운 복음의 천둥 같은 소리는 이런 겉꾸밈 문장보다 훨씬 강력하고 진지하다.

키케로니아누스에 대한 비판

——— 그리하여 치열한 논쟁과 씁쓸한 정당화의 와중에

서 그는 다시 한 번 남들을 조롱하게 된다. 하지만『우신 예찬』 과『대화집』의 경우와 마찬가지로, 진실한 기독교적 감정과 자연스러운 균형 의식으로 작품 전체가 고상한 가락을 유지한다. 「키케로니아누스」는 여러 갈래의 지식, 설득력 넘치는 웅변, 다양한 논증의 능숙한 처리 등이 돋보이는 걸작이다. 멋지고 한적하고 활기찬 가운데, 에라스뮈스의 의견을 대변하는 불레포루스 Bulephorus, 호사가 히폴로구스Hypologus, 지나친 키케로니아누스 인 노소포누스Nosoponus 사이의 대화가 진행된다. 노소포누스는 완벽하게 순수한 마음을 유지하기 위하여 아침 식사로 건포도 열 알만 먹는다.

노소포누스의 모델은 더 이상 그런 대화에 응답이나 비판을 할 수 없었다. 그의 본명은 크리스토퍼 롱골리우스Christopher Longolius인데 이미 1522년에 사망했던 것이다.

「키케로니아누스」의 핵심은 에라스뮈스가 지나친 고전주의가 기독교 신앙에 끼치는 해악을 지적한 부분이다. 그는 열띤 목소리로 이렇게 외친다. "내 말을 믿어 줘, 노소포누스. 그건 이교도주의야. 이런 문제에서 우리의 귀와 영혼을 즐겁게 하는 건 이교도주의라고. 그럴 경우 우리는 이름만 기독교 신자야." 왜 라틴어 속담이 성경 인용구보다 더 멋지게 들리는가? 왜 야채들 사이의 잡초(corchorum inter olera)가 "예언자들 사이의 사울 왕"보다 더 그럴 듯하게 들리는가? 키케로 모방주의의 어리석음을 지적하기 위하여 그는 이런 사례를 들었다. 그것은 기독교 교리와 관계되는 문장을 고전 라틴어로 번역한 것이다.

Optimi maximique Jovis interpres ac filius, servator, rex, juxta vatum responsa, ex Olympo devolavit in terras.

(직역: 신탁을 말하는 예언자에 따르면, 최고신 유피테르의 중재자이며 아들, 구세주이며, 왕이 올림포스에서 내려와 땅으로 왔다.)

(교리상의 의미: 예언자들에 의하면, 영원한 하느님의 아들이며 말씀이신 예수 그리스도가 이 세상에 왔다.)

에라스뮈스는 대부분의 휴머니스트들이 기독교 교리에 관한 글을 쓸 때 이런 식으로 쓴다고 비난했다.

그런데 이렇게 말하는 에라스뮈스는 자기 자신의 과거를 공격하고 있다는 것을 의식했을까? 그는 신약성경을 그리스어에서 라틴어로 번역할 때 로고스(말씀)를 Verbum이라고 하지 않고 Sermo라고 번역하여, 그의 반대자들을 분노하게 만들지 않았던가? 또한 에라스뮈스 자신이 라틴어로 쓴 성모 마리아와 성인들의 찬가는 물론이고, 교회 찬송가의 운율을 교정해야 한다고 하지 않았는가? 에라스뮈스는 고전 속담을 너무 좋아하면 안 된다고 경고하고 있는데 그의 『격언집』이야말로 바로 그것이 아니고 무엇인가?

(로고스는 하느님의 말씀 혹은 하느님을 의미한다. 로고스가 명시적으로 사용된 부분은 신약성경 요한복음 1장 1절인데, 불가타에는 이렇게 되어 있다. In principio erat Verbum et Verbum erat apud Deum et Deus erat Verbum["태초에 말씀이 계시니라. 이 말씀이 하느(나)님과 함께 계셨으니 이 말씀은 곧 하느(나)님이시니라."] Sermo 또한 말씀을 가리키는 용어이나 교부 히에로니무스가 라틴어로 번역하면서 사용한 Verbum을 무시하고 에라스뮈스가 Sermo를 썼기 때문에 당시의 성직자들은 분개한 것이다. – 옮긴이)

우리는 여기서 노년에 접어든 에라스뮈스가 보수 반동의 길로 가고 있음을 본다. 이런 노선은 결국 그를 휴머니즘으로부터 멀리 떨어지게 했다. 그가 이처럼 휴머니즘의 순수주의 형태와 싸우는 것은 그가 장차 기독교적 순수주의로 나아가리라는 것을 예고한다.

언제나 그러했듯이 그의 조롱은 새로운 비난의 홍수를 불러왔다. 순수 라틴어의 대가인 벰보와 사돌레트는 그런 조롱을 웃어넘길 수 있었지만 성격이 급한 율리우스 카이사르 스칼리거 Julius Caesar Scaliger는 에라스뮈스에게 격렬하게 반발했고, 특히 이미 죽고 없는 롱골리우스를 비난했다면서 더욱 적개심의 칼을 갈았다. 자신이 늘 박해를 받고 있다는 에라스뮈스의 강박증이 또다시 발동했다. 그는 이번에도 사태의 배후에는 알레안더가 있다고 생각했다. 그는 1530년에 이렇게 썼다. "이탈리아 사람들은 나를 압박하기 위해 제국 궁정을 설치했습니다." 1년 뒤

사태가 진정되자 그는 농담조로 말했다. "맹세하거니와, 나는 부다에우스의 모델을 따라서 내 스타일을 바꾸어 사돌레트나 벰보 같은 키케로니아누스가 되려고 합니다." 하지만 그는 생애가 거의 끝나가는 시점까지도 이탈리아 사람들과 새로운 논쟁을 벌였다. 그가 그들의 국민적 감정을 건드렸기 때문이다. "그들은 나를 이탈리아와 키케로의 적으로 지목하고서 온 사방에서 나에게 중상모략을 퍼붓습니다."

바젤 시의 상황 변화

───── 하지만 그가 이미 말했듯이, 그의 신변에 보다 가까운 곳에서 다른 어려움들이 생겨났다. 바젤 시의 상황은 이미 몇 년 동안 그를 놀라게 하고, 또 괴롭히는 방향으로 흘러가고 있었다. 그가 1521년 바젤로 이사를 왔을 때만 해도 에라스뮈스 숭배자인 바젤 주교 우텐하임의 크리스토퍼는 그 자신이 공언한 대로 교회 내의 개혁을 어느 정도 수행할 수 있을 것 같았다. 그는 여러 알려진 권리 남용 행위들을 일소하면서 바젤 시가 가톨릭 교회 내에 그대로 머물기를 바랐다. 그러나 바로 그 해 1521년에 바젤 시청은 주교의 권력으로부터 해방되어 자유롭게 되었다. 바젤 시는 1501년부터 독립을 추진해 오다가 마침내 이 해에 스위스 연합에 가입했다. 그리하여 시의회가 시 권력의 실세로 부상했는데, 의회의 의원들은 귀족들로만 구성되지 않았다. 주교

는 콘스탄츠와 로잔의 동료들과 연맹을 맺으면서 시가 가톨릭주의主義 내에 머물기를 바랐지만 성공을 거두지 못했다. 바젤 시에서 새로운 신앙이 점점 더 우위를 점하기 시작했다. 그리하여 1525년에는 가톨릭 미사에 대하여 노골적으로 반발하는 시위가 터져 나오자, 시의회는 보다 신중한 자세로 돌아서면서 더욱 신경 써서 교회를 개혁하려 했다.

오이콜람파디우스도 그런 개혁을 원했다. 그리하여 그와 에라스뮈스 사이는 점점 소원해졌다. 에라스뮈스는 과거 한때 이 충동적이고 민감하고 좌불안석인 젊은이의 종교적 사상을 지도해 준 적이 있었다. 오이콜람파디우스는 1520년에 갑자기 수도원에 들어가면서, 평소 수도원 서원에 대하여 비판적이었던 에라스뮈스를 일부러 찾아가 자신의 그런 행위를 설명했다. 그리고 두 사람은 1522년에 바젤에서 서로 만나게 되었다. 오이콜람파디우스는 그 동안 수도원을 나왔고, 새로운 교리의 철저한 신봉자 겸 사도로 변해 있었다. 반면에 에라스뮈스는 자신이 바라던 대로 철저한 구경꾼으로 남았다. 에라스뮈스는 자신의 예전 조수를 냉정하게 대했고, 오이콜람파디우스가 점점 앞으로 나아갈수록 뒤로 물러섰다. 그러나 그는 중도 노선을 계속 유지했고, 1525년에는 다시 가톨릭으로 돌아선 시의회에 조언을 하기도 했다.

이미 지난 몇 년 동안 바젤 시에서 살지 않았던 노주교는 1527

년 교구청에 자신을 직위에서 해제해 줄 것을 요청했고, 그 직후 사망했다. 이어 사태는 급박하게 돌아갔다. 베른 시가 1528년 개혁 지지 도시로 돌아서자 오이콜람파디우스는 바젤 또한 동일한 조치를 취하라고 요구하고 나섰다. 1528년 연말에 바젤 시는 거의 내전 일보 직전까지 갔다. 시민 봉기는 시의회의 저항을 물리쳤고, 의회로부터 가톨릭 의원들을 몰아냈다. 1529년 2월, 가톨릭 미사는 금지되었고, 성화들은 교회로부터 철거되었으며, 수도원들은 철폐되고, 대학은 휴교 조치되었다. 오이콜람파디우스는 뮌스터에서 최초의 목사가 되었고, 바젤 교회의 지도자로 떠올랐다. 그는 바젤 교회를 위해 개혁적 강령을 제정했다. 새 주교는 포랑트뤼이에 남았고, 교구청은 프라이부르크로 옮겨 갔다.

이제 에라스뮈스가 떠나야 할 시간이 되었다. 1529년의 바젤 상황은 시간을 되돌려보면 1521년의 루뱅 상황과 비슷했다. 그 당시 가톨릭 지지자들은 루터에 대항하여 에라스뮈스의 도움을 얻고자 했다. 이제는 복음주의자들이 에라스뮈스를 바젤에 머물게 함으로써 이득을 보려 했다. 그의 이름은 여전히 하나의 깃발 역할을 할 수 있기 때문이었다. 그의 존재는 개혁 도시 바젤의 지위를 강화시켜 줄 터였다. 사람들은 충분히 이렇게 생각할 수 있었다. 그가 종교개혁가들에게 동의하지 않았더라면 이미 오래 전에 도시를 떠났을 것이라고. 게다가 그의 존재는 절제와 온건을 표상하기 때문에 많은 망설이는 사람들을 이 도시로 끌어들일 수 있을 터였다.

바젤에서 프라이부르크로 이주

━━━━ 따라서 에라스뮈스는 자신의 독립적인 생활을 확
보하기 위하여 거주지를 바꾸어야 했다. 그러나 이번에는 이주
가 아주 고통스러웠다. 이 무렵 고령에다 병약하여 집에 머무르
는 날이 많았기 때문이다. 그는 시청 측의 시비를 우려하여 페르
디난트 대공에게 제국 내의 안전 운행과 궁정으로 초대장을 보
내 달라고 요청했다.(하지만 그 초대를 받아들일 생각은 없었다.) 당시 페
르디난트는 형인 카를 5세를 대신하여 독일 제국을 다스리고 있
었고, 당시 막 **스파이어** 의회를 주재했다. 에라스뮈스는 안식처
로 바젤에서 그리 멀리 떨어져 있지 않은 프라이부르크 임 브라
이스가우를 선택했다. 이 도시는 오스트리아 왕가의 직할령이었
고, 그래서 바젤 시 같은 상황 변화를 우려할 필요가 없었다. 게
다가 그 당시 제국의 권위와 독일 내 가톨릭 대의가 급속히 힘을
얻어 가고 있었다.

에라스뮈스는 자신의 출발을 비밀로 하고 싶은 생각도 없었
고, 또 그렇게 할 수도 없었다. 그는 값나가는 가재도구를 먼저
프라이부르크로 보냈고, 이것은 당연히 사람들에게 그의 이주
계획을 알리는 꼴이 되었다. 그는 의도적으로 오이콜람파디우스
를 초청하여 작별의 대화를 나누었다. 오이콜람파디우스는 에

라스뮈스에 대하여 진실한 우정을 표명하였고, 에라스뮈스는 이 종교개혁가가 몇 가지 교리의 사항들에 대하여 의견 차이를 인정해 준다면 그런 우정을 거부할 뜻이 없었다. 오이콜람파디우스는 에라스뮈스의 이주를 만류하려 했지만 이미 늦었다는 것을 깨닫고 속히 다시 돌아와 달라고 부탁했다. 두 사람은 악수를 나누며 헤어졌다. 에라스뮈스는 좀 멀리 떨어진 선착장에서 타고 갈 배에 승선하려 했으나 시의회가 허락하지 않아 라인 강 다리 근처의 일반 선착장에서 승선했다. 1529년 4월 13일, 그가 승선할 때 많은 사람들이 선착장에 모여들었다. 몇몇 친구들이 그를 전송하기 위해 선착장까지 나와 주었다. 그에게 항의하는 불상사 같은 것은 없었다.

그는 프라이부르크에서 열렬한 환영을 받았다. 그것은 에라스뮈스가 여전히 존경받는 문학계의 왕자라는 것을 증명했다. 시의회는 그를 위하여 막시밀리안 황제를 위해 지었던 커다란(그러나 미완성인) 집을 내주었다. 한 신학 교수는 에라스뮈스에게 자신의 집 정원을 제공했다. 안토니 푸거Anthony Fugger는 에라스뮈스에게 두둑한 연금을 보장하면서 아우구스부르크로 오라고 요청했다. 하지만 그는 프라이부르크를 영구적인 거주지로 생각하지 않았다. "나는 이번 겨울만 여기서 지내고, 제비가 돌아오는 봄에는 하느님이 나를 부르는 곳으로 갈 겁니다." 그러나 그는 곧 프라이부르크의 커다란 이점을 알게 되었다. 그가 늘 민감하게

프라이부르크 임 브라이스가우에 있는 "줌 발피쉬" 집.
1529년 에라스뮈스가 프라이부르크에 도착하자 시청은 원래 막시밀리안
황제를 위해 지었던 이 집을 에라스뮈스에게 내주었다.

히에로니무스 알레안더 추기경의 초상화, 드로잉.

반응하는 날씨가 예상보다 훨씬 좋았다. 게다가 도시의 위치가 아주 좋았다. 상황이 여의치 못하면 곧바로 프랑스로 건너갈 수도 있고, 아니면 라인 강을 타고 내려가 많은 친구들이 귀국을 종용하는 네덜란드로 갈 수도 있었다. 1531년 그는 프라이부르크에 집을 샀다.

프라이부르크로 이주한 고령의 에라스뮈스는 고통스러운 질병에 시달렸고, 1521년 루뱅을 떠날 때보다 더 환멸을 느꼈으며, 종교개혁과 관련해서는 더욱 보수적인 견해를 갖게 되었다. 이런 사정은 그가 바젤에 있는 친구인 보니파스 아머바흐와 주고받은 편지들을 보면 아주 자세하게 알 수 있다. 이 편지들은 예전의 서한집에서 완전히 빠져 있었는데 닥터 알렌의 각별한 노력으로 에라스뮈스 서한집에 들어가게 되었다. 이 시절의 편지들로부터 우리는 그의 일상적 습관과 생각 등을 그 이전의 어떤 시대보다 더 생생하게 알 수가 있다. 이 위대한 학자의 작업실에서 일과는 예전과 똑같이 진행되었다. 그는 조수들에게 지시를 내렸고, 조수들은 원고를 뒤져서 그것을 복사하고 점검했으며, 에라스뮈스는 그런 자료를 바탕으로 편지를 작성하여 유럽 전역에 보냈다. 바실 이후 교부들의 저서를 편집하고, 크리소스톰과 키프리아누스의 새 판본을 준비했으며, 기존의 고전 작가들 판본에 아리스토텔레스의 저작을 추가했다. 그는 『대화집』을 세 번 더 수정·증보했고 『격언집』과 그리스어 신약성경은 한 번 수정했다. 그 외에 도덕적, 정치·신학적 성격을 가진 글들이 그의 펜에서 쉴 새 없이 흘러나왔다.

종교개혁에서 멀어지다

━━━━━ 　그는 이제 종교개혁의 대의에서 아주 멀어졌다. 그는 종교개혁가들을 "가짜 복음주의자들"이라고 경멸하는 어조로 불렀다. 그는 1528년에 이렇게 썼다. "나는 루터 교회의 지도자가 될 수도 있었을 겁니다. 하지만 가톨릭교회로부터 이탈하느니 차라리 온 독일 사람들의 증오를 받는 것이 더 낫다고 생각합니다." 관계 당국이 루터의 초창기 움직임에 대해 좀 덜 신경을 써야 했는데 그렇게 하지 못해 아쉽다. 그렇게 대범하게 대했더라면 개혁의 불길이 그처럼 급속히 번지지는 않았을 것이다. 에라스뮈스는 신학자들에게 경건함의 외피만 쓰고 있는 사소한 문제들은 놔두고 성경의 원천으로 소급하라고 권유했다. 하지만 이제 너무 늦었다. 도시와 국가들은 종교개혁의 찬반을 기준으로 서로 긴밀하게 동맹 관계를 맺고 있었다. 그는 1530년 사돌레트에게 이렇게 썼다. "나는 그런 일이 벌어지지 않기를 간절히 기도합니다만, 독일보다 교회에 치명적으로 해로운 소요 사태가 발생한다면, 에라스뮈스가 그것을 이미 예언했다는 걸 기억해 주세요." 그는 베아투스 레나누스에게는 종종 이런 말을 했다. "이런 시대가 오는 줄 알았더라면, 나는 아예 많은 글을 쓰지

않았거나, 아니면 지금까지 해온 것처럼 많은 글을 쓰지는 않았을 것이다."

그는 외쳤다. "복음파 사람들을 한 번 보십시오. 그들은 전보다 더 좋아졌습니까? 그들이 전보다 사치, 육욕, 탐욕 등에 덜 탐닉하고 있습니까? 복음으로 인해 바뀐 사람들을 내게 보여 주십시오. 술꾼이 술 끊은 사람이 되고, 금수가 온유한 인간이 되고, 구두쇠가 관대한 사람이 되고, 뻔뻔한 자가 순결한 자로 바뀐 경우를 보여 주십시오. 그러면 나는 전보다 더 나빠진 많은 사람들을 보여드리겠습니다." 이제 그들은 교회에서 성화聖畵를 내던지고 가톨릭 미사를 철폐했다.(그는 특히 바젤의 경우를 생각했다.) 그렇다고 해서 전보다 더 좋은 것이 나왔는가? "나는 그들의 교회에 들어가 본 적이 없습니다. 그렇지만 설교를 듣고 돌아오는 그들을 보았습니다. 그들의 얼굴은 악령의 유혹을 받은 듯 기이한 분노와 사나움을 보여 주었습니다. 내가 저명한 인사들과 함께 그들 곁을 지나갈 때, 나에게 제대로 인사한 사람은 나이든 노인 한 명을 빼고는 아무도 없었습니다."

그는 종교개혁가들의 공통적인 특징인 절대적 확신을 아주 싫어했다. "츠빙글리와 **부처**는 성령의 영감을 받았을지 모릅니다. 하지만 에라스뮈스는 평범한 인간에 지나지 않으므로 그들에게 영감을 주었다는 성령이 어떤 것인지 잘 모릅니다."

재세례파의 정신적 아버지

─── 개혁 그룹 중에서 에라스뮈스가 마음속 깊은 곳에서
동조하는 그룹이 있었다. 그는 경직된 교리를 갖고 있는 루터파
나 츠빙글리파는 싫어했지만 **재세례파**에 대해서는 마음이 통하
는 구석이 있었다. 그는 그들 그룹에게 그런 명칭을 부여해 준 재
세례의 교리는 거부했고, 또 이 교파의 무정부적 요소를 혐오했
다. 그는 정신적 단정함을 철저하게 신봉하는 사람이었으므로
이런 불규칙한 신자들과 자신을 동일시할 수는 없었다. 하지만
그는 재세례파의 성실한 도덕적 열망을 모르지 않았고, 물리적
폭력은 싫어했으나 박해를 견디는 인내심에는 깊이 공감했다.
그는 1529년에 이렇게 썼다. "그들은 무엇보다도 그 정직한 생
활로 칭송을 받습니다." 그러나 그의 만년에 벌어진 광신적인 재
세례파의 폭력적이고 혁명적인 에피소드에 대해 에라스뮈스는
경악하는 어조로 비난했다.

종교개혁의 역사가들 중에서 손꼽히는 학자인 발터 쾰러Walter
Koehler는 에라스뮈스를 재세례파의 정신적 아버지라고 평가했
다. 재세례파가 나중에 정립한 평화적 특징은 에라스뮈스와 공
통되는 점이 있었다. 가령 자유 의지를 인정한 점, 합리적인 성향,
배타적인 교회관의 배척 등이 그러하다. 남부 독일의 재세례주의
자인 한스 뎅크Hans Denk는 에라스뮈스로부터 직접 사상적 영향
을 받은 듯하다. 이 사상 공동체는 네덜란드의 독특한 종교적 의

식意識에 바탕을 두고 있고, 그래서 재세례주의는 네덜란드에서 우호적으로 수용되었다. 하지만 에라스뮈스는 이런 연결 관계에 대해서는 전혀 알지 못했다. 구교와 개신교에 대한 에라스뮈스의 변화된 입장은 다음의 사실에 의해서 분명하게 증명된다.

그는 전에 보수주의의 지지자들을 가리켜, 자신이 소중하게 여기는 보나이 리터라이를 증오하고 질식시키는 자들이라고 비난했다. 그런데 이제 복음주의자들을 상대로 똑같은 비난을 퍼부었다. "루터주의가 득세한 곳에서는 문학 연구가 죽어 버렸다. 만약 그렇지 않다면," 그는 독특한 반어법을 구사하며 계속 말했다, "루터와 멜란히톤이 그처럼 화급하게 사람들에게 문학을 사랑해야 한다고 호소했겠는가?" "비텐베르크 대학을 루뱅 대학이나 파리 대학과 한번 비교해 보라!…… 인쇄업자들은 복음주의 운동이 도래하기 전만 해도 무슨 책이든 3천 권 정도는 금방 팔려 나갔는데 지금은 간신히 6백 권이 팔린다고 한다. 참으로 대단한 학문의 번창이라고 해야 할 것이다."

제20장

에라스뮈스의 말년

1530년대의 시대 상황

────   에라스뮈스의 말년에 세상을 계속 뒤흔들던 중요한 문제들이 급격히 위협적인 형태를 취하기 시작했다. 전에는 타협이나 동맹이 가능해 보였던 분야에서조차도 첨예한 갈등, 선명한 파당주의, 엄격한 원칙 등이 평화로 가는 길을 가로막았다. 에라스뮈스가 바젤을 떠날 준비를 하던 1529년 봄, 가톨릭 세력이 과반을 차지한 스파이어 의회는 복음주의자들에게 양보를 했던 1526년의 "후퇴"를 취소시키고, 오로지 루터파에게만 기존의 양보 사항을 그대로 누리도록 허용했다. 그리고 더 이상의 변화나 새로운 사항들은 절대 금지한다고 선포했다. 츠빙글리파와 재세례파는 조금의 관용도 허가받지 못했다. 이렇게 되자 복음주의를 지지하는 군주들과 도시들은 일제히 항의(Protest)했고, 이것을 계기로 가톨릭에 반대하는 모든 세력에게 프로테스탄트

Protestant라는 이름이 붙게 되었다.(1529년 4월 19일) 제국 내에서 가톨릭과 프로테스탄트 사이에서만 분열이 발생한 것은 아니었다. 1529년이 저물어 가기도 전에 **주의 만찬**이라는 문제는 츠빙글리파와 루터파 사이에 해결할 수 없는 애로 사항을 제공했다. 루터는 마르부르크 회담에서 이렇게 말하면서 츠빙글리와 헤어졌다. "당신의 영혼은 우리와는 다르군요."

스위스에서는 가톨릭 주와 복음 주 사이에 노골적인 내전이 발생했으나 제1차 카펠 강화안에 의하여 잠시 진정되었다. 1529년에 체결된 캉브레 조약과 바르셀로나 조약은 기독교 세계의 정치적 평화를 잠시 회복시켰지만, 노령의 에라스뮈스로부터 다가오는 황금시대에 대한 기대, 가령 1516년의 화합을 두고서 그가 노래했던 그런 예찬은 이끌어 내지 못했다. 그리고 한 달 뒤에 투르크족(→술레이만 1세)이 빈의 성문 앞에 나타났다.

이런 모든 사건들은 에라스뮈스를 놀라게 하고, 또 괴롭혔다. 하지만 그는 그런 사건들로부터 벗어나 있었다. 이 당시 그가 쓴 편지들을 읽어보면 그처럼 폭넓고 생생한 견식을 가진 인물이 당대의 대사건들로부터 멀리 떨어져 있다는 사실이 놀랍기만 하다. 그 자신의 개인적 생각이나 신변 문제 등 직접적인 이해관계가 없는 사항들에 대하여 아주 막연하고 허약한 인식을 갖고 있었다. 그가 드물게 당대의 문제들에 대하여 발언할 때는 으레 아무런 강조점이 없는 일반적 사항들에 대해 도덕적인 어조로 말할 뿐이었다. 「투르크족에게 전쟁을 선포하는 데 대한 조언」(1530년 3월)은 구약성경 시편 28편을 해석하는 형태로 집필되어 있고, 너무나 막연한 내용이어서 그 글을 다 읽은 독자들은 이런 의문을 갖게 된다. "도대체 전쟁을 선포하라는 얘기야 말라는 얘기야?"

1530년 여름 카를 5세의 주관 아래 아우구스부르크 의회가 열렸다. "원만한 평화와 기독교적 진리"에 도달하기 위한 또 한 번의 노력이었다. 멜란히톤은 아우구스부르크 고백을 아주 강력하게 옹호하지 못했다. 그가 의회에서 이 고백을 읽고 또 논의를 했지만 황제는 그 고백을 거부했다.

에라스뮈스는 이 모든 일에 전혀 개입하지 않았다. 많은 사람들이 그에게 편지를 보내 아우구스부르크로 오라고 요청했다. 하지만 그는 카를 5세의 소환을 기대했으나, 그런 소환은 나오지 않았다. 황제의 고문관들의 조언에 따라 그는 아우구스부르크 의회의 결과가 나올 때까지 그 해 가을에 계획했던 브라반트 이주를 연기했다. 하지만 황제는 종교개혁 세력에 대하여 노골적인 탄압을 결정하면서 11월 회기를 끝냈고, 그런 상황에서 에라스뮈스의 도움은 필요하지 않았다.

독일 내에서 거대한 갈등이 곧 닥쳐올 것 같았다. 아우구스부르크 의회의 결정 이후, 독일 내의 프로테스탄트 지역들과 도시들은 힘을 합쳐 슈말칼덴 동맹을 형성하여 황제에게 맞섰다. 같은 해(1531), 츠빙글리는 가톨릭 주들과의 전투에서 사망했고, 그

후 오이콜람파디우스도 바젤에서 사망했다. 에라스뮈스는 이들의 사망에 대하여 이렇게 썼다. "이들 두 지도자가 사망한 것은 잘된 일이다. 만약 군신이 그들을 보호했더라면 우리는 지금쯤 끝장이 났을 것이다."

스위스에서는 어느 정도 사태가 안정되어 소강상태로 접어들었다. 독일에서는 두 진영의 불가피한 싸움이 여러 해 동안 연기되었다. 카를 5세는 사태 해결 방안을 잘 알았다. 독일의 프로테스탄트들에게 효율적으로 맞서려면, 먼저 교황을 설득하여 종교 회의를 개최하고, 그 결과 교회의 알려진 권력 남용을 모두 철폐하는 것이었다. 뉘렘베르크의 종교적 평화(1532)는 제국의 정책을 전환시키는 결정적 계기가 되었다.

만년의 저서『설교론』

────── 마침내 온건한 개혁과 타협을 지지하는 사람들의 목소리가 널리 수용될 것 같은 분위기가 무르익었다. 그러나 에라스뮈스는 너무 고령이어서 그런 결정에 적극적으로 참여할 수 없었다.(설사 그가 적극적으로 참여하려고 했더라도 그렇게 하기 어려웠다.) 그렇지만 1533년에「교회의 원만한 화합에 대하여」라는 논문을 썼다. 이 글은「투르크족에게 전쟁을 선포하는 데 대한 조언」과 마찬가지로 구약성경 시편 83편을 해석하는 형태로 집필되었다. 게다가 오랫동안 녹슬지 않았던 생생한 문장과 표현력이 이제

쇠퇴하는 기미가 보였다. 같은 해 출간된 「죽음의 준비에 대하여」라는 글도 그러했다. 그의 목소리는 점점 쇠약해졌다.

만년에 에라스뮈스는 자신의 도덕적·신학적 사상의 결산이요 완벽한 표현이 될 대작, 『설교론*Ecclesiastes*』을 쓰는 데 모든 노력을 바쳤다. 에라스뮈스는 언제나 설교를 성직자의 의무 중 가장 고상한 것이라고 생각했다. 그는 설교자로서 콜렛과 비트라리우스를 가장 높이 평가했다. 일찍이 1519년에 그의 친구인 보르셀렌의 존 베카르John Becar는 『엔키리디온』과 『기독교 군주의 교육』에 뒤이어 기독교 설교자를 진정으로 교육시키는 책자를 써보라고 권유했다. 당시 에라스뮈스는 이렇게 대답했다. "나중에, 나중에. 현재로서는 다른 할 일이 너무 많아. 하지만 곧 그 일에 착수할 거야." 1523년 에라스뮈스는 이와 관련하여 윤곽을 잡고, 또 노트를 작성하기도 했다. 에라스뮈스의 친한 친구이며 동지인 로체스터 주교 존 피셔John Fisher는 이런 사실을 알고서 에라스뮈스에게 빨리 그 책의 원고를 마무리 지으라고 재촉했다. 그리하여 에라스뮈스의 저서들 중 가장 방대한 부피를 자랑하는 책이 나오게 되었다. 그 자신 이 책을 가리켜 "저작의 숲(operis sylvam)"이라고 불렀다. 네 권으로 된 이 책에서 그는 설교를 잘 하는 기술을 설명하면서 풍부한 사례, 삽화, 도식 등을 제시했다. 하지만 1519년에 구상되어 오랫동안 머릿속에서만 맴돌던 책이 젊을 때의 과감한 정신을 상당히 잃어버린 1533년에 나와서, 전성기의 『엔키리디온』처럼 많은 영감을 주는 책이 될 수 있을까?

『설교론』은 피곤한 정신으로 쓴 작품이고, 그리하여 그 시대의 요구에 날카롭게 대응하지 못하는 인상을 준다. 에라스뮈스는 이 책에서 이런 기대를 갖고 있다. 복음의 순수한 정신에 입각하여 정확하고, 지적이고, 세련된 매너의 설교를 하면 사회가 저절로 향상되리라고 보는 것이다. "사람들은 권위에 더 잘 순종하고, 법을 더 잘 지키며, 더 평화롭게 될 것이다. 남편과 아내 사이는 더욱 금실이 좋아지고, 더욱 믿음이 커지면서 간통을 더욱 혐오하게 될 것이다. 하인들은 더 잘 주인의 말을 따르고, 장인들은 더 좋은 물건을 만들어내고, 상인들은 더 이상 속이지 않을 것이다."

에라스뮈스가 이 원고를 바젤의 프로벤 출판사에 넘겨 출판을 준비하는 동안, 최근에 프랑스에서 쫓겨나 바젤로 온 젊은 프랑스인의 저서가 다른 바젤 인쇄소인 토마스 플라터Thomas Platter에서 인쇄되고 있었다. 그것은 신앙생활의 지침서였는데, 저자는 장 칼뱅Jean Calvin이고 제목은 『기독교 강요』였다.

토머스 모어의 죽음

────   에라스뮈스가 『설교론』을 완성하기도 전에, 그 책을 헌정할 예정이었던 존 피셔는 더 이상 세상에 존재하지 않았다. 그래서 에라스뮈스는 이 방대한 책을 로체스터 주교 존 피셔 대

토머스 모어와 그의 가족, 펜과 잉크 스케치, 한스 홀바인 작, 1527년.

신에 아우구스부르크 주교인 스타디온의 크리스토퍼에게 바쳤다. 여러 모로 에라스뮈스와 비슷한 정신적 노력을 해온 존 피셔는 자신의 신앙심에 대한 결정적 증거물을 이 세상에 남겼다. 피셔는 자신의 신앙을 위해 순교했던 것이다.(에라스뮈스는 이런 점에서는 자신의 신앙을 확신하는 힘이 약했다.) 1535년 6월 22일, 존 피셔는 헨리 8세의 명령에 의해 참수형을 당했다. 그는 가톨릭교회에 대하여 충성을 바쳤기 때문에 죽음을 맞았다. 이것은 토머스 모어도 마찬가지였다. 모어와 피셔는 수장령(→ 헨리 8세)에 대한 충성의 맹세를 일관되게 거부했던 것이다. 피셔가 처형된 지 2주 후인 1535년 7월 6일, 토머스 모어도 참수대 위에 올랐다. 이 두 고상한 친구들의 죽음은 에라스뮈스를 아주 슬프게 했다. 그는 너무나 상심하여 지난 몇 년 동안 하지 않았던 시 쓰기를 다시 했다. 그러나 멋진 라틴어 영웅시(carmen heroicum)의 가락보다, 강력한 분노와 경악의 감정이 깃든 편지를 썼더라면 더 좋았을 것이다. 영웅시에는 그런 감정이 깃들어 있지 않았다. 『설교론』 서문에서 언급된 피셔의 죽음에서도 진정한 정서는 찾아보기 어렵다. 이 당시 쓴 편지들에서 그는 상당히 유보적인 태도를 보이고 있다. "모어가 그런 위험한 일에 개입하지 말고 신학적인 문제는 신학자들에게 맡겼더라면 좋았을걸." 마치 모어가 종교적 양심이 아닌 다른 어떤 문제로 죽은 것처럼 말하고 있는 것이다!

에라스뮈스가 이런 문장을 썼을 때 그는 더 이상 프라이부르크에 있지 않았다. 그는 1535년 6월, 예전과 마찬가지로 프로벤의 인쇄 일을 지원하기 위해 바젤로 갔다.『설교론』은 마침내 인쇄에 들어가게 되었는데 마지막 단계에서 면밀한 검토와 즉석 교정이 필요했던 것이다.『격언집』은 재판될 예정이었고, 오리게네스Origenes의 라틴어 판본이 준비 중이었다. 이제 병들고 나이든 에라스뮈스는 아직도 바젤에 살고 있는 많은 친구들의 환영을 받았다. 아버지 요하네스의 사망 후에 인쇄소를 물려받아 두 명의 친척과 함께 사업을 해온 아들 히에로니무스 프로벤이 에라스뮈스에게 자신의 집 줌루프트의 일부를 내주었다. 에라스뮈스가 바젤로 돌아올 때를 대비하여 그를 위한 방을 준비하고, 또 알맞게 설비를 해두었던 것이다. 에라스뮈스는 전에 그를 바젤로부터 몰아냈던 교회 내의 폭풍우가 가라앉은 것을 발견했다. 치안 상태가 잘 유지되고 있었다. 그래도 그는 공기 중에 불신의 기운이 떠도는 것을 느꼈다. "하지만 내 나이, 나의 습관, 자그마한 학식 덕분에 멀리까지 왔고, 이제 어디를 가든 안전하게 살 수 있게 되었다." 처음에 그는 바젤 방문을 하나의 실험으로 생각했다. 그는 바젤에 오래 머무를 생각은 아니었다. 허약한 건강이 그런 환경 변화를 견디지 못할 경우 프라이부르크의 멋지고 안락하며 익숙한 집으로 돌아갈 생각이었다. 만약 그가 환경 변화를 잘 견딘다면 네덜란드(브뤼셀, 말리네스, 안트베르펜 혹은 루뱅)와 부르고뉴(특히 베상송) 중에서 거주지를 고를 계획이었다. 말년에 그는 평생 간직해 온 환상에 꼭 매달렸다. 그것은 부르고뉴 와인만이 그의 몸에 좋고, 또 질병을 물리쳐 준다는 생각이었다. 이 와인 문제는 점점 중요한 고려 사항이 되었고, 여기에 좀 애처로운 구석도 느껴진다. 그는 바젤에서 부르고뉴 와인 값이 너무 비싸다고 생각했고, 도둑 같은 수입상이 그 와인에 너무 비싼 값을 매겨 폭리를 취한다고 비난했다.

8월 들어 그는 프라이부르크로 돌아가지 못할 것 같다는 생각을 했다. 10월에 그는 프라이부르크 집을 팔았고, 가구들을 순차적으로 바젤로 옮겨 왔다. 여름이 지난 후에 그는 방안에서 거의 나오지 못했고, 대부분 침대에 누워 있었다.

그의 철저한 작가 정신은 더 많은 일을 할 수 있는 몇 년의 세월을 열망했으나, 그의 영혼은 이미 죽음을 대비하고 있었다. 그는 평생 행복을 느끼지 못했고, 이제 말년에 이르러 생의 모든 번뇌에서 벗어나게 해주는 죽음을 원한다고 말했다. 아주 기이하게도, 그는 아직도 자신이 갈등의 한 가운데 있다는 망상을 품었다. 그는 1533년에 이렇게 썼다. "이 원형 경기장에서 나는 쓰러질 것입니다. 오로지 이 사실만이 나를 위로합니다. 최후의 안식처가 이제 눈앞에 보입니다. 그리스도께서 내게 호의를 가지고 계시다면 이 모든 노고와 고난을 끝내 주실 것입니다." 2년 뒤인 1535년, 그의 목소리는 더욱 긴박해졌다. "주님께서 나를 이 소란스러운 세상에서 데리고 가셔서 그 분의 품안에 거두어 주시기를!"

그의 오랜 친구들은 대부분 사망했다. 워럼과 마운트조이는 모어와 피셔보다 먼저 죽었다. 에라스뮈스보다 많이 연하인 페터 길레스는 1533년에 사망했다. 피르크하이머도 세상을 뜬 지 벌써 여러 해였다. 베아투스 레나누스는 생애 마지막 몇 달 동안의 에라스뮈스의 모습을 우리에게 보여 준다. 에라스뮈스는 지난 몇 년 동안 친구들이 보낸 편지들을 읽으면서 이렇게 중얼거렸다. "이 친구 또한 죽었지." 그가 점점 외로워지면서 깊은 의심과 박해 의식은 더욱 강해졌다. 워럼이 죽고 알레안더가 여전히 고위직에 있던 1532년, 그는 이렇게 썼다. "내 친구들은 점점 줄어들고 내 적들은 점점 늘어나는구나." 1535년 가을, 그는 예전의 하인-제자들이 모두 그를 배신했고, 심지어 퀴린 탈레시우스 Quirin Talesius와 찰스 우텐호브Charles Utenhove 같은 가장 좋은 친구들도 믿을 수 없다고 말했다. "그들은 내게 편지를 쓰지 않아" 하고 그는 불평했다.

파울루스 3세의 종교회의 소집

────── 1534년 교황 클레멘스 7세Clemens Ⅶ를 뒤이어 파울루스 3세Paulus Ⅲ가 보위에 올랐다. 새 교황은 종교회의의 문제를 적극적으로 추진했다. 종교회의의 소집은 교회의 일치를 이룰 수 있는 유일한 수단이었다. 많은 사람들이 그렇게 생각했다. 이제 새 교황의 주도로 그 회의가 성사될 듯했다. 교황은 가장 학

식 높은 신학자들을 초청하여 이 거대한 계획을 추진하는 데 도움을 주도록 했다. 에라스뮈스는 1535년 1월 새로운 교황에게 축하의 편지를 보냈다. 그 편지에서 교회의 정화를 위해 적극 협조하겠으며, 교황이 조심스럽게 중도 노선을 유지하기를 바란다고 말했다. 5월 31일 편지를 잘 받았다는 감사의 회신이 교황청으로부터 도착했다. 교황은 편지에서 이렇게 말했다. "하느님으로부터 그토록 많은 재주와 학식의 은총을 받은 당신도 우리의 경건한 사업에 도움을 주기를 바랍니다. 종교회의 전에 혹은 중간에 말과 글로 가톨릭 신앙을 도움으로써, 그 사업을 옹호하는 것은 당신의 마음에도 즐거운 일이 될 것입니다. 이런 마지막 경건한 사업과 최선의 행위로 당신의 신앙생활과 저작 활동을 마무리 짓는다면 당신을 비난하는 자들을 충분히 반박할 수 있을 것이며, 당신의 칭송자들에게는 배전의 노력을 하도록 권면할 것입니다."

만약 에라스뮈스가 연부역강했더라면 이 위대한 종교회의에 협조할 방안을 모색했을까? 교황의 권유 편지는 교회 일에 협조하려는 에라스뮈스의 의향을 잘 읽어내고 있다. 하지만 분명하면서도 가혹한 결의안을 대했을 때, 그는 실제로 어떻게 행동했을까? 평화와 관용, 유보와 타협을 숭상하는 그의 사상이 장차 다가올 갈등을 완화하여 물리칠 수 있었을까? 그는 이런 시련을 면제받았다.

그는 이제 몸이 너무 허약하여 교회와 정계의 가혹한 프로파 간다를 적극 수행할 수가 없었다. 곧 로마 교황청이 자비로운 감정을 갖고 있다는 증거들이 나오기 시작했다. 종교회의에 대비하여 새로 임명할 추기경 그룹에 에라스뮈스도 포함시키자는 얘기도 나왔다. 데벤터 교회에서는 상당한 혜택을 보장하는 성직록을 이미 그에게 제안했다. 하지만 에라스뮈스는 이처럼 그를 위해 뛰는 로마 교황청의 친구들에게 그런 고마운 노력을 중지해 달라고 요청했다. 그는 아무것도 받지 않겠다고 말했다. "방안을 떠나지 못하고, 죽음을 기대하며 혹은 그것을 희망하며 하루하루 살아가는 사람에게 감투가 무슨 소용인가! 사람들은 이런 나에게 굳이 수석 사제직이나 추기경 모자를 안겨주려 하는가?" 그는 생애 마지막까지 결기를 잃지 않았다. 그는 자유롭게 살아왔듯이 자유인으로 죽고 싶어 했다.

에라스뮈스의 마지막 논문

——— 하지만 그의 펜은 쉬지 않았다. 『설교론』은 인쇄되어 출간되었고, 오리게네스 판본이 곧 뒤따라 나올 예정이었다. 로마 교황청이 주겠다는 중요하고 빛나는 일은 마다하고, 그는 마지막 남은 힘을 우정의 표시라는 간단한 행동에 쏟았다. 에라스뮈스는 죽음을 기다리며 극심한 고통을 느끼는 가운데서도 그 (에라스뮈스)에 대한 믿음을 결코 잃지 않았던 사람들 중 가장 하

급직에 있는 사람에게 마지막 글을 썼다. 교회 고위직도 군주도 위대한 사상가도 존경받는 성직자도 아닌 그 사람은 라인 강변의 보파르트에서 근무하는 세관 관리였는데, 이름은 크리스토퍼 에셴펠더Christopher Eschenfelder였다. 1518년 에라스뮈스는 라인 강을 운항하는 배를 타고서 그곳을 지나가다가 교양 있는 하급 관리가 자신의 책을 읽고 있는 것을 보고서 놀라면서도 기뻐했다.[20] 에셴펠더는 구약성경 시편의 어느 한 편을 해석하고서 그 글을 자신에게 헌정해 줄 수 없겠느냐고 에라스뮈스에게 요청했다.(당시 에라스뮈스는 이런 형식의 글을 즐겨 썼다.) 1535년 말에 그는 그 세관 관리의 요청을 기억했다. 그는 에셴펠더가 특정 시편을 지정했는지 기억이 나지 않아서, 임의로 시편 제14장 한 편을 골라서 「기독교 교회의 순수함에 대하여」라는 글을 쓰고서 1536년 1월, 그 글을 바로 그 "세관 관리"에게 헌정했다. 내용이나 형식에서 에라스뮈스의 걸작이라고 할 수는 없지만 이것은 그의 마지막 글이라는 데 의미가 있다.

1536년 2월 12일, 에라스뮈스는 최후의 신변 정리를 했다. 1527년에 그는 이미 유서를 작성하여 프로벤 출판사에서 그의 전집을 출간하는 문제에 대하여 세세하게 지시해 놓았다. 1534년, 그는 완벽한 소유물 대장을 마련했다. 그는 자신의 도서를

---

20) Erasmus letter to the publican, January 1536.

폴란드 귀족인 요하네스 아 라스코Johannes a Lasco에게 팔았다. 1536년의 신변 정리는 그가 인생에서 소중하게 여긴 두 가지 사항을 정리한 것인데, 하나는 프로벤 출판사와의 관계이고, 다른 하나는 사후 유언을 집행해 줄 친구들의 문제였다. 보니파스 아머바흐Boniface Amerbach는 그의 상속자가 되었다. 프로벤 출판사의 경영자인 히에로니무스 프로벤Hieronymus Froben과 니콜라스 에피스코피우스Nicholas Episcopius가 유언 집행인으로 지명되었다. 아직까지 살아 있는 그의 친구들 각자에게는 장신구를 하나씩 유증했다. 그것은 에라스뮈스가 군주들이나 지상의 위인들과 맺은 관계를 말해 주는 물품이었는데, 특히 절친한 친구 루이스 베르Louis Ber와 베아투스 레나누스Beatus Rhenanus 등이 그것을 받았다. 가난하고 병든 사람들, 그리고 앞으로 결혼할 처녀와 장래가 유망한 청년들에게 소정의 금액을 남겼다. 그는 이런 자선 행위의 세부 사항에 대해서는 아머바흐에게 일임했다.

1536년 3월 그는 여전히 부르고뉴로 떠날 생각을 했다. 돈 문제로 골몰했고, 또 크라쿠프 주교나 프라이부르크의 자시우스 등 옛 친구들이 자꾸 떠나가므로 새로운 친구를 사귀어야 한다고 말했다. 베아투스 레나누스에 의하면, 브라반트로 이사 가는 계획은 생애 마지막까지 거론된 문제였다. 섭정인 헝가리의 마리는 에라스뮈스에게 계속하여 네덜란드로 돌아오라고 요청했다. 에라스뮈스가 마지막으로 한 말을 생각해 볼 때 과연 그가 거주지에 대하여 결심을 했는지 의심스럽다. "나는 여기서 가장 진실한 친구들과 살고 있습니다. 프라이부르크에서는 사귈 수 없는 친구들이지요. 하지만 교리의 차이 때문에 다른 곳에서 내 생애를 마감하고 싶습니다. 브라반트가 좀 더 가까웠더라면 좋았을 텐데."

그가 이런 글을 쓴 것은 1536년 6월 28일이었다. 그는 여러 날 동안 너무 몸이 좋지 않아서 글도 읽을 수 없었다. 우리는 이 편지에서 알레안더에 대한 피해망상을 읽을 수 있다. 알레안더가 여전히 그를 박해하면서 적대자를 그에게 붙이고 있고, 심지어 그의 친구들에게까지 함정을 파고 있다고 생각했다. 그의 정신이 마침내 혼미해진 것일까?

1536년 7월 12일, 최후의 날이 찾아왔다. 그의 침상 곁에서 그를 지켜보던 친구들은 그가 끊임없이 이렇게 중얼거리는 것을 들었다.

O Jesu, misericordia; Domine liber me; Domine miserere mei!
오 자비로우신 예수님. 주님 나를 해방시켜 주소서. 주님 나에게 자비를 베푸소서!

이어 마지막으로 숨이 넘어가면서 네덜란드어로 말했다.

Lieve God.(하느님을 사랑하라.)

제21장

결론

에라스뮈스의 한평생을 되돌아보면 이런 질문이 자연스럽게 떠오른다. 왜 그는 그토록 위대한 인물로 계속하여 추앙되는가? 겉보기에 그의 노력은 실패로 끝난 것처럼 보이기 때문이다. 그는 저 엄청난 갈등(종교개혁)을 적절하게도 비극이라고 불렀지만, 그 비극에 경악하면서 뒤로 물러섰다. 과감하고 열광적인 16세기는 절제와 관용을 중시하는 에라스뮈스의 이상을 비웃으며 우레처럼 그의 곁을 스쳐 지나갔다. 그가 보기에 진정한 교양의 핵심인 라틴어 학문은 이제 한물 가버렸다. 에라스뮈스의 저작 상당수가 이제 읽히지 않는다는 점을 감안할 때, 그는 위대한 학자이지만 더 이상 읽히지 않는 학자이다. 그는 이제 하나의 이름으로 남았다. 그런데 왜 그 이름이 이토록 낭랑하고 청명하게 들려오는가? 왜 우리를 계속 응시하는가? 마치 그가 실제로 발언한 것보다 훨씬 더 우리에 대해서 더 많이 알고 있는 것처럼.

에라스뮈스는 그 시대에 어떤 인물이었고, 후대의 사람들에게 어떤 인물이었는가? 그를 근대 정신의 선구자라고 평가하는 근거는 무엇인가?

에라스뮈스에 대한 부정적 평가

————— 그는 16세기의 아들로 간주되지만 당시의 일반적 흐름으로부터 멀리 벗어나 있었다. 열정적이고 정력적이며 과격한 성격을 보인 당시 사람들이 볼 때, 에라스뮈스는 너무 편견이 없고, 너무 취향이 은근하고, 인생의 양념이라고 칭송했던 스툴티티아(어리석음)가 결핍되어 있었다. 한 마디로 에라스뮈스는 너무나 합리적이고 온건하여 영웅이 될 수 없는 사람이었다.

에라스뮈스의 어조와 루터의 어조 사이에는 확연한 차이가 있었다. 동일한 휴머니즘을 추구하였으되 에라스뮈스의 분위기와 알브레히트 뒤러, 미켈란젤로, 셰익스피어의 분위기는 무척이나 다르다.

에라스뮈스는 때때로 너무 허약하여 그 시대를 감당할 수 없는 사람처럼 보인다. 파란만장한 16세기에는 루터의 참나무 같은 힘, 칼뱅의 강철 같은 의지, **로욜라**의 막강한 추진력이 더 요긴했다. 에라스뮈스의 벨벳처럼 부드러운 매너는 별 도움이 되지 않았다. 루터, 칼뱅, 로욜라 등의 힘과 열기가 필요할 뿐만 아니라 그들의 깊이, 백절불굴의 일관성, 성실성, 외향성 또한 요청되었다.

그들은 에라스뮈스의 저 온유한 미소를 견디지 못했다. 루터는 그 웃음을 보면서 에라스뮈스의 얼굴에서는 음험한 그림자가 느껴진다고 말했다. 그의 종교적 경건함은 그들이 볼 때 너무 밋밋하고 허약했다. 로욜라는 『엔키리디온』을 읽으면 종교적 열기가 이완될 뿐만 아니라 헌신하려는 마음이 차갑게 식어 버린다고 말했다. 그는 기독교의 전사에 대하여 전혀 다른 생각을 갖고 있었다. 로욜라가 생각하는 이상적 기독교 전사는 중세의 기사도 정신으로 무장한 스페인식 크리스천이었다.

에라스뮈스는 루터가 힘들게 통과한 자기비난과 죄의식의 심연(→루터)을 통과한 적이 없었다. 그는 맞서 싸워야 할 악마를 보지 못했으며, 눈물은 그에게 익숙한 것이 아니었다. 그는 가장 깊은 신비를 전혀 몰랐던 것일까? 아니면 신비주의가 그의 내면 아주 깊은 곳에 자리 잡고 있어서 발설되지 않았던 것일까?

루터와 로욜라의 모습이 훨씬 잘 호소해 온다고 해서, 우리가 이 두 사람에게 동맹 의식을 느낀다고 섣불리 가정하지는 말자. 우리가 열정적으로 경건한 사람들과 정신적 극단주의자들에게 존경심을 느끼게 되는 것은 부분적으로 우리의 혼란한 시대가 강력한 자극을 요구하기 때문이다. 에라스뮈스를 제대로 평가하기 위해서 우리는 과도한 것(extravagant)에 대한 존경을 잠시 접어 두어야 한다.(extravagant는 라틴어 extra(밖으로)와 vagari(돌아다니다)가

결합되어 만들어진 단어로서, "마음의 밖으로 벗어나가다"라는 뜻이다. 고전주의를 신봉한 에라스뮈스는 이런 빗나가기를 싫어했다. - 옮긴이) 많은 사람들은 이렇게 하려면 상당한 어려움을 느낄 것이다. 이런 점을 고려하지 않은 채 에라스뮈스를 일방적으로 비난하는 것은 경계해야 한다. 게다가 그의 잘못은 모두 표면에 드러나 있다. 그는 많은 것을 숨기려 했지만 결코 감추지 못했다.

에라스뮈스는 다른 사람들의 의견을 너무 신경 썼고, 하고 싶은 말을 잘 참지 못했다. 그는 생각이 워낙 많았고, 또 자연스럽게 흘러가서 논증, 사건, 사례, 인용을 불필요할 정도로 많이 제시했다. 그는 주변에서 벌어지는 일을 그냥 내버려두지 못했다. 평생 동안 휴식하며 명상할 시간을 자신에게 부여하지 못했고, 그래서 주변의 소란스러움이 결국 아무것도 아니라는 것을 명상할 기회가 없었다. 그가 주변 환경을 무시하고 자신의 길만 용감하게 걸어갔더라면 얼마나 좋았을 것인가. 휴식과 자유를 그는 무엇보다도 소망했다. 그처럼 불안정하고 의존적인 사람도 없을 것이다. 그러나 허약한 체질이면서도 폭풍우 속으로 뛰어나가는 측면도 있다. 그의 의지력은 아주 강했다. 그는 엄청난 신체적 고통에 시달리면서도 눈앞의 위대한 이상을 좇아서 밤낮없이 열심히 일했다. 하지만 자신의 업적에 만족하지 못했다. 그는 결코 자족하지 못했다.

지성인의 유형으로 볼 때 그는 소규모 그룹에 속했다. 이 그룹은 절대적인 이상을 믿으면서 동시에 아주 온건한 그룹이다. 그들은 이 세상의 불완전함을 견디지 못했지만 그렇다고 해서 강력하게 맞서서 저항하는 것도 아니었다. 극단적인 것은 그들의 적성에 맞지 않았다. 그들은 정작 행동에 나서야 할 때는 움츠린다. 왜냐하면 행동은 건설하는가 하면, 동시에 파괴한다는 것을 알기 때문이다. 그래서 뒤로 물러나 사태가 지금과 같이 흘러가서는 안 된다고 계속하여 소리친다. 정작 위기가 닥치면 그들은 마지못해 전통과 보수주의의 편을 든다. 에라스뮈스 인생의 비극적 측면을 보여 주는 또 다른 측면은 이런 것이다. 그는 다른 어떤 사람들보다 새로운 것 혹은 곧 닥쳐올 것을 잘 알아본다. 그렇다면 낡은 것과 맞서 싸우면서 그 새로운 것을 받아들여야 마땅한데 그렇게 하지 못한다. 그는 오래된 가톨릭교회에 심각한 피해를 입힌 후에 그 교회 품에 안겼고, 그리고는 종교개혁을 비난했다. 휴머니즘에 대한 태도도 마찬가지였다. 종교개혁과 휴머니즘의 대의를 한참 신장시켰다가 나중에 가서는 등을 돌렸다.

에라스뮈스에 대한 긍정적 평가

지금까지 에라스뮈스에 대한 부정적 평가를 살펴왔다. 그러면 이제 긍정적 평가 쪽으로 눈을 돌려보자.

현대인은 다음 두 가지 점 때문에 에라스뮈스의 긍정적 중요성을 잘 알아보지 못한다. 첫째, 에라스뮈스의 영향력은 집약적

에라스뮈스의 초상화, 한스 홀바인 작, 1531-32년.

비서에게 구술하는 에라스뮈스, 목판화, 1530년.

이라기보다 외연적이어서, 역사의 여러 다른 시점에서 금방 눈에 띄지 않는다. 둘째, 그것은 어느 한 시대에 국한되는 영향력이 아니다. 그가 존경했던 모델인 히에로니무스 혹은 종종 비교의 대상이 되는 볼테르처럼, 그는 자신의 저서로부터 보답을 얻었다. 에라스뮈스는 한 시대의 횃불이 되었고, 그 영향으로부터 보다 폭넓은 문화의 흐름을 유출시킬 수 있었다.

프랑스 혁명에 대한 역사적 탐구가 점점 진행되면서 그 당시 프랑스의 진정한 역사는 '상트르Centre' 혹은 '마레Marais' 같은 그룹들에게서 찾아야 한다는 인식이 확산되고 있다. 이들 그룹은 오랫동안 엑스트라 취급을 당했고, 지롱드 당이나 산악당 등의 강렬한 불빛에 가려지는 희미한 존재로 여겨졌는데 이제 사정이 달라진 것이다. 이와 마찬가지로 종교개혁의 역사도 에라스뮈스 정신이 침투된 폭넓은 중도파 영역에 신경을 써야 한다. 실제로 지난 여러 해 동안 이런 재조명 작업이 이루어져 왔다. 그리하여 에라스뮈스에게 비판적인 학자들 그룹 중 어떤 사람은 이렇게 말했다. "루터는 교회의 큰 부분을 그 자신의 몫으로 가져갔다. 츠빙글리와 오이콜람파디우스도 일정한 몫을 챙겼다. 그러나 가장 큰 몫을 챙긴 사람은 에라스뮈스이다." 에라스뮈스의 독자들은 아주 많았고 높은 교양을 갖춘 사람들이었다. 온 세상, 그러니까 모든 교양인을 상대로 글을 쓴 휴머니스트는 그가 유일하다. 그는 온 세상 사람들에게, 또 다른 유려한 표현 양식을 알려주었다. 그는 사람들의 관심을 고전 쪽으로 환기시켰고, 비록 라틴어라는 수단을 통해서였지만 쉬운 글쓰기 방식을 도입하여 각종 모국어의 스타일에 영향을 주었다. 이렇게 하는 데는 그의 저서가 각국 언어로 번역된 것도 일정한 역할을 했다. 동시대인들이 볼 때, 에라스뮈스는 인간의 표현 방식이라는 거대한 오르간에 다양한 새로운 음전音栓을 주어 복잡다단한 소리가 울려나오게 한 인물이었다. 2세기 뒤에는 장 자크 루소Jean-Jacques Rousseau가 이런 역할을 담당하게 된다.

그는 자신이 온 세상에 미친 영향에 대하여 스스로 만족할 만했다. 생애가 끝나갈 무렵 그는 이렇게 썼다. "온 세상 사람들로부터 나는 날마다 감사 편지를 받는다. 비록 대단치 않은 것이지만 그들이 나의 책을 읽고 영감을 받아 더 좋은 성품을 갖추고 성스러운 문헌을 더 열심히 읽어야겠다는 의욕을 갖게 되었다는 것이다. 그들은 나와 일면식도 없지만 내 책들을 읽고 나를 사랑하는 것이다." 그는 사람들이 그리스어를 열심히 공부하여 그가 그리스어에서 라틴어로 번역한 책들이 소용없게 된 것을 기쁘게 여겼다. 그는 온 세상 사람들이 그리스어 신약성경을 펴들도록 유도했다. "이런 노력이 없었더라면 그들은 그리스어 신약성경을 읽지 않으려 했을 것이다." 그는 뭔가 새로운 것을 소개하는 사람, 처음으로 뭔가 도입하는 사람이었다. 그는 자신의 할 말을 다 했으면 무대를 떠나도 좋은 사람이었다.

그의 말은 고전적 이성과 성격적 기질을 넘어서는 어떤 것을 의미했다. 그것은 교육과 인격 도야에 대한 믿음, 따뜻한 사회적 유대감, 인간성에 대한 믿음, 평화로운 배려와 관용 등에 대한 최초의 언명이었다. "그리스도는 어디에나 계신다. 경건한 마음은 어떤 의복 아래에서도 실천된다. 자상한 성품이 있기만 하다면."

이런 사상과 확신을 표명하면서 에라스뮈스는 나중 시대를 예고하고 있다. 16세기와 17세기에는 이런 사상이 저류底流에 머물렀다. 그러나 18세기에 이르면 에라스뮈스가 말한 구원의 메시지가 결실을 맺게 된다. 이런 점에서 그는 근대 정신(합리성에 바탕을 둔 계몽 정신)의 선구자이며 준비자이다. 루소, 헤르더, 페스탈로치, 영국과 미국의 사상가들이 그로부터 영향을 받았다. 하지만 이 모든 것이 보여 주는 근대 정신은 어디까지나 부분적인 것이다. 근대 사상의 여러 결과물, 가령 자연과학의 발달, 새로운 철학의 등장, 경제학의 탄생 등에 대하여 에라스뮈스는 아예 문외한이었다. 그렇지만 오늘날 많은 사람들이 도덕 교육과 폭넓은 관용이 인류를 행복하게 만든다고 믿는데, 그런 믿음은 우리 인류가 에라스뮈스에게 빚진 부분이다.

종교와 정치에 미친 영향

──── 이렇게 말한다고 해서 에라스뮈스의 정신이 당대에 직접적인 영향을 미치지 못했다는 뜻은 아니다. 갈등이 고조되

는 동안 가톨릭은 그를 교회를 부패시킨 자로 보았고, 프로테스탄트는 복음의 파괴자로 보았다. 하지만 그가 외친 절제와 관용의 정신이 양측에 의해 완전 무시된 것은 아니었다. 결국 양 캠프는 에라스뮈스를 완전히 거부하지는 못했다. 로마 교황청은 그를 이단으로 낙인찍지는 않고 신자들에게 그의 책을 조심스럽게 읽으라고 경고했을 뿐이다. 프로테스탄트의 역사는 그를 종교개혁가의 일인으로 치부하려고 노력해 왔다. 양측이 이렇게 나온 데는 초당파적인 여론이 크게 작용했다. 당시 여론은 에라스뮈스를 존경하고 숭배했던 것이다.

가톨릭교회의 재건과 복음교회의 건설에는 로욜라와 루터만이 일정한 역할을 한 것이 아니었다. 온건하고, 지적이고, 타협적인 세력들도 나름대로 역할을 했다. 가령 멜란히톤이나 사돌레트 같은 사람들은 에라스뮈스와 동맹을 했고, 또 그의 입장에 공감하는 태도를 보였다. 비록 실패로 끝나기는 했지만 종교적 갈등에서 어떤 타협을 이끌어내려는 거듭되는 노력은 모두 에라스뮈스 정신에서 나온 것이다.

에라스뮈스가 태어난 나라에서는 그런 타협의 정신이 다른 어떤 곳보다 쉽게 뿌리를 내렸다. 하지만 좀 더 세부 사항을 파고들면 양 캠프에 그런 정신이 결여된 경우도 발견된다. 가령 에라스뮈스가 만년에 사랑했던 두 제자이며 네덜란드 사람인 퀴린 탈레시우스와 찰스 우텐호브의 경우가 그러하다. 이 두 사람은 『대

에라스뮈스의 기명(記銘)이 새겨진 테르미누스(경계를 다스리는 신[神]).
펜과 잉크 드로잉, 한스 홀바인 작.

화집』중「공기놀이」에서 등장인물로 나오는 바람에 불후의 이름을 얻게 되었다. 그들 중 탈레시우스는 스페인의 대의大義와 가톨릭 신앙 때문에 목숨을 잃었다. 그는 하를렘의 시장이었는데도 성난 시민들이 그의 정치적·종교적 사상을 문제 삼아 1572년에 교수형에 처했다. 반면 찰스 우텐호브는 한때 개혁 종교의 편에 서서 열심히 활동을 벌였으나, 겐트에서는 오란예 공과 협조하면서 편협하고 광분하는 프로테스탄트의 테러리즘에 맞서 싸웠다.

한 네덜란드 역사가는 네덜란드 사람들이 스페인 왕에게 저항한 역사를 연구하다가 그것이 나쁜 군주들을 비난한 에라스뮈스의 정치사상에 영향을 받은 것이라고 진단했다. 하지만 그건 잘못된 진단이라고 생각한다. 에라스뮈스의 정치적 비난은 아주 학술적이고 일반적인 것이어서 그런 행동을 이끌어낼 만한 것이 아니었다. 저항과 반역의 의지는 다른 원인들에서 생겨난 것이다. '괴(Gueux: 왕당파가 공화파를 가리켜 부르는 명칭)'는 에라스뮈스의 후손이 아니다. 하지만 그들의 위대한 지도자인 오란예의 빌렘은 에라스뮈스 정신을 많이 이어받았다. 그의 시야는 종교적 증오의 제약을 훌쩍 뛰어넘었다. 그 후 수립된 공화국에서 각 도시의 고위 행정관 계층에도 에라스뮈스의 정신이 깊이 스며들어 있었다.

언제나 그러했지만 역사는 귀족제의 잘못을 아주 엄하게 다스렸다. 그렇지만 베네치아 귀족제를 제외하고 다른 귀족제가 그처럼 오래 그처럼 폭력 사태 없이 국가를 잘 다스린 경우는 없다. 17세기에 홀란트의 행정 제도는 상업의 번창, 자비와 사회적 기강, 온유함과 지혜의 매너 등 외국인들에게 하나의 모범적 사례로 보였다. 그리고 이런 공로는 도시 귀족제에 돌아가야 마땅하다. 17세기 네덜란드 귀족 계급에 이런 열망이 살아 있어서 실천에 옮겨졌는데, 그건 귀족들에게 사회적 책임을 강조한 에라스뮈스 정신의 덕분이었다. 홀란트의 역사는 주변 그 어떤 나라보다 유혈 사태가 적었고, 또 덜 잔인했다. 에라스뮈스가 진정한 네덜란드적 특징이라고 불렀던 온유함, 자상함, 절제, 여러 방면에 걸친 건전한 학식 등은 실은 진정한 에라스뮈스 정신이었던 것이다. 이런 특징은 그리 낭만적이지는 못하지만 그래도 인간 생활에 도움을 주는 유익한 것이다.

이제 한 가지 사례만 더 들기로 하겠다. 7개주 공화국(네덜란드)에서는 마녀 사냥과 박해가 이웃의 다른 나라들보다 1세기 전에 이미 중지되었다. 이것은 개혁교회의 목사들 공로가 아니다. 그 목사들은 마녀 사냥을 열렬히 요구했던 일반 대중을 따라가면서 그들의 믿음을 공유했다. 그것은 17세기 초 계몽된 시 행정관들의 공로였고, 그들의 양심상 마녀 사냥의 박해는 도저히 용납할 수 없었다. 에라스뮈스는 이런 악습을 직접 철폐시킨 세력의 한 사람은 아니었지만, 시 행정관들은 모두 에라스뮈스의 영향을 받은 사람들이었다.

교양 있는 사람들은 에라스뮈스의 기억을 소중하게 여겨야 할 이유가 있다. 그것은 에라스뮈스가 보편적 자비로움을 아주 열렬하게, 또 성실하게 외친 설교자라는 것이다. 오늘날의 세상은 그런 도덕적 특성을 간절하게 요청하고 있다.

그로신 William Grocyn 1446?-1519 르네상스 시기의 영국 학자. 옥스퍼드의 뉴칼리지에서 수학했고, 나중에 모들린 칼리지에서 가르쳤다. 1489-91년 사이에 이탈리아로 유학 가서 라틴어와 그리스어를 공부했고, 귀국해서는 당대의 저명한 학자 겸 교수로 명성을 얻었다. 존 콜렛, 토머스 모어, 에라스뮈스 등이 모두 그의 가르침을 구했다. 그가 옥스퍼드 대학에 근무하는 덕분에 더 이상 이탈리아로 가서 그리스어를 공부해야 할 필요가 없게 되었다. 그의 신학사상은 보수적이었고 플라톤보다 아리스토텔레스를 더 좋아했으며, 스쿨맨(스콜라 사상가)의 사상을 끊임없이 공부했다.

뒤러 Albrecht Durer 1471-1528 독일의 화가. 뉘렘베르크 출신으로 처음에는 아버지의 대장간에서 일했으나 1486년 이후에는 목판화를 배우기 시작했다. 그가 그린 종교화 중 가장 잘 알려진 것은 "어린 그리스도에 대한 경배", "네 명의 사도", "동방박사의 경배", "서재의 성 히에로니무스" 등이다. 뒤러는 후기 고딕 스타일의 대표적 화가이다. 그의 작품은 고전적 엄격함 속에 강건한 힘과 활기찬 동작이 들어가 있는 것이 특징이다. 그는 가톨릭 신앙을 결코 버리지 않았지만 종교개혁가들에 대하여 동정적이었다. 사후에 마르틴 루터의 찬양을 받았다. 그는 막시밀리안 황제, 에라스뮈스, 휴머니스트들, 그리고 당대의 종교개혁가들과 친교를 나누었다.

라블레 Rablais, Fracois 1490-1553 프랑스의 작가 겸 의사. 세계 문학에서 가장 위대한 풍자 작가 중 한 사람이다. 처음에 프란체스코 수도회에 들어

갔으나 나중에 베네딕트 수도회로 옮겨 갔다. 수도사 시절에 그리스어와 라틴어, 과학, 법률, 철학 등을 연구했다. 1532년 중세의 전설에서 암시를 얻어 거인 가르강튀아의 전설을 모은 소설인 『가르강튀아』를 펴냈다. 이 책의 인기가 높자 가르강튀아의 아들 팡타그뤼엘을 주인공으로 하는 『팡타그뤼엘』을 1533년에 펴냈다. 프랑스 르네상스의 초기 대표적 작가이며, 위의 두 작품은 거인왕과 그 아들 2대의 통쾌한 무용담이라는 형식을 빌려 통쾌하고 과장된 익살을 마음껏 구사하고 있다. 그는 에라스뮈스의 제자로서 그에게서 배운 교육론, 국가론, 군주론을 소설 속에서 도입했으며, 교회와 신학에 대한 예리한 풍자를 펼친다. 심한 박해를 받고 망명한 적도 있으며 (1546-47) 로마에 자주 여행했다. 만년에는 의사로 활약했고, 파리에서 사망했다.

레나누스 Rhenanus, Beaut 1485-1547 독일의 휴머니스트. 1503년에서 1507년까지 파리 대학에서 수학했다. 1511년에서 1526년까지 바젤에서 살면서 요하네스 프로벤의 인쇄 업무에 관여했고, 1526년부터는 슈레츠스타트 인쇄소에서 근무하면서 신학·철학 관련 논문을 썼다. 1540-41년에는 친구였던 에라스뮈스 전집 9권을 발간하고 그의 전기 1권을 전집에 첨부했다. 에라스뮈스와 마찬가지로 레나누스는 처음에는 종교개혁가들에 동조했다. 특히 면죄부 판매와 속죄 고해성사에 반대하는 그들의 입장에 우호적이었다. 그러나 프로테스탄티즘이 혁명적 성격을 띠게 되자 지지를 철회했다.

레오 10세 Leo X 1475-1521 율리우스 2세의 뒤를 이어 교황 자리에 오른 메디치 가의 인물. 본명은 조반니 데 메디치이다. 아버지 로렌초의 영향력으로 1492년 교황청에서 가장 어린 나이(16세)에 추기경에 올랐다. 1503년 율리우스 2세가 교황으로 선출되는 데 조력하면서 그와 돈독한 관계를 유지했다. 1513년 교황이 사망하자 그 뒤를 이어 레오 10세로 추대되었다. 호전적이던 전 교황과는 달리 온화하고 사교적이었다. 피렌체의 추기경 직에 사촌 줄리오 메디치를 임명했고, 동생 줄리아노는 나폴리 왕국을 맡게 하여 중부 이탈리아에 강력한 교황령을 건설하려 했다.

1515년 프랑수아 1세가 다시 한 번 이탈리아를 침입해 왔다. 프랑스군이 밀라노를 점령하고 볼로냐로 행군해 오자 레오 10세는 볼로냐에서 프랑스 왕과 화해하고 볼로냐 협약을 맺었다. 이 협약으로 프랑수아 1세는 밀라노와 나폴리를 장악하게 되었다. 이로써 교황은 중부 이탈리아에만 교황령을 두는 것에 만족하고 이탈리아에 평화가 찾아왔다고 생각했다. 그는 사치스러운 오락과 연회를 좋아했으며 추기경들과 로마의 귀족들에게까지 화려한 유흥을 베풀었다. 심지어 인도에서 코끼리를 수입해 와 키우기도 했다. 이런 사치와 낭비로 인해 교황청 재정과 개인 재산이 고갈되었고 부족한 재정을 충당하기 위해 무리하게 면죄부를 팔면서 종교개혁의 빌미가 되었다.

1519년 막시밀리안 1세가 죽고 카를 5세가 신성로마제국의 황제로 선출되었다. 프랑수아 1세와 레오 10세는 카를 5세의 황제 선출을 막으려 했으나 성공하지 못했고, 그로 인해 프랑스와 스페인 사이에 전쟁이 벌어지게 되었다. 레오는 중립을 지키려다가 프랑스를 버리고 카를 5세와 비밀 협정을 맺었다. 종교개혁을 요구하는 마르틴 루터 문제를 해결하는 데 카를의 도움이 절실히 필요했기 때문이다.

레오는 이단자인 루터를 카를 5세가 종교재판에서 처리해 주기를 바랐다. 황제는 그렇게 해주는 대신, 밀라노와 이탈리아 내 프랑스 점령지를 공격할 때 레오가 지원해 줄 것을 요청했다. 이런 조건 아래 카를이 프랑수아 1세에게 승리하여 밀라노를 함락시켰다. 프랑스군이 알프스로 퇴각하는 동안 심한 감기를 앓던 레오는 1521년 46세의 나이로 급사했다.

로욜라 Ignatius Loyola 1491 혹은 1495-1556 예수회의 창립자. 피레네 산맥의 남쪽에 있는 로욜라 성에서 귀족의 아들로 태어나 처음에는 군인의 길을 걸었다. 그러나 전투 중에 다리에 부상을 입고 정양을 하던 중 기독교 신앙에 눈뜨게 되었다. 1522년 만레사로 가서 1년간 기도와 고행을 하던 중 신비 체험을 했다. 1528-35년까지 7년간 파리 대학에서 공부했고 1534년 예수회의 기초를 놓았다. 1537년 로마로 교황을 만나러 가던 길에 라스토르타에서 저 유명한 환상을 보았는데 그리스도가 그에게 직접 나타나 로마에서 그들의 일을 돕겠노라고 말씀하신 것이었다. 1540년 예수회는 교황 파울루스 3세에 의해 승인되었다. 그 후 예수회의 조직 확대와 세력 신장에 평생을 바쳤다. 예수회의 임무는 두 가지인데 하나는 당시의 프로테스탄트 세력에 맞서서 교황제와 가톨릭 교리를 옹호하는 것이고, 다른 하나는 이교도들을 찾아가 선교 사업을 펼치는 것이다.

로이힐린 Johannes Reuchlin 1455-1522 독일의 휴머니스트. 프라이부르크 대학에서 라틴어와 그리스어를 공부했다. 1482년 뷔르템베르크의 에버하르트 백작의 통역관이 되어 로마 여행을 했고, 후에 백작의 고문관이 되었다. 1485년부터 히브리어를 공부하기 시작했다. 1506년 히브리어의 문법과 어휘를 다룬 대표작인 『히브리어의 기본』을 발간했다. 만년에 쾰른의 도미니크 수도회와 갈등을 겪었다. 그 수도회에서 히브리어 책들을 파기하려 했는데 로이힐린이 학문의 보존 차원에서 그런 시도에 반발했기 때문이다. 그리하여 양측 사이에 치열한 논쟁이 벌어졌는데 가장 유명한 것이 『이름 없는 사람들의 편지들』(1515-17)이다. 이 편지들은 로이힐린과 친구들이 도미니크 수도회에 맞서서 새로운 학문을 옹호한 것이다. 양측은 1520년 교황 레오 10세에게 중재를 요청했는데 교황은 로이힐린에게 불리한 판결을 내렸다. 로이힐린은 평생 충직한 가톨릭으로 남았고, 조카딸의 아들인 멜란히톤이 루터와 어울리는 것을 막으려고 애썼으나 실패했다.

루터 Martin Luther 1483-1546 독일 종교개혁의 창시자. 루터는 자신을 법률학교에 보낸 아버지의 야망과 어머니의 깊은 신심으로부터 영향을 받았다. 정신분석학자 에릭 에릭슨은 그의 저서 『청년 루터』에서 루터의 저돌적인 투쟁 정신이, 광산 탐사자이며 의심이 많았던 아버지에게서 물려받았던 것이라고 진단하면서, 루터의 투쟁적 성격이 아버지와의 갈등에서 비롯된 것이라고 진단했다. 루터는 벼락을 맞아 죽을 뻔했던 경험을 한 후("성 안나시여, 저를 도와주소서! 수도자가 되겠나이다!") 어머니의 도움으로 법률학교를 그만두고 수도원에 들어갔다. 1508년부터 비텐베르크 대학의 인문학부에서 가르쳤다. 루터는 잠시 학교를 휴직하고 로마 여행을 다녀왔는데 부패에 물든 교황청을 보고서 큰 충격을 받았다. 1512년 신학박사가 되어 스승으로부터 교수 자리를 물려받았다. 1517년 10월 교황의 면죄부 판매에 항거하는 95개 논제를 써서 비텐베르크 교회의 문 앞에 붙였다.

루터는 아우구스티누스 수도회의 규율을 전문적으로 연구하던 비텐베르크 수도원의 한 탑 속 골방에서 엄청난 정신적 깨달음을 얻었다. 이것을 가리켜 "탑의 체험"이라고 한다. 루터는 이 탑에서 로마서 1장 17절을 묵상하던 중 돌연 신의 의화(義化)의 의미를 깨닫게 되었다. 지금까지 하느님을 심판자로만 알아 항상 그 앞에서 불안과 공포를 느끼던 루터에게 의화는 환희의 복음이 아닐 수 없었다. 루터는 하느님의 정의가, 불쌍한 죄인에 대해 냉혹하게 엄중한 심판을 내리는 재판관적 정의를 뜻하는 것이 아니라, 사랑하는 아들(예수)의 속죄하는 수난 덕분에 믿음을 가진 죄인을 자비롭게 바라보아 의인으로 만드는 은총의 정의임을 발견했다.

루터 신학의 3대 핵심은 '오로지 믿음으로만(sola fide)', '오로지 성서로만(sola scriptura)', '오로지 은총으로만(sola gratia)'이다. 기독교의 모든 권위는 성서에서 나오고 구원은 개인의 노력이 아니라 은총에서 온다는 것이다. 이에 대한 가톨릭 측 반박은 이러하다. 믿음만을 말한다면, 선행을 게을리 하여 신자들이 태만해진다. 성서만으로 믿음을 따진다면 누구나 자신의 주관적 견해에 따라 성서를 해석하게 되어 결국 중구난방이 된다. 은총으로만 구원을 얻게 된다고 말하면 신자 개인의 자유로운 의지와 공로를 말살하게 된다. 루터와 에라스뮈스의 신학 논쟁은 자유 의지에 관한 것이었는데, 결국 은총과 공로 중 어느 것을 더 중시하는가의 문제였다.

루터의 3대 논문 Three Theses of Luther 1520년 루터가 가톨릭교회에 반발하며 내놓은 세 편의 논문으로 그의 신학 사상을 명확하게 밝힌 것. 첫 번째 논문인 「교회의 바빌론 유수」는 가톨릭교회에서 거행되는 7대 성사 중 성찬과 세례만을 남겨 놓고 폐지해야 한다고 주장했다. 그는 성직자들만이 성찬식의 빵과 포도주의 기적을 행할 권능을 가졌다고 보지 않았다. 루터가 볼 때 모든 신자가 사제(司祭)였다. 그 때문에 이미 교회는 그리스도 성체의 유일한 관리자가 아니었다. 따라서 종교적 의식은 신자들이 모두 참여하는 자치 단체적 행위가 되어야 마땅했다. 종교 예식에 전체 신자가 참여한다는 것을 가장 잘 보여 주는 상징은 찬송가이다. 가톨릭교회의 그레고리 찬송가는 특별한 합창단이나 성직자들만 노래했다. 그러나 루터는 모든 신자가 예식 과정에서 완전히 참여하는 새로운 찬송가를 주장했다. 이와 같은 예배식의 변화는 결국 프로테스탄트 교회 음악의 시대를 열었고, 이 음악의 대표자가 요한 세바스티안 바흐(1685-1750)이다.

두 번째 논문은 「독일의 기독교 귀족에 대한 호소」이다. 루터는 독일의 귀족들(통치자)에게 교회의 개혁을 직접 맡아 나서라고 호소한다. 그리하여 로마 교황청에 대한 복종 거부, 사제의 독신제 철폐, 죽은 자를 위한 미사 불인정, 순례와 종단의 철폐, 기타 가톨릭 신앙 제도 등을 폐지해야 한다고 주장한다. 이 논문은 울리히 폰 후텐의 영향을 받았다. 후텐은 루터에게 로마와의 단절을 강력하게 촉구했던 것이다. 루터가 제후들에게 교회 조직을 지배하라고 요청한 것은 그들에게 아첨하려는 뜻이 아니라 모든 신도가 평등하다는 사상을 강조하기 위한 것이었다. 그러나 루터의 이런 사상은 16세기와 17세기에 대두된 절대 왕권을 지지하는 결과를 가져왔다. 따라서 군주는 가톨릭교회의 간섭에서 해방되어 전제 정치를 정당화하는 수단으로 종교를 이용할 수 있게 되었다. 루터는 이 주장(독신제 철폐)을 실천하기 위해 1525년에 수녀인 카타리나 폰 보라와 결혼하여 그 후 여섯 자녀를 두었다.

세 번째 논문은 「기독교인의 자유에 관하여」이다. 이 논문은 의화의 개념을 상세히 설명한 것이다. 기독교인은 믿음에 의하여 자유롭게 되었는데 이 자유는 외부적인 정치적 또는 사회적 자유가 아니고 내적 자유를 뜻한다. 이것은 의지의 자유와는 무관한 것이다. 이런 내적 자유 덕분에 기독교인은 공로(개인의 노력)를 반드시 쌓아야 하는 의무로부터 면제되었다. 그렇지만 기독교인은 그리스도가 인류를 위해 희생하셨듯이 이웃을 위해 희생해야 한다고 루터는 주장했다. 비록 내적으로 자유롭게 되었다고 해도 기독교인은 계급이나 사회적 차별의 굴레를 깨뜨리거나 정치 권력을 획득하려 해서는 안 된다고 경고하기도 했다. 내적 자유와 종교적 확신이 유일한 관심사였던 루터가 볼 때 그런 세속적 욕망은 인생의 참다운 과업이 될수 없었다. 인생의 과제는 어디까지나 믿음을 달성하는 것이지 그런 세속적 성취에 있는 것이 아니었다.(→ 성찬식, 의화)

막시밀리안 Maximilliam I 1459-1519 1493년 프리드리히 3세가 사망하면서 독일의 유일한 통치자로서 합스부르크 왕가의 수장이 되었다. 1494년 샤를 8세가 이탈리아를 침공하여 유럽의 세력 균형이 깨지자 나폴리를 점령한 프랑스를 물리치기 위해 교황 알렉산드르 6세, 아라곤 왕 페르디난트 2세, 베네치아, 밀라노 등과 함께 신성동맹(1495)을 맺었다. 1496년 이탈리아 원정에 나서 프랑스 군을 격퇴했다. 막시밀리안은 새로 선출된 교황 율리우스 2세의 동의 아래 신성로마제국 황제의 칭호를 받았다. 이후 프랑스, 스페인, 교황과 함께 베네치아를 쳐부수기 위한 캉브레 동맹에 가담했다.(1508) 1511년 프랑스에 등을 돌리고 교황, 스페인, 영국과 새로 결성된 신성동맹에 가담하여 프랑스군을 패퇴시켰으며, 그의 동맹군은 밀라노와 롬바르디아를 회복했다. 손자 카를이 신성로마제국의 황제로 선출되는 데 후견했으며, 그 결과 스페인 왕이었던 손자가 그가 죽던 해에 카를 5세로 황제에 즉위했다.

멜란히톤 Philipp Melanchthon 1497-1560 개신교 개혁가. 그의 어머니는 로이힐린의 조카였다. 하이델베르크와 튀빙겐 대학에서 수학하고 1518년에 비텐베르크 대학의 그리스어 교수가 되었다. 이 대학에서 르네상스 정신을 가르치면서 영향력 있는 인물로 떠올랐다. 곧 루터의 교리에 매혹되었고, 루터의 가르침을 보다 합리적이고 체계적인 형태로 가다듬었다. 1519년 라이프치히 논쟁에 가담했고, 1521년 루터가 바르트부르크에 유폐되어 있는 동안 종교개혁 운동의 새로운 지도자로 활약했다. 그는 스파이어 의회(1529)에도 참석했으나, 츠빙글리의 성찬식 교리에는 반대했다. 아우구스부르크 의회(1530)에서도 주도적 인물로 활약했다. 타협적인 성품을 갖고 있어서 그에게 거는 평화와 일치의 희망이 아주 높았다. 1537년 슈말칼덴 조약에 서명하면서, 가톨릭교회가 개혁을 단행한다면 교황제를 받아들이겠다는 양보 조항을 내놓았다. 만년에는 작센 교회를 거의 감독제 형태로 전환시키는 데 주력했다.

모어 Thomas More 1478-1535 영국의 대법관. 어린 시절부터 고전을 공부하여 평생 고전 문학에 관심이 많았다. 아버지의 뜻에 따라 1494년부터 법률을 공부했고 1501년 법관이 되었다. 1504년 무렵 종교적 생활에 매혹되었으나, 독신으로 지낼 정도로 강력하지는 않다는 것을 느끼고 1505년 결혼했다. 첼시에 있는 그의 집은 지식인들의 아지트가 되어 에라스뮈스, 콜렛, 그로신 등이 드나들었다. 1515년 플랑드르에 사절로 파견되었고 그곳에 머무르는 동안 유명한 저서인『유토피아』(발간은 1516년)를 썼다. 1529년 울지 경을 대신하여 대법관 자리에 올랐다. 승승장구하던 모어의 경력에 극적인 변화가 오게 된 것은 그가 헨리 8세의 이혼에 반대하면서부터였다. 1532년 정부에 사표를 제출했고, 그 후 18개월 동안 수입이 없어서 가난하게 살았다. 1534년 헨리 8세의 수장령에 복종 맹세를 하라는 요구를 거부했고, 그에 따라 런던탑에 투옥되어 15개월 동안 갇혀 있었다. 1535년 7월 1일 수장령에 복종하기를 거부했다는 이유로 대역죄가 선고되었으며, 닷새 후인 7월 6일 타워힐에서 참수형에 처해졌다. 1886년 레오 13세에 의해 복자로, 1935년 비오 11세 의해 성인으로 추증되었다.(→ **헨리 8세**)

발라 Lorenzo Valla 1406-1457 이탈리아의 휴머니스트. 1431년에 사제로 서임되었으며, 1436년경에 나폴리의 알폰소 1세의 비호를 받아 그곳에서 10년간 머물렀다. 1447년에 다시 로마로 나와 교황청 서기를 지냈으며, 1450년에는 대학에서 수사학 교수를 역임했다. 그의 초창기 논문「쾌락에 대해서」(1431)는 스토아 학파, 에피쿠로스 학파, 기독교 사상 등을 검토하면서 감각적 쾌락이 최고의 선이라고 주장했다. 발라는 곧 근대적 역사 비평의 선구자가 되었다. 그는 콘스탄티누스 대제의 기증서(대제가 교황에게 로마와 그 인근의 땅을 기증했다는 내용)라는 문서가 가짜임을 증명했고, 교황청의 세속적 권력을 맹렬하게 비판했다. 또한『신약성경 비교』(1444)라는 저서에서 불가타 성서와 그리스어 신약성경을 비교했다. 그는 스콜라주의에 대해서도 맹렬하게 비판했다. 『자유 의지에 대하여』(사후인 1493년에 출간)에서 하느님의 전능하심을 인간의 자유 의지로 알 수 있다는 주장을 강력하게 부정했다. 그의 저서 『우아한 라틴어』(1442)는 오랫동안 휴머니스트 라틴어의 교과서 역할을 했다. 발라는 새롭고 대담한 견해를 많이 표명했기 때문에 이단의 의심을 받았다. 르네상스 학자들과 종교개혁 시대의 학자들에게 깊은 영향을 주었다. 특히 마르틴 루터는 그의 저서를 높이 평가했다.

보름스 제국의회 Diet of Worms 1512년 보름스에서 열린 가장 유명한 제국의회. 루터는 황제 카를 5세 앞에서 1520년에 3논문으로 주장한 자신의 교리를 옹호했다. 이 의회는 보름스에서 1월 27일부터 5월 25일까지 열렸다. 교황 특사인 알레안더는 1520년 11월 30일 보름스에 도착했고, 1521년 2월 13일 루터에 대한 반론을 폈다. 이후 루터가 소환되어 4월 16일 보름스에 도착했다. 4월 18일 루터는 자신의 교리를 철회할 의사가 없다고 분명하게 밝히면서 자신의 연설을 이런 유명한 말로 마무리 지었다. "Hic stehe ich. Ich kan nicht anders. Gott helff mir. Amen(나는 여기에 그대로 서 있다. 나는 그 어떤 것도 취소할 수 없다. 하느님이시여, 나를 도우소서, 아멘)." 그 다음 날 카를 5세가 루터의 교리에 대하여 강압적 조치를 취하기로 결심하자, 루터는 4월 26일 보름스를 떠났다. 5월 25일 보름스 칙령에 의해 루터의 가르침은 공식적으로 단죄되었다.

부처 Martin Bucer 1491-1551 독일의 성직자. 1506년 도니미크 수도회에 들어갔고, 1518년부터 루터와 편지 교환을 했다. 그는 독일 종교개혁가들 중에서 최초로 결혼(1522)한 사람들 중 하나였다. 1523년 알자스에서 루터주의를 설교하기 시작했고, 스파이어 주교에 의해 파문되었다. 성찬식의 문제와 관련해서는 루터보다 츠빙글리의 의견에 동조했다. 1531년 츠빙글리가 사망한 후에는 스위스 개혁 교회의 지도자가 되었다. 부처는 1549년 영국으로 건너가 에드워드 6세의 환대를 받았고, 케임브리지 대학의 신학 교수로 근무했다. 사망 후에 영국 땅에 묻혔으나, 메리 여왕 시절 가톨릭이 다시 세력을 얻게 되자 1557년 무덤을 파헤쳐 꺼내진 그의 시신은 마켓 힐에서 공개 화형에 처해졌다.

뷔리당 Jean Buridan 1295년경-1358년경 14세기에 파리 대학에 봉직한 자연 철학자. 1328년부터 1340년까지 파리 대학의 교수를 지냈다. 주로 아리스토텔레스의 저작에 대한 논평으로 명성이 높다. 뷔리당의 학문적 방법론은 경험론, 이성, 오캄의 면도날 등을 종합하여 논리적으로 자연 현상을 설명하려는 것이었다. '뷔리당의 역설' 혹은 '당나귀의 역설(Buridan's ass)'은 뷔리당이 내놓은 것으로 널리 알려져 있으나 실은 잘못 알려진 것이다. 이 역설의 내용은 이러하다. 한 마리의 당나귀로부터 같은 거리인 두 장소에 같은 품질에 같은 양의 건초가 놓여 있는데, 당나귀는 어느 쪽을 먼저 먹을까 망설이다가 결국 굶어죽었다는 궤변적 논리이다. 14세기에 학생들 사이에서 커다란 논의의 대상이 되었다.

사돌레트 Jacopo Sadolet 1477-1547 추기경. 1513년 레오 10세의 비서로 임명되었다. 열성적이고 성실한 사람으로서 당대의 존경받는 성직자였다. 가톨릭과 프로테스탄트 사이에 화해를 시도했으나 성공을 거두지는 못했다. 1536년 파울루스 3세에 의해 추기경에 임명되었다. 멜란히톤(1537)과 제네바 시(1539)를 가톨릭 품으로 돌려 놓으려 했으나 성공하지 못했다. 1542년에는 교황 특사 자격으로 프랑수아 1세와 카를 5세를 화해시키려

했으나 실패했다. 만년에는 파울루스 3세의 가장 신임 받는 측근이었으며 끊임없이 교회 내의 개혁을 외쳤다.

성찬식 Eucharist 가톨릭교회의 성사 중 하나. 미사 도중 빵과 포도주를 그리스도의 몸과 피라고 여기며 먹고 마시는 행위. 종교개혁이 시작되면서 츠빙글리에 의하여 부정되었다. 그에 의하면 성찬식에서 먹는 빵과 마시는 포도주는 그대로 빵과 포도주일 뿐, 그 안에 신성이 깃들어 있지 않다는 것이다. 츠빙글리는 빵과 포도주가 곧 그리스도의 몸과 피로 '변한다'라는 것은 필연적이지 못할 뿐만 아니라 어색하다고 보았고, 자신의 논리를 뒷받침하는 전거로 요한복음 6장 62-63절에 나오는 예수의 말씀("영적인 것이 곧 생명이다")을 인용했다. 그러니까 빵과 포도주는 육적인 것으로서 영적인 것은 아니라는 해석이다. 이에 비해 루터는 화체설(transubstantiation: 빵과 포도주가 미사 도중에 그리스도의 몸과 피로 변한다는 설)을 부정한다는 점에서는 츠빙글리와 동일하나, 그 대신 공체설(consubstatiation)을 믿었다. 공체설은 성찬식에 신이 실제로 현존(임재)한다고 보는 사상이다. 루터가 이것을 믿는 이유는 아주 단순했다. 그리스도가 "이것은 나의 몸"이라고 말했으니까 그 말을 그대로 믿어야 한다는 것이다.

술레이만 1세 Suleiman I 1496-1566 오스만 제국의 제10대 술탄(1520-1566)으로 제국의 전성기를 이룬 군주. 자주 원정군을 일으켜 헝가리를 점령하였으며 빈을 포위했다가 실패한 후 프랑스 국왕 프랑수아 1세와 베오그라드 조약으로 동맹을 맺고 독일 황제와 싸웠다. 또 로도스 섬을 점령한 다음 아프리카의 알제리까지 정복하여 지중해의 제해권을 장악하고 서아시아의 페르시아와 싸워서 바그다드를 점령했으며, 아라비아 반도를 장악하여 동서 교섭의 요충을 확보했다. 에라스뮈스 시대의 유럽에서는 투르크족의 침략이 가장 큰 골칫거리 중 하나였다.

스코투스 Duns Scotus 1266-1308 스콜라 철학자. 스코틀랜드 맥스턴 출생.
1278년 프란체스코 수도회에 들어가 1291년 신부로 서임되었다. 옥스퍼
드 대학 1년, 파리 대학에서 3년 수학했다. 1296년부터 1307년까지 옥스퍼
드와 파리 대학을 번갈아 가며 가르쳤다. 스콜라 철학의 역사에서 둔스 스
코투스는 토마스 아퀴나스와 윌리엄 오브 오캄을 연결하는 중간 지점이다.
아퀴나스와 스코투스의 결정적 차이는 이러하다. 토미즘은 지식과 이성을
중시한 반면, 스코티즘은 사랑과 의지를 강조한다. 스코투스는 자연법은
하느님의 의지에 전적으로 달려 있는 것이지, 아퀴나스의 가르침처럼 그 분
의 정신에 달려 있는 것이 아니다. 따라서 자연법은 절대 변경할 수 없는 것
이 아니다. 또한 천국에 있는 영혼들의 지복은 지적(知的) 비전에 있는 것이
아니라, 하느님에 대한 사랑의 행위에 있다고 가르쳤다. 스코투스는 개체에
내재하는 이데아에 대해서는 강력히 거부했으며, 심지어 천사들에게도 그
런 것은 없다고 보았다. 형상(이데아)과 질료(물질)의 관계에 대해서도 제3
의 원칙인 haecceitas(이것임)를 적용하여 설명하였다. 그는 성모 마리아의
무염시태(남자를 알지 못하고 임신하는 것)를 옹호한 최초의 신학자인데, 그
리스도의 완벽한 중재에 의해 그것이 가능해졌다고 설명했다. 토미즘에서
는 인류의 타락 때문에 성육신(그리스도가 사람의 모습으로 지상에 온 것)이
발생했다고 설명하나, 스코티즘은 인류의 타락과 무관하게 성육신이 발생
했을 것이라고 주장한다. 프란체스코 수도회에 의해 기본 교리로 인정받은
스코티즘은 중세 동안 커다란 영향을 미쳤다.

스코티즘 Scotism 둔스 스코투스의 신학 사상을 가리키는 말.(→ **둔스 스코
투스**)

스콜라주의 Scholasticism 엄밀한 의미에서 스콜라주의는 중세 신학교들의 교육 전통을 가리킨다. 그러나 그 후에 의미가 확대되어 기독교의 계시된 진리를 더 잘 이해하는 것을 목적으로 하는 철학적·신학적 사유 방식을 가리키는 용어로 자리 잡았다. 따라서 스콜라 사상에서는 철학이 중요한 역할을 한다. 한편으로는 아리스토텔레스의 영향을 받아 철학적 사유에 있어서 이성의 힘을 중시했고 다른 한편으로는 플라톤주의의 영향을 받아 신비주의와도 연계를 맺었다. 스콜라주의의 원조는 성 아우구스티누스이다. 그는 먼저 "믿는다는 것은 동의하면서 깊이 생각하는 것이다(credere est cum assensione cogitare)"라고 정의했다. 여기서 더 발전하여 이런 격언을 내놓았다. "믿기 위하여 이해하고, 믿어서 이해하도록 하라(ergo intellege ut credas, crede ut intelligas)." 이후 스콜라주의의 발전은 대체로 3기로 구분되는데 다음과 같다. 제1기는 초기로서 9세기에서 12세기까지인데 교권이 이성보다 우위에 있다고 주장하며 아우구스티누스의 호교 사항을 플라톤주의의 관념으로 설명했다. 이 시기의 대표적인 스쿨맨은 에리우게나(9세기)와 안셀무스(11세기 말)이다. 제2기는 전성기인데 13세기이다. 이 시기에 스페인을 점령한 아라비아 사람들을 통하여 아리스토텔레스 철학이 유럽에 전해지자 그로부터 결정적인 영향을 받았다. 이 시기의 스쿨맨들은 인간의 이성을 통하여 기독교의 신앙을 해명할 수 있다고 믿었다. 이성과 신앙 사이에 조화가 존재한다고 보았고, 또 하느님이 자신의 모상으로 인간을 만들었기 때문에, 인간의 이성을 통하여 하느님의 진실을 가능한 한 많이 알기를 바란다고 보았다. 이 시기의 대표적 인물은 토마스 아퀴나스이다. 그는 아리스토텔레스 철학과 기독교 신학을 접목시켜 하나의 사상 체계를 수립했다. 이 시기에는 또한 실재론과 유명론이라는 서로 갈등하는 철학 사상이 등장했다. 제3기는 14-15세기로서 몰락기이다. 이 시기에 유명론이 널리 유행하고 신앙과 이성, 신학과 철학의 분리가 요구되었다. 대표적 스쿨맨은 오캄과 둔스 스코투스이다.

스파이어 의회 Diet of Speyer 1528년 11월 30일 카를 5세는 교황청의 요청을 받아들여 칙령을 반포했는데, 1529년 2월 21일에 스파이어 의회를 개최한다는 내용이었다. 이 의회는 가톨릭 세력의 주도 하에 진행되었고, 모든 가톨릭 지역 내에서 루터파 이외의 다른 복음주의자들을 더 이상 용납하지 않겠다는 법령을 의결했다. 1529년 4월 19일 6명의 공국 군주들과 14개의 도시는 카를 5세를 대신하여 독일을 다스리던 페르디난트 대공 앞으로 공식적인 "프로테스트(protest: 항의)" 서한을 보내어 양심의 자유와 소수파의 권리를 옹호하겠다는 입장을 천명했다. 이때부터 종교개혁가들은 "프로테스탄트(Protestant: 항의하는 사람)"라는 명칭을 얻게 되었다.

신비주의 mysticism 개인적인 종교적 체험을 통하여 현세에서 하느님에 대한 직접적 지식을 얻을 수 있다고 생각하는 사상. 이것은 일차적으로 기도의 상태를 가리키는데 그 상태는 신(神)의 감촉을 짧게 느끼는 것에서 "신비한 결혼"을 통하여 하느님과 영원히 하나가 되는 것에 이르기까지 범위가 다양하다. 신비주의자들은 이런 깨달음을 얻으면 온유함, 겸손함, 자비심, 고통의 사랑 등의 구체적 결과를 내보였다. 신비주의는 기독교 이외에 불교, 힌두교, 이슬람 등에서도 폭넓게 발견된다. 다른 종교에서 발견되지 않는 기독교 신비주의의 두 가지 특징은 이러하다. 1) 다른 종교에서는 신이 범우주적 실재라고 믿으나, 기독교 신비주의는 그것(신비주의)이 침투하여 다가가는 실재(신)는 영혼과 우주를 초월한다고 본다. 2) 다른 종교에서는 영혼과 신성이 하나로 합일된다고 본다. 가령 이집트의 『사자의 서』에서는 "당신이 내 안에 있고 내가 당신 안에 있다"고 말하며, 신플라톤주의도 이런 입장을 취한다. 그러나 기독교 신비주의는, 신성과 개인의 합일은 사랑과 의지의 결합일 뿐, 창조주와 피조물의 구분은 영원히 유지 된다고 본다.

꿈, 방언, 몽환, 환상, 황홀 등의 정신-신체적인 현상도 기독교 신비주의에 동반되나 본질적인 요소로 인정되지 않으며 가장 높은 정신적 결혼의 상태에서는 이런 현상이 나타나지 않는다. 일부 기독교 사상가(특히 개신교)들은 신비주의를 반(反) 기독교적인 것으로 본다. 신비주의가 신플라톤주의와 너무 연계되어 있어서 복음의 구원 사상에 어긋난다는 것이다. 또한 범신론적 오류에 빠져들 수도 있다고 경계한다.

기독교의 수도원 운동은 신비주의를 크게 진작시켰는데, 이 때문에 중세 신비주의자들은 대부분 수도회와 관련이 있었다. 신비주의의 사상과 실천은 13세기 이전에는 서유럽에서 별로 큰 세력을 이루지 못했으나, 가짜 디오니소스(6세기)의 저작은 신비주의의 발달에 커다란 영향을 미쳤다. 중세 성장기의 신비주의는 프랑스 중심이었고 대표적 인물은 베르나르이다. 중세 말에는 독일 신비주의가 득세했으며, 14세기의 탁월한 신비주의 사상가 에크하르트가 대표적 인물이다. 그는 아퀴나스의 스콜라 철학을 바탕으로 신플라톤주의를 도입하고, 여기에 독일 사상을 가미하여 독특한 신비주의 사상을 발전시켰다. 그의 제자로는 타울러, 조이제 등이 있다. 에크하르트는 독일 철학의 근원으로 중요시되었고, 루터가 이 파의 영향을 받았으며, 유럽 근대화의 한 요인이 되었다. 그러나 휴머니즘을 계승하여 복음의 순수 신앙으로 되돌아가야 한다고 생각하는 에라스뮈스는 신비주의에 반대하는 입장이었다. 신비주의자는 신체에 고행을 가하여 정신을 순화해야 한다고 믿었는데, 병약한 에라스뮈스는 신체를 괴롭게 하는 것을 싫어했을 뿐만 아니라 그것이 복음의 정신과도 위배된다고 보았다.

신성로마제국 Holy Roman Empire 962년부터 1806년까지 존속된 독일 국가의 명칭. 독일 왕 오토 1세가 962년 교황 요하네스 12세로부터 대관을 받으면서 시작되었다. 황제 선거권은 13세기 말 이래 일곱 선제후에게 고정되었고 황제의 선출은 각 선제후의 이해에 따라 좌우되었다. 황제도 자기 왕가의 이해를 제국 전체의 이해보다 중시했다. 이러한 태도는 1437년 이후 황제위를 계속 차지한 오스트리아의 합스부르크 왕가에서 절정에 달했고, 에라스뮈스 시대의 카를 5세의 경우도 마찬가지였다. 당시 독일은 여러 공국으로 분열되어 있었기 때문에 신성로마제국은 형식적인 제국에 지나지 않았다. 1806년 나폴레옹 세력 하의 라인 동맹 16개 공국이 제국을 탈퇴하자 합스부르크가의 황제는 제위를 사퇴하여 신성로마제국은 완전히 소멸했다.

신플라톤주의 Neoplatonism 플로티누스(205-269)와 그 후계자들이 정립한 철학. 플라톤으로부터 영감과 사상을 빌려 왔으나, 치밀한 사상 체계를 갖고 있고, 종교적 목적과 깊이 연계되어 있다. 초창기에는 주로 알렉산드리아를 거점으로 하여 발전했으나, 곧 로마로 전파되었고, 로마제국 전역으로 퍼져 나갔다. 플로티누스를 뒤이은 주요 인물로는 포르피리(232-303), 포르피리의 제자인 이암블리쿠스(250-330), 프로클루스(410-485) 등이 있다.

플로티누스는 자신이 암모니우스 사카스에게 크게 학문적 은혜를 입었다고 말했으나 정작 암모니우스에 대해서는 알려진 것이 별로 없다. 플라톤 철학은 알렉산드리아의 종교 사상가들(유대교와 기독교)에게 잘 알려져 있었으나 플로티누스가 이런 사상가들에게서 어떤 영향을 받았는지는 불분명하다. 당시 알렉산드리아는 동방과 접촉이 있었으므로 신플라톤주의의 신지학적(神智學的) 요소는 페르시아에서 왔을 것으로 추정된다.

신플라톤주의의 주된 목적은 합리적 생활을 위하여 건전하고 만족스러운 지적 기반을 제공하려는 것이다. 신플라톤주의자들은 매우 진지하여 부정적 불가지론에 머무르지 않았다. 그리하여 플로티누스는 이런 주장을 폈다. "하느님은 이해 가능한 동그라미이다. 그 분의 중심은 어디에나 있지만 그 둘레는 어디에도 없다(Deus est sphaera intelligibilis cuius centrum ubique circumferentia nusquam)." 신플라톤주의의 핵심 개념은 궁극의 일자(一者)이다. 이 일자는 모든 체험의 배후에서 작용하고, 또 생각과 현실의 간극을 극복하게 해주는 힘이다. 인간은 오로지 추상 작용을 통하여 이 일자를 알 수 있을 뿐이다. 인간은 그의 경험으로부터 인간적인 모든 것을 서서히 제거해 나가면 마침내 그의 인간적 속성들은 모두 사라지고 신만이 남게 된다. 이 일자(하느님)의 자기 지식(self-knowledge)으로부터 최초의 지성(로고스 혹은 말씀)이 유출(流出)되는데, 이 로고스(Logos)는 모든 존재들의 추상적 아이디어들을 그 속에 가지고 있다. 그리고 이 로고스로부터 다시 두 번째 지성이 유출되는데, 그것이 세계의 영혼(World Soul)이다. 모든 존재의 개별적 지성은 이 세계의 영혼으로부터 유출된다.

열성적이고 철저한 신플라톤주의자들은 그 이론상 기독교에 적대적일 수밖에 없었다. 특히 고대 철학자들을 거부했으며 역사 속의 성육신을 주장한 기독교 교리를 받아들이지 않았다. 포르피리는 맹렬한 기독교 반대자였고 구약성경 중 「다니엘서」는 진정한 예언서가 아니라 사건의 경과를 모두 알고 있는 후대 사람이 마치 전대에 살면서 예언한 것처럼 꾸민 가짜 예언서라고 폭로했다. 그러나 신플라톤주의는 로마제국 전역에 영향을 미쳤기 때문에 서서히 기독교 신학에 영향을 미치기 시작했다. 아주 전문적인 내용을 제외하고, 신플라톤주의는 플라톤주의와 별로 구분이 되지 않는다. 신플라톤주의는 아우구스티누스 사상을 거쳐, 가짜 디오니소스(이 사상가는 주로 프로클루스의 영향을 받았다)를 경유하여 중세의 사상가들에게 널리 영향을 미쳤다.(→ 플로티누스, 플라톤주의)

실재론 realism 스콜라 철학에서 유명론과 대비되는 사상으로서 개개인의 생각과는 무관하게 보편이라는 개념이 실질적으로 존재한다고 보는 견해이다. 가령 세상에는 전나무, 소나무, 은행나무, 단풍나무, 옻나무 등 수많은 나무들이 있지만, 먼저 나무라는 보편 개념이 있고 난 다음에 그런 나무들이 생겼으며, 이 나무라는 보편 개념은 세상에 존재하는 구체적 나무들과 상관없이 존재한다는 것이다. 대표적인 스쿨맨(스콜라 사상가)인 둔스 스코투스가 이 사상을 적극적으로 지지했다. 현대 철학에서는 구체적 물체가 개인의 지각과는 상관없이 존재한다고 보는 견해를 가리키며, 우리의 상식에 가장 가깝게 다가간 견해이다. 그러나 인간의 지각이, 생각과 관계없는 세계에 대한 지식을 어떻게 얻는가 하는 질문을 던지면 문제가 복잡해진다. 그래서 어떤 사람들은 생각과 무관한 세계는 알 수 없는 세계이거나 존재하지 않는 세계라고 주장한다. 그러면서 우리가 말하는 구체적 대상은 우리의 생각과는 무관할 수가 없다고 본다. 가령 광화문에 교보문고가 있다는 생각이 없는 사람(가령 체코인)에게는 교보문고가 없는 것이나 마찬가지이다. 그래서 영국의 철학자 버클리는 "사물의 존재는 인간의 지각에 의해 비로소 인식된다(Esse est perpici)"라고 말했다.(→ 유명론)

아우구스티누스 Saint Augustine 354-430 서구의 대표적 기독교 사상가로서 독실한 기독교 신자인 어머니 모니카와 이교도 아버지 사이에서 아프리카에서 태어났다. 그가 45세에 저술한 『고백록』 8장 12절에는 회심의 계기가 설명되어 있다. 어느 날 오후 그는 한 친구와 함께 무화과나무 그늘에 앉아 대화를 나누고 있었는데, 이웃집의 마당에 나와 있던 아이가 "일어나, 일어나(혹은 선택하라)"라고 자꾸 외치는 소리가 들려왔다. 아마도 아이는 놀이의 종류를 선택하거나 이야기책을 읽어 달라고 졸랐을 것이다. 아우구스티누스는 그것이 자기에게 내려진 명령인 것처럼 마침 옆에 있던 「로마서」를 펼쳤는데 13장 13절이었다. 어둠의 행실을 벗어버리고 빛의 갑옷을 입으라는 내용이었다. 이 글을 읽는 순간 아우구스티누스는 마음에 자신감의 빛이 가득했고, 불확실성의 어둠이 사라지는 것을 느꼈다. 그는 진리를 찾아내기 위한 과정에 처음에는 마니교, 그 다음에는 회의론, 이어 신플라톤주의에 심취했으며, 최종적으로 밀라노 대주교 성 암브로시우스의 권유로 기독교에 입문했다. 387년에 세례를 받았고 그 후 사제가 되었으며, 395년에 히포의 주교로 서임되었다. 반달족이 히포를 침공하던 시기에 사망했다.

아우구스티누스는 이미 루터보다 앞서서 은총에 의하여 의인이 되는 것에 대하여 말했다. 구원은 하느님의 은총으로 그저 주어지는 것, 다시 말해 아무 조건 없이 주어지는 것이라고 설명했다. 그러나 이 은총은 하느님께서 선택한 사람들에게만 주어지는 것이다. 그러니까 하느님은 형벌을 받을 자와 구원받을 자를 미리 예정하신 것이다. 아우구스티누스의 이 예정론은 훗날 장 칼뱅에 의해 더욱 강화되었다. 아우구스티누스가 말하는 은총은 가톨릭교회의 성사를 거칠 때만 비로소 얻을 수 있는 것이다. 아우구스티누스의 신학은 신과 올바른 관계를 맺는 것(justification: 의화)과 거룩하게 하는 것(sanctificatio)을 융합하여 서로 구분하지 않았다. 즉, 의화와 성사를 같은 것으로 보았다. 그러나 루터는 주교에 의한 축성과 의화는 별개의 것이라고 보았고, 이 점에서 아우구스티누스가 이 둘을 혼동했다고 해석했다.

아퀴나스 Thomas Aquinas 1224-1274 스콜라 철학의 대표적 학자. 고향 아퀴노 근처의 몬테카시노 수도원 학교를 다녔고, 이어 나폴리 대학과 파리 대학에서 수학했다. 그는 도미니크회 소속의 수도사로는 사상 처음 파리 대학의 교수가 되었다. 교황 그레고리 10세의 부름을 받아 리옹 종교회의에 가던 중 사망했다. 기독교 신학을 체계적으로 수립한 『신학대전』이 대표작인데 가톨릭교회의 공식 교리서로 인정되고 있다.

아퀴나스 신학의 기본적 가르침은 이성과 신앙을 명확하게 구분하지만,

동시에 그 둘이 아름답게 조화를 이룰 수 있다는 것이다. 만약 이성만을 강조한다면 삼위일체, 성육신, 천지창조, 원죄, 연옥, 육신의 부활 등 기독교의 근본 교리는 이해할 수 없는 것이 되어 버린다. 그렇다고 해서 이런 교리들이 이성에 반한다고 생각해서는 안 된다. 이러한 교리들은 계시에 의해 우리에게 전해지는데, 그것은 성경과 교부들의 가르침 속에 구체화되어 있다. 반면에 하느님의 존재하심, 그 분의 영원성과 단순명료함, 그 분의 창조 능력과 섭리 등은 이성에 의해서 충분히 이해될 수 있다. 그는 하느님의 존재를 증명하는 다섯 가지 방식(quinque via)을 제시했다. 1) 물체의 움직임이 관찰된다는 것은 제1운동자가 존재함을 가리킨다. 2)어떤 현상의 원인이 관찰된다는 것은 제1원인이 존재함을 가리킨다. 3) 사물의 존재를 발생시키는 원인이 곧 신이다 4) 사물의 완전성이 사물에 따라 차이나는 것은, 그 차이를 구분하는 절대적인 완전성의 기준이 존재함을 가리키는 것인데 그 기준이 곧 신이다. 5) 자연의 질서정연한 인과관계는 신의 존재를 가리킨다. 그는 다섯 가지 방식 중 일부에는 감각이 작용한다고 말했으나, 다른 것들은 하느님의 도움이 없으면 이해하기 어렵다고 말했다.

토미스트 사상을 관통하는 핵심 사상으로는 잠재 능력과 행위라는 아리스토텔레스적인 대립 명제가 있다. 아퀴나스는 원초적 물질, 혹은 순수 잠재 능력(물질 없이 존재하는)이라는 개념을 자기모순이라고 생각했다. 반면에 하느님은 순수 행위(actus purus)이다. 왜냐하면 그 분 안에서는 모든 완전함이 총체적으로 실현되어 있기 때문이다. 하느님의 광대무변한 존재의 중간 단계에서 잠재능력과 행위로 구성된 피조물들이 생겨난다.

이와 밀접하게 관계되는 아리스토텔레스의 대립 명제는 형상과 질료이다. 질료는 개별화의 원칙이다. 어떤 종에 속하는 모든 개체는 똑같은 형상을 갖지만, 질료는 각 개체마다 고유하다. 비(非) 물질적 존재이고 최고천인 제9천에 사는 천사들에게는 개체화의 통상적 원칙이 적용되지 않는다. 아퀴나스는 천사들이 독립된 종이라는 입장을 취한다. 이외에 아퀴나스는 성육신과 7성사를 중시했다. 또한 도미니크 수도회의 교리를 확정하는 데 크게 기여했다. 그는 프란체스코 수도회와 각을 세우면서 인류가 타락했기 때문에 성육신이 발생했고, 또 성모 마리아는 무염시태를 한 것이 아니라고 주장했다. 그는 7성사가 모두 그리스도가 제정한 것이고 그 중에서도 성찬식이 가장 중요하다고 말했다.

알레고리 Allegory 성 아우구스티누스에 의하면, A를 가지고 B를 말하는 수사법이다. 비유(parable)와 다른 점은 좀 더 체계적으로 숨은 뜻을 드러낸다는 것이다. 알레고리는 신약성경 저자들이 구약성경의 사건들을 해석하는 방법이었다. 가령 성 바울은 「갈라디아서」 4장 24절에서 알레고리라는 단어를 직접 사용했다. 그러면서 구약성경에 나오는 아브라함의 두 아들 이삭과 이스마엘의 이야기는 기독교 교회와 유대교 집회소를 예표(豫表)하는 알레고리라고 해석했다. 알렉산드리아의 클레멘트는 구약성경의 해석과 관련하여, 문자적, 신비적, 도덕적, 예언적의 네 가지 방식을 주장했고, 오리게네스는 문자적, 도덕적, 정신적의 세 가지 의미를 제시하면서 이것을 인간의 신체, 영혼, 정신에 연결시켰다. 그 후 카시안은 성경 해석 방법을 문자, 알레고리, 도덕, 신비의 네 가지 방식으로 정립했는데 이것이 중세 내내 유통되어 스쿨맨들이 받아들였고 현재에도 로마 가톨릭교회에서 사용되고 있다. 그러나 16세기의 종교개혁가인 루터, 멜란히톤, 칼뱅 등은 "성경은 성경의 해석자(Scriptura scripturae interpres)"라는 원칙에 입각하여 성경에 대한 알레고리의 해석을 거부했다. 이것이 오늘날까지 개신교 해석자들이 유지하는 입장이다.

알레안더 Hieronymus Aleander 1480-1542 휴머니스트 학자. 1508년 프랑스

에 고대 그리스 학문을 도입했고, 1513년 파리 대학의 교수가 되었다. 레오 10세에 의해 교황청 특사로 임명되면서 종교개혁의 역사에서 중요한 역할을 하게 되었다. 1521년 2월, 보름스 의회에서 루터를 맹렬하게 비난하면서 재판 없이 단죄할 것을 주장했다. 로마 교황청의 많은 인사들과는 다르게, 알레안더는 루터가 독일에서 인기가 높다는 사실과, 교황청이 빨리 개혁 작업을 펼쳐야 한다는 사실을 명확하게 알고 있었다. 1524년에 브린디시 대주교로 임명되었고 1538년에는 추기경이 되었다.

에피메니데스 Epimenides 기원전 6세기 인물. 크레타의 예언자로서 종교적이고 시적인 글을 쓴 저명한 작가이다. 플라톤에 의하면, 그는 기원전 500년 아테네에서 정화 의식을 집행했다고 한다. 사도 바울이 「디도서」 1장 12절에서 인용한 한 행("크레타 사람들은 언제나 거짓말쟁이, 고약한 짐승, 게으른 먹보들이다")을 포함하여 전해지는 모든 파편적 자료들은 에피메니데스가 아니라 다른 원천에서 나온 것으로 여겨진다. 그가 대단히 장수했다(157세 혹은 299세)는 전설, 그가 47년 동안 잠을 잤다는 설화, 그의 영혼이 몸 밖으로 나가서 온 세상을 방랑했다는 전설 등이 전해지고 있어서 일부 학자들은 그를 샤머니즘 타입의 전설적 인물로 여기고 있다.(→ **크레타인의 역설**)

연옥 Purgatory 가톨릭 교리에 의하면, 연옥의 문자적 의미는 "정화하는 곳"이다. 사망 당시 용서받을 만한 죄를 지은 것이 있었는데 갑자기 죽는 바람에 하느님으로부터 용서를 받지 못한 사람의 영혼이 이곳에서 그 죄를 정화하는 것이다. 연옥에서 당하는 고통은 지옥에 떨어진 자의 고통만큼 심한 것이지만, 지옥처럼 영원한 고통은 아니다. 연옥 체류 기간은 지은 죄의 성질이나 가짓수에 따라 달라지는데, 그 영혼이 살아 있을 때 행한 참회, 기도, 순례나 단식 등의 경건한 행위를 감안하여 단축된다. 또 지상에 살아 있는 그의 친척이나 친지들이 그의 영혼을 위해 올리는 기도에 의해서도 단축될 수 있다. 그래서 가톨릭교회에서는 이렇게 가르친다. "세상 떠난 신자들의 영혼을 위해 기도하라." 이것은 기도가 필요 없는 천국에 올라간 영혼이나, 기도의 효력이 못 미치는 지옥에 떨어진 영혼을 위한 것이 아니라 연옥에 있는 영혼을 위해 기도하라는 뜻이다.

기독교 도래 이전에도 내세에 대한 연옥적 교리가 이미 존재했다. 가령 베르길리우스의 『아이네이스』의 제6장의 725-750행은 영혼이 엘리시움 들판으로 놓여나기 전에 지상에 살아 있던 동안 스며든 "신체의 오염"을 깨끗이 정화해야 한다고 말한다. 그래서 어떤 영혼은 빨랫줄 위의 빨래처럼 공중에 매달려 건조되기도 한다는 것이다. 고대에서부터 중세에 걸쳐 지중해 세계에 널리 퍼져 있었던 이 연옥 사상은 14세기에 이르러 단테의 『신곡』에 의해 아름답게 집대성되었다.

그런데 개신교는 연옥 교리에 커다란 문제점이 있다고 본다. 기독교 성경에서 그 교리의 근거를 도무지 발견할 수 없다는 것이다. 그래서 영국 교회 신조 22는 이렇게 단정한다. "그것은 헛되이 만들어진 희망에 불과하며 성경의 근거에 기반을 둔 것이 아니다. 그러므로 하느님의 말씀에 역행하는 것이다." 개신교들이 생각하는 또 다른 문제점은 "사면(indulgences 혹은 면죄)"의 판매이다. 처음에는 살아 있는 사람의 경건한 행동이 세상 떠난 자의 연옥 체류를 단축시켜 줄 수 있다 했고, 이어 교회가 기도나 단식하는 사람의 요청에 의해 연옥 체류를 직접 단축시킬 수 있다는 얘기가 나왔고, 이를 바탕으로 경건한 행위 대신에 돈도 그런 효과를 발생시킨다며 금품을 받는 관습이 생겨났다. 이것이 종교개혁을 촉발시킨 면죄부의 판매이다. 종교개혁가들은 이 관습이 부정부패요 혐오스러운 행위라고 생각했다. 하지만 트렌트 종교회의는 제25차이며 마지막인 회의에서 연옥의 교리와 사면의 효율성을 재확인하면서 면죄부의 판매는 금지시켰다.

예정설 predestination　인간의 의지와 선행과는 상관없이 하느님은 영원한 구원을 받을 사람을 미리 정해 놓았다는 신학 사상. 사도 바울은 「로마서」 8장 28-30에서 이 사상을 말하였고 「에베소서」 1장 3-14절에서 다시 언급했다. 그러나 자유 의지를 중시했던 펠라기우스는 이 사상을 거부했다. 그러자 성 아우구스티누스는 자유 의지와 예정설이 서로 양립 가능하다는 입장을 밝혔다. 토마스 아퀴나스는 하느님을 모든 피조물의 원초적 원인으로 파악하면서 2차적 원인들이 자연적/필연적 원인과 자발적/우발적 원인으로 나누어 자유 의지와 예정설의 양립 가능성을 뒷받침했다. 루터는 예정설을 지지하면서 에라스뮈스의 자유 의지론을 반박했다. 칼뱅은 예정설을 더욱 강화하였으나, 멜란히톤은 인간이 갱생하려면 인간의 의지가 필요하다는 주장을 펴서 엄격한 예정설에서 벗어나 다소 펠라기우스적인 입장을 취했다.

오비디우스 Ovidius 기원전 43년-기원 17년　아우구스투스 시대의 로마 시인. 베르길리우스 이후의 최대 시인으로 그리스 신화를 집대성한 『변신』이 대표작이다. 서양의 시인, 화가, 극작가, 조각가 등에 엄청난 영향을 끼쳤다. 『변신』의 첫머리에서 금은동철의 네 시대를 노래했는데, 그 네 시대를 간단히 살펴보면 이렇다. 황금시대는 법률 없어도 사람들이 자발적으로 신의와 권리를 숭상했다. 힘들게 농사짓지 않아도 땅은 저절로 모든 것을 생산했다. 사람들은 천연으로 생겨난 식량에 만족했고, 소유라는 개념은 아예 없었다. 봄날은 영원히 계속되었다. 순은시대는 영원한 봄날이 단축되어 일 년이 기다란 겨울, 무더운 여름, 불안정한 가을, 짧은 봄의 네 계절로 나누어지게 되었다. 인간은 들판이 아니라 집에 살면서 농사를 지어야 했다. 자신이 거둔 곡식을 자신이 가질 수 있다는 생각을 하게 되었다. 청동시대는 사람들의 성격이 사나워졌고, 끔찍한 무기를 집어들 준비가 되었다. 그렇지만 아직 죄악에 깊숙이 빠져들지는 않았다. 그러나 자신의 소유를 문서로 등기하고 이것을 지켜주는 기관이 생겨났다. 강철시대는 모든 죄악이 밖으로 튀어나왔다. 염치와 진실과 신의는 사라져버리고, 그 자리에 사기와 기만과 폭력이 들어섰다. 각자의 소유였던 땅이 힘센 개인들의 소유지로 돌아갔다. 해롭기 짝이 없는 쇠(권력)가 등장했고 그 쇠보다 더 해로운 황금이 나타났다. 사람들은 이것들을 얻기 위해 필사적인 싸움을 벌인다. 바로 우리가 살고 있는 현대이다.

오이콜람파디우스 Johan Oecolampadius 1482-1531　독일의 종교개혁가. 1515년 바젤 대성당의 설교자가 되었다. 한동안 루터를 지지했으나 곧 지지를 철회하고 1520년 수도원에 들어갔다. 그러나 다시 마음이 변하여 1522년부터는 종교개혁가들과 운명을 같이 했다. 1522년 바젤로 돌아와 바젤 시가 종교개혁 원칙을 받아들이게 했고, 1528년에는 베른 주도 종교개혁 세력에 가담하게 만들었다. 그는 츠빙글리의 성찬식 교리를 지지했다. 그러나 신학 사상이 그리 깊은 사람은 아니었다. 재세례파는 한동안 그가 자신들의 교리에 동의한다고 주장했으나, 그는 동의하지 않는다고 분명하게 뜻을 밝혔다.

오캄 William of Occam 1300년경-1349년경　토마스 아퀴나스의 신학 사상에 반대한 신학자. 아퀴나스는 존재의 유비를 통해 자연에서 초자연(신)의 결론(신이 존재한다는 것을 자연에 의해 증명)을 제시했고, 창조된 세계에는 신에 도달하는 내적 질서가 있다고 가르쳤다. 또한 인간의 이성으로 신을 이해할 수 있다고 보았다. 이러한 아퀴나스의 신학 사상에 대하여 대표적 유명론자인 오캄은 '구방법Via antiqua'이라고 비판하면서 '신방법Via moderna'을 내놓았다. 오캄은 인간의 능력으로는 신을 알 수가 없으며, 신이 인간에게 자신을 드러낼 때(계시) 비로소 그 분을 알 수 있다고 가르쳤다. 그는 극단적 형태의 스코티스트 교리를 가르쳤다. 즉, 하느님의 뜻이 모든 사물의 원인이며 규칙이라는 것이다. 다시 말해 하느님은 사물들이 선하기 때문에 존재하기를 원한 것이 아니라, 하느님이 그것들을 원했기 때문에 비로소 선한 것이 되었다고 가르쳤다. 스콜라 철학은 성서에 대한 절대적 혹은 단일한 이해가 가능하다고 본 반면, 오캄주의는 과학적 방법과 구체적 증거에 의한 성서 해석을 주장했다. 오캄주의가 스콜라 철학의 절대적 권위를 상대화시키면서 스콜라주의는 서서히 힘이 약해졌다. '오캄의 면도날'이라는 용어도 유명한데, "실체들은 필요 이상으로 증폭되어서는 안 된다"고 정의된다. 여기서 말하는 면도날은 설명에 들어 있는 모든 불필요한 아이디어들은 제거해 버리고 가장 간단명료한 가설만 제시하라는 뜻이다.

유명론 nominalism 실재론에 바탕을 둔 아퀴나스의 신학 사상에 반기를 들면서 나온 사상. 유명론은 현대의 해체론과 닮은 점이 있다. 현대의 해체주의자들은 어떤 말과 그 말에 내포된 특질은 서로 일치하지 않는다는 입장을 취한다. 이것을 유명론에 대입시켜 보면 말은 그저 말일 뿐 그 안에 어떤 보편적 특질을 갖지 않는다. 가령 '책상'이라는 말은 그저 '책상'일 뿐이지 그 안에 책상의 이데아 혹은 책상의 공통적 특징을 갖지 않는다는 것이다. 여기서 오로지 이름(말)뿐이라는 유명(唯名)이라는 용어가 나왔다. 이것을 상대적 입장인 실재론에서 보면 이러하다. 어떤 물체가 '책상'이라고 불리는 것은 그 물건이 책상의 초월적 특징, 혹은 책상의 공통성을 갖고 있기 때문에 책상이라고 불린다는 것이다. 좀 더 구체적으로 '사회'라는 단어를 가지고 양론을 설명하면 이러하다. 사회 속에 있는 사람들과는 상관없이 사회라는 개념이 존재한다고 보는 것이 실재론이고, 사회 속에서 그 사회를 구성하고 그 작용을 느끼는 개개인들 내에서만 사회가 존재할 뿐 그 밖의 사회는 단어에 지나지 않는다는 것이 유명론이다. 20세기의 해체론자들도 말의 의미는 상황에 따라 계속 달라진다고 주장하고 있어서 극단적인 유명론과 상통하는 바가 있다. 오캄의 영향을 받은 루터 자신도 유명론자였다. 스콜라 철학은 실재론에 바탕을 둔 사변 철학이었는데 루터의 유명론은 기존의 스콜라 철학에 대한 도전이 된다. 유명론은 개인의 경험, 즉 개인에게 나타난 신의 모습을 더 중시하는 사상이었다. 유명론은 후에 경험으로 이어져 자연과학과 신학의 발달에 큰 도움을 주었다. 관념을 경험에 종속시키려는 이러한 태도 덕분에 물리학은 형이상학의 영역에서 해방되었다.(→**실재론**)

율리우스 2세 Julius II 1443-1513 사보나 근교에서 출생했고, 숙부 식스투스 10세에게 등용되어 주교가 되었으며, 1471년에는 추기경이 되었다. 교황의 세속적 권력을 확대하기 위해 노력했다. 르네상스 시대의 전형적인 교황으로 유명하다. 1508년 베네치아를 치기 위해 프랑스, 독일과 캉브레 동맹을 맺었지만 후에 프랑스의 세력 신장을 두려워하여 베네치아와 손을 잡았다. 1511년에는 영국 및 스페인과 신성동맹을 결성하여 프랑스 군을 몰아냈고, 이듬해 라테란 종교회의를 열어 교황 선거 때 흔히 있는 성직 매매 행위를 엄금하고 교황권의 권위를 대내외에 과시했다. 교황의 통합된 권력을 표시하기 위해 성 베드로 교회당을 기공했다. 르네상스의 문학자와 미술가를 보호하였으며, 미켈란젤로와 라파엘로 등을 후원하여 로마를 르네상스 문화의 중심지로 만들었다.

의화 justification 신약성경 중 「로마서」의 핵심 사상으로서, 하느님과의 올바른 관계에 놓이는 것, 다시 말해 의로움을 획득하는 것을 가리킨다. 의화(義化) 혹은 의신득의(以信得義)라고 한다. 이 의로움은 인간의 능력으로 성취할 수 있는 것이 아니라 예수 그리스도를 통한 하느님의 은총으로 비로소 가능해진다. 그리하여 예수를 믿는 사람들은 하느님과 평화를 누리게 된다. 이것을 법정 송사와 관련하여 생각해 보면 이렇게 질문할 수가 있다. "피고(인간)가 유죄인데도 하느님이 그에게 무죄를 선언했다는 말인가?" 「로마서」를 쓴 사도 바울은 이 질문에 대하여 이렇게 대답한다. "하느님은 인간들에 대하여 그들의 죄를 그대로 둔 채 아예 고소 자체를 취하하기로 결정하셨다." 루터는 이 로마서의 사상을 확대, 발전시켜 예수 그리스도를 믿는 것, 그 믿음만 있으면 인간은 구원을 받을 수 있다고 주장했다. 따라서 루터의 신학사상은 실천보다는 믿음을 더 강조했다. 이 때문에 루터는 「로마서」를 중시했고 실천을 강조한 「야고보서」는 상대적으로 경시했다.(→ 루터, 아우구스티누스)

이름 없는 사람들의 편지들 Epistolae Obscurorum Virorum 로이힐린과 도미니크 수도회 사이에 논쟁이 붙었을 때 나타난 유명한 팸플릿. 1515년과 1517년 두 번에 걸쳐 나왔는데 앞의 것은 루비아누스(1486-1540)가 썼고 뒤의 것은 울리히 폰 후텐이 썼다. 수도사 식 라틴어로 집필되었는데 후기 스콜라 철학, 당시의 종교적 관습, 교회 내의 제도 등에 대하여 경쾌하면서도 재치 있게 비판하고 조롱한 내용이다. 이 팸플릿은 큰 인기를 누렸고, 낡은 신학과 그 신봉자들의 힘을 꺾는 데 큰 기여를 했다.

자유 의지 free will 자유 의지는 종교적 맥락에서 자유를 논의할 때 등장하는 용어이다. 가령 이런 질문으로 이어지는 것이다. 하느님이 인간의 모든 일을 미리 다 알고 결정하시는 데 과연 인간이 자유롭다고 할 수 있는가? 하느님이 구원과 단죄의 대상을 미리 결정해 놓으셨는데, 인간의 자유 의지라는 것이 무슨 소용이 있는가? 성 아우구스티누스는 이 문제로 번민하다가 그 둘이 양립 가능하다는 주장을 폈고, 이것이 중세 내내 유지되어 온 신학적 입장이었다. 그러나 오캄의 해설자인 가브리엘 비엘은 신적 의지의 절대적 성질을 강조하면서 자유 의지의 역할을 축소시켰고, 이것은 루터에게 깊은 영향을 미쳤다. 에라스뮈스는 자유 의지를 지지하면서 그것이 있어야 교회 내부의 개혁도 가능하다는 입장이었다.

재세례파 Anabaptists 유아에 대한 세례를 부정하는 개신교의 한 종파이다. 이들은 "오로지 믿음으로만"이라는 신학 사상에 입각하여 유아들이 아직 믿음이 없는 상황에서 세례를 받았으므로 그것이 거짓이고, 또 쓸데없다고 생각했다. 그들의 이상은 원시 기독교적 성인들이 영위했던 공동체를 완전히 복구하는 것이었는데, 재세례파 가입은 "오로지 믿음으로만"의 자발적인 수락을 통해서만 가능했다. 이들은 처음에는 자신들의 자녀에게만 세례를 주지 않았는데, 마침내 기존의 유아 세례를 받은 모든 신자에게 세례의 은총을 인정하지 않고 재세례를 요구했다. 재세례파는 루터, 츠빙글리, 칼뱅 등에게 무자비한 박해를 당하여 거의 세력이 소멸하게 되었으나 사제였다가 재세례파 신자가 된 네덜란드 사람 메노 시몬스(1496-1561)가 재세례파를 와해로부터 구해냈다. 시몬스는 절망에 사로잡힌 잔존 세력을 끈질기게 지도하여 조합 교회의 특성을 갖는 교회로 바꾸어 놓았다. 이 교회의 신도들은 재세례파의 세례를 받았고, 공직을 멀리 했으며, 무저항주의를 실천했다. 오늘날에도 100만 명의 메노파 신자가 있다.

종교개혁 Reformation 르네상스에서 계몽사상으로 이어지는 유럽 역사의 노정에서 징검다리 역할을 하는 중요한 종교적 혁명. 16세기 서방 기독교에서 벌어진 이 대사건은 존 위클리프, 윌리엄 틴들, 얀 후스 같은 선배 지도자들에 이어 데시데리위스 에라스뮈스, 마르틴 루터, 장 칼뱅, 울리히 츠빙글리, 마르틴 부처 같은 걸출한 지도자를 배출했다. 종교혁명은 엄청난 정치적 · 경제적 · 사회적 파급 효과를 가져왔고, 그리하여, 가톨릭, 그리스 정교와 함께 기독교의 3대 분파를 이루는 프로테스탄티즘을 정립시켰다.(→ **마르틴 루터, 장 칼뱅, 울리히 츠빙글리, 마르틴 부처, 연옥, 의화, 재세례파, 헨리 8세**)

츠빙글리 Ulrich Zwingli 1484-1531 스위스의 종교개혁가. 처음에 휴머니즘 연구에 몰두하여 1516년 에라스뮈스와도 서로 알게 되어 점차 복음주의로 기울어졌고, 1519년 취리히의 목사가 되었다. 취리히에서 판매되는 면죄부의 실상에 분노하여 반대 운동을 일으켰으며 1522년부터 종교개혁 운동에 투신했다. 1523년에는 취리히 시 정부로 하여금 로마 교황청으로부터 분리를 선언하게 하고, 다시 체른과 남독일 지역까지 영향력을 확대했다. 1529년 마르부르크 토론에서 루터와 신학적 견해를 조정하려 했으나, 성찬식에 관하여 합의를 보지 못하고 결별했다. 1531년 반개혁파를 상대로 벌어진 카펠 전투에서 종군 목사로 참가했다가 전사했다. 그의 신학 사상은 하느님의 은총과 사랑보다는 예정설을 앞세우는 등 전반적으로 칼뱅에 가깝다. 그의 요절로 중단된 스위스의 종교 개혁은 제네바를 찾아온 칼뱅에 의해 계승되었다.(→ **성찬식, 칼뱅**)

카를 5세 Karl V 1500-1558 스페인의 왕(카를로스 1세)으로 있다가 할아버지 막시밀리안의 영향력으로 신성로마제국의 황제에 올랐다. 아버지는 막시밀리안 1세의 아들인 펠리페이며, 어머니는 아라곤의 왕 페르난드의 딸 후아나이다. 16살에 외가 쪽에서 스페인을 물려받았고, 19살에는 친가에서 독일의 합스부르크 왕가를 물려받았다. 서유럽의 패권을 놓고 프랑스 왕 프랑수아 1세와 다투었고, 1525년 밀라노 남쪽 파비아 전투에서 프랑수아 1세를 생포했다. 교황 클레멘스 7세는 프랑스와 손잡고 카를 5세에 대항하려 했으나, 1527년 초 카를의 군대는 로마를 침략하여 약탈했다. 1530년 카를은 종교회의를 소집하고 교회의 내부 개혁을 시도하려 하였으나, 이미 종교개혁의 불길은 멀리 퍼져 나간 상태였다. 게다가 그는 프랑스와 투르크에 맞서서 고질적인 전쟁을 벌여야 했다. 1544년 프랑스와의 싸움이 종결되었고 투르크 제국과도 휴전이 성립되었다. 1552년 프로테스탄트 군주들이 카를에 반기를 들며 저항하자 1555년 아우구스부르크 의회에서 루터의 정치적 권리를 승인할 수밖에 없었다. 카를은 이후 황제 칭호를 동생 페르디난트 1세에게 물려주고, 네덜란드와 스페인 왕위는 아들 펠리페 2세에게 물려주고, 스페인의 한 수도원에 은거하여 여생을 보냈다.

칼뱅 Jean Calvin 1509-1564 종교개혁가, 신학자, 프랑스 태생. 오를레앙 대학과 브뤼주 대학에서 신학과 법학을 공부했고, 이때 독일인 교수 멜키오르 볼말의 영향으로 프로테스탄트 이념을 접하게 되었다. 휴머니즘에 대해서도 깊은 관심을 갖고 있었으나 1533년경 종교개혁의 사상에 경도하여 파리에서 추방되어 해외를 전전했다. 1536년에는 『기독교 강요』를 바젤에서 출판했다. 1541년 이후에는 제네바에서 종교개혁에 종사했다. 그의 대표적인 신학 사상은 예정설인데, 이 사상에 내포된 개인주의적이며 합리주의적인 요소는 시민 사회에 적합한 것이기 때문에 프로테스탄티즘의 주류가 되었다.

콜렛 John Colet 1466?-1519 세인트 폴 대성당 주임사제. 런던 시장을 두 번이나 지낸 헨리 콜렛 경의 아들. 옥스퍼드 대학의 모들린 칼리지에서 공부하고 후에 파리와 이탈리아로 유학했다. 1497년 옥스퍼드 대학으로 돌아와 사도 바울의 서한에 대하여 일련의 강의를 했다. 신선한 관점으로 서한들을 해석했으며 원시 교회의 순수함으로 돌아가자고 역설했다. 이때 이후 교회의 고위직 사제들의 탐욕과 부패를 신랄하게 비판했다. 콜렛은 교회의 전통 교리에 도전한 적이 없었으나, 이단으로 의심받았다. 그의 신학적 견해는 친구인 에라스뮈스와 토머스 모어에 의해 높이 평가되었다. 아버지 사후에 물려받은 막대한 유산으로 성 바울 대성당 내에 가난한 아이들을 위한 학교를 설립했다.

쿠마이의 시빌라 Sibylla of Cumae 쿠마이는 나폴리에서 서쪽으로 12마일 떨어진 곳에 있는 고대 도시. 시빌라는 쿠마이의 동굴에서 신탁을 전했으며, 아폴론은 그녀에게 양손에 쥘 수 있는 모래알의 수만큼 수명을 허락하되 다시는 고향 에라트라이로 돌아가면 안 된다고 못 박았다. 그래서 그녀는 쿠마이에 살게 되었다. 그런데 에리트라이 사람들이 실수로 그녀에게 그들 나라의 흙으로 된 봉인이 찍힌 편지를 보내는 바람에, 그녀는 그만큼이라도 고향 땅을 보았으므로 죽고 말았다. 시빌라의 수명에 대해서는 또 다른 이런 얘기가 전해진다. 그녀는 자신을 사랑한 나머지 무슨 소원이든지 한 가지는 들어주겠다는 아폴론에게 불사(不死)를 요구하기는 했으나, 젊음을 함께 달라고 요구하는 것을 잊었다. 신은 만일 그녀가 처녀성을 자신에게 준다면 그 대신 변치 않는 젊음을 주겠다고 제안했으나, 그녀는 거절했고, 그래서 그녀는 늙어갈수록 쭈그러들었다. 마침내 그녀는 매미와 비슷해져서 쿠마이에 있는 아폴론의 신전 안의 새장에 새처럼 달려 있었다. 아이들이 "시빌라, 무엇을 원하나요?"라고 물으면 그녀는 삶에 지칠 대로 지쳐서 "죽고 싶어"라고 대답했다고 한다.

크레타인의 역설 Cretan's Paradox 논리적 역설의 하나로서 어떤 명제가 다른 상황에서는 전혀 문제를 일으키지 않으나, 특정 상황에 적용하면 모순을 일으키는 것. 가장 유명한 것이 아리스토텔레스와 동시대 사람인 유블리데스의 '거짓말쟁이의 역설'인데, 크레타인의 역설은 바로 여기에서 나왔다. 그 내용은 이러하다. 어떤 사람이 "나는 지금 거짓말을 하고 있습니다"라고 말했다. 이 경우 그 말은 거짓(그는 거짓말쟁이가 아니다)인가 아니면 진실(그는 거짓말쟁이다)인가? 그가 거짓말쟁이라면 그 말은 진실일 것이고, 아니라면 거짓이 된다. 이것은 어떤 진술이 문법적으로는 하자가 없으나 논리적으로는 말이 되지 않는 경우이다. 크레타인의 역설은 "모든 크레타인은 거짓말쟁이"라는 것이다. 이것은 설혹 다른 상황에서는 진정한 명제라 해도, 그것을 직접 말하는 어떤 크레타 사람에게 적용하면 그가 실은 진실을 말하고 있다는 뜻이므로(즉, 그는 거짓말쟁이가 아니므로) 역설이 성립된다.

키메르족 Cimmerians 신화적 민족으로 태양이 뜨지 않는 나라에 살았다. 오디세우스가 망자들을 불러내어 테이레시아스에게 질문을 했던 것도 키메르족의 나라에서였다. 이 나라의 지리적 위치는 서방 세계의 끝이라고 하는 이들도 있고, 흑해 북부까지 펼쳐진 평야라고 하는 이들도 있다. 또 이들이 남부 러시아의 스키타이 족의 조상이라고 하는 이들도 있다. 혹은 키메르족이 이탈리아의 쿠마이 주변에 살았다고도 한다. 키메르족이 망자들의 세계에 이웃해 사는 것으로 생각되었고, 또 쿠마이에는 지하 세계로 내려가는 입구가 있다고 믿어졌기 때문이다. 키메르족은 회랑으로 연결된 지하 주거지에 살면서 밤에만 지하에서 나왔다는 얘기도 있다.(→ **쿠마이의 시빌라**)

키케로 Marcus Tullius Cicero 기원전 106-43 로마의 정치가 겸 문필가. 라틴어 산문의 규범을 정한 문장가로 높이 칭송된다.『우정론』,『의무론』,『국가론』,『법률론』,『선악론』,『종교론』 등의 저작이 있다. 율리우스 카이사르가 기원전 40년대 초반에 내전의 승자로 부상하여 권력을 축적하자 키케로는 전제적인 권력이라고 여겨 반발했다. 카이사르가 기원전 44년 3월의 이데스 날에 암살되자 키케로는 공화국을 다시 수립할 기회라고 생각했다. 그는 카이사르의 후계자인 옥타비아누스에게 저항했으나, 옥타비아누스와 안토니우스가 서로 힘을 합치게 되자 외로운 신세가 되었다. 기원전 43년 11월, 옥타비아누스, 안토니우스, 마르쿠스 레피두스의 제2차 3두체제가 시작되었다. 40년 만에 로마는 공개적으로 여러 사람을 범법자라고 고시하는 "징벌선고"를 하게 되었는데, 여기에 키케로가 들어 있었다. 키케로는 달아났으나 성공하지 못했다. 로마의 역사가 리비우스는 그의 최후를 이렇게 기록했다. 먼저 그는 투스쿨룸에 있는 별장으로 달아났고, 이어 시골길을 관통하여 포르미아이에 있는 별장으로 갔다. 그는 카이에타에서 배를 타고 출발할 계획이었다. 그는 여러 번 출항했다. 한 번은 바다 바람이 너무 거세어서 다시 항구로 밀려왔다. 또 한 번은 엄청난 파도 속에서 배가 심하게 흔들리는 바람에 그는 멀미를 견딜 수가 없었다. 마침내 그는 도피 행각과 구차한 목숨에 혐오감을 느끼고서, 바다에서 1마일 정도 떨어진 곳에 있는 별장으로 돌아왔다. "과거에 내 힘으로 여러 번 구제한 바 있는 나의 조국에서 죽겠다"고 그는 말했다. 그의 노예들은 최후의 일각까지 그를 위해 싸우겠다고 씩씩하고 의리 있게 말했다고 한다. 그러나 키케로는 가마를 조용히 내려놓고 부당한 운명이 그들에게 부과하는 것을 침착하게 맞아들이라고 명령했다. 그가 조금도 위축되는 바 없이 목을 쭉 내밀자 토벌대는 그 목을 칼로 베었다. 잔인하고 무식한 병사들은 그것만으로 충분하지 않았다. 그들은 안토니우스에게 반박하는 연설문을 쓴 두 손에 욕설을 퍼부으면서 양손을 잘랐다. 잘려진 머리는 안토니우스에게 가져갔고, 그의 명령에 따라 포룸의 연단에 놓인 두 잘려진 손 사이에 효수되었다. 그 연단은 키케로가 집정관 자격으로, 또는 전 집정관 자격으로 연설했던 곳이고, 또 사망하던 그 해에는 안토니우스에게 저항하는 사자후의 연설을 했던 곳이었다. 많은 사람들이 키케로의 웅변에 감동을 받았었다. 그의 동료 시민들은 눈에 눈물이 가득했고 감히 고개를 들어 그 잘려진 손과 머리를 쳐다볼 수가 없었다. 그 날은 기원전 43년 12월 7일이었다.

토미즘 Thomism 토마스 아퀴나스의 사상을 일컫는 말. 토미스트Thomist는 형용사형. 진선미가 동일한 실재의 서로 다른 표현이라는 사상. 이 사상을 이어받은 가톨릭 사상은 인생에서 행위(doing)보다 존재(being)를 강조하는데, 인생은 하나의 예술 작품으로서 모름지기 아름다운 이미지(bella figura)를 지향해야 한다고 가르친다. 이에 비해 프로테스탄티즘은 인생의 가치는 뭔가 해내는 것이라는 신념에 바탕을 두어 현세적인 효율성을 숭상했는데, 바로 이것(더 구체적으로 칼뱅의 예정설)이 자본주의 정신을 가져오게 되었다, 라고 베버는 『프로테스탄티즘의 윤리와 자본주의 정신』에서 주장했다.(→ 아퀴나스)

프랑수아 1세 Francois I 1494-1547 프랑스의 왕(재위 1515-47). 루이 12세의 왕녀를 왕비로 삼았고, 즉위 후에는 오로지 이탈리아 전쟁에 몰두하여 1515년에 밀라노를 점령했고, 1516년에는 교황 레오 10세와 화해했다. 또한 신성로마제국 황제가 되려 했으나, 1519년의 선거에서 카를 5세와 경쟁하다 패했다. 1525년 카를 5세와의 전쟁에서 패하여 포로가 되었으나, 마드리드 조약에 의해 석방되었다. 그 후 다시 이탈리아 전쟁을 일으켰으나, 1529년에 캉브레 조약을 맺어 이탈리아에 대한 야욕을 포기했다. 그 후에도 영국 왕 헨리 8세, 독일의 프로테스탄트 세력, 투르크의 술레이만 1세 등과 결탁하여 빈번히 합스부르크 왕가와 싸웠지만 결국 1544년의 크레피 강화조약으로 끝을 맺었다.

플라톤 철학 Platonism 플라톤(기원전 427-347)은 고대 그리스의 철학가로서 서양 철학사에 가장 큰 영향을 준 사상가이다. 가장 유명한 것이 이데아설인데 『국가』 제7권에서 동굴의 비유로 그것을 설명하고 있다. 인간은 동굴에 살면서 반대편 벽에 비치는 실재(즉 이데아)의 그림자만 보면서 그것을 실재인 양 착각하면서 살아간다는 것이다. 그러면서 영혼의 선량함, 즉 진선미를 함양하는 것이 인생의 목적이라고 가르쳤다. 영혼은 이런 가치(진선미)를 원래 알고 있었는데 망각했으며 그것을 교육에 의해 "회상"시켜야 한다고 주장했다. 이데아는 각 개인 안에 내재되어 있는데 영원한 이데아를 획득해야만 되어 감(becoming)의 유동적 상태를 극복하고 진정한 있음(being)의 상태로 나아간다고 보았다. 그는 『티마에우스』와 『법률』에서 신에 대해서도 논했는데 간략히 설명하면 이러하다. 플라톤은 자신의 명상과 이집트 사제들의 전통적 지식을 종합하면서 신성(神性)의 신비한 성질에 대하여 탐구했다. 플라톤은 어떻게 본질적으로 단일한 존재인 신성이 이 세상을 구성하는 뚜렷이 다른 다양한 아이디어를 허용할 수 있는지 의아했다. 또 실체가 없는 신성이 어떻게 거칠고 제멋대로인 물질 세계의 모델이 되었는지 잘 이해가 되지 않았다. 어떻게 해서 비(非) 물질인 신이 물질을 허용할 수 있느냐는 것이었다. 그는 신성을 제1원인, 로고스(이성), 우주의 혼령, 이렇게 셋으로 나눔으로써 그 문제를 해결했다. 그리하여 플라톤 철학에서 신이라는 형이상학적 개념은 3개의 신으로 정립되었다.

그 후 플라톤의 신학 사상은 알렉산드리아의 저명한 철학 학파 내에서 자유롭게 토론되었다.(기원전 300년) 이때 소수의 히브리인 철학자들은 플라톤 신학을 아주 정밀하게 연구했다. 기원전 100년 전, 유대인 철학자 필로는 모세 신앙과 플라톤 철학을 융합했다. 그는 로고스의 특징을 모세와 족장들의 야훼에 적용시켰다. 이어 하느님의 아들(로고스)이 구체적 인간의 모습으로 이 지상에 등장하여 제1원인(하느님)의 성질과 속성을 대변하는 각종 신적인 기능(가령 기적)을 수행할 수 있다는 쪽으로 신학이 발전했다.

플라톤의 웅변, 솔로몬의 이름, 알렉산드리아 학파의 권위, 유대인과 그리스인들의 동의에 더 하여 가장 숭고한 복음서 기자인 요한이 「요한복음」 속에서 로고스의 이름과 신성한 속성을 나사렛 예수에게 적용시켰고, 그리하여 플라톤의 로고스는 이제 아카데미(플라톤), 포치(견인주의), 리시움 (아리스토텔레스) 등 그리스 철학의 울타리를 뛰어넘는 세계적인 것이 되었다.(서기 97년) 「요한복음」은 놀라운 비밀이라면서 그리스도교의 계시를 이렇게 설명한다. "태초에 로고스가 하느님과 함께 있었으며, 그 로고스는 하느님이었다(In principio erat Verbum et Verbum erat apud Deum et Deus erat Verbum)." 그 로고스가 나사렛 예수로 성육신하였고, 처녀의 몸에서 태어났으며, 십자가 위에서 죽임을 당했다.

요한 사도가 이처럼 플라톤 철학의 근본 원칙을 빌려 로고스를 설명했으므로, 2세기와 3세기의 그리스도교 신자들은 그리스도교 계시의 놀라운 발견 사항을 미리 예고한 플라톤을 깊이 연구했다. 그 후 플라톤 철학, 아리스토텔레스, 동방의 신비주의 등을 결합한 신플라톤주의가 나왔다. 신플라톤주의는 기독교가 막 발흥하던 시기에 인기가 높았기 때문에, 기독교의 교부들에게 많은 영향을 미쳤는데, 특히 동방의 바실리우스와 니사의 그레고리우스, 그리고 서방의 암브로시우스와 아우구스티누스가 영향을 받았다. 신플라톤주의는 아우구스티누스의 저서들을 통해 초기 스콜라 철학자들에게 전수되었고, 이들은 대부분 아우구스티누스주의를 신봉했다. 또한 가짜 디오니시우스의 저서를 통하여 신플라톤주의는 서유럽의 신비주의에 상당한 영향력을 행사했다. 이렇게 볼 때, "서양 철학은 플라톤 철학의 각주에 불과하다"는 화이트헤드의 말은 과장이 아님을 알 수 있다.

플로티누스 Plotinus c.205-270 신플라톤주의의 창시자. 이집트에서 태어나 알렉산드리아에서 수학했다. 245년부터 268년까지 로마에서 가르쳤다. 제자인 포르피리가 스승의 구두(口頭) 가르침을 글로 펴내『엔네아즈 *Enneads*』로 펴냈는데 엔네아즈는 "아홉의 묶음"이라는 뜻이다. 플로티누스의 핵심 가르침은 세 개의 히포스타시스(hypostasis: 원질 혹은 실재로 번역됨)이다. 그것은 일자(One), 지성(Nous 혹은 Mind), 영혼(Soul)을 가리킨다. 일자는 가장 높은 수준의 신비한 의식으로서 곧 하느님을 가리키며, 지성은 직관적 생각(의식), 영혼은 논리적 생각(의식)을 가리킨다. 지성과 영혼을 포함하여 모든 것은 일자로부터 유출되며, 따라서 선량하다. 그리고 모든 것은 그 원천을 반영하고 명상한다. 지성에서 흘러나온 영혼은 준(準)히포스타시스인 자연 혹은 생명과 성장의 내재 원칙을 생성한다. 자연 또한 명상을 하지만 그 명상은 꿈같은 것으로서 위(원천)로부터 활력을 별로 받지 못한다. 게다가 자연의 생산물은 너무 취약하여 물질의 완전한 부정성(정신이 깃들어 있지 않음)에 대하여 더 이상 반성을 하지 못한다. 개개 영혼은 세계 영혼의 발현체로서 물질적 세상의 특정 부분에만 집중되어 있다. 인간은 소우주로서, 자연, 영혼, 초월적 지성의 모든 수준에서 활동적일 수 있다. 우리 인간이 의식(생각)을 어느 수준까지 높이느냐에 따라 우리의 존재가 결정된다. 우리 인간의 목표는 명상을 통하여 우리 자신을 초월하여 마침내 일자에게 되돌아가는 것이다. 플로티노스가 이처럼 정신을 강조했기 때문에 그의 수제자인 포르피리는 자신이 밥을 먹고 잠을 자야 하는 육체를 가지고 있다는 사실을 증오했다고 한다.(→ **신플라톤주의, 플라톤주의**)

피치노 Marsillio Ficino 1433-1499 피렌체의 플라톤 아카데미의 학장을 지낸 인물. 르네상스 시기에 플라톤 사상이 부활하는 데 결정적 기여를 했다. 1484년 피치노는 플라톤의 『대화편』을 모두 라틴어로 번역했고, 플라톤과 플로티노스에 대한 그의 논평서는 걸작으로 널리 인정되고 있다. 오늘날 플라톤을 깊이 있게 이해한 독창적인 철학자로 높이 평가된다. 그의 주저는『영혼의 불멸성을 가르치는 플라톤 신학』(1482)인데, 영혼이 왜 불멸인지 그 이유를 설파하고 있다. 최근에 들어와 이 책에 대한 관심이 계속 높아지고 있다.

피코 Giovanni Pico della Mirandola 1463-1494   이탈리아의 귀족, 학자, 신비주의 저작가. 볼로냐 대학에서 공부한 후에 이탈리아와 프랑스의 대학을 돌아다니면서 학문을 연찬했다. 피치노가 운영한 피렌체 아카데미와 긴밀한 관계를 맺었다. 그리스어와 라틴어 이외에 히브리어와 아랍어를 잘 알았던 피코는 카발라에서 기독교 신비주의의 단서를 얻으려고 했다. 그는 활발한 상상력을 발휘하면서 비정통적인 견해를 갖게 되었으며, 그런 견해들 중 일부가『900개의 신학적·철학적 질문』(1486)이라는 책에서 표명되었다. 교황 인노켄티우스 8세가 그것을 이단적 견해라고 비판하자 그 책을 스스로 포기했다. 피코는 인간의 책임과 위엄을 특히 강조했다.

헨리 8세 Henry VIII 1491-1547   헨리 7세의 둘째아들로 태어났으나 맏아들 아서가 요절하는 바람에 왕위에 올랐다. 헨리 8세와 결혼한 아라곤의 카타리나는 원래 아서의 아내로서 헨리에게는 형수가 되는 여자였다. 그러나 아서는 당시 중병에 걸려 결혼 4개월 만에 죽었고, 둘 사이에 합방은 없었다. 카타리나는 그 후 교황청으로부터 헨리와 결혼해도 좋다는 허가를 받고 18년간 결혼 생활을 하면서 3남 4녀의 자식을 낳았는데 딸 메리를 제외하고 모두 일찍 죽었다. 헨리 8세는 카타리나에게서 후사를 얻지 못하자 새로운 여자 앤 불린(캐서린의 시녀)과 결혼할 속셈으로 교황청에 이혼을 요청했다. 이혼 사유는 구약성서(레위기 18:16)에 의거하여 형수와의 결혼이 원인무효라는 것이었다. 일이 이렇게 돌아가자 당시 신성로마제국의 황제 카를 5세의 숙모인 카타리나는 방어에 나섰고, 아서와 합방한 사실이 없다고 주장했다. 카를 5세에게 우호적이던 교황청은 헨리의 이혼을 거부했고, 헨리는 교황청에 불복하여 1533년 5월 23일 이혼을 강행했다. 그 후 수장령 (1534)을 반포하여 로마로부터 완전 독립된 잉글랜드 교회의 수장에 올랐다. 힘들게 결혼한 앤 불린이 아들이 아니라 딸(후일의 엘리자베스 1세)을 낳자 헨리는 불린을 간통죄로 몰아붙여 처형하고, 세 번째 아내 제인 시모어와 결혼하여 이 아내에게서 아들 에드워드(후일의 에드워드 6세)를 얻었다. 시모어가 아들 출산 직후 후유증으로 사망하자 헨리는 토머스 크롬웰의 주선으로 클레베의 앤과 결혼하는 데 동의했다. 그러나 실제로 여자를 만나보고서 결정한 것이 아니라 궁정화가 홀바인이 그린 앤의 초상화만을 보고서 결혼에 승낙했는데 호색한 헨리는 실물을 보고서 전혀 성적 매력을 못느껴 혼사를 없던 것으로 하고자 했다. 그러나 크롬웰은 외교적 마찰을 우려하여 혼사를 계속 밀어붙여 성사시켰는데, 이것이 화근이 되어 실각하고 처형당했다.

홀바인 Hans Holbein 1498-1543 독일의 화가. 아우구스부르크에서 노(老) 홀바인의 아들로 출생. 바젤에서 H. 헤르프스터의 제자가 되었고 1515년 에라스뮈스와 친교를 맺고 그의 대표작『우신 예찬』의 삽화를 그렸다. 1522년 에라스뮈스의 추천으로 헨리 8세의 궁정화가가 되어 명성을 얻었다. 생애 마지막 10년을 영국에서 보냈는데 이 기간 중 약 150개의 초상화를 제작했다. 그는 헨리 8세 궁정의 기록 화가라 할 수 있다. 그의 초상화는 모델의 정신적 경향을 보여 주지 않는다는 특징을 갖고 있다. 그가 살았던 16세기는 종교개혁의 소용돌이가 극심했던 시대였는데, 그의 초상화는 전혀 그런 기미가 없다. 이 점에서 동시대의 대표적인 화가 알브레히트 뒤러와 뚜렷이 구분된다. 에라스뮈스는 어떤 때는 홀바인을 극찬했는가 하면, 어떤 때는 기회주의적이라고 비난했다. 홀바인은 1543년 런던에 흑사병이 창궐하면서 사망했다.

후텐 Ulrich von Hutten 1488-1523 독일의 휴머니스트 · 논쟁가. 1512-13년
에 막시밀리안 황제의 이탈리아 침공 때 보병으로 참가했다. 1515년『이름
없는 사람들의 편지들』이라는 휴머니스트 풍자문에 기고가로 활약했다.
1519년부터 루터의 종교개혁에 헌신했고, 종교개혁만이 로마 교황청으로
부터 독일이 해방될 수 있는 길이라고 보았다. 1522년 로마 교황청의 체포
령이 떨어지자 에라스뮈스에게 보호를 요청했으나 거절당했고, 마침내 츠
빙글리를 찾아가 피신처를 얻었다. 질병과 불운으로 낙담한 상태로 취리히
의 한 섬에서 사망했다.

히에로니무스 Hieronymus 346년경-420 기독교의 교부로서 가장 중요한 라틴
교부의 한 사람이다. 처음 로마에서 배운 뒤 여러 나라를 편력하다가 385년
이후부터는 사망할 때까지 팔레스타인의 수도원에서 문필 활동을 계속했
다. 저서 또는 서한으로 신자들의 지도를 계속하였으며 당시 이미 진행되고
있던 게르만 민족의 대이동을 맞이하여 동요하던 민심을 추스르기 위해 진
력하였다. 150통에 달하는 그의 서한은 이 시대를 아는 데 필수 자료이다.
라틴어는 물론이고 그리스어와 히브리어에 능통하여 구약성경과 신약성경
을 라틴어로 번역한『불가타』를 완성했다. 불가타는 가톨릭교회에서는 히
브리어 구약성경, 그리스어 신약성경과 똑같은 권위를 가진 정전으로 존중
한다. 에라스뮈스는 그리스어 신약성경을 다시 라틴어로 번역하면서 불가
타에 대한 비판을 가하여 가톨릭 교계에 파문을 일으켰다.

둘케 데시페레 인 로코

데시데리위스 에라스뮈스(Desiderius Erasmus, 1466-1536)는 휴머니즘의 상징 같은 인물이다. 르네상스 시기에 시작된 이 강력한 지적 운동은 에라스뮈스에 이르러 활짝 꽃피어났다. 그의 개성은 이 운동에 의하여 형성되었고, 그는 평생 동안 당대의 일반 대중에게 휴머니즘을 널리 알리는 저술 활동을 계속했다. 그가 당시 유럽 지식인들에게 보낸 아름다운 라틴어 문장 편지는 아주 인기가 높았고, 그래서 지인들 중 어떤 사람은 "내가 에라스뮈스로부터 편지를 받은 적이 있는 사람이라는 걸 널리 알리고 싶다"고 말했을 정도였다. 이 해설은 먼저 휴머니즘에 대해서 알아보고 그 사상이 에라스뮈스의 대표작에 어떻게 스며들어 갔고, 종교개혁의 위기에서 그가 어떻게 행동했으며, 에라스뮈스와 저자 하위징아의 관계를 알아보는 순서로 전개된다.

휴머니즘의 상징

━━━━━━ 휴머니즘은 여러 사상의 갈래가 한데 엮여 만들어진 지적 운동이다. 에라스뮈스에게 직접적으로 영향을 준 갈래는 고대 그리스와 로마의 고전 작가들에 대한 새로운 관심이었다. 르네상스 내내 강하게 남아 있었던 이 관심은 14세기 이탈리아로 소급된다. 처음에 이탈리아의 시인 페트라르카가 이 사상을 강하게 표출했는데, 그의 시는 휴머니즘의 특징을 잘 보여 준다. 즉, 고전 문학은 고전을 문헌 연구의 목적으로 삼아서는 안 되고 인간과 자연에 대한 사랑의 표현으로 보아야 한다는 것이다.

휴머니즘은 이교도적 운동의 측면이 있었다. 이 운동은 교회가 부과한 속 좁은 금욕주의를 답답하게 여겼다. 교회는 자연을 아름다운 유혹이라면서 혐오의 대상으로 보았고, 육체를 악이라고 생각했으며, 현세를 부정하면서 이 세상에서는 수도원의 명상적 생활을 통해서만 미덕을 획득할 수 있다고 가르쳤다. 휴머니즘은 이런 가르침을 거부했다. 중세 교회의 핵심 교리는 원죄였다. 영혼과 신체는 완전히 분리된 것인데, 인간은 오로지 육체를 통해서만 영혼을 표현할 수 있으므로, 피할 수 없는 죄(즉 순수 정신이 될 수 없는 죄)를 몸에 지니고 있다는 것이다.

이에 반해, 휴머니즘은 원죄보다는 인간의 선량함을 강조하고 인간이 누릴 수 있는 신체적 쾌락에 대해서도 한결 더 수용적이다. 고대 그리스인들은 영혼과 신체는 하나이며, 신체의 행동은 자연스럽게 영혼의 인간성을 표현한다고 가르쳤다. 다시 말해 영혼은 그 스스로의 즐거움을 위해 사람의 몸을 입고서 이 지상에 왔다는 것이다. 따라서 인간은 신체와 정신의 결합(교회가 볼 때는 불완전한 존재)을 있는 그대로 받아들이면서 살아가야 한다는 것이다. 우리는 이것을 사과에 비유해 볼 수 있겠다. 사과의 본질은 그 속에 들어 있는 씨앗이다. 과육과 과즙을 제외하고 오로지 그 씨앗만을 얻겠다고 하면 사과 전체를 파괴하는 수밖에 없다. 인간도 마찬가지여서 신체를 무시하고는 정신을 얻을 수 없다. 어차피 정신은 불완전한 몸속에 깃들어 있는데, 그 몸을 무시하고서는 정신도 없는 것이다.

교회의 성직자들이 교회와 교부들에게 의존했다면, 휴머니스트들은 이교도적 고전들에게서 힘을 얻었다. 따라서 고대 그리스와 로마의 문학(에라스뮈스가 "보나이 리터라이bonae literae"라고 말한 것)은 가장 이상적인 황금 기준이었다. 따라서 15세기의 인문학자인 마키아벨리가 정치 행위에 대한 현실적 근거로서 고대 로마의 역사가 리비우스의 『로마사』에 의존하는 것은 아주 자연스러운 일이었다. 휴머니즘은 처음엔 문학 운동에서 시작되었으나, 곧 사상운동으로 확대되어 나갔다. 가치의 관점을 천상의 것에서 지상의 것으로 전환시켰고, 인간 정신과 신체가 갖고 있는 새로운 자의식自意識에 눈뜨자고 권장했다. 그러나 이 휴머니즘은 하느님에 대한 믿음과 일치하는 것이었고, 그로부터 이탈하려는 운동은 아니었다.

특히 에라스뮈스가 상상하는 휴머니즘은 순수 고전주의와 순수 기독교 정신이 융합된 세계였다. 에라스뮈스에게 순수 고전주의라 함은 키케로, 호라티우스, 플루타르코스 등을 의미한다. 에라스뮈스의 정신적 빛은 이교도적 고대와 원시 기독교를 번갈아가며 조명하지만 그 정신의 주축은 기독교이고, 고전주의는 정신의 형식을 부여해 주는 보조 역할이다. 이 때문에 휴머니즘이 그보다 1세기 앞서서 시작되었음에도 불구하고 에라스뮈스는 동시대 사람들에게 새롭게 보였다. 휴머니즘의 창시자인 페트라르카의 사망 이래 그 제자들은 고전 고대의 화려한 형식미에 매혹되어 기독교 정신과의 융합을 소홀히 했는데, 그 융합을 다시 꺼내들어 집대성한 사람이 바로 에라스뮈스였다.

둘케 데시페레 인 로코

━━━━ 이것은 "때때로 바보짓(혹은 미친 척)을 하는 것은 즐겁다"는 뜻의 라틴어이다.(dulce desipere in loco) 고대 로마 시인 호라티우스의 서정시에 나오는 말인데, 에라스뮈스는 『우신 예찬』을 저술할 때 이 말로부터 영감을 받았다. 그리고 동일한 휴머니스트 배경을 가진 토머스 모어도 때때로 바보짓이 쓸모 있다는 것을 알았다. 두 사상가가 생각한 바보짓은 풍자 정신과 놀이 정신을 가리키는 것이었다.

사실『우신 예찬』의 저술에 결정적 영향을 미친 사람은 토머스 모어였다. 에라스뮈스는 모어를 처음 만난 때부터 그와 의기투합하여 깊은 우정을 나누었다. 그런 간담상조하는 기질은 거의 비슷한 시기에 나온 두 사람의 저작『우신 예찬』과『유토피아』에도 잘 반영되어 있다. 에라스뮈스는 1509년 모어의 집에 머물면서『우신 예찬』(1511)을 썼는데 이 저서의 착상을 모어로부터 얻은 것은 물론이요 작품이 완성되자 그에게 헌정하기까지 했다.

한편 모어는 1515년에 외교 사절로 벨기에의 안트베르펜에 파견된 일이 있었다. 그곳에는 평생 동안 에라스뮈스를 지원하고 도와준 친구 페터 길레스가 살고 있었다. 길레스는 당시 시청의 서기로 근무했는데, 에라스뮈스는 그 도시로 갈 때마다 이 젊은 서기의 집에서 머물렀다. 그런데 모어의『유토피아』(1516)는 에라스뮈스의 소개로 알게 된 페터 길레스와의 대화에서 힌트를 얻어서 저술된 것이다. 페터 길레스는『유토피아』에도 언급되어 있는데, 페터의 집 정원에서 선원이 자신의 해상 경험을 말해 주는 장면이 들어 있다. 길레스는 루뱅의 디르크 마에르텐스에게 말해서『유토피아』의 초판이 인쇄되도록 도움을 주었다.

『우신 예찬』과『유토피아』사이에는 상당한 유사점이 있다. 사실상 동일한 내용을 다루고 있지만 두 저술가의 성격과 구상의 차이 때문에 표현 방식이 달라졌을 뿐이다. 그러기에 에라스뮈스는 『유토피아』의 좋은 이해자로서 이 작품을 각국의 휴머니스트들에게 널리 소개했고, 반면에 모어는 『우신 예찬』의 대담무쌍함, 성직자들에 대한 조롱, 라틴어 신약성경의 텍스트를 교정한 모험심 등에도 불구하고 에라스뮈스를 옹호하면서 이렇게 말했다. "이 책은 무엇이 국가와 사회에서 불행의 원인인지 보여주기 위해 저술된 것이다. 따라서 저자가 특히 주목하여 관찰한 것은 유럽 사회에서 활동하는 각계각층의 인간들이 어떤 행태를 보이는가 하는 것이었다."

에라스뮈스는 또 1519년 7월 23일에, 당시 그다지 사이가 나쁘지 않았던 울리히 폰 후텐에게 보낸 편지에서 『유토피아』를 이렇게 논평했다. "그의 『유토피아』는 국가를 어렵게 만드는 여러 원인들을 밝힐 목적으로 집필된 것입니다. 그는 주로 영국이라는 국가의 초상화를 그려내려고 애쓰고 있습니다. 그가 다년간 영국을 연구하고 조사해 왔으니까 충분히 그런 저서를 써낼 만합니다. 그는 한가한 시간에 『유토피아』의 제2부를 먼저 썼습니다. 그리고 제1부는 어떤 순간적인 감흥을 느껴서 일시에 써내려간 것입니다. 이 때문에 그 책의 전반적 스타일이 고르지 못하게 되었습니다."

그러니까 『우신 예찬』은 어리석음을 예찬하려는 것이 아니라 당시 유럽 사회의 어리석은 행태를 지적하는 지혜서라는 것이다. 하위징아는 "이 작품의 전편을 통하여 두 가지 주제가 서로 긴밀하게 연결되어 있다. 하나는 유익한 어리석음이 진정한 지혜라는 것이고, 다른 하나는 망상에 빠진 지혜는 완전한 어리석음이라는 것이다"라고 논평한다. 『유토피아』도 겉으로는 이상향을 말하고 있지만 실은 국가를 곤란하게 만드는 여러 나쁜 원인들을 보여 줄 목적으로 집필되었다. 이렇게 볼 때, 두 작품은 일종의 크레타인의 역설이다.(→크레타인의 역설)

바로 이것이 두 휴머니스트의 놀이 정신(바보짓 혹은 미친 척)이다. 그래서 하위징아는 다시 이렇게 말한다. "우리가 어떻게 모리아(우신 예찬)를 진지하게 생각할 수 있겠는가? 이 책의 자매편이라 할 수 있고 우리에게 깊은 인상을 남기는 모어의 『유토피아』조차도 저자와 에라스뮈스에 의해 일종의 농담이라고 치부되는 마당에 말이다." 그리고 만년의 저작인 『호모 루덴스』에서는 이런 논평도 하고 있다. "코믹이라는 카테고리는 고급한 의미와 저급한 의미의 어리석음과 밀접하게 관련된다. 그러나 놀이는 어리석지 않다. 그것은 지혜와 어리석음이라는 대립 관계를 초월한다. 중세 후기는 어리석음과 합리성을 대립시킴으로써 다소 불완전하게 인생의 두 가지 무드인 놀이와 진지함을 표현하려 했다. 그러다가 에라스뮈스가 『우신 예찬』에서 이러한 대립관계의 부적절함을 논증했다."

종교개혁의 소용돌이

——— 종교개혁은 로마 교황청의 교권 남용에 대한 반발로 시작된 종교 혁명이었다. 그 원인은 대략 세 가지 정도이다. 첫째, 개인주의의 등장이다. 가톨릭교회가 옹호하는 성직 제도는 실제적 조직 구조일 뿐만 아니라 가톨릭 사상의 구조이기도 했다. 그러나 중세 후반에 이르러 교황청의 월권 행위가 계속되자 교황에 대항하는 군주들의 정치적 개별주의나 성직 제도의 바깥에도 여전히 신성이 존재한다는 종교적 개인주의가 생겨나게 되었다. 이러한 개인주의는 하느님과 직접 교섭하려 하고, 그리스로마의 고전 작가를 이해하는 것을 그 바탕에 둔 것이었다. 그러나 아직 정치적, 경제적 영역까지 그런 주장을 확대한 것은 아니었다. 그것은 세속적 개인주의라기보다 종교적 개인주의였고 물질적 자유가 아니라 정신적 자유를 추구하는 것이었다.

둘째, 민족주의의 대두이다. 중세 후반에 민족 국가, 제후 국가, 자유 도시 등이 정치 세력으로 등장했다. 그러나 교황 인노켄티우스 3세는 이와 크게 대립되는 일종의 제국주의적 정책을 밀고 나갔다. 유럽의 여러 통치자들은 이처럼 군림하려는 태도에 반발했다. 로마 인근과 이탈리아 중부의 교황 직할령을 위시하여 유럽 전역에 정치적 영향력을 확대하려는 교황청의 방침은 민족주의와 자유도시가 등장한 유럽의 새로운 환경과는 너무나 동떨어진 것이었고, 언젠가 반발을 불러오게 되어 있었다.

셋째, 교황청의 경제 정책이다. 그리스도는 가난과 청빈을 설교하였는데 가톨릭교회는 과도한 세금과 공납을 요구했다. 프란체스코 수도회 등 여러 종단에서 이런 조치에 반발했으나, 교회는 무리한 재정 정책을 계속하여 그리스도 교회의 이상을 저버리는 결과가 되었다. 교황청은 오히려 화려함과 위세를 내세우며 그런 정책을 감추려 했다. 그리하여 중세 후반에 들어와 사치와 탐욕에 대한 비난이 교황청에 집중되었다.

이러한 가톨릭교회에 대해 에라스뮈스는 지속적으로 풍자와 비난을 퍼부었다. 그리하여 "에라스뮈스가 종교개혁의 알을 낳았고, 루터와 츠빙글리가 품어서 부화시켰다"는 말이 생겨났다. 그의 대표작 『우신 예찬』이나 『대화집』에는 이런 풍자와 비난이 가득하다. 그러나 그의 정치사상은 순진한 것이었다. 가령 그의 논문 「기독교 군주의 교육Institutio Principis Christiani」(1516)은 일종의 군주론인데 정치 문제보다는 도덕의 문제를 더 많이 다루었다. 이 논문은 비슷한 시기에 나온 마키아벨리의 『군주론Il Principe』(1513)과 극명한 대조를 보인다. 마키아벨리는 "군주는 좋은 사람일 필요가 없고, 좋은 사람인 척하기만 하면 된다"고 주장하여 후일 "악惡의 교사敎師"라는 별명을 얻었지만, 에라스뮈스는 "지도자는 어떠한 상황에서도 도덕적으로 행동해야 하며, 지도자의 성공은 도덕과 불가분의 관계에 있다"고 주장하여 키케로의 의무론(De Officis)을 계승하고 있다. 이러한 도덕 우위론은 평화와 일치를 사랑하고 싸움과 갈등을 극도로 싫어했던 에라스뮈스의 성격과 깊은 관련이 있는 것으로 보인다.

종교개혁의 소용돌이에서 가장 하이라이트가 되는 부분은 에라스뮈스와 루터의 갈등이다. 에라스뮈스는 가톨릭과 개혁 세력 중 그 어느 편에도 끼지 않으려 했으나, 결국 가톨릭의 품으로 돌아갔다. 이렇게 되자 에라스뮈스를 따르던 일부 인사들은 그를 가리켜 말과 행동이 일치되지 않는다며 비난을 퍼부었다. 종교개혁은 결국 루터가 의도한 대로 흘러갔고, 가톨릭교회는 큰 상처를 입었다. 에라스뮈스는 이왕 가톨릭으로 돌아갔으면 그 교회를 위하여 좀 더 적극적으로 나섰을 법한데도 그렇게 하지 않았다. 절친한 친구인 토머스 모어는 가톨릭교회를 옹호하면서 자신의 목숨을 내놓지 않았던가. 커다란 위기 앞에서 루터 못지않게 단호함을 보여 주었더라면 더 좋았을 텐데 하는 아쉬움이 남는 부분이다. 하위징아는 이 부분에 대하여 '소인 에라스뮈스'와 '대인 에라스뮈스'라는 개념으로 설명하고 있다.

에라스뮈스와 하위징아

────── G. N. 클라크 교수는 이 책의 서문에서 이렇게 말했다. "이 책 여러 갈피에서 분명히 드러나겠지만, 에라스뮈스는 하위징아가 특별한 애정을 갖고 있던 인물이었다. 그가 에라스뮈스에 대하여 쓴 말들은 그 자신에 대하여 그대로 적용될 수 있

을 것이며, 에라스뮈스의 태도에서 세상의 변화에 반응하는 하위징아의 태도를 읽을 수 있다." 클라크 교수는 에라스뮈스의 놀이 정신에 주목하여 이런 말을 한 듯하다. 사실 놀이 정신이라면 하위징아도 에라스뮈스 못지않게 풍부한 소질을 갖고 있었다. 놀이와 진지함의 경계선상에서 이것도 저것도 아닌 제3의 특징을 보여 주는 것이 유머인데, 두 사람은 유머 감각이 풍부했다. 유머는 우울증을 앓고 있는 사람들에게 천부의 재능처럼 주어지는 치료제로서, 하위징아도 에라스뮈스와 마찬가지로 우울증에 시달렸다. 실제로 이 책에서 에라스뮈스의 사상과 성품을 다룬 장(제12, 13, 14장)을 읽어보면 두 사람의 공통점을 상당히 많이 발견할 수 있다. 학문적으로 볼 때 기독교 문헌에만 집중한 것이 아니라 고대 그리스와 로마의 이교도 문헌도 깊이 연구했다는 것, 이론이나 관념보다는 사물이나 세상에 더 관심이 많았다는 것, 언어학적·윤리적·미학적인 사항에 집중한다는 것, 자유와 진리를 좋아하여 그 어떤 파당에도 소속되지 않았다는 것, 자연의 전원적인 생활을 좋아했다는 것, 추상적 사항보다는 구체적 사항들을 더 선호했다는 것, 놀이와 진지함의 경계선상에서 마음을 정하지 못하고 왕복 운동을 했다는 것 등이 그런 사례이다.

그러나 세상의 변화에 반응하는 태도도 서로 비슷했다는 점은 다소 납득하기가 어렵다. 하위징아의 만년은 나치가 발호하여 조국 네덜란드를 침공해 온 시기와 일치한다. 비록 사건의 성격은 다르지만, 에라스뮈스의 만년에 종교개혁의 물결이 온 유럽을 뒤덮었던 위기 상황과 비슷하다. 그런 상황을 맞이하여 하위징아는 에라스뮈스처럼 이도 저도 아닌 중간노선을 가려고 한 것이 아니라 아주 분명한 태도를 취했다. 1933년, 나치에 대한 하위징아의 증오심을 잘 보여 주는 사건이 발생했다. 이 해에 하위징아는 레이던 대학의 학장 자격으로 '국제학생서비스'의 회의 장소로 레이던 대학 강당을 내주었는데, 독일 측 대표단의 단장이 반유대주의를 표명한 팸플릿의 저자라는 것을 알게 되었다. 하위징아는 그 단장을 회의실로 불러서 사실 확인을 하자 악수조차 하지 않으면서 그 단장에게 당장 대학 구내에서 철수하라고 요구하여 관철시켰다. 이 때문에 외교적 스캔들이 발생했고, 대학 이사회와 갈등을 빚었으며, 독일 역사학자들과 불화를 겪게 되었다. 당시 히틀러 눈치를 보던 독일 역사학계는 민족적 명예에 급급한 나머지 양심의 용기를 발휘하지 못하고 쉬쉬할 뿐이었다.

1940년 5월 나치가 네덜란드를 침공하기 전 하위징아는 대학과 학문의 자유를 지키기 위해 자신의 재산, 자유, 심지어 생명까지도 내놓을 각오가 되어 있다고 말했다. 실제로 나치는 1940년 11월, 레이던 대학을 폐쇄했고 늙고 병든 하위징아를 한동안 가택 연금시켰다가 네덜란드 동부의 변방 지역으로 추방하여 격리 조치했다. 그런 열악한 상황에서도 그는 문명을 지키고 나치의 야만성을 규탄하는 글을 계속 썼다. 이런 하위징아였으니 사망하기 1년 전에 쓴 글에서 "에라스뮈스를 존경하지만 공감하지는 않는다"고 말한 것이 어느 정도 이해가 된다.

1466년(출생)

10월 27일 데시데리위스 에라스뮈스는 로테르담에서 태어남. 아버지는 호우다 출신의 사제이고 어머니는 의사의 딸이었음. 에라스뮈스는 그들 사이에서 사생아로 태어났음. 위로 세 살 터울의 형 페터가 있었음.

1475년(9세)

데벤터에 있는 공동생활형제회 소속의 학교에 입학함. 이 학교에 다니는 동안 위트레흐트 대성당 소속의 성가대에 들어가기도 했음.

1483년(17세)

6월 영국의 글로스터 공 리처드는 에드워드 5세를 런던탑에 유폐하고 리처드 3세로 영국 왕위에 즉위. 이 해에 에라스뮈스의 친구 페터 길레스가 태어남.

1484년(18세)

에라스뮈스는 이 해에 잇따라 양친을 여의고 공동생활형제회 부속학교에 입학. 양친의 사망에 대해서는 1483년이라는 설도 있음.

1487년(21세)

호우다에 돌아와 스테인의 아우구스티누스 수도회에 수련사로 들어감.

1488년(22세)

이 해에 수도사의 서원을 함. 「야만인들에 반대하며」라는 글의 초고를 씀.

1492년(26세)

사제에 서임됨.

1493년(27세)

캉브레 주교의 비서가 되어 수도원에서 나옴.

1495년(29세)

9월 신학 연구를 위해 캉브레 주교의 후원으로 파리에 가서 몽테귀 대학의 기숙사에 들어감. 가혹한 생활환경으로 인해 건강을 해침. 1494년 설도 있음.

1496년(30세)

봄에 파리를 떠나 캉브레와 스테인으로 감. 9월 파리로 돌아와 라틴어와 수사학의 개인 교수를 하면서 생계를 유지.

1497년(31세)

겨울, 중병에 걸려 파리를 떠나 귀국하여 정양함.

1499년(33세)

봄에 스테인으로 가서 신학 연구를 계속할 것을 허가받아 다시 파리로 감. 5월에 제자인 윌리엄 마운트조이와 함께 영국으로 건너감. 이때 토머스 모어와 알게 됨. 그리고 휴머니스트 존 콜렛을 만나 헨리 왕자(후일의 헨리 8세)에게 소개됨.

1500년(34세)

1월 27일, 영국을 떠남. 떠날 당시 영국 도버 세관에서 돈을 모두 압수당해 아주 곤궁한 입장에 처하게 됨. 가난한 생활 속에서도 그리스어 연구에 몰두하여 8백여 개에 달하는 그리스, 로마 격언들을 모아서 7월에 『격언집』을 펴냄. 이 책은 1533년까지 계속 개정 증보되었음. 여름에 파리에 흑사병이 창궐하자 오를레앙으로 피신했다가 12월에 파리로 돌아옴.

1501년(35세)

5월 흑사병을 피해 브뤼셀과 스테인 등으로 감. 스테인 행은 이때가 마지막이었음. 8월 탐험가 아메리고 베스푸치가 항해 도중 남아메리카 서해안을 발견.

1502년(36세)

다년간 공부해 온 그리스어를 이 해에 완전 습득하여 그리스어를 라틴어 못지않게 할 수 있게 되었음. 9월 루뱅으로 떠나 루뱅 대학에서 후대를 받음. 대학에서 수사학 강좌를 권고 받았으나 사양함. 10월 후원자인 캉브레 주교가 사망하자 그의 묘비명을 그리스어로 하나, 라틴어로 세 개를 작성했음.

1504년(38세)

1월 네덜란드 총독 필립 대공의 취임식이 브뤼셀에서 거행되었는데 에라스뮈스는 취임을 축하하는 송시를 썼음. 이 해에 안트베르펜으로 가서 페터 길레스를 만남. 『기독교 전사를 위한 지침서』를 발간. 여름, 이탈리아 학자 로렌초 발라의 신약성경 주해를 발견하고 그 활달한 비평 정신에 감명을 받음. 12월, 3년 만에 파리로 돌아감.

1505년(39세)

다시 영국으로 건너가서 토머스 모어의 집에 머묾.

1506년(40세)

6월 영국을 떠나 헨리 7세의 주치의의 자녀들 감독으로 이탈리아의 볼로냐로 감. 9월 4일 토리노에 이르러 토리노 대학에서 신학박사 학위를 받음. 밀라노를 거쳐 볼로냐로 향했지만 이탈리아의 전쟁 상황이 심각하여 피렌체로 피신했음. 프랑스와 동맹을 맺은 율리우스 2세 교황은 군대의 맨 앞에서서 볼로냐를 향해 행군. 벤티볼리로부터 그 도시를 빼앗기 위해서였는데 그 목적은 곧 달성되었음. 볼로냐는 이제 방문해도 좋은 안전한 도시가 되자 볼로냐로 돌아온 에라스뮈스는 11월 11일 용감한 교황이 그 도시에 입성하는 광경을 지켜보았음.

1507년(41세)

베네치아로 가서 알두스 서점의 편집실에서 『격언집』의 증보 원고를 열심히 편집함. 알두스의 장인 안드레아 아솔라니의 집에서 숙식을 해결하며 8개월을 묵음.

1508년(42세)

9월 『격언집』의 증보판을 알두스 서점에서 발간. 이 책은 대성공을 거두어 16세기 말까지 132판이 나왔고, 판마다 증보가 되었음. 에라스뮈스 생전에 나온 최종판은 1536년 판임.

1509년(43세)

2월 말경 로마로 가서 학자들에게 환영을 받음. 교황청 안의 보직에 취직할 것을 권고 받았으나 정중히 거절함. 4월 21일에 영국 왕 헨리 7세 서거하고 헨리 8세 즉위. 6월 말 로마를 떠나 8월에 영국으로 감. 런던의 토머스 모어 저택에 머물면서 여행 중에 느꼈던 풍자문 『우신 예찬』을 써서 모어에게 헌정함.

1511년(45세)

4월 파리에 도착. 6월 『우신 예찬』을 파리에서 발간. 대성공을 거두어 초판 1,800부가 곧 매진됨. 6월 말 파리를 떠나는데 이후 다시는 파리로 돌아가지 않음. 8월 말 영국 케임브리지 대학 학장 존 피셔의 초청으로 영국으로 건너가 퀸스 칼리지의 방문학자가 됨. 이후 3년 동안 케임브리지 대학에 체류했고, 종종 런던 시내로 나가 모어의 집에 묵음.

1513년(47세)

봄, 영국은 오랫동안 준비해 온 프랑스 공격을 마침내 감행. 영국은 막시밀리안 황제의 군대와 협력하면서 기네게이트 근처에서 프랑스 군을 격파했고 테루안을 항복시켰으며 그 후에는 투르네도 함락시켰음.

1514년(48세)

3월 15일, 신성로마제국 황제와 왕자 카를의 신임이 두터운 산 베르탄 수도원장에게 편지를 보내 전쟁을 비판하고 평화 회복을 기원하는 심정을 말함. 이 편지는 후에 「전쟁은 전쟁을 모르는 자에게만 즐겁다Dulce bellum inexpertis」라는 격언으로 만들어 1515년에 프로벤이 발간한 『격언집』 증보판에 삽입됨. 7월 초에 영국을 떠남. 스테인 수도원에서 복귀 요청을 해왔으나 돌아갈 뜻이 없음을 통보. 바젤로 가서 출판업자 요하네스 프로벤의 환영을 받음.

1515년(49세)

4월, 영국과 프랑스의 전쟁 종결. 영국에 건너감. 6월 『기독교 전사를 위한 지침서』 단행본 초판을 루뱅에서 출판함. 연말에 화가 한스 홀바인은 『우신예찬』의 삽화를 그렸음.

1516년(50세)

1월 브라반트의 총리인 장 르 소바주(Jean le Sauvage)의 추천으로 스페인 왕 카를(후일의 황제 카를 5세)의 고문관이 됨. 2월 여러 해에 걸친 연구 성과를 집대성한 『그리스어 신약성경』을 프로벤 서점에서 출간함. 이 책은 16세기 중에 229회 재판되었음. 8월까지 『성 히에로니무스 저작집』을 차례로 프로벤 서점에서 출판함. 5월 『기독교 군주의 교육』을 프로벤 서점에서 간행.

1517년(51세)

1월 26일, 교황 레오 10세로부터 수도원으로 돌아가지 않고, 현재 상태로 활동해도 좋다는 허가장을 받음. 4월, 마지막으로 영국을 방문함. 루뱅 대학에 신학 교수로 자리를 잡음.

1518년(52세)

4월, 토머스 모어에게 루터의 95개조 문장을 보냄. 11월 『대화집』을 프로벤 서점에서 출간. 이 책은 처음에는 라틴어 대화 방식을 가르치는 『친밀한 대화의 요령Familiarium colloquiorum formulae』으로 시작되었으나 에라스뮈스가 증보하면서 더욱 알찬 내용을 갖추게 되었다. 호전적인 교황 율리우스 2세를 비판한 풍자시 『천국에서 쫓겨난 율리우스Julius exclusus』를 크라탄더라는 출판사에서 발간.

1519년(53세)

3월 28일 마르틴 루터가 에라스뮈스에게 직접 지원을 요청해 왔으나 직접적인 대답은 피하고 자신은 연구에 몰두하겠다는 뜻을 밝힘. 6월 스페인의 카를 1세가 신성로마제국의 황제로 선임되어 카를 5세라 칭함. 10월 19일, 에라스뮈스는 루터의 설은 옳지 않다고 할지라도 함부로 이단 취급을 해서는 안 되며 관용을 베풀어야 한다고 마인츠의 대주교에게 의견을 밝힘.

1520년(54세)

4월 카를 5세와 헨리 8세 사이에 통상조약 성립. 또한 헨리 8세와 프랑수아 1세는 칼레 근방에서 회견하고 통상조약을 맺음. 6월 15일 교황 레오 10세 마르틴 루터에게 파문을 경고함. 에라스뮈스는 루터 문제의 평화적 해결에 고심했으나 실패로 돌아감. 5월 12일 런던에서 루터 저작 화형식이 거행됨.

1521년(55세)

1월 3일 교황은 루터를 파문 조치함. 27부터 보름스 제국회의가 개최되었음. 에라스뮈스도 초청되었으나 관용과 타협의 기미가 보이지 않자 참석하지 않음. 1월 26일 카를 5세는 루터의 추방을 결정하고, 그의 저서를 유통 금지시킴. 에라스뮈스, 헨리 8세와 레오 10세로부터 신앙의 옹호자라는 칭호를 받음. 11월 바젤에 도착하여 출판업자 프로벤의 집에서 머물면서 이 도시에 1529년까지 머묾.

1522년(56세)

2월, 프로벤 서점에서 『대화집』 증보판을 발간. 1533년 에라스뮈스 생전 최후의 판에 이르기까지 무려 87회 증보 재판을 거듭함. 「편지 쓰는 기술에 대하여De conscribendis epistolis」라는 논문을 발간.

1523년(57세)

1월, 교황 아드리아누스 6세는 에라스뮈스를 로마로 초청하면서 루터의 교리를 반박할 것을 요청.

1524년(58세)

1월, 파리 대학 신학부는 에라스뮈스의 중립적 태도를 비판하고 나섬. 4월 15일, 루터는 에라스뮈스에게 중립을 지키라고 요구. 9월, 에라스뮈스는 「자유 의지에 관한 논고De libero arbitrio diatribe」를 발표하여 루터의 교리에 반박함.

1525년(59세)

루터는 「자유롭지 않은 의지에 대하여De servo arbitrio」라는 글을 써서 에라스뮈스에게 반박.

1528년(62세)

프로벤 출판사의 사주 요하네스 프로벤 사망. 이 출판사에서 「키케로니아누스 혹은 가장 좋은 수사법Ciceronianus」 발간.

1529년(63세)

2월, 파리 대학에서 에라스뮈스를 루터파에 동조하는 이단이라고 공격. 바젤의 거리가 신구교 갈등으로 혼란해지자 정든 바젤을 떠나 프라이부르크로 감. 4월 17일, 에라스뮈스의 저서를 프랑스어로 번역한 루이 드 베르캥은 이단으로 지목되어 파리에서 화형에 처해짐.

1530년(64세)

6월, 멜란히톤이 루터파를 대표하여 아우구스부르크 제국의회에 나가 신앙 고백을 발표. 에라스뮈스는 이 의회에 출석하지 않았으나 교회의 일치와 평화를 역설. 카를 5세가 루터파를 탄압하자 슈말칼덴 동맹이 결성됨.

1531년(65세)

장기간 거주할 목적으로 프라이부르크에 집을 구입.

1533년(67세)

자신의 도덕적·신학적 사상의 결산이요 완벽한 표현인 『설교론Ecclesiastes』(전4권)의 원고를 완성하였으나 실제 발간은 2년 뒤인 1535년.

1534년(68세)

로마 교황은 헨리 8세의 이혼을 거부함. 헨리 8세는 교황의 명령에 불복종하면서 수장령을 발표하고 앤 불린과의 결혼을 강행함. 이로써 영국이 종교개혁의 대열에 가세함.

1535년(69세)

4월, 에라스뮈스는 병든 몸을 바젤로 옮겨 프로벤의 집에 묵음. 교황 파울루스 3세는 그에게 추기경직을 수여하려 했으나 에라스뮈스가 사양. 7월, 토머스 모어가 수장령을 거부하여 참수형을 당함.

1536년(70세)

7월 12일, 여러 친구들이 지켜보는 가운데 사망. 유해는 바젤의 대성당에 묻혔으며, 유산은 고아들과 고학생들에게 나누어 주었음.

1540년

『에라스뮈스 전집』(10권)이 바젤에서 출판됨.

1542년

1월 27일, 파리 대학 신학부는 『우신 예찬』을 금서로 지정함.

1554년

교황 율리우스 3세는『우신 예찬』,『격언집』,『신약성경 주해』를 금서 처분함.

1558년

교황 파울루스 4세는 에라스뮈스를 제1급의 이단자로 지정. 그의 모든 저작을 금서 조치함.

찾아보기